An Sonne, Mond und Sternen wird man drohende Zeichen sehen.
Auf der Erde werden die Völker zittern aus Furcht vor dem tobenden Meer und den Wellen. Die Bewohner der Erde werden halbtot vor Angst darauf warten, was nun noch über sie hereinbricht.
Denn die ganze Ordnung des Himmels wird durcheinandergeraten.

Lukas 21,25.26 Die Gute Nachricht

E. G. WHITE

DER GROSSE KAMPF

KIRCHE, POLITIK UND DIE ZUKUNFT DER WELT

ADVENT-VERLAG

Titel der amerikanischen Originalausgabe: From Here to Forever (A Condensation of the Great Controversy between Christ and Satan)
Erschienen bei: Pacific Press Publishing Association, Mountain View, California, 1982
Übersetzung: Ursula Kaija
Redaktion und sprachliche Bearbeitung: Günther Hampel
Einbandgestaltung: Studio A Design, Hamburg

Verlagsarchiv-Nr. 1552 1293
Satz: rimi–grafic, Nienhagen
Herstellung: Clausen & Bosse, Leck

ISBN 3–8150–1180–9

Warum Sie dieses Buch lesen sollten

Millionen von Menschen fragen sich, welchen Sinn ihr Leben eigentlich hat. Naturwissenschaftler, Philosophen und sogar Theologen sind der Meinung, das Leben auf unserem Planeten habe nichts mit Gott zu tun, sondern sei lediglich das Produkt eines glücklichen Zufalls. Das hat weitreichende Konsequenzen, denn wenn am Anfang wirklich nur der Zufall seine Hand im Spiel hatte, muß sich jeder fragen, ob sein Leben einen Sinn hat, der über den Augenblick hinausgeht. Ohne zu wissen, woher er kommt, wozu er da ist und wohin er geht, kann der Mensch aber auf die Dauer nicht leben. Früher oder später gerät er in eine Sinnkrise, der er sich stellen oder die er verdrängen muß. Wahrscheinlich sind die heute zu beobachtende Auflehnung, die Aggressionen, der Ausstieg aus der Gesellschaft oder das Experimentieren mit Drogen und Suchtmitteln aller Art nur ein verzweifelter Versuch, der Sinnlosigkeit des Lebens zu entfliehen.

Könnte es sein, daß alles Forschen nach den Anfängen und die Bemühungen, die Zukunft in den Griff zu bekommen, ursächlich mit der Frage zusammenhängen: Wer sind wir eigentlich? Wäre es denkbar, daß all die auf ferne kosmische Welten gerichteten Riesenteleskope eigentlich nur klären sollen: Ist dort draußen jemand, der Antwort geben kann?

Viele Menschen haben den Eindruck, daß die Wissenschaft nicht die Antworten gibt, die wir brauchen, um in unserm Leben einen Sinn zu entdecken. Wissenschaftler sind dazu da, daß sie Fragen stellen: Wie ist ein Atom aufgebaut? Wie ist das Universum entstanden? Was spielt sich im Inneren unseres Körpers ab? Wie funktioniert unser Gehirn? Wie lassen sich Krankheiten verhindern? Wie laufen technische, wirtschaftliche oder gesellschaftliche Prozesse ab?

Zweifellos alles wichtige Fragen, aber sie geben keine Antwort darauf: Warum gibt es überhaupt Atome? Welchen Sinn hat das Leben eines Menschen? Warum müssen in dieser Welt Schuldige und Unschuldige zugleich leiden? Gibt es ein Leben nach dem Tod? Lebt die Persönlichkeit des Menschen weiter, wenn er stirbt? Was wird die Zukunft bringen?

Haben wir überhaupt noch eine Überlebenschance, oder wird das Wimmern eines Kindes, das in verseuchter Luft nach Atem ringt, das letzte Lebenszeichen auf unserem Planeten sein? Es besteht wenig Hoffnung, daß die Menschheit, die während ihrer jahrtausendelangen Geschichte nie in der Lage war, ihre niederen Instinkte dauerhaft unter Kontrolle zu halten, plötzlich Frieden, Mitmenschlichkeit, Gerechtigkeit und Liebe auf unserem Planeten heimisch machen könnte.

Dieses Buch möchte Mut machen, trotz allem daran zu glauben, daß es einen Sinn für unser Leben und eine Zukunft für die Welt gibt! Wir sind kein Produkt des Zufalls, sondern von Gott gewollt. Wir sind auch nicht allein und verloren in einem menschenfeindlichen Universum, sondern da ist einer, dem wir wichtig sind – der uns liebt!

Allerdings gibt es nicht nur Gott, die Macht des Guten, sondern auch Satan, die Macht des Bösen. Irgendwann in grauer Vorzeit hat sich ein mächtiger Engelfürst gegen Gott aufgelehnt und versucht seitdem, Gottes Absichten zu durchkreuzen. Welche Auswirkungen dieser kosmische Kampf auf das Geschick der Menschheit hatte und hat, wird von der Autorin in diesem Buch anschaulich dargestellt. Anhand der Geschichte in den vergangenen zwei Jahrtausenden zeigt sie auf, mit welchen Mitteln der Feind Gottes seine Ziele zu erreichen sucht. Dabei wird deutlich, daß er zu allen Zeiten willige Helfer in den Reihen der weltlichen und kirchlichen Machthaber gefunden hat.

Die Autorin geht mit einigen der mächtigsten christlichen Institutionen hart ins Gericht. Sie zeigt, wohin die Verflechtung von Staat und Kirche letztlich führt, warum Reformationen nötig waren und weshalb sie nicht vollendet wurden. Sie schreibt über Ereignisse und Entwicklungen, die zu ihrer Zeit noch gar nicht erkennbar waren, und sie scheut sich dabei nicht, auch unbequeme Wahrheiten zu sagen. Ihr Ziel bleibt es dabei aber immer, zurechtzuhelfen und auf den hinzuweisen, der letztlich alles in seiner Hand hat: Gott.

Die Herausgeber

Inhalt

1 Gott hat Geduld

Vom Ölberg aus sah Jesus das Panorama von Jerusalem vor sich liegen. Die untergehende Sonne brachte die weißen Marmorwände des Tempels besonders eindrucksvoll zur Geltung und ließ die vergoldeten Türen und Türme in warmem Licht erstrahlen. Dieser Anblick mußte das Herz jedes Israeliten höher schlagen lassen. Jesus freilich schienen andere Gedanken zu bewegen. Der Evangelist Lukas schreibt: „Und als er nahe hinzukam, sah er die Stadt und weinte über sie ..."[1]

Jesu Traurigkeit entsprang nicht dem Wissen um seinen Leidensweg, obwohl der schwere innere Kampf im Garten Gethsemane und die körperlichen Qualen der Hinrichtung auf Golgatha unmittelbar vor ihm lagen. Nein, seine Trauer galt den Bewohnern Jerusalems. Er sah die Zerstörung dieser herrlichen Stadt voraus und wußte, daß unzählige Menschen dabei umkommen würden.

Damit sollte eine mehr als tausendjährige Geschichte, in der Gott Israel geführt und Jerusalem über alle anderen Städte der Erde erhöht hatte, zu Ende gehen. Jahrhundertelang hatten die Propheten das Volk davor gewarnt, Gott zu vergessen. Die Opfer im Tempel sollten daran erinnern, daß jeder Mensch Vergebung braucht und daß Umkehr täglich neu nötig ist. So sollte die Hoffnung auf den angekündigten Erlöser wachgehalten werden.

Hätte Israel die Verbindung zu Gott nicht aufgegeben, wäre Jerusalem die auserwählte Stadt geblieben. Leider verlief die Geschichte des alttestamentlichen Gottesvolkes ganz anders. Sie war geprägt von Auflehnung und Ungehorsam. Kein irdischer Vater hätte so viel Liebe und Nachsicht aufbringen können, wie Gott es bei seinem widerspenstigen Volk tat. Aber alle Bitten und Ermahnungen wurden in den Wind geschlagen. Schließlich machte Gott einen letzten Versuch, die unbußfertige Stadt zur Umkehr zu bewegen: Er ließ seinen Sohn Mensch werden.

Drei Jahre lang lebte Christus bereits mitten in seinem Volk.

---

[1] Lukas 19,41

Er hatte „Gutes getan und alle gesund gemacht, die in der Gewalt des Teufels waren“ [2]; er hatte „gepredigt den Gefangenen, daß sie frei sein sollen, und den Blinden, daß sie sehen sollen“ [3]. Menschen, die keinen Schritt mehr allein tun konnten, hatte er geheilt, hoffnungslos Kranke waren gesund geworden, Blinden gab er das Augenlicht zurück, Taube konnten wieder hören. Sogar Tote hatte Jesus Christus, der menschgewordene Gottessohn, ins Leben zurückgerufen. Und denen, die im Begriff waren, sich wegen ihrer inneren oder äußeren Not aufzugeben, machte er wieder Mut.

Kein Weg war ihm zu weit, wenn es darum ging, die Leiden seiner Mitmenschen zu mildern oder ihrem Mangel abzuhelfen. Wer ihm begegnete, spürte etwas von seiner Güte und wurde umfangen von seiner grenzenlosen Liebe. Dennoch wandte sich Israel in seiner Mehrheit von dem ab, der als Freund und Helfer gekommen war, um allen das Geschenk eines erfüllten und unvergänglichen Lebens anzubieten. Die Liebe Jesu war den Menschen lästig.

Gott ist langmütig

Die Zeit, in der Umkehr und Vergebung noch möglich waren, neigte sich dem Ende zu. Widerstand und Auflehnung gegen Gott hatten sich durch Jahrhunderte hindurch wie eine finstere Wolke über das auserwählte Volk gelegt und drohten sich in einem gewaltigen Unwetter zu entladen. Aber von dem, der das noch hätte abwenden können, erwartete man nichts. Ganz im Gegenteil, man verachtete, beschimpfte und verfolgte ihn – wenige Tage später würde man ihn sogar dem schmählichen Verbrechertod am Kreuz preisgeben.

Als Jesus auf Jerusalem hinabschaute, sah er nicht nur die Schönheit der Stadt, sondern auch den Engel des Gerichts, der schon sein Schwert gezückt hatte. Er hörte bereits den Marschtritt der anstürmenden Legionen des Titus und sah die heiligen Stätten in Flammen aufgehen. In seinen Ohren gellten die Stimmen der Mütter und Kinder, die in der belagerten Stadt nach Brot schrien. Nichts würde von all der Pracht und Herrlichkeit übrigbleiben, nichts als ein paar rauchende Trümmer!

Und über die nahe Zukunft hinaus sah er, wie das einstmals

---

[2] Apostelgeschichte 10,38 [3] Lukas 4,18

auserwählte Volk Schiffbrüchigen gleichen würde, die irgendwo fern der Heimat an Land geworfen werden. All das trieb Jesus die Tränen in die Augen und ließ ihn klagen: „Jerusalem, Jerusalem, die du tötest die Propheten und steinigst, die zu dir gesandt sind! Wie oft habe ich deine Kinder versammeln wollen, wie eine Henne ihre Küken unter ihre Flügel; und ihr habt nicht gewollt!“ [4]

Der Herr des Himmels weinte über Jerusalem – welch ein Bild! Und über die damalige Gottesstadt hinaus war Jerusalem wohl ein Symbol für die Menschheit insgesamt, deren Widerstand und Unglaube die Welt am Ende in eine noch schrecklichere Katastrophe reißen wird. Weil Jesus sah, wieviel Leid das für die Betroffenen mit sich bringen würde, brach es ihm fast das Herz. Er sehnte sich danach, jedem einzelnen zu helfen, und war bereit, stellvertretend für die Sünder den Tod auf sich zu nehmen, damit sie leben könnten. Aber wie Jerusalem den Erlöser ablehnte, so würde es im Verlauf der Geschichte bis zum Ende hin immer wieder geschehen. Man würde den Willen Gottes immer schamloser mißachten und seine Herrschaft im Himmel und auf Erden verneinen. Millionen von Menschen würden sich in den Schlingen des Bösen verfangen, weil sie von der Wahrheit nichts wissen wollen und sich damit selbst um die Chance des ewigen Lebens bringen.

Dem Untergang geweiht

Zwei Tage vor dem Passafest schaute Jesus erneut vom Ölberg aus auf die zu seinen Füßen liegende Stadt mit den prächtigen Tempelgebäuden. Salomo, der prachtliebende israelitische König, hatte dieses Gotteshaus zu einem Schmuckstück gemacht, das seinesgleichen suchte. Nachdem der babylonische König Nebukadnezar Stadt und Tempel zerstört hatte, blieb diese Stätte fast ein Jahrhundert lang ein Ruinenfeld. Etwa 500 Jahre vor Christi Geburt wurde der Tempel wieder aufgebaut. Aber der sogenannte „zweite Tempel“ konnte mit dem Salomonischen Tempel nicht mehr konkurrieren. Gott füllte das neue Bauwerk nicht mehr wie früher mit „seiner Herrlichkeit“ aus. Es fiel auch kein himmlisches Feuer mehr auf den Opferaltar. Alles, was den Tempel früher zum wirklichen Haus Gottes gemacht hatte, gab es nicht mehr: den Gna-

---

[4] Matthäus 23,37

denthron, die Bundeslade, die Tafeln des Gesetzes und die Stimme Gottes, die dem Priester den Willen des Herrn verkündete.

Dennoch wurde dem zweiten Tempel eine unvergleichliche Ehre zuteil: Gott selbst wurde Mensch. Derjenige, nach dem Israel sich immer gesehnt hatten, war leibhaftig in seinen Tempel gekommen: Jesus, der Mann aus Nazareth! Aber die Israeliten nahmen diese Ehre gar nicht wahr, sondern achteten das Geschenk Gottes für nichts. Als Christus an jenem Tage den Tempel durch das Goldene Tor verließ, war die Herrlichkeit Gottes endgültig aus dem Heiligtum gewichen. Die Zeit war reif, daß sich die Worte Jesu erfüllten: „Siehe, euer Haus soll euch leer gelassen werden.“ [5]

Als Jesus von der Zerstörung des Tempels sprach, waren seine Jünger schockiert und verlangten eine Erklärung für diese Behauptung. Für sie war es undenkbar, daß der von Herodes dem Großen verschwenderisch ausgestattete Tempel jemals zerstört werden könnte. Besonders die aus Rom herbeigeschafften weißen Marmorblöcke erregten ihre Bewunderung. Stolz wiesen sie Jesus darauf hin: „Meister, siehe, was für Steine und was für Bauten!“ [6] Verständlich, daß sie über Jesu Antwort entsetzt waren: „Wahrlich, ich sage euch: es wird hier nicht ein Stein auf dem andern bleiben, der nicht zerbrochen werde.“ [7] Da Jesus mehrfach von seiner Wiederkunft geredet hatte, meinten die Jünger, seine Anspielung auf die Zerstörung Jerusalems habe mit diesem Geschehnis zu tun. Sie fragten: „Sage uns, wann wird das geschehen? Und was wird das Zeichen sein für dein Kommen und für das Ende der Welt?“ [8]

In seiner Antwort zählte Jesus eine Reihe von markanten Ereignissen und Entwicklungen auf, die sowohl mit der Zerstörung Jerusalems als auch mit dem Ende der Welt zu tun haben.

Israel hatte den Messias abgelehnt und würde ihn wenige Tage später kreuzigen. Das mußte Gottes Eingreifen nach sich ziehen. Deshalb sagte Jesus: „Wenn ihr nun sehen werdet das Greuelbild der Verwüstung stehen an der heiligen Stätte, wovon gesagt ist durch den Propheten Daniel – wer das liest, der merke auf! –, alsdann fliehe auf die Berge, wer in Judäa ist.“ [9]

Konkret hieß das: Wenn die römischen Soldaten ihre Göt-

---

[5] Matthäus 23,38 [6] Markus 13,1 [7] Matthäus 24,2 [8] Matthäus 24,3
[9] Matthäus 24,15.16; siehe auch Lukas 21,20.21

tersymbole und Standarten vor den Mauern Jerusalems aufpflanzen würden, konnte nur noch die unverzügliche Flucht retten. Der hartnäckige Unglaube Israels hatte den Untergang der Stadt unvermeidlich gemacht.

Die Bewohner Jerusalems sahen das freilich ganz anders. Für sie war der Urheber all der Gefahren, die heraufzogen, Jesus. Sie wußten zwar, daß er sich nichts hatte zuschulden kommen lassen, aber sie ließen sich einreden, sein Tod sei nötig, um das Volk vor dem Schlimmsten zu bewahren. Für sie war klar, daß der Hohepriester recht hatte, wenn er sagte: „Es ist besser für euch, ein Mensch sterbe für das Volk, als daß das ganze Volk sterbe."[10]

Jesus, den von Gott Gesandten, brachten sie um, weil er ihnen ihre Sünden vor Augen hielt. Gleichzeitig waren sie weiterhin davon überzeugt, nach wie vor das auserwählte Volk zu sein, und sie rechneten damit, daß Gott sie aus der Hand ihrer Unterdrücker befreien würde.

Gott hat Geduld

Es dauerte fast 40 Jahre, ehe Gott dem Gericht über Israel freien Lauf ließ. Es gab noch zu viele Israeliten, die nichts von Jesus und seiner Aufgabe wußten. Außerdem sollte die heranwachsende Generation nicht ungewarnt für die Vergehen ihrer Eltern büßen. Gott wollte möglichst alle durch die Predigt der Apostel erreichen, um ihnen deutlich zu machen, wie sich die alten Prophezeiungen in Jesus Christus erfüllt hatten: In seiner Geburt, seinem Leben, seinem Tod und seiner Auferstehung. Als aber auch die neue Generation nichts von alledem wissen wollte, machte sie sich mitschuldig am Verhalten ihrer Eltern.

Damit verstrich die letzte Gnadenfrist. Nun zog Gott sein Angebot der Rettung zurück. Israel wurde der Herrschaft Satans überlassen, auf dessen Seite es sich geschlagen hatte. Der nutzte seine Macht und trieb das Volk immer weiter auf den Abgrund zu. Fanatismus, blinde Wut und Grausamkeit steigerten sich ins unermeßliche. Freunde und Verwandte hintergingen einander, Eltern töteten ihre Kinder und Kinder mordeten ihre Eltern. Selbstbeherrschung wurde zu einem unbekannten Begriff, dafür ließ man sich zunehmend von bösen

---

[10] Johannes 11,50

Leidenschaften leiten. Den unschuldigen Gottessohn hatte man durch falsche Zeugen ans Kreuz gebracht, nun wurden Falschheit und Hinterhältigkeit zur Bedrohung für das ganze Volk. In dem Maße, wie die Ehrfurcht vor Gott abnahm, wuchs die Macht des Widersachers.

Das Chaos war unbeschreiblich. Meinungsverschiedenheiten unter den einzelnen Gruppierungen wurden mit Waffengewalt ausgetragen. Man lauerte dem Gegner auf und brachte ihn kaltblütig um. Sogar vor den heiligen Tempelbezirken machte die Gewalt nicht halt, so daß die Anbetungsstätte durch Mord und Totschlag entweiht wurde. Bei alledem bildeten die Anstifter dieses schrecklichen Treibens sich ein, Jerusalem könne nicht untergehen, weil es doch die Stadt Gottes sei. Selbst als die römischen Streitkräfte bereits den Tempel angriffen, rechneten die Verteidiger noch fest damit, daß Gott auf wunderbare Weise eingreifen und die Feinde vernichten würde. Niemand wollte erkennen, daß sie den, der allein sein Volk hätte schützen können, längst von sich gestoßen hatten. Nun standen sie ohne göttliche Hilfe da und waren dem Feind hilflos preisgegeben.

Die Katastrophe bahnt sich an

Alles, was Jesus bezüglich der Zerstörung Jerusalems vorausgesagt hatte, erfüllte sich buchstäblich. Im Vorfeld der Katastrophe geschahen unerklärliche Dinge. Sieben Jahre lang schrie ein Mann auf den Straßen Jerusalems heraus, was an Schrecklichem über die Stadt kommen würde. Man verbot ihm zu reden, verhaftete und mißhandelte ihn, aber niemand konnte ihn zum Schweigen bringen. Immer wieder rief er: „Weh, weh dir, Jerusalem!“ Seine schrecklichen Prophezeiungen verstummten erst, als er im Verlauf der Belagerung, die er vorausgesagt hatte, zu Tode kam.[11]

Christen kamen bei der Zerstörung Jerusalems nicht ums Leben. Die Römer hatten den Belagerungsring um die Stadt bereits geschlossen, da zog ihr Heerführer Cestius seine Truppen ohne jeden erkennbaren Grund wieder zurück. Für die Christen war dies das Signal, auf das sie gemäß der Vorhersage Jesu gewartet hatten.[12] Die damalige Lage war unübersichtlich und verworren. Die jüdischen Verteidiger setzten dem zurück-

---

[11] Milman, History of the Jews, Buch 13 [12] Lukas 21,20.21

weichenden römischen Heer nach, so daß weder die eine noch die andere Seite die Flucht der Christen verhindern konnte. Diese nutzten die einmalige Gelegenheit und erreichten unbehelligt die Stadt Pella im Ostjordanland, wo sie in Sicherheit waren.

Zunächst konnten die jüdischen Streitkräfte militärische Erfolge verbuchen. Sie griffen die Nachhut der Römer an und kehrten mit reicher Beute nach Jerusalem zurück. Doch das waren alles nur Scheinerfolge, die das Unheil nicht abwenden konnten. Der Widerstand gegen die Römer wurde nur geschürt, und der Blick für die wirkliche Lage ging verloren. Das sollte noch unaussprechliches Leid über die Stadt bringen.

Als Titus, der Sohn Kaiser Vespasians, den Oberbefehl über das römische Heer übernahm und Jerusalem belagerte, brach das Verhängnis über die Stadt herein. Der Römer nutzte die Gunst der Stunde. Wegen des Passafestes waren Millionen von Juden in der Stadt versammelt. Nun schloß Titus den Belagerungsring, so daß niemand mehr die Stadt verlassen konnte. Jetzt rächte es sich, daß während der verbissenen Machtkämpfe zwischen den verschiedenen jüdischen Gruppierungen große Teile der Lebensmittelvorräte vernichtet worden waren. Der Hunger mit all seinen Folgeerscheinungen überfiel die Menschen in der übervölkerten Stadt. Als die spärlichen Vorräte aufgebraucht waren, kauten die Hungernden das Leder ihrer Gürtel, der Sandalen oder der Schilde, nur um das Gefühl zu haben, etwas zwischen die Zähne zu bekommen. Viele schlichen sich nachts vor die Stadtmauern, um wenigstens ein paar wilde Pflanzen zu ergattern, selbst auf die Gefahr hin, gefangen und zu Tode gefoltert zu werden. Wenn sie unentdeckt wieder in die Stadt zurückkamen, lauerten häufig schon andere darauf, ihnen die paar Blätter, die sie mitgebracht hatten, zu entreißen. Männer beraubten ihre Frauen, Frauen ihre Männer; Kinder rissen ihren alten Eltern das Essen vom Munde weg.

Die Römer versuchten den Widerstandswillen der Verteidiger durch besondere Grausamkeit zu brechen. Juden, deren man habhaft wurde, peitschte man in Sichtweite der Stadtmauern aus, folterte sie und schlug sie schließlich ans Kreuz. Im Tal Joschafat und auf Golgatha standen die Kreuze so dicht beieinander, daß man sich kaum zwischen ihnen hindurchzwängen konnte. Nun wurde furchtbare Wirklichkeit, was die aufgeputschte Menge etwa 40 Jahre zuvor anläßlich der Verurteilung Jesu dem Pilatus ins Gesicht geschrien hatte: „Sein Blut komme über uns und unsere Kinder!“ [13]

Selbst den hartgesottenen Heerführer Titus packte das Grauen, als er die unzähligen Leichen in den Tälern liegen sah. Der Anblick des herrlichen Tempels veranlaßte ihn dazu, den strikten Befehl zu erlassen, daß dieses Bauwerk nicht zerstört werden dürfe. Er sicherte den Verteidigern zu, die Stadt und den Tempel zu verschonen, wenn sie sich ergeben würden. Auch der jüdische Geschichtsschreiber Josephus, den Titus als Vermittler vor die Stadtmauern geschickt hatte, flehte seine Landsleute an, den Widerstand aufzugeben, um die vielen Menschen, die Stadt Gottes und das Heiligtum zu retten. Er wurde mit Flüchen überschüttet und durch einen Hagel von Pfeilen in die Flucht gejagt. Alle Bemühungen, die Stadt und den Tempel zu verschonen, waren vergeblich. Ein größerer als Titus hatte vorhergesagt, daß nicht ein Stein auf dem anderen bleiben würde.

Selbst als der Römer den Befehl zum Sturm des Tempels gab, lag ihm noch daran, dieses Bauwerk vor der Zerstörung zu bewahren. Aber seine Befehle wurden nicht befolgt. Ein Soldat schleuderte eine Brandfackel in die Vorhalle. Sofort fingen die holzgetäfelten Wände des Heiligtums Feuer. Obwohl Titus persönlich anordnete, das Feuer zu löschen, hörte niemand auf ihn. Rasend vor Wut warfen die Legionäre ihre Brandfackeln auch in die übrigen Tempelräume und töteten jeden, der sich ihnen in den Weg stellte. An diesem Tag floß das Blut der Gemordeten wie Wasser über die Tempelstufen.

Nachdem der Tempel eingenommen war, fielen auch die anderen Teile Jerusalems in die Hände der Eroberer. Die jüdischen Anführer verließen in Panik ihre eigentlich uneinnehmbaren Stellungen. Titus wertete das als Zeichen dafür, daß Gott sie in seine Hände gegeben hatte, denn keine seiner Belagerungsmaschinen hätte die mächtigen Türme und Festungsanlagen sturmreif machen können.

Nachdem Jerusalem gefallen war, wurden die Stadt und der Tempel bis auf die Grundmauern niedergerissen. Der Ort, an dem einmal das Haus Gottes gestanden hatte, wurde wie ein Acker umgepflügt. Nichts sollte mehr an die ehemalige Herrlichkeit erinnern. Damit erfüllte sich, was fast 700 Jahre zuvor Jeremia vorausgesagt hatte: „So spricht der Herr Zebaoth: Zi-

[13] Matthäus 27,25

on wird wie ein Acker gepflügt werden, und Jerusalem wird zu Steinhaufen werden und der Berg des Tempels zu einer Höhe wilden Gestrüpps." [14]

Mehr als eine Million Menschen kamen in dieser Katastrophe um. Die Überlebenden wurden gefangengenommen, als Sklaven verkauft, nach Rom verschleppt, in Kampfarenen den wilden Tieren vorgeworfen oder als Heimatlose über die ganze Erde zerstreut.

Dabei kam all das nicht unverschuldet über sie, sondern war letztlich nur die Folge ihres eigenen Verhaltens. Schon der Prophet Hosea hatte 800 Jahre zuvor gewarnt: „Israel, du bringst dich ins Unglück", ... „denn du bist gefallen um deiner Schuld willen." [15]

Das Unheil, das über das jüdische Volk hereingebrochen ist, wird oft einseitig als unvergleichlich hartes Strafgericht Gottes dargestellt. Damit versucht Satan, der Feind Gottes, zu vertuschen, daß all das letztlich die Folge seiner Einflußnahme gewesen ist. Als Israel Gottes Liebe und Gnade zurückwies, entzog es sich auch gleichzeitig seinem Schutz. Damit hatte Satan freie Hand – und er ließ sich diese Chance nicht entgehen.

Wie dankbar dürfen wir sein, daß Gott bis heute daran gelegen ist, die Machtgier Satans in Grenzen zu halten. Wenn wir in Sicherheit und Frieden leben können, dann ist das dem bewahrenden Eingreifen Gottes zuzuschreiben. Sogar diejenigen, die Gott nicht gehorchen wollen, sind noch in seine Gnade eingeschlossen. Aber es gibt auch eine Grenze für Gottes Geduld, jenseits derer er die zerstörerischen Mächte nicht mehr zurückhält. Wenn dann das Unheil über diejenigen hereinbricht, die Gottes Willen hartnäckig mißachteten, sollte man nicht Gott dafür verantwortlich machen. Er ist für die Gottlosen nämlich nicht der Urteilsvollstrecker, sondern läßt die Menschen lediglich das ernten, was sie an Bösem gesät haben. Wer Gottes Gnade zurückweist, bleibt sich selbst überlassen, weil der Herr nichts mehr für ihn tun kann. Ihm geht mehr und mehr die Kraft verloren, seiner bösen Neigungen Herr zu werden, und er gerät schließlich unwiderruflich in die Fänge des Bösen.

Die Zerstörung Jerusalems (70 n. Chr.) ist eine eindringliche Warnung an alle, die Gottes Barmherzigkeit geringschätzen. Darüber hinaus werden sich die Prophezeiungen Jesu

[14] Jeremia 26,18 [15] Hosea 13,9; 14,2

über Jerusalem noch in einer viel umfassenderen Weise erfüllen. Das Schicksal dieser einst auserwählten Stadt hat Symbolcharakter für das endzeitliche Geschehen in dieser Welt – einer Welt, die Gottes Erbarmen zurückweist und seinen Willen mit Füßen tritt.

Wo immer Menschen sich gegen Gott erhoben und seinen Herrschaftsanspruch verneint haben, hat das tragische Folgen gehabt. Aber das, was für die Zukunft zu erwarten ist, wird alles bisher Dagewesene übertreffen. Wenn der Geist Gottes, der der menschlichen Entartung und der satanischen Zerstörungswut noch Grenzen setzt, eines Tages zurückgezogen wird, dann wird sich unverhüllt zeigen, was es bedeutet, gnadenlos den Mächten des Bösen ausgeliefert zu sein.

An jenem Tag aber werden alle, die sich zu Gott halten, gerettet werden, wie damals die Christen vor der Zerstörung Jerusalems. Wieder wird Christus seine Hand über die Seinen halten, denn es heißt: „Und dann werden wehklagen alle Geschlechter auf Erden und werden sehen den Menschensohn kommen auf den Wolken des Himmels mit großer Kraft und Herrlichkeit. Und er wird seine Engel senden mit hellen Posaunen, und sie werden seine Auserwählten sammeln von den vier Winden, von einem Ende des Himmels bis zum andern.“ [16]

Die Menschheit sollte sich hüten, Jesu Worte in den Wind zu schlagen. Als der Herr damals seine Jünger vor der Katastrophe warnte, die auf Jerusalem zukam, sprach er auch von den Ereignissen der Endzeit und von der Vernichtung dieser Welt. Wer Jesu Warnungen ernst nimmt, kann heute wie damals dem Unglück entrinnen. In Lukas 21,25 heißt es: „Und es werden Zeichen geschehen an Sonne und Mond und Sternen, und auf Erden wird den Völkern bange sein.“ [17] Deshalb fordert Jesus dazu auf: „... so wacht nun.“ [18] Wer diese Mahnung ernst nimmt, wird nicht in der Dunkelheit bleiben müssen.

Allerdings ist nicht damit zu rechnen, daß die Menschheit von heute eher bereit ist, der Warnungsbotschaft Jesu Gehör zu schenken, als damals Israel vor der Zerstörung Jerusalems. Wann immer Jesus wiederkommen wird, es wird für die meisten unerwartet sein. Die Menschen denken, es wird alles im-

---

[16] Matthäus 24,30.31 [17] Siehe auch Matthäus 24,20; Markus 13,24–26; Offenbarung 6,12–17 [18] Markus 13,35

mer so weitergehen wie bisher. Sie werden ihren Interessen und Geschäften nachgehen und nichts weiter als Geldverdienen und Vergnügen im Sinn haben. Es wird auch immer fortschrittsgläubige religiöse Führer geben, die die Menschen in falsche Sicherheit wiegen. Deshalb wird die Wiederkunft Jesu über viele so unerwartet hereinbrechen, als hätte sich ein Dieb unbemerkt ins Haus geschlichen. Für alle Sorglosen und Gottesverächter wird das ein schrecklicher Tag sein, denn „sie werden nicht entfliehen“.[19]

[19] 1. Thessalonicher 5,3

2 Jesu Nachfolger bleiben treu

Jesus verschwieg seinen Jüngern nicht, welch schwere Erfahrungen die Gemeinde in der Zeit zwischen seiner Rückkehr in die himmlische Welt und seiner Wiederkunft machen würde. Er schaute in die Zukunft und sah all die Anfeindungen und Verfolgungen, denen seine Nachfolger ausgesetzt sein würden. [1] Unzählige würden den gleichen leidvollen Weg gehen müssen wie ihr Herr. Die Welle der Feindschaft, die dem Erlöser der Welt entgegengeschlagen war, würde auch die erfassen, die treu zu Jesus halten.

Die nichtchristliche Welt wußte, daß ihre heiligen Stätten zur Bedeutungslosigkeit herabsinken mußten, wenn die Gute Nachricht von Jesus Christus siegen würde. Deshalb entzündete sie das Feuer der Verfolgung und schürte es nach Kräften. Die Christen wurden verfolgt, vertrieben und ihres Besitzes beraubt. Viele von ihnen wurden gnadenlos hingemetzelt.

Den von Kaiser Nero angezettelten Verfolgungen folgten durch die Jahrhunderte hindurch immer neue. Endlich hatte man wieder eine Minderheit, der man die Schuld an allem Unglück in die Schuhe schieben konnte. Gab es irgendwo Mißernten, machte man die Christen dafür verantwortlich. Wurde ein Landstrich von Seuchen entvölkert oder von einem Erdbeben heimgesucht, dann hieß es: Die Christen sind schuld! Und wenn Leute sich persönlich bereichern wollten, brauchten sie nur die Christen als Aufrührer und Staatsfeinde anzuschwärzen. Mancherorts machte man sich einen Spaß daraus, Christen in Tierfelle zu stecken und Kampfhunde oder wilde Tiere auf sie zu hetzen. Fast überall waren die Nachfolger Jesu vogelfrei, wurden gejagt, geschunden, ans Kreuz geschlagen oder verbrannt. Die Massen genossen solche Schauspiele und weideten sich am Leiden und Sterben dieser unschuldigen Menschen.

Um wenigstens ihr Leben zu schützen, mußten die Christen sich vor dem Zugriff der Feinde verstecken oder an unzugängliche Orte zurückziehen. So wurden beispielsweise die

---

[1] Vgl. Matthäus 24,9.21.22

weitverzweigten Gänge und Gewölbe unter der Stadt Rom, die Katakomben, zur Zufluchtsstätte für unzählige Verfolgte. Dort bestattete die christliche Gemeinde auch ihre Toten.

Immer wieder dachten die Gläubigen in jener schweren Zeit daran, daß ihr Herr all das vorausgesagt und die selig gepriesen hatte, die um seinetwillen leiden würden: „Selig seid ihr, wenn euch die Menschen um meinetwillen schmähen und verfolgen und reden allerlei Übles gegen euch, wenn sie damit lügen. Seid fröhlich und getrost; es wird euch im Himmel reichlich belohnt werden. Denn ebenso haben sie verfolgt die Propheten, die vor euch gewesen sind."[2]

Deshalb hörte man aus den Flammen nicht nur die Schmerzensschreie der Gepeinigten, sondern oft genug auch Lobgesänge. Im Angesicht des schrecklichen Todes wurden manchem Sterbenden die Augen geöffnet, so daß er sehen konnten, wie sehr Christus und die himmlische Welt Anteil an seinem Geschick nahm. Mitten in der Qual hörten Gläubige den Zuspruch: „Sei getreu bis in den Tod, so will ich dir die Krone des Lebens geben."[3]

Obwohl die Mächte des Bösen alles aufboten, die Gemeinde Jesu zu vernichten, gelang es ihnen nicht. Sie konnten die Gläubigen zwar zu Tausenden hinmetzeln, aber die Botschaft Jesu konnten sie nicht auslöschen. Je mehr Christen getötet wurden, desto rascher wuchs die Zahl derer, die Christen werden wollten. Das veranlaßte einen Chronisten jener Zeit zu dem Ausspruch: „Je mehr wir von euch niedergemäht werden, desto größer wird unsere Anzahl; das Blut der Märtyrer ist der Same der Kirche."[4]

Als der Widersacher Gottes sah, daß die Strategie der rohen Gewalt nicht den gewünschten Erfolg brachte, wechselte er die Methode. Nun legte er es darauf an, die christliche Kirche von innen her auszuhöhlen. Was er mit Gewalt nicht schaffte, versuchte er durch List zu erreichen. Er sorgte dafür, daß die brutalen Christenverfolgungen aufhörten. Unvermittelt sah die Gemeinde sich den Verlockungen irdischen Wohlstandes und weltlicher Macht ausgesetzt. Plötzlich war es attraktiv, Christ zu sein. Die Menschen strömten zu Tausenden in die Kirche. Viele von ihnen hatten keine wirkliche Bekehrung erlebt und nahmen die christlichen Glaubensgrundsätze nur oberfläch-

---

[2] Matthäus 5,11.12 [3] Offenbarung 2,10
[4] Tertullian, Apologeticum, Absatz 50

lich an. Sie behaupteten zwar, an Jesus als ihren Retter zu glauben, aber Sündenerkenntnis, Reue und Sinnesänderung waren ihnen mehr als fremd. Weil sie Teile der christlichen Botschaft übernommen hatten, glaubte man darüber hinwegsehen zu müssen, daß sie gleichzeitig an heidnischem Gedankengut festhielten. Damals wurde es üblich, daß Heiden und Christen sich im Glauben an Christus auf „halbem Wege" entgegenkamen.

Im Vergleich zu dieser Entwicklung in der Christenheit war die Epoche der Gefängnisse, der Folterungen, der Scheiterhaufen und Hinrichtungen geradezu eine Zeit des Segens. Nur eine Minderheit innerhalb der Kirche bot dieser neuen Anfechtung die Stirn. Die Mehrheit nahm es mit den Glaubensgrundsätzen nicht mehr so genau. Die Mächte des Bösen brauchten sich nur ein „christliches Mäntelchen" umzuhängen, und schon waren sie mitten drin in der Kirche.

Die Masse der Christen fand nichts dabei, christliches und heidnisches Denken zu vermischen. Um auf einen gemeinsamen Nenner zu kommen, war man bereit, die Meßlatte der biblischen Wahrheit so tief wie möglich anzulegen; jedem sollte der Weg in die Kirche geebnet werden.

Viele zählten sich formal zur Gemeinde Jesu, hielten aber innerlich an ihren heidnischen Vorstellungen fest. Sie übertrugen ihre bisherige Götzenverehrung lediglich formal auf Jesus, die Mutter Maria und die Heiligen. Handfeste Irrlehren, abergläubische Riten und heidnische Weihehandlungen wurden zum Bestandteil des christlichen Glaubens und Gottesdienstes. Die biblische Lehre verkam, und die Gemeinde Jesu verlor ihre Reinheit und geistliche Vollmacht. Nur wenige blieben Christus und seiner Botschaft treu.

Zweierlei Christen

Schon immer gab es in der Gemeinde Jesu zwei unterschiedliche Gruppen. Da waren Gläubige, die sich Jesus zum Vorbild nahmen und versuchten, ihre Fehler und Schwächen im Blick auf ihn zu überwinden. Und dann gab es die anderen, die sich möglichst alles vom Leib halten wollten, was ihre Schuld offenbaren und sie zu echter Umkehr hätte nötigen können.

Selbst zu der Zeit, als die Gemeinde Jesu noch klein war, bestand sie nicht nur aus aufrichtigen Menschen. Im engsten

Freundeskreis Jesu gab es einen Judas, einen Verräter. Im persönlichen Umgang mit Jesus hätte er seine Fehler und Schwächen erkennen können, aber er wollte davon nichts wissen. Um sich nicht ändern zu müssen, schlug er sich lieber auf die Seite des Bösen. Als Jesus ihn direkt auf seine sündigen Gedanken hin ansprach, wurde Judas so verstockt, daß er nicht einmal davor zurückschreckte, Christus den Henkern auszuliefern.

Oder nehmen wir das Ehepaar Hananias und Saphira. [5] Sie taten so, als hätten sie mit dem Verkauf ihres Grundstücks ein großes Opfer für die Sache Gottes gebracht. Dabei war ihre angebliche Großzügigkeit nichts als Heuchelei, denn tatsächlich brachten sie nur einen Teil des Erlöses in die Gemeinde. Gottes Geist ließ die Apostel hinter die heuchlerische Fassade schauen und die wahren Zusammenhänge erkennen. Indem Gott unmittelbar richtend eingriff, bewahrte er die junge Gemeinde vor dem Makel der Unwahrhaftigkeit.

Solange die Gemeinde Jesu eine verfolgte Gemeinde war, bekannten sich in der Regel nur diejenigen zu ihr, die bereit waren, alles für ihren Glauben einzusetzen. Als die Verfolgungen aufhörten und das Christsein nützlich sein konnte, strömten auch viele in die Gemeinde, denen der biblische Glaube nicht wichtig war. Damit öffneten sich für den Widersacher Gottes die Türen zur Gemeinde Jesu. Es dauerte nicht lange, da hatte er in der Kirche festen Fuß gefaßt. Christen und Halbchristen arrangierten sich und einigten sich auf den kleinstmöglichen „Glaubensnenner". Bald reichte auch das nicht mehr aus. Die einst verfolgte Gemeinde Jesu wurde zu einer Kirche, die nun ihrerseits alle verfolgte, die Gott und der biblischen Lehre treu bleiben wollten. Plötzlich gehörte in der Christenheit selbst Mut dazu, sich zu den klaren Aussagen der Bibel zu bekennen. Ein Gemisch aus christlichem und heidnischem Gedankengut wurde zum Maßstab erhoben und für alle verbindlich gemacht. Wer sich dagegen wehrte, wurde als religiöser Störenfried oder Ketzer abgestempelt und entsprechend behandelt.

Diese Auseinandersetzungen dauerten jahrhundertelang an und spitzten sich immer mehr zu. Schließlich erkannten die wahrhaft Gläubigen, daß eine Trennung unumgänglich geworden war, wollte man den eigenen Glauben und den der nach-

[5] Apostelgeschichte 5,1–11

folgenden Generationen nicht aufs Spiel setzen. Sie suchten die Auseinandersetzung zwar nicht, waren aber andererseits davon überzeugt, daß der Friede nicht dadurch erkauft werden dürfe, daß man biblische Grundsätze opfert. Wenn Einigkeit nur durch faule Kompromisse erzielt werden konnte, dann wollten sie lieber darauf verzichten und den Kampf aufnehmen.

Die Christen der ersten Stunde waren eine ständig gefährdete Gemeinschaft. Zahlenmäßig klein und ohne jeden Einfluß in der Gesellschaft, begegneten sie dennoch fast überall erbitterter Feindschaft und blankem Haß. Das ist bis heute so geblieben. Der wahrhaft Gläubige muß immer damit rechnen, den Widerstand und die Feindseligkeit derer herauszufordern, die das Böse lieben.

Angesichts dieser Tatsache ist es schwer zu verstehen, daß die Gute Nachricht von der Erlösung der Welt eine Botschaft des Friedens genannt wird. Als Jesus geboren wurde, sangen die Engel: „Ehre sei Gott in der Höhe und Friede auf Erden bei den Menschen seines Wohlgefallens." [6] Dieses Lied scheint in krassem Gegensatz zu dem zu stehen, was Jesus später einmal geäußert hat: „Ich bin nicht gekommen, Frieden zu bringen, sondern das Schwert." [7] Wenn man jedoch genauer hinschaut, dann muß das durchaus kein Gegensatz sein. Das Evangelium ist und bleibt eine Botschaft des Friedens. Wenn die Lehren Christi bei den Menschen auf offene Ohren träfen, würden Glück und Friede auf dieser Erde heimisch sein. Diesen Frieden wollte Jesus schaffen, indem er die Menschen wieder mit Gott versöhnte. Satan, der erbitterte Feind Jesu, bemüht sich mit allen Mitteln, das zu verhindern, indem er die Menschen unter seine Macht zu zwingen versucht. Die Frohe Botschaft stützt sich auf göttliche Lebensgrundsätze, die den Neigungen und Gewohnheiten der Menschen entgegenstehen. Deshalb wollen die meisten nichts davon hören. Sie verabscheuen das Gute, weil sie in seinem Licht ihre eigene Bosheit erkennen. Alle, die ihnen Gottes Willen vor Augen halten und sie dadurch beunruhigen, müssen folglich bekämpft werden. So gesehen, hat Jesu Wort vom „Schwert" ganz gewiß seine Berechtigung.

Menschen, die im Glauben noch ungefestigt sind, geraten mitunter auch deshalb in eine Krise, weil sie nicht begreifen

---

[6] Lukas 2,14 [7] Matthäus 10,34

können, warum es oft gerade denen, die sich nicht um Gott und seinen Willen scheren, so gut geht. Und völlig unverständlich wird es, wenn die Ungläubigen auch noch diejenigen unterdrücken, denen Gott und sein Wille etwas bedeutet. Dann liegt die Frage nahe: Wie kann Gott das zulassen?

Andererseits hat Gott uns genügend Beweise seiner Liebe gegeben, so daß wir nicht an seiner Güte zu zweifeln brauchen, auch wenn wir oft nicht verstehen, worauf das alles hinausläuft. Christus hat einmal gesagt: „Gedenkt an das Wort, das ich euch gesagt habe: Der Knecht ist nicht größer als sein Herr. Haben sie mich verfolgt, so werden sie euch auch verfolgen.“ [8] Das heißt doch: Was immer einem Menschen in der Nachfolge Jesu geschieht – Unrecht, Verfolgung, Folter oder Tod –, es ist nichts anderes als das, was der Gottessohn auch durchleben mußte. Wenn Nachfolger Jesu in Leid geraten, dann sollen sie dadurch selbst geläutert werden. Und durch ihr Verhalten sollen andere zum Glauben und zu einem Leben mit Gott ermutigt werden. Da kann es nicht ausbleiben, daß die Standhaftigkeit und Treue echter Nachfolger Jesu den Heilsverächtern ein Dorn im Auge ist. Sie werden sich dagegen wehren und versuchen, die Gläubigen auszuschalten. Mitunter sieht es sogar so aus, als sähe Gott tatenlos zu. Aber der Tag der Abrechnung kommt; und wir dürfen wissen, daß jedes Unrecht und jedes Leid, das gläubige Menschen zu ertragen haben, von Gott so geahndet wird, als wäre es Christus selbst zugefügt worden.

Paulus schreibt in seinem zweiten Brief an Timotheus (3,12): „Und alle, die fromm leben wollen in Christus Jesus, müssen Verfolgung leiden.“ Wir brauchen uns also über Anfeindungen nicht zu wundern. Wir sollten eher beunruhigt sein, wenn es keine Angriffe auf unser Christsein mehr gibt! Der Grund dafür wäre nämlich der, daß die Gemeinde sich den Maßstäben dieser Welt bereits so angepaßt hat, daß sie keinen Widerstand mehr herausfordert. Was sich heute allgemein als Christentum darbietet, hat häufig nur noch wenig mit dem zu tun, was Jesus und die Jüngergemeinde unter Glauben verstanden. Wenn die Welt dem Christentum heute Beifall zollt, dann liegt das wohl daran, daß die biblischen Lehren kaum noch ernst genommen werden und es in den Kirchen und Gemeinschaften so wenig wirkliche Frömmigkeit gibt. Wenn die

---

[8] Johannes 15,20

Christenheit von heute zu dem biblischen Glauben der Apostelgemeinde zurückkehren würde, ginge es ohne Widerstand und Verfolgung ganz gewiß nicht ab.

3 Falsche Lehren bedrohen die Gemeinde

Schon der Apostel Paulus hatte erkannt, daß der Wiederkunft Christi unverwechselbare Ereignisse vorausgehen werden. Den Christen in Thessalonich schrieb er: „Laßt euch von niemandem verführen, denn zuvor muß der Abfall kommen und der Mensch der Bosheit offenbart werden, der Sohn des Verderbens. Er ist der Widersacher, der sich erhebt über alles, was Gott oder Gottesdienst heißt, so daß er sich in den Tempel Gottes setzt und vorgibt, er sei Gott ... Denn es regt sich schon das Geheimnis der Bosheit; nur muß der, der es jetzt noch aufhält, weggetan werden.“ [1]

Verhältnismäßig früh war also zu sehen, daß sich Irrtümer in die Gemeinde einschleichen und dem Abfall Tür und Tor öffnen würden. Und so kam es denn auch. Heidnisches Gedankengut und weltliche Gebräuche machten sich in der Kirche breit. Viele christliche Führer orientierten sich nicht mehr an der Bescheidenheit Christi, sondern strebten nach Einfluß, Ansehen und Macht. Als zu Anfang des 4. Jahrhunderts Kaiser Konstantin zum Christentum übertrat, wurde das mit Befriedigung und Beifall aufgenommen. Kaum jemand erkannte damals, daß dieses Ereignis ein tragischer Wendepunkt in der Geschichte der Christenheit war. Nach außen hin sah es so aus, als wäre die heidnische Religion besiegt und dem Untergang preisgegeben. In Wirklichkeit schickte sich das Heidentum gerade an, in der christlichen Kirche Unterschlupf zu suchen und dort zu überleben. Unbesehen wurden heidnische Vorstellungen und Lehren übernommen, wenn es nur gelang, ihnen ein „christliches Mäntelchen“ umzulegen. Dieses Vermischen von Heidentum und Christentum bereitete dem Widersacher Gottes, den Paulus als „Sohn des Verderbens“ bezeichnete, den Weg. Wieder einmal zeigte sich, daß Verfälschung des Glaubens ein bevorzugtes Mittel Satans ist, die Macht an sich zu reißen und seinen Einfluß zu sichern.

Was anfangs nur in Ansätzen sichtbar war, wucherte durch die Jahrhunderte hindurch weiter und führte im Mittelalter zu

---

[1] 2. Thessalonicher 2,3.4.7

solchen Auswüchsen, daß beispielsweise Päpste in Kirche und Welt höchste Autorität beanspruchten und sich sogar mit „Herr Gott, der Papst" anreden ließen. (1) Später kam noch der Anspruch hinzu, als Stellvertreter Gottes in Sachen Lehre und Moral unfehlbar zu sein. (2)

Als Satan seinerzeit Jesus in der Wüste versuchte, hatte er nur ein Ziel; er wollte angebetet sein! Darauf kommt es ihm auch heute noch an. Dabei scheint es gleichgültig zu sein, ob solche Anbetung direkt geschieht oder ihm über den Umweg der Verehrung von Menschen und religiösen Systemen gezollt wird.

Wer zu Gott gehört, wird solchen Ansprüchen ebenso begegnen, wie Jesus damals dem Versucher entgegentrat: „Du sollst den Herrn, deinen Gott, anbeten und ihm allein dienen." [2] Es gibt keinen biblischen Beleg dafür, daß Gott einem Menschen die Herrschaft über seine Gemeinde anvertraut hätte. Deshalb steht das päpstliche Streben nach einer Vormachtstellung in der christlichen Kirche dem Wort der Heiligen Schrift entgegen.

Bis heute lastet man katholischerseits den Protestanten die Hauptschuld an der Kirchenspaltung an, denn sie hätten sich von der einen wahren Kirche getrennt. Solche Vorwürfe fallen aber angesichts des eigenen Abfalls von der biblischen Lehre eher auf diejenigen zurück, die sie erheben.

Der Versuch Satans, Jesus zu Fall zu bringen, scheiterte daran, daß der Herr sich immer wieder auf Gottes Wort berief. Christus wehrte alle Versuchungen mit dem Hinweis ab: „Es steht geschrieben." Seither ist dem Widersacher klar, daß er seine Ziele nur erreichen kann, wenn er den Menschen Gottes Wort entzieht. Seine Strategie war dementsprechend: Entweder mußte die Heilige Schrift unterdrückt oder das Vertrauen zu ihr untergraben werden. Tragischerweise spielte ihm diesbezüglich die mittelalterliche Kirche direkt in die Hände.

Jahrhundertelang war die Bibel auf Betreiben der Kirche ein verbotenes Buch. (3) Das Volk durfte sie weder lesen noch im Hause haben. Machtgierige Kirchenführer nutzten die Unwissenheit der Menschen, um ihre Vormachtstellung zu sichern. Kein Wunder, daß nur wenige daran zweifelten, daß der Bischof von Rom gleichzeitig auch Stellvertreter Gottes auf Erden sei.

---

[2] Lukas 4,8

Der Griff nach dem Gesetz

In der Zukunftsschau des Propheten Daniel heißt es, daß mit einer Macht gerechnet werden müsse, „die Festzeiten und Gesetz“ ändern würde. [3] In fast allen heidnischen Religionen sind Götterbilder und heilige Gegenstände von großer Bedeutung. Bei der Bereitschaft der Kirche, sich eher den Bedürfnissen des Kirchenvolkes anzupassen, als nach dem Willen Gottes zu fragen, nimmt es nicht wunder, daß in der Christenheit sehr bald die Verehrung von Bildern und Reliquien gang und gäbe war. Diese unbiblischen Praktiken wurden sogar von einem Kirchenkonzil gutgeheißen. (4) Allerdings stand dem allen das zweite Gebot des Dekalogs entgegen, das jede Verehrung und Anbetung von Bildern verbietet. Die Lösung dieses Problems war für die Kirche einfach: Das zweite Gebot wurde ersatzlos gestrichen! Um wieder auf zehn Gebote zu kommen, teilte man das letzte kurzerhand – und dabei ist es im Katechismus bis heute geblieben.

Dem biblischen Sabbatgebot wurde in ähnlicher Weise Gewalt angetan. Satan war daran gelegen, den bei der Schöpfung von Gott eingesetzten Sabbat durch den im Heidentum bekannten „ehrwürdigen Tag der Sonne“ zu ersetzen. Da die Christenheit der ersten Jahrhunderte den Sabbat heiligte, mußte Gottes Widersacher behutsam und geschickt vorgehen. Zunächst wurde eine Verbindung geschaffen zwischen dem „Tag der Sonne“ und der Auferstehung Christi. Man feierte diesen Tag zunächst nur im Gedenken daran, daß Christus den Tod besiegt hatte. Der Sabbat als von Gott eingeführter Ruhetag blieb weiterhin bestehen. Damit wollte und konnte sich Satan aber nicht zufriedengeben. Geschickt nutzte er die ausgeuferte jüdische Sabbattradition, gegen die schon Jesus Stellung genommen hatte, um den biblischen Sabbat herabzuwürdigen und die Christenheit dazu zu bewegen, den Sonntag an seine Stelle zu setzen.

Als schließlich Kaiser Konstantin den Sonntag per Erlaß im ganzen Römischen Reich zum verbindlichen Feiertag erklärte (5), war Satan seinem Ziel wieder ein Stück nähergekommen. Zwar feierten jetzt heidnische und christliche Staatsbürger einen gemeinsamen Tag, aber es gab immer noch viele Christen, die nach wie vor am biblischen Ruhetag festhielten.

---

[3] Daniel 7,25

Um auch das zu unterbinden, steckte Satan sich hinter die kirchlichen Machthaber. So geschah es denn, daß der Sabbat im Laufe der Zeit auf allen möglichen Kirchenkonzilen mehr und mehr als Überbleibsel aus dem Judentum dargestellt und ins Abseits gedrängt wurde. Und weil man vielerorts die Juden verabscheute, wandte man sich auch von deren heiligem Tag ab, ohne daran zu denken, daß der Sabbat keine jüdische Einrichtung war, sondern seit Beginn der Menschheitsgeschichte eine göttliche Ordnung ist.

Endlich hatte der Widersacher erreicht, was er wollte. Die Vorhersage des Apostels Paulus, daß einer auftreten würde, der sich „über alles, was Gott oder Gottesdienst heißt", hinwegsetzt, hatte sich erfüllt. Damit war es gelungen, gerade das Gebot, das auf die Schöpfung hinweist und zur Anbetung des Schöpfers aufruft, aus der Welt zu schaffen.

Sowohl auf katholischer als auch auf evangelischer Seite wird argumentiert, daß die Auferstehung Christi am Sonntag diesen Tag zum christlichen Sabbat gemacht habe. Doch weder Christus noch seine Apostel schrieben dem Sonntag diese Bedeutung zu. Daraus ist zu schließen, daß nicht Gott, sondern sein Widersacher diese Veränderung gewollt hat. An dieser Stelle wird etwas von dem offenbar, was Paulus damals als „Geheimnis der Bosheit" bezeichnet hat.

Im 6. Jahrhundert hatte der Bischof von Rom die Herrschaft über die gesamte Kirche in seiner Hand vereinigt. Das Heidentum hatte das Feld geräumt, und seine Macht war auf das Papsttum übergegangen. Prophetisch ausgedrückt könnte zutreffen, was in der Offenbarung des Johannes so formuliert wird: Der Drache hat dem Tier „seine Kraft und seinen Thron und große Macht" gegeben.[4] (6)

Damit begannen die 1260 Jahre antichristlicher Vorherrschaft, von denen das prophetische Wort spricht.[5] Die Christen der damaligen Zeit mußten eine schwere Entscheidung fällen. Wollten sie in Frieden und Sicherheit leben, mußten sie die kirchlichen Lehren und Ordnungen anerkennen, auch wenn die nicht biblisch zu begründen waren. Wollten sie Gott und seinem Wort treu bleiben, mußten sie damit rechnen, Freiheit und Leben einzubüßen. Viele erlebten, daß wahr ist, was Jesus viele Jahrhunderte zuvor gesagt hatte: „Ihr werdet aber verraten werden von Eltern, Brüdern, Verwandten und

[4] Offenbarung 13,2 [5] Daniel 7,25; Offenbarung 13,5–7

Freunden; und man wird einige von euch töten. Und ihr werdet gehaßt sein von jedermann um meines Namens willen.“ [6]

Die christliche Welt wurde zu einem Schlachtfeld des Glaubens. Jahrhundertelang mußten sich die treuen Nachfolger Christi verstecken oder in unzugängliche Gegenden flüchten, um ihr nacktes Leben zu retten. Es war so, wie Gottes Wort es bildhaft vorhergesagt hatte: „Und die Frau entfloh in die Wüste, wo sie einen Ort hatte, bereitet von Gott, daß sie dort ernährt werde 1260 Tage.“ [7]

Die Machtergreifung durch die römische Kirche markierte den Beginn einer Geschichtsepoche, die manche das „finstere Mittelalter“ nennen. Weithin war für die Christenheit nicht mehr Jesus Christus die Zentralfigur, sondern der Papst in Rom. Wenn die Menschen Vergebung für ihre Sünden suchten, wandten sie sich nicht mehr an den „Vater im Himmel“, sondern an den „Vater in Rom“ oder die von ihm bevollmächtigten Priester. Der Papst hatte für viele die Stelle Gottes eingenommen. Wer sich seinem Willen und seinen Weisungen widersetzte, riskierte harte Strafen. Die Gedanken der Menschen wurden von Gott weg– und auf unvollkommene und sündige Menschen hingelenkt. Letztlich triumphierte der Herrscher der Finsternis, indem er sich christlicher Institutionen bediente, um die Leute in seine Gewalt zu bekommen. Wo Gottes Wort den Menschen vorenthalten wird und Menschen die Normen setzen – selbst wenn sie religiös sind –, da sind Verführung, Täuschung und Bosheit nicht mehr fern.

Nur wenige blieben in jener Zeit dem unverfälschten Wort Gottes treu. Mitunter sah es so aus, als würde der Irrtum den wahren Glauben völlig verdrängen. Gottes Wille und seine gute Botschaft waren weithin unbekannt, dafür wurde den Menschen der Wille der Kirche aufgezwungen. Man lehrte sie, fromme Leistungen zu erbringen, wenn sie um Sündenvergebung nachsuchten. Die Priester redeten ihnen ein, wer den Zorn Gottes besänftigen wolle, müsse Pilgerfahrten an heilige Stätten unternehmen, sich strengen Bußübungen unterziehen, Reliquien verehren oder freigebig für die Kirche spenden.

Um die Mitte des 8. Jahrhunderts behaupteten die Päpste, der Bischof von Rom habe schon in frühchristlicher Zeit als geistliches Oberhaupt der gesamten Christenheit gegolten, und wenn sie den Primat für sich forderten, täten sie nichts

---

[6] Lukas 21,16.17 [7] Offenbarung 12,6

weiter, als diese Tradition aufrechtzuerhalten. Um diesem Anspruch wenigstens den Schein von Wahrheit zu verleihen, schreckten gewisse Päpste auch nicht vor Urkundenfälschung zurück. Plötzlich wurden in irgendwelchen Archiven Beschlüsse und Festlegungen von Konzilien „entdeckt“, die niemals getagt hatten. Und das alles nur, um die Vormachtstellung des Bischofs von Rom abzusichern und auszubauen. (7)

Manche der Treuen, die ihr Glaubensgebäude auf dem sicheren Grund des Wortes Gottes bauen wollten, waren den ewigen Kampf und die ständige Gefahr für Leib und Leben leid, streckten die Waffen und paßten sich an. Nur wenige ließen sich nicht abbringen von ihrem auf die Bibel gegründeten Glauben.

In den Kirchen gehörte es inzwischen zur religiösen Gepflogenheit, daß man brennende Kerzen vor Bilder stellte, niederkniete und anbetete. Aberglaube und Unwissenheit machten sich überall breit und drohten Glauben und Vernunft völlig zu verdrängen. Teile der hohen Geistlichkeit verstanden von Vergnügungen und Machtentfaltung mehr als vom Evangelium. Korruption, Ämterschacher und religiös verbrämte Ausbeutung waren überall an der Tagesordnung.

Im 11. Jahrhundert erklärte Papst Gregor VI., daß die Kirche sich niemals geirrt hätte und auch niemals irren würde, wie das ja schon in der Heiligen Schrift geschrieben stünde. Diese Behauptung konnte freilich aus der Schrift nicht bewiesen werden. Eben dieser Papst nahm sich auch das Recht heraus, kraft seiner von Gott verliehenen Vollmacht weltliche Herrscher ein- und abzusetzen. Er exkommunizierte beispielsweise den damaligen Kaiser Heinrich IV. und entthronte ihn, weil er argwöhnte, Heinrich würde die Autorität des Papstes nicht anerkennen. Heinrichs Söhne ermutigte der Papst, sich gegen ihren eigenen Vater zu erheben.

Der religiöse und politische Einfluß Gregors VII. war so groß, daß Heinrich IV. sich demütigen und Frieden mit Rom schließen mußte. Mitten im Winter überquerte er die Alpen, um Abbitte zu tun. Als er das Schloß Gregors erreicht hatte, wurde er in einen Außenhof geführt. Dort mußte er bloßen Hauptes und mit nackten Füßen in der Kälte stehen, bis der Papst ihn zu empfangen geruhte. Erst nachdem er drei Tage lang gefastet und Buße getan hatte, wurde ihm gnädig Vergebung gewährt. Allerdings nur unter der Bedingung, daß Heinrich seine kaiserliche Macht erst wieder ausüben würde, wenn der Papst es erlaubte. Stolz verkündete Gregor VII., seines Zeichens Stellvertreter Christi auf Erden, daß es seine Pflicht sei, den Hochmut der Könige zu dämpfen.

Von der Gesinnung Jesu, dessen Statthalter Gregor sein wollte, war bei diesem Papst nicht viel zu erkennen. Jesus jedenfalls hat keinen Menschen vor der Tür stehen lassen, sondern stand selber draußen und bat um Einlaß. Darüber hinaus hat er seine Jünger gelehrt: „... wer unter euch der Erste sein will, der sei euer Knecht.“ [8]

Wie falsche Lehren in die Kirche eindrangen

Schon lange bevor sich das Papsttum herausbildete, waren unchristliche Lehren in die Gemeinde eingeflossen. Viele angeblich Bekehrte brachten ihr heidnisches Gedankengut mit in die Kirche und vermischten es mit dem, was die Bibel lehrt. Eine dieser Irrlehren war die Überzeugung, daß der Mensch eine unsterbliche Seele habe, und daß er nach dem Tod in irgendeiner Form weiterlebe. Auf diesem Fundament errichtete die römische Kirche das religiöse Gebäude der Anrufung von Heiligen und der Verehrung der Jungfrau Maria sowie die unbiblischen Lehren vom Fegefeuer und der Hölle. (8)

Eine der für Rom einträglichsten Irrlehren war lange Zeit die Lehre von der Sündenvergebung durch Ablässe. Wer einen Papst dabei unterstützte, seine weltliche Herrschaft zu erweitern, seine Feinde zu züchtigen oder alle auszutilgen, die sich seinem Willen widersetzten, wurde mit der vollständigen Vergebung aller Sünden belohnt – der vergangenen, gegenwärtigen und sogar zukünftigen. Außerdem machte man die Leute glauben, daß sie mit Hilfe von Geld sich selbst von Sünden loskaufen und sogar die Seelen längst Verstorbener aus dem Fegefeuer herausholen könnten. All das brachte viel Geld in die Kassen Roms, das für die Prachtentfaltung und den Luxus derer dringend nötig war, die sich Stellvertreter Christi nannten – des Mannes, der nicht einmal wußte, wohin er sein Haupt zum Schlafen niederlegen sollte. (9)

Das Abendmahl, so wie es Jesus mit seinen Jüngern gefeiert hatte, wurde zum Meßopfer umgewandelt. Die Priester behaupteten, Brot und Wein würden sich unter ihren Händen

---

[8] Matthäus 20,27 [9] Cardinal Wiseman's Lectures on „The Real Presence“, lecture 8, sec. 3, § 26

buchstäblich in „den Leib und das Blut Christi“[9] verwandeln. Mit geradezu gotteslästerlicher Anmaßung beanspruchten sie die Macht, Gott, den Schöpfer aller Dinge, bei jeder Messe neu „zu schaffen“. (10) Von den Christen wurde damals bei Androhung der Todesstrafe verlangt, sich zu dieser unbiblischen Lehre zu bekennen.

Im 13. Jahrhundert wurde von Rom eins der anrüchigsten Unterdrückungsinstrumente der gesamten Kirchengeschichte ins Leben gerufen – die Inquisition. (22) Nun war nicht mehr zu übersehen, daß der Fürst der Finsternis eng mit geistlichen Würdenträgern zusammenarbeitete und deren Gedanken zum Bösen hin beeinflußte. Aber all das, was damals an Schrecklichem geschah, ist in den Annalen Gottes verzeichnet, sei es nun im verborgenen oder vor aller Augen geschehen. In dieser Zeit erfüllte sich, was der Apostel Johannes vorausgesagt hatte: Das große Babylon war „betrunken von dem Blut der Heiligen“.[10] Das Blut der Märtyrer schrie millionenfach nach Vergeltung zum Himmel.

Anstatt der Welt zu dienen, war das Papsttum zum Zwingherrn der Welt geworden. Könige und Kaiser beugten sich dem Diktat des römischen Bischofs. Jahrhundertelang waren die Lehren Roms für alle verbindlich und durften von niemandem in Frage gestellt werden. Die Geistlichkeit wurde geehrt und großzügig unterstützt. Nie wieder verfügte die römische Kirche über solche uneingeschränkte Macht.

Die Glanzzeit des Papsttums war für die Welt gleichzeitig eine Zeit tiefster Finsternis.[11] Die Heilige Schrift war nicht nur dem Volk, sondern auch der Priesterschaft nahezu unbekannt. Die päpstlichen Würdenträger wollten möglichst verhindern, daß Gottes Licht ihre dunklen Machenschaften für alle Welt sichtbar werden ließ. Da Gottes Gesetz, der Maßstab für alles menschliche Handeln, kaum noch bekannt war, fiel ihnen das nicht schwer. Betrug, Habsucht und Verschwendung waren an der Tagesordnung. Die Paläste der Päpste und Prälaten wurden zu Schauplätzen wüster Ausschweifungen. Einige geistliche Würdenträger verstrickten sich so tief in Verbrechen jeder Art, daß weltliche Herrscher sich genötigt sahen, sie abzusetzen. Viele Jahrhunderte hindurch gab es in Europa auf wissenschaftlichem, kulturellem und sozialem Gebiet kaum noch Fortschritte.

---

[10] Offenbarung 17,5.6 [11] Wylie, History of Protestantism, 1. Buch, Kap. 4

Der Preis dafür, daß man Gottes Wort verdrängt oder verfälscht hatte, war hoch: Die Christenheit sank auf einen moralischen und geistlichen Tiefstand, der seinesgleichen suchen mußte.

4 Standhaft trotz Verfolgung

In der langen Epoche päpstlicher Vorherrschaft legte sich eine bedrückende geistliche Finsternis auf die gesamte Christenheit. Dennoch gab es immer Zeugen für Gott, die ihren Glauben nicht verleugneten und daran festhielten, daß allein Christus der Vermittler zwischen Gott und den Menschen sein könne. Für sie gab es keine andere Richtschnur als die Bibel. Deren Weisungen gemäß lebten sie. Manche dieser Gruppen hielten auch weiterhin am biblischen Sabbat fest. Offiziell galten sie als Ketzer. Ihre Schriften wurden als gefährlich abgestempelt oder gleich ganz verboten. Dennoch blieben diese Gläubigen ihrer Überzeugung treu.

In den Geschichtsbüchern liest man kaum etwas von ihnen. Wenn sie doch einmal erwähnt werden, dann häufig nur in den Anklageschriften ihrer Verfolger. Der damaligen römischen Kirche lag viel daran, alles, was irgendwie nach Ketzerei roch, aus der Welt zu schaffen – seien es nun die „Abtrünnigen" selbst oder ihre Schriften. Es sollten auch möglichst keine Beweise dafür übrigbleiben, wie grausam Andersdenkende durch die Kirche verfolgt wurden. Da vor der Erfindung des Buchdrucks die Verbreitung von Schrifttum nur begrenzt möglich war, ließ sich diese Absicht verhältnismäßig leicht verwirklichen.

Keine christliche Gemeinschaft innerhalb der Grenzen der römischen Gerichtsbarkeit konnte sich den Ansprüchen des Bischofs von Rom widersetzen, ohne alsbald seinen „rächenden Arm" zu spüren.

In Großbritannien hatte der christliche Glaube sehr früh Fuß gefaßt. (11) Er war frei von den Irrtümern, die sich in der römischen Kirche breitgemacht hatten. Die ersten schlechten Erfahrungen machten die britischen Christen mit dem heidnischen Rom, als die römischen Kaiser ihre Hand nach den Britischen Inseln ausstreckten. Viele Gläubige flohen damals nach Schottland. Von dort wurde die christliche Botschaft nach Irland weitergetragen und auch dort freudig aufgenommen.

Als später die heidnischen Sachsen in Britannien einfielen,

mußten sich die Christen in einsame Gegenden zurückziehen, wenn sie überleben wollten. Obwohl das Licht des Evangeliums fast ein Jahrhundert lang nur im verborgenen leuchten konnte, wurde es nicht gänzlich ausgelöscht. Der irische Christ Columban hatte mit Gleichgesinnten eine einsame Insel zum Missionszentrum gemacht. Von dort aus gingen Sendboten nicht nur nach Schottland und England, sondern auch nach Deutschland, in die Schweiz und bis nach Italien. Einer dieser „Missionare" hielt den biblischen Sabbat und brachte die Wahrheit über den göttlichen Ruhetag wieder unter die Leute.

Rom schlägt zu

Der römischen Kirche war es seit langem ein Dorn im Auge, daß Britannien nicht christlich war. Im 6. Jahrhundert machten sich deshalb Missionare auf den Weg, um die heidnischen Sachsen zu bekehren. Dabei stießen sie zu ihrer Überraschung auch auf Menschen, die bereits Christen waren. Diese Leute hielten sich, was die Lehre und den Lebensstil betraf, weitgehend an die Weisungen der Heiligen Schrift. Damit hoben sie sich erheblich von dem Christentum römischer Prägung ab. Als von ihnen verlangt wurde, sie sollten sich der Oberhoheit Roms unterstellen, antworteten die britannischen Christen, daß sie dem Papst nicht mehr Ehrerbietung erweisen könnten als jedem anderen Nachfolger Jesu. Sie wollten keinen Herrn über sich anerkennen als allein Christus.

Jetzt zeigte sich, wes Geistes Kind die römischen „Missionare" waren. Ihr Anführer drohte: „Wenn ihr die Bruderhand, die euch den Frieden bringen will, nicht annehmen mögt, so sollt ihr Feinde bekommen, die euch den Krieg bringen. Wenn ihr nicht mit uns den Sachsen den Weg des Lebens verkündigen wollt, so sollt ihr von ihrer Hand den Todesstreich empfangen."[1]

Das waren keine leeren Drohungen. Intrigen, Hinterlist und Gewalt führten schließlich dazu, daß die britannische Kirche zerstört wurde. Wer die Herrschaft der römischen Kirche nicht anerkannte, mußte fliehen, wenn ihm sein Leben lieb war.

---

[1] J. H. Merle D'Aubigné, History of the Reformation of the Sixteenth Century, Buch 17, Kapitel 2

Dort, wo der päpstliche Arm nicht hinreichte, konnten die christlichen Gemeinden lange Zeit den ursprünglichen biblischen Glauben bewahren. So gab es beispielsweise in Zentralafrika und im heutigen Armenien Christen, die ihr Leben im Sinne der Zehn Gebote gestalteten und deshalb auch den Sabbat hielten.

Aber auch im Herrschaftsbereich der römischen Kirche gab es Christen, die sich gegen die päpstlichen Ansprüche wehrten. Eine der wichtigsten Gruppen waren die Waldenser. Ausgerechnet in dem Land, in dem das Papsttum seinen Sitz hatte, schlug ihm äußerst entschlossener Widerstand entgegen. Die christlichen Kirchen im Piemont konnten jahrhundertelang ihre Eigenständigkeit bewahren, mußten sich dann aber doch Rom unterwerfen. Einige Gruppen widersetzten sich dem, weil sie Gott treu bleiben und ihren biblischen Glauben nicht verleugnen wollten. Manche flüchteten in die Berge, um ihres Glaubens leben zu können, andere wichen ins Ausland aus und wurden dort durch ihr Zeugnis und ihr Leben zu Botschaftern Gottes.

Die Waldenser hatten den auf die Bibel gegründeten Glauben von ihren Vorfahren übernommen und waren nicht gewillt, davon abzulassen, selbst als sie deshalb in einen gefährlichen Konflikt mit Rom gerieten. Diese armselige „Kirche in der Wüste" war die echte Gemeinde Christi, nicht die stolze und prachtliebende Papstkirche, die ihren Thron im Zentrum der Macht aufgeschlagen hatte. Den Waldensern ist es zu verdanken, daß Gottes Wahrheit nicht völlig vergessen, sondern von Generation zu Generation weitergegeben wurde.

Einer der Hauptgründe für diese Spaltung innerhalb der Christenheit war die Abneigung Roms gegenüber dem biblischen Sabbat. Schon im prophetischen Wort war eine Macht angekündigt worden, die Gottes Wahrheit und sein Gesetz in den Staub treten würde. Wer im Einklang mit der römischen Kirche leben wollte, mußte den Sonntag heiligen. Manche christlichen Gruppierungen versuchten Gott und dem Papst gerecht zu werden, indem sie einerseits am Sabbat festhielten, andererseits aber auch den Sonntag ehrten. Das ging auf die Dauer nicht gut, denn Rom bestand darauf, daß nur der Sonntag zu feiern sei. Wer sich nicht an diese Weisung hielt, galt als Feind der Kirche und wurde verleumdet und verfolgt.

Die Waldenser bekamen diese Feindschaft immer wieder zu spüren. Sie gehörten übrigens zu den ersten europäischen

Christen, die über eine Bibel in ihrer Muttersprache verfügten. Das ließ sie für Rom besonders gefährlich werden, weil es anhand der Bibel leicht möglich war, die kirchlichen Irrlehren aufzudecken. Als die Waldenser auf Grund bestimmter Texte in der Offenbarung des Johannes zu der Überzeugung kamen, die römische Kirche sei das dort beschriebene abgefallene Babylon, zogen sie sich deren unversöhnliche Feindschaft zu. Hinzu kam, daß diese „Ketzer" den Machtansprüchen Roms entgegentraten, das Verehren und Anbeten von Bildern und Heiligen ablehnten und zu allem Überfluß auch noch am biblischen Ruhetag festhielten. (12) Das alles sollte schreckliche Folgen haben.

Die Wahrheit ist unteilbar

Für die Waldenser stand der in der Heiligen Schrift geoffenbarte Wille Gottes ebenso fest wie die Berge, in denen sie sich vor den Verfolgern verbergen mußten. Sie wollten Gott so dienen, wie sie es aus der Bibel herauslasen. Dafür nahmen sie auch ein Leben voller Entbehrungen und Gefahren auf sich. Ihren Kindern gaben sie die Überzeugung weiter, daß die Wahrheit mehr bedeutet als Besitz, Freunde, Verwandte oder gar das eigene Leben. Für diese Christen war nichts wichtiger als das Wort Gottes. Weil damals Abschriften der Bibel rar und teuer waren, versuchten sie, möglichst viele Texte auswendig zu lernen. Nicht wenige von ihnen konnten ganze Teile des Alten und des Neuen Testamentes aus dem Gedächtnis hersagen.

Der ständigen Bedrohung wegen wurden bereits die Kinder daran gewöhnt, Schwierigkeiten die Stirn zu bieten, eigene Verantwortung zu übernehmen und sich klug zu verhalten. Ein unbedachtes Wort konnte nicht nur das eigene Leben gefährden, sondern auch das von vielen anderen. Denn wie ein Rudel Wölfe seine Beute gnadenlos jagt, so waren auch die Feinde der Wahrheit hinter denen her, die es wagten, Glaubensfreiheit für sich zu beanspruchen.

Um ihren Lebensunterhalt zu sichern, mußten die Waldenser hart arbeiten. Jedes Stückchen fruchtbare Erde wurde genutzt. Sparsamkeit und Selbstlosigkeit sogen die Kinder gleichsam mit der Muttermilch ein. Nichts wuchs den Menschen ohne Mühe zu, so daß sie täglich daran erinnert wurden, wie abhängig sie von Gott waren. Fähigkeiten galten als

Gaben Gottes und wurden gepflegt, um sie zu gegebener Zeit im Dienst für Gott einzusetzen.

Die Waldenserkirche glich der Christengemeinde der Apostelzeit. Sie wollte sich nicht nach Menschen richten, sondern erkannte allein die Autorität der Heiligen Schrift an. Ihre Prediger strebten nicht nach Ansehen, Macht und Wohlleben, sondern führten die ihnen Anbefohlenen wie gute Hirten zur Weide der Wahrheit und zu den Quellen des Wortes Gottes. Die Gläubigen versammelten sich nicht in prunkvollen Kirchen, um feierlichen Gottesdiensten beizuwohen, sondern in versteckten Alpentälern und Höhlen, um dort die unverfälschte Botschaft des Wortes Gottes zu hören. Es wurden nicht nur fromme Worte gemacht, sondern man kümmerte sich ganz selbstverständlich um die Nöte der Kranken und Bedürftigen. Jeder Waldenser erlernte einen Beruf, um für sich und die Seinen den Lebensunterhalt sichern zu können.

Die Bibel war das wichtigste Lehrbuch für Kinder und Jugendliche. Fast alle von ihnen lernten die Evangelien auswendig, manche auch noch Paulusbriefe. Um den Menschen Gottes Wort direkt in die Hand geben zu können, wurden biblische Bücher in mühevoller Arbeit abgeschrieben. Der Widersacher Gottes hatte dafür gesorgt, daß Gottes Wort in der offiziellen Kirche unter einer Fülle von Irrlehren und abergläubischen Vorstellungen begraben worden war. Die Waldenser haben großen Anteil daran, daß es nicht ganz vergessen wurde. Wie Bergleute ins Gestein eindringen, um Gold- und Silberadern aufzuspüren, so sind diese Gläubigen unter Gebet zu den verborgenen Schätzen des Wortes Gottes vorgedrungen und haben weitergegeben, was sie selbst fanden. Auf diese Weise ist die Bibel der Menschheit als Lehrbuch der Wahrheit und als Offenbarungsquelle erhalten geblieben.

Da die Ausbildungsmöglichkeiten in den Waldenserschulen begrenzt waren, schickte man geeignete junge Leute zur Weiterbildung nach Frankreich und Italien. Dort lernten sie zwar mehr als in den heimatlichen Bergdörfern, waren aber auch ganz anderen Versuchungen ausgesetzt. Um weder sich noch andere zu gefährden, mußten sie sehr vorsichtig sein und konnten sich niemandem anvertrauen. Ihre Kleidung war so beschaffen, daß sie ihren kostbarsten Besitz, Gottes Wort, immer bei sich tragen konnten, ohne Verdacht zu erregen. Wenn sie Menschen begegneten, von denen sie den Eindruck hatten, sie wären für die Wahrheit aufgeschlossen, dann redeten sie mit ihnen über die Bibel. Mancher Mitschüler fand so den Weg zum wahren Glauben. Mitunter kam es vor, daß sich eine ganze Schule diesem Glauben öffnete. Die Hüter der päpstlichen Lehre waren dann entsetzt und versuchten der Sache auf den Grund zu gehen, aber nur selten konnten sie die „Ketzerei" bis zur Quelle verfolgen.

Gottes Wort muß unter die Leute

Die Waldenser gaben sich nicht damit zufrieden, daß sie Gottes Wahrheit erkannt hatten, sondern fühlten sich dafür verantwortlich, sie auch in die Welt hinauszutragen. Sie waren davon überzeugt, daß allein Gottes Wort die Fesseln der Unwissenheit und des Aberglaubens zerreißen konnte, die Rom der Christenheit angelegt hatte. Um diesem Auftrag gerecht zu werden, mußte sich jeder, der in einer Waldensergemeinde Prediger werden wollte, vorher drei Jahre lang in einem „Missionsfeld" bewährt haben. Eine bessere Einführung in den Gemeindedienst konnte es wohl kaum geben. Wer sich für solch einen Dienst entschied, wußte, daß er nicht mit weltlichen Ehren und irdischem Wohlstand rechnen konnte, sondern ständig mit Mühe und Gefahr zu tun haben würde. Die Missionare gingen immer zu zweit hinaus, so wie Jesus seine Jünger ausgesandt hatte. Mancher von ihnen hat seinen Dienst für Christus als Märtyrer beendet.

Natürlich durfte niemand wissen, daß sie Prediger und Missionare waren. In der Regel diente ihnen ihr Beruf als Tarnung für ihre Missionsarbeit. Meist durchzogen sie das Land als Kaufleute oder Händler und boten alle möglichen Waren zum Kauf an. „Sie boten Seide, Schmucksachen und andere Gegenstände, die zu jener Zeit nur aus weit entfernten Handelsplätzen zu beziehen waren, zum Verkauf an und wurden dort als Handelsleute willkommen geheißen, wo sie als Missionare zurückgewiesen worden wären."[2]

Immer hatten sie Abschriften der Bibel oder Teile davon bei sich. Sobald sie spürten, daß jemand für Gottes Wort aufgeschlossen war, überließen sie ihm etwas von diesem Schatz. Sie wanderten von Stadt zu Stadt und drangen in weit entfernte Länder vor. Überall fanden sie Menschen, die das Wort freudig aufnahmen und sich zu neuen Gemeinden zusammen-

---

[2] Wylie, History of Protestantism, Buch 1, Kapitel 4

schlossen. Aber nicht wenige von ihnen mußten auch um der Wahrheit willen ihr Leben lassen.

Die Waldenser glaubten, daß das Ende der Welt nicht mehr lange auf sich warten lassen würde. Deshalb hielten sie es für ihre Pflicht, möglichst viele Menschen, die in der geistlichen Finsternis kirchlicher Lehren lebten, mit der biblischen Botschaft bekanntzumachen. Priester und Mönche hatten die Leute glauben gemacht, daß das Heil des Menschen von seinen guten Werken abhänge. Das führte dazu, daß die Gläubigen ständig darum bemüht sein mußten, ihre Sünden durch fromme Leistungen aufzuwiegen. Um dem Zorn Gottes zu entgehen, legten sie sich strenge Bußübungen auf, lagen nächtelang auf den Knien, fasteten, fügten sich selbst Schmerzen zu oder pilgerten zu heiligen Stätten. Tausende zogen sich in einsame Klosterzellen zurück, um dort Vergebung ihrer Schuld zu finden. Am Ende aller frommen Bemühungen stand jedoch meist die entmutigende Erfahrung, daß der Friede des Herzens auf diese Weise nicht zu erreichen war.

Frieden durch Christus

Diesen geistlich Verhungernden wollten die Waldenser die biblische Botschaft des Friedens bringen. Die Leute sollten wissen, daß allein der Glaube an Jesus Erlösung schafft und von Sünde befreit. Von Schuld kann sich niemand durch frommes Tun loskaufen. Wer den Menschen so etwas einredet, sagt nicht die Wahrheit. Allein das, was der gekreuzigte und auferstandene Christus für uns getan hat, macht uns vor Gott angenehm. Deshalb gibt es auch im Leben eines Christen nichts Wichtigeres als die Beziehung zu ihm. Nicht ohne Grund hat Jesus gesagt, daß eine Rebe nur unter der Bedingung Frucht bringen kann, wenn sie fest mit dem Weinstock verbunden ist.

Wer glaubte, was die Kirche damals lehrte, mußte ein erschreckendes und abstoßendes Bild von Gott und Christus gewinnen. Der strenge, rachsüchtige und gnadenlose Gott war angeblich nur durch die Vermittlung von Priestern und Heiligen zu besänftigen. So jedenfalls stellte es sich für die meisten Christen jener Zeit dar. Angesichts solcher Zustände ist es nicht verwunderlich, daß diejenigen, die aufgrund des Studiums der Heiligen Schrift wußten, wie Gott wirklich ist, darauf brannten, jahrhundertealte Irrtümer der Kirche aus den

Köpfen der Menschen zu räumen. Die Leute sollten wissen, daß sie direkt zu Gott kommen konnten, um ihn um Vergebung zu bitten und Frieden für ihre Seele zu empfangen.

Einbruch in das Reich des Bösen

Um das zu erreichen, bedienten sich die Waldenser-Missionare der versteckt mitgeführten Heiligen Schrift. Entweder lasen sie den Leuten daraus vor oder überließen ihnen Abschriften. Dabei mußten sie vorsichtig und klug zu Werke gehen, um weder sich noch andere zu gefährden. Die Herzen vieler Menschen wurden auf diese Weise vom Licht der Wahrheit erhellt, und ihre verwundeten Seelen wurden heil. Es gab Leute, die darum baten, ihnen die befreiende Botschaft des Evangeliums immer wieder vorzulesen, so als wollten sie ganz sicher gehen, daß sie sich nicht verhört hatten.

Vielen fiel es wie Schuppen von den Augen, daß es nicht stimmte, daß der Mensch nur durch die Vermittlung der Kirche und ihrer Geistlichen Vergebung der Sünden erlangen könne. Beglückt riefen sie aus: „Christus ist mein Priester, sein Blut ist mein Opfer, sein Altar ist mein Beichtstuhl." Diese Gewißheit machte sie innerlich so froh und stark, daß sie bereit waren, für diese Überzeugung sogar ins Gefängnis oder auf den Scheiterhaufen zu gehen.

Meist wurde Gottes Wort insgeheim gelesen und verkündigt. Manchmal war nur ein einziger Zuhörer da, dann wieder waren es kleine Gruppen von Menschen, die wissen wollten, was wirklich in der Bibel steht. Nicht selten verbrachte man die ganze Nacht miteinander, um Antwort auf Fragen zu finden wie: „Wird Gott *mein Opfer* annehmen? Wird er sich *mir* wirklich gnädig zuwenden? Wird er *mir* tatsächlich vergeben?" Und Gott antwortete durch sein Wort: „Kommt her zu mir, alle, die ihr mühselig und beladen seid; ich will euch erquicken." [3]

Wenn die Menschen dann beglückt in ihre Heime zurückkehrten, konnten sie nicht anders, als diese frohmachende Botschaft an andere weiterzugeben, um sie auf den gleichen Weg zu führen.

Die waldensischen Boten der Wahrheit waren inzwischen weitergezogen. Oft hatte man sie gar nicht gefragt, wer sie

---

[3] Matthäus 11,28

seien, woher sie kämen und wohin sie gingen. Die Botschaft war den Leuten so wichtig, daß die Verkündiger ganz in den Hintergrund traten. Manche der Bekehrten fragten sich später: Waren das am Ende gar Engel?

Einige dieser Missionare konnten die biblische Wahrheit in viele Länder tragen, andere wurden entdeckt und ins Gefängnis gesteckt. Nicht wenige verloren ihr Leben gerade dort, wo sie anderen Menschen zu einem neuen Leben verholfen hatten. Aber wenn die Feinde des Evangeliums dachten, sie könnten die Wahrheit mit Gewalt unterdrücken, irrten sie sich. Gottes Wort verstummte nicht mehr, sondern tat seine Wirkung.

Das Todesurteil

Die Kirchenführer begriffen sehr schnell, daß die unscheinbaren Wanderprediger zu einer großen Gefahr geworden waren. Wenn das so weiterginge, würden immer mehr Menschen erkennen, daß die Kirche längst nicht mehr als Hort der Wahrheit gelten konnte, sondern ein Sammelbecken unbiblischer Lehren geworden war. Das würde dem Vormachtstreben Roms schaden. Schon die bloße Existenz von Menschen, die am urchristlichen Glauben festhielten und sich allein an der Bibel orientierten, war eine unerträgliche Herausforderung für die Kirche. Dem mußte ein Ende gemacht werden, wenn nötig mit Gewalt.

Die Zeit der blutigen Kreuzzüge gegen die Waldenser begann. Späher Roms drangen bis in die entlegenen Bergregionen vor. Wo man die Gläubigen fand, metzelte man sie nieder, zerstörte ihre Felder und Häuser und riß ihre Gotteshäuser nieder. Dabei hatten sie sich keines anderen „Vergehens" schuldig gemacht, als die biblische Wahrheit zu verkündigen. Das aber galt in den Augen der Kirche als so verabscheuungswürdig, daß es die grausamsten Strafen rechtfertigte.

Nachdem Rom beschlossen hatte, diese verhaßte Sekte auszurotten, wurde eine päpstliche Verordnung [4] erlassen, die die Waldenser als Ketzer verdammte und für vogelfrei erklärte. Jedermann wurde aufgefordert, sich dem Kampf gegen diese verruchten „Feinde des wahren Glaubens" anzuschließen. Um

---

[4] Wylie, ebd., Buch 16, Kapitel 1; Bender, Geschichte der Waldenser, 81.125; Hahn, Geschichte der Waldenser, 744ff.

möglichst viele Mitstreiter zu gewinnen, sprach die Kirche alle, die an diesem Kreuzzug teilnehmen würden, von persönlichen und allgemeinen Kirchenstrafen frei. Versprechen mußten nicht eingehalten werden, unrechtmäßige Besitzansprüche wurden als rechtens anerkannt, wenn man nur mithalf, die Ketzer zu beseitigen. Wer einen tötete, dem war der Erlaß aller Sünden sicher. Mit Waldensern abgeschlossene Verträge wurden für nichtig erklärt, Dienst durfte bei ihnen nicht mehr getan werden, jede Hilfeleistung war zu unterlassen, und den Besitz dieser Leute konnte sich aneignen, wer wollte.

Aus diesen päpstlichen Verordnungen (13) war nicht mehr die Stimme Jesu herauszuhören, sondern eher das „Gebrüll des Drachen". Was damals mit den Waldensern geschah, offenbart den gleichen Geist, der Christus ans Kreuz brachte, die Apostel verfolgte und tötete und der den blutrünstigen Kaiser Nero dazu veranlaßte, die Christen scharenweise den wilden Tieren zum Fraß vorzuwerfen.

Aber ungeachtet aller Vernichtungsfeldzüge, ungeachtet der Leiden, die über sie gebracht wurden, sandten die Waldenser weiterhin ihre Sendboten aus. Sie wurden gejagt und getötet, aber es schien so, als tränkte ihr Blut nur die ausgestreute Saat, so daß immer wieder neues geistliches Leben wuchs.

Hunderte von Jahren vor der Reformation sorgten diese treuen Glaubenszeugen dafür, daß die Fackel der Wahrheit nicht erlosch. Sie legten das Fundament für das Werk der Reformation, an dem später Wyclif und Luther bauten und das bis zum Ende dieser Weltzeit weitergeführt wird.

5 | In England wird es hell

Gott hatte dafür gesorgt, daß sein Wort trotz allen Widerstandes nicht völlig von der Bildfläche verschwand. In ganz unterschiedlichen europäischen Ländern veranlaßte der Heilige Geist immer wieder Menschen, nach der verschütteten biblischen Wahrheit zu graben. Und wenn diese Gläubigen im Wort Gottes solche verborgenen Schätze entdeckt hatten, dann setzten sie alles ein, um sie wieder ans Licht zu bringen. Nicht alles ist in seiner wahren Bedeutung erkannt worden, dennoch wurde auf diese Weise manche längst verschollene Wahrheit wieder ins Bewußtsein der Christenheit gerufen.

Es schien so, als wäre der Höhepunkt der geistlichen Finsternis überschritten. Mitternacht war vorbei, und hier und da leuchtete das erste Licht eines neuen Tages auf. Die Zeit war reif, daß die Menschen die Botschaften der Bibel in ihrer Muttersprache lesen sollten. Im 14. Jahrhundert ging endlich der „Morgenstern der Reformation" auf.

John Wyclif (um 1320–1384) war an der Universität von Oxford sowohl seiner Gelehrsamkeit als auch seiner Frömmigkeit wegen berühmt. Seine Ausbildung hatte er in scholastischer Philosophie, Theologie und als Rechtsgelehrter genossen. Sein Geist war wissenschaftlich geschult, und er kannte sich aus auf den manchmal verschlungenen Pfaden der Gelehrsamkeit. Damit verfügte er über das beste Rüstzeug für den Kampf um die bürgerliche und religiöse Freiheit. Von Anhängern wie Gegnern wurde er seines umfassenden Wissens wegen geschätzt oder zumindest respektiert. Die Feinde seines reformatorischen Wirkens hätten ihn nur zu gern als unwissenden Schwätzer hingestellt, um seine für sie gefährlichen Gedanken leichter abtun zu können, aber das wäre angesichts seiner Gelehrsamkeit absurd gewesen.

Während seiner Zeit an der Universität befaßte sich Wyclif intensiv mit der Heiligen Schrift. Irgendwie hatte er bis dahin immer das Gefühl gehabt, daß wissenschaftliche Studien und die Lehren der Kirche die Bedürfnisse seiner Seele nicht befriedigen konnten. Im Wort Gottes fand er endlich, wonach er bisher vergeblich gesucht hatte. Beim Durchforschen der Heiligen Schrift ging ihm nach und nach auf, daß das Heil des Menschen allein in Christus begründet liegt. Diese Erkenntnis wollte er auf keinen Fall für sich behalten.

Als Wyclif damit begann, die im Wort Gottes gefundene Wahrheit weiterzugeben, wollte er sich keineswegs gegen Rom erheben. Doch je mehr er sich mit der Bibel befaßte, desto deutlicher erkannte er, wie weit sich die damalige Kirche von der Wahrheit entfernt hatte. Menschliche Meinungen und religiöse Traditionen schienen ihr allemal wichtiger zu sein als Gottes Wort. Furchtlos warf er den Priestern vor, die Bibel zu mißachten, und verlangte, Gottes Wort müsse in der Kirche wieder zum alleinigen Maßstab für den Glauben erhoben werden. Da er nicht nur beredt war, sondern auch ein Leben führte, das seinen Worten entsprach, hörten die Leute auf ihn. Sie spürten, daß er nicht nur gelehrt, sondern auch vertrauenswürdig war – ganz anders, als es bei vielen Vertretern der damaligen Kirche der Fall war. Freudig nahmen sie die Lehren Wyclifs an und zogen daraus für ihr Leben die nötigen Schlußfolgerungen. Der römischen Kirche konnte das nicht gefallen. In dem Maße, wie der Reformator Wyclif an Bedeutung gewann, ging nämlich der Einfluß Roms zurück. Das forderte den erbitterten Widerstand der katholischen Geistlichkeit heraus.

Irrlehren werden angeprangert

Wyclif scheute sich nicht, kirchliche Irrlehren beim Namen zu nennen und von Rom verursachte oder geduldete Mißstände aufzudecken. In seiner Amtszeit als Kaplan des englischen Königs wandte er sich scharf gegen die päpstliche Praxis, von der englischen Krone bestimmte Zahlungen zu fordern. Für Wyclif war es geradezu unerträglich und dem Wort der Schrift zuwider, daß der Papst politische Macht beanspruchte und sogar über Könige und Kaiser herrschen wollte. Kirchliche Steuern waren ein Mittel unter vielen, um diesen Anspruch durchzusetzen. Natürlich waren das englische Königshaus und die Adligen darüber empört. Deshalb griffen sie Wyclifs Lehren begeistert auf und verweigerten jede Art von Zahlung an Rom.

Damals wurde Britannien geradezu überschwemmt von Bettelmönchen, die dem Ansehen und dem Wohlstand des Landes schadeten. Nicht genug, daß sie durch ihre „fromme“ Bettelei den Leuten das Geld aus der Tasche zogen, sie brachten auch durch ihren Lebensstil geregelte und nützliche Arbeit überall in Verruf. Junge Leute traten gegen den Willen oder ohne Wissen ihrer Eltern in Klöster ein, weil sie sich davon ein beschauliches, sorgenfreies Leben versprachen. Auch viele Studenten wurden unter Vorspiegelung falscher Tatsachen überredet, in Mönchsorden einzutreten. War das erst einmal geschehen, gab es kaum mehr ein Zurück. Das veranlaßte viele Eltern dazu, ihre Söhne von den Universitäten fernzuhalten. Die Zahl der Studierenden nahm in beängstigender Weise ab. Überall machten sich mangelnde Bildung und Unwissenheit breit.

Besonders verhängnisvoll wirkte es sich aus, daß diese Bettelmönche den Leuten die Beichte abnehmen und Sündenvergebung erteilen duften. Um ihre Einkünfte zu verbessern, gewährten sie die Absolution unter so leichten Bedingungen, daß sie lichtscheues Gesindel und Missetäter jeder Art geradezu anzogen. Kein Wunder, daß Laster und Verbrechen unaufhörlich zunahmen. Um Arme und Kranke kümmerte sich kaum noch jemand. Gaben, die eigentlich dazu hätten dienen sollen, das Los dieser Unglücklichen zu erleichtern, flossen allzu häufig in die Beutel der Mönche. Die scheuten sich nämlich nicht, vom Volk unter Androhung von Höllenstrafen Almosen zu fordern und alle für gottlos zu erklären, die dieser „Christenpflicht“ nicht nachkommen wollten. Ungeachtet des Bekenntnisses zur Armut nahm der Reichtum der Orden immer mehr zu. Prachtvolle Bauten und reichlich gedeckte Tische in den Klöstern ließen die wachsende Armut des Volkes nur um so augenscheinlicher werden. Die Mönche hielten die abergläubische Menge durch erfundene Wundergeschichten und fromme Legenden fest im Griff. Den Leuten wurde eingeredet, daß der Christ alle religiösen Verpflichtungen erfüllt habe, wenn er die Autorität des Papstes anerkenne, die Heiligen verehre und reichlich für die Kirche spende. Mehr sei nicht nötig, um sich einen Platz im Himmel zu sichern.

In der Vergangenheit hatte es nicht an Versuchen frommer Männer gefehlt, den sittlichen Verfall in den Klöstern aufzuhalten und die Mönchsorden zu reformieren. Dem war wenig Erfolg beschieden gewesen. John Wyclif hatte mit klarem Blick erkannt, daß dem Übel nur beizukommen war, wenn man es mit der Wurzel ausriß. Reformversuche mußten notwendigerweise scheitern, weil das ganze System falsch war und deshalb beseitigt werden mußte. Durch Wyclif angeregt, begannen viele zu fragen, ob es nicht richtiger wäre, die Vergebung direkt von Gott zu erbitten, anstatt sich in dieser Hinsicht auf den Papst in Rom und seine Abgesandten zu verlassen. Manche begannen zu begreifen: „Die Mönche und Priester fressen uns wie ein Krebsschaden; Gott muß uns helfen, sonst geht alles zugrunde."[1] Die Bettelmönche begründeten ihren Anspruch auf Almosen damit, daß sie nichts anderes täten als Jesus und seine Jünger. Schließlich stünde in der Schrift, daß der Herr und die Seinen auch von der Wohltätigkeit der Gläubigen gelebt hätten. Daraufhin begannen manche in der Bibel selbst nachzuforschen, um zu erfahren, was denn dort wirklich steht. Hinzu kam, daß Wyclif die Mönche in seinen Schriften angriff und dabei auf die Lehren der Bibel hinwies. Damit brachte er die auf religiöser und politischer Anmaßung fußende Herrschaft des Papsttums in England ins Wanken.

Wyclif war von König Eduard III. damit beauftragt worden, die Rechte der englischen Krone gegen die Übergriffe Roms zu verteidigen. Während seines zweijährigen Wirkens in Amsterdam als königlicher Gesandter begegnete er katholischen Würdenträgern aus Frankreich, Italien und Spanien. Das bot ihm die Möglichkeit, hinter die glänzende religiöse Fassade zu schauen und Kenntnisse zu erlangen, die er in England nicht hätte gewinnen können. Am Verhalten und Reden der päpstlichen Gesandten ließ sich nämlich ablesen, worum es der römischen Priesterschaft in Wirklichkeit ging. Nach England zurückgekehrt, predigte und schrieb er, daß Habsucht, Stolz und Betrug die eigentlichen Götter Roms seien.

In dieser Zeit wurde Wyclif vom König zum Pfarrer von Lutterworth berufen. Sein Einfluß machte sich nicht nur bei Hofe bemerkbar, sondern auch im einfachen Volk, so daß in England wieder ein Glaube wuchs, der sich nicht auf kirchliche Überlieferungen stützte, sondern auf das Wort der Heiligen Schrift.

Dem wollte und konnte Rom nicht untätig zusehen. Kurz hintereinander schickte der Papst drei Botschaften nach England, in denen vom König, von der Universität und von den kirchlichen Würdenträgern verlangt wurde, den ketzerischen Lehrer endlich zum Schweigen zu bringen.[2] Nun schien es

---

[1] D'Aubigné, Geschichte der Reformation, 17. Buch, Kap. 7, Stuttgart, 1854

[2] Neander, Kirchengeschichte, 6. Periode., 2. Kapitel, § 2

nur noch eine Frage der Zeit zu sein, bis Wyclif der Rache Roms zum Opfer fallen würde. Aber Gott, der lange vorher zu Abraham gesagt hatte: „Fürchte dich nicht ... ich bin dein Schild“, wollte es anders. Er streckte seine Hand aus, um den Reformator zu beschützen. Papst Gregor XI. starb, bevor er dem englischen Ketzer den Prozeß machen konnte. Um seine Nachfolge stritten sich zwei rivalisierende Päpste, die einander verfluchten und ihre jeweiligen Anhänger aufeinanderhetzten. Für einige Zeit hatte Rom andere Sorgen, als sich um einen unbotmäßigen Pfarrer in England zu kümmern.

Die widerstreitenden Machtansprüche geistlicher Würdenträger in Rom und die Unmengen von Blut, die um der Herrschaft in der Kirche willen vergossen wurden, ließen viele Menschen erkennen, welcher Geist dort wirklich herrschte. Damit wurde der geistlichen Erneuerung in England der Weg bereitet. Immer mehr Menschen begriffen, daß die rivalisierenden Päpste in Rom offensichtlich aus Versehen die Wahrheit sprachen, wenn sie sich gegenseitig als Antichristen bezeichneten.

Um die Menschen in ganz England mit dem Evangelium zu erreichen, begeisterte Wyclif eine Gruppe von Predigern, die nichts mehr liebten als die biblische Wahrheit. Diese Männer predigten die reformatorische Botschaft in Dörfern und Städten, auf Marktplätzen und Straßen. Sie besuchten die Alten, Kranken und Armen und erzählten ihnen von der Gnade Gottes. Wyclif selber predigte als Professor der Theologie Gottes Wort in den Hörsälen der Oxforder Universität. Seine Studenten nannten ihn deshalb den „evangelischen Doktor“. Seine wichtigste Aufgabe lag aber noch vor ihm: Er wollte die Heilige Schrift ins Englische übertragen. Jeder sollte in seiner Muttersprache lesen können, was Gott uns Menschen zu sagen hat.

Hindernisse türmen sich auf

Unerwartet wurde Wyclifs reformatorisches Wirken durch eine schwere Erkrankung[3] unterbrochen. Rastlose Arbeit, nächtliches Studium und die Angriffe seiner Feinde hatten den noch nicht einmal Sechzigjährigen gesundheitlich stark geschwächt und vor der Zeit altern lassen. Als seine Gegner

---

[3] Wyclif erlitt einen Schlaganfall

hörten, daß Wyclif schwer erkrankt sei, eilten Mönche an sein Bett, um dem Ketzer die Beichte abzunehmen. Sie meinten, nun würde er seinen Irrtum einsehen und seinen Kampf gegen die Kirche bereuen. Triumphierend sagten sie: „Der Tod sitzt euch auf den Lippen, denkt bußfertig an eure Sünden und nehmt in unserer Gegenwart alles zurück, was ihr gegen uns gesagt habt." Der Reformator hörte schweigend zu. Schließlich bat er seine Pfleger, ihn im Bett aufzurichten. Mit fester Stimme entgegnete er: „Ich werde nicht sterben, sondern leben und weiterhin die Machenschaften der Mönche aufdecken." [4] Bestürzt und verwirrt verließen seine Gegner daraufhin das Krankenzimmer.

Wyclif erholte sich tatsächlich von seiner Krankheit und gab seinen Landsleuten die wirksamste aller „Waffen" gegen Rom in die Hand: die Bibel in ihrer Muttersprache. Damit hatte er in England trotz allen Widerstandes ein Licht entzündet, das nicht mehr ausgelöscht werden konnte. Kein Sieg auf irgendeinem Schlachtfeld ist für die Freiheit der Menschen in England wichtiger gewesen als das, was Wyclif durch seine Bibelübersetzung erreicht hatte. Indem er das Wort Gottes für jedermann zugänglich machte, sprengte der Reformator die Fesseln der Unwissenheit und nahm seinen Landsleuten das Joch geistiger Unterdrückung von den Schultern. Das Verlangen nach der Heiligen Schrift war groß. Da Bücher damals noch nicht gedruckt werden konnten, sondern in mühsamer Handarbeit abgeschrieben werden mußten, war der Bedarf an Bibeln kaum zu decken. Wer es sich leisten konnte, kaufte eine komplette Bibelabschrift, andere mußten sich mit Teilen der Heiligen Schrift zufriedengeben. Oft taten sich mehrere Familien zusammen und erwarben ein Exemplar dieses kostbaren Buches. So fand Gottes Wort nach und nach Eingang in viele Häuser und tat dort seine Wirkung.

John Wyclif verfocht bereits 150 Jahre vor der Reformation in Deutschland die wichtigsten protestantischen Grundsätze: „allein der Glaube" und „allein die Heilige Schrift". Seinem Wirken und dem seiner Mitstreiter ist es zu verdanken, daß sich etwa die Hälfte der englischen Bevölkerung zu diesem biblisch-reformatorischen Prinzip bekannte.

Das Erscheinen der Heiligen Schrift in englischer Sprache

---

[4] Neander, Kirchengeschichte, 6. Per., 2. Kapitel, § 10; Schröckh, Christliche Kirchengeschichte, XXXIV, 525

versetzte die kirchlichen Behörden in Angst und Schrecken. Sie erkannten schlagartig, daß sie es nun mit einem mächtigeren Gegner zu tun hatten, als der Ketzer Wyclif es je gewesen war. Damals gab es in England kein Verbot der Bibel, wie das in anderen Ländern der Fall war, denn bisher hatte niemand versucht, Gottes Wort in die englische Sprache zu übersetzen. Ehe auch in England solch ein Verbot durchgesetzt und streng gehandhabt werden konnte, mußte die römische Kirche zu anderen Mitteln greifen, um ihren Erzfeind mundtot zu machen. Zunächst erklärte eine Bischofssynode Wyclifs Schriften für ketzerisch. Gleichzeitig erwirkten die Gegner von dem jungen König Richard II. einen Erlaß, der jedem Gefängnis androhte, der sich zu den „ketzerischen" Lehren bekannte. Daraufhin wandte sich Wyclif direkt ans Parlament und geißelte vor der Nationalversammlung überzeugend die von der Kirche gebilligten Mißbräuche und Übergriffe. Seine Gegner waren entsetzt. Sie hatten erwartet, daß sich der alternde Reformator vor der Autorität der englischen Krone beugen würde, zumal es ihnen gelungen war, einige seiner Freunde und Mitstreiter zum Nachgeben zu bewegen. Statt dessen machten seine Worte auf die Mitglieder des Parlaments solchen Eindruck, daß sie den königlichen Erlaß aufhoben. Der Reformator war wieder frei.

Aber auch Wyclifs Feinde waren hartnäckig. Sie zerrten ihn erneut vor Gericht. Diesmal war es der höchste geistliche Gerichtshof Englands. Hier sollte Wyclif endlich zum Schweigen gebracht werden. Seine Ankläger waren sich einig, daß der Erzketzer diese Gebäude nur noch verlassen dürfe, um auf dem Scheiterhaufen verbrannt zu werden – es sei denn, er würde widerrufen.

Widerrufen? – Niemals!

Wie sehr man Wyclif auch zusetzte, er widerrief nichts. Furchtlos begründete er seine Lehren und wies alle Anklagen und Verdächtigungen mit dem Hinweis auf die Heilige Schrift zurück. Indem er den Verdrehungen, Täuschungen und Spitzfindigkeiten seiner Feinde die biblische Wahrheit entgegenhielt, forderte er seine Verkläger gleichsam vor den Gerichtshof Gottes. Die Worte des Reformators bohrten sich wie „Pfeile aus Gottes Köcher" in die Herzen der Zuhörer. Manche meinten, das „Wehen des Heiligen Geistes" ganz deutlich zu verspüren. Plötzlich erschien nicht mehr Wyclif als der Ketzer, sondern seine Widersacher mußten sich den Vorwurf des Abfalls vom wahren Glauben gefallen lassen. „Mit wem, glaubt ihr, daß ihr streitet?" schleuderte der Angeklagte ihnen entgegen, „mit einem alten Mann am Rande des Grabes? – Nein! Mit der Wahrheit, die stärker ist als ihr und euch überwinden wird."[5] Mit diesen Worten verließ er den Raum.

Wyclifs Aufgabe war fast erfüllt, aber ehe er das Banner der Wahrheit aus der Hand geben konnte, sollte er noch einmal seinen Glauben bezeugen. Er wurde nach Rom zitiert, um sich dort vor dem päpstlichen Gerichtshof zu verantworten. Obwohl er wußte, wieviel unschuldiges Blut an den Händen jener Richter bereits klebte, war er entschlossen, nach Rom zu reisen, um auch dort für die Wahrheit einzustehen. Dazu kam es nicht mehr, da ihn erneut ein Schlaganfall aufs Krankenbett warf. Nun, da Wyclif in Rom nicht persönlich für die Wahrheit eintreten konnte, wollte er sie wenigstens schriftlich vortragen. Deshalb schrieb er aus seinem Pfarrhaus in Lutterworth einen Brief an den Papst, der zwar respektvoll und in christlichem Geist abgefaßt war, aber die Mißstände in der Kirche und am päpstlichen Stuhl offen beim Namen nannte. Dem Machtstreben und der Prunksucht des Papstes und seiner Kardinäle hielt Wyclif die Bescheidenheit und Einfachheit Christi entgegen. Damit machte er für alle Welt deutlich, wie groß der Abstand zwischen dem Herrn der Kirche und denen war, die sich als seine Stellvertreter und Diener auf Erden ausgaben. In seinem Schreiben hieß es unter anderem: „Kein treuer Mensch sollte dem Papst noch irgendeinem Heiligen nachfolgen, außer in den Punkten, in denen dieser Jesus Christus nachgefolgt ist; denn Petrus und die Söhne Zebedäi sündigten, indem sie nach weltlicher Ehre verlangten, die der Nachfolge Christi zuwider ist; deshalb sollte man ihnen in jenen Irrtümern nicht nachfolgen ... Der Papst sollte allen irdischen Besitz und alle Herrschaft der weltlichen Macht überlassen und dazu seine ganze Geistlichkeit nachdrücklich bewegen und ermahnen; denn so tat Christus ... Habe ich in irgendeinem dieser Punkte geirrt, so will ich mich demütigst der Zurechtweisung unterwerfen, selbst dem Tode."[6]

---

[5] Wylie, History of Protestantism, 2. Buch, Kapitel 13

[6] Fox, Acts and Monuments, Band III, 49.50; Neander, Kirchengeschichte, 6. Per., 2. Kapitel, § 29

Wyclif rechnete damit, daß sein Festhalten an der Wahrheit ihn das Leben kosten würde. Der König, der Papst und die englischen Bischöfe waren sich darin einig, daß Wyclif auf den Scheiterhaufen gehörte – und das binnen der nächsten Wochen. Gott aber war anderer Meinung. Er wollte seinen treuen Diener nicht in die Hände der Feinde fallen lassen. Deshalb entzog er ihn ihrer Rache. In seiner Kirche in Lutterworth erlitt Wyclif beim Austeilen des Abendmahls erneut einen Schlaganfall. Wenige Stunden danach starb er.

Botschafter einer neuen Zeit

Gott hatte diesen Mann ganz offensichtlich dazu bestimmt, einer der Väter der Reformation zu werden. Wyclif konnte sich bei seiner Wahrheitssuche und seinen Bestrebungen zur Erneuerung der Kirche nicht auf irgendwelche Wegbereiter stützen. Gott selbst legte ihm die Wahrheit in den Mund und zeigte ihm, was er tun sollte. Selbst aus der geistlichen Finsternis des Mittelalters kommend, sollte er zum Künder eines neuen Zeitalters werden. Auf dem reformatorischen Fundament, das er gelegt hatte, konnten andere weiterbauen. Sein Gebäude der Wahrheit war so schlüssig und fest gefügt, daß dem später kaum noch Wesentliches hinzugefügt werden mußte.

Mit seiner auf die Heilige Schrift gegründeten Erneuerungsbewegung war es Wyclif gelungen, das Denken und die Gewissen vieler Menschen von der geistigen Knechtschaft Roms zu befreien. So wurde er zur Quelle eines Segensstromes, der sich seit dem 14. Jahrhundert immer stärker werdend in alle Welt ergoß. Das ist um so erstaunlicher, als dieser Mann wie jeder andere dazu erzogen worden war, die viele Jahrhunderte alten kirchlichen Lehren und religiösen Bräuche hinzunehmen, ohne jemals Fragen bezüglich ihres Wahrheitsgehaltes oder ihrer Berechtigung zu stellen. Gott selbst machte ihn zu einem kompromißlosen Wahrheitssucher, der keine andere Autorität als die der Heiligen Schrift anerkennen wollte. Wyclif lehrte, daß der Christ sich nicht den Forderungen des Papstes beugen dürfe, sondern allein Gott zu gehorchen habe. Und wenn es um das Verständnis des Wortes Gottes gehe, solle der Gläubige sich nicht von kirchlichen Autoritäten bestimmen, sondern vom Heiligen Geist in alle Wahrheit leiten lassen.

Zweifellos war John Wyclif einer der bedeutendsten Reformatoren. An Verstandesschärfe, an Klarheit der Gedanken und am mutigen Eintreten für die Wahrheit kamen ihm nur wenige gleich. Reinheit des Lebens, unermüdlicher Fleiß im Studium und in der Arbeit, absolute Rechtschaffenheit sowie eine brennende Liebe und Treue in seinem Dienst kennzeichneten diesen ersten großen Reformator in einer Zeit geistlicher Finsternis und sittlicher Verdorbenheit. Er war ein hervorragendes Beispiel dafür, was Gott aus einem Menschen machen kann, der sich dem Einfluß seines Wortes überläßt.

Die Fackel der Wahrheit wurde nach Wyclifs Tod von seinen Anhängern, den sogenannten Wycliffiten oder Lollarden, über England hinaus weitergetragen. Viele Menschen öffneten sich der biblischen Botschaft. Eine Reihe von Adligen und sogar die Frau des englischen Königs bekannten sich zu den Lehren Wyclifs und sagten sich los von den heidnischen Gebräuchen und Irrlehren der Papstkirche.

Der Gegenschlag Roms ließ nicht lange auf sich warten. Alle, die allein Gottes Wort als Maßstab für Lehre und Leben anerkennen wollten, wurden unbarmherzig verfolgt. Zum erstenmal in der Geschichte loderten in England Scheiterhaufen, auf denen Christen ihres Glaubens wegen verbrannt wurden. Der Staat jagte die Lollarden als Landesverräter, die Kirche verdammte sie als Ketzer. Das Ergebnis war immer dasselbe: Verfolgung, Gefängnis, Folter und Tod. Dennoch konnte die Wahrheit nicht ausgelöscht werden, denn ihre Verkündiger fanden Unterschlupf in den Hütten der einfachen Leute, und die Anhänger Wyclifs versammelten sich weiterhin an geheimgehaltenen Orten. Die schlimmsten Verfolgungen konnten den Protest gegen die Verderbnis in der Kirche nicht zum Verstummen bringen. Die Gläubigen der damaligen Zeit hatten die Wahrheit noch nicht in ihrer vollen Tragweite erfaßt, aber sie liebten Gottes Wort und waren bereit, dafür alles zu opfern. Sie drängten sich nicht nach dem Martyrium, aber wenn sie ihren Besitz verloren, die Heimat verlassen mußten oder ins Gefängnis geworfen wurden, dann sahen sie es als eine Gnade an, um Christi und ihres Glaubens willen leiden zu dürfen.

Es war Rom nicht gelungen, Wyclif bei Lebzeiten unter den Willen der Kirche zu zwingen; deshalb war der Haß nicht gestillt, solange die Gebeine dieses Ketzers friedlich im Grabe ruhten. Vierzig Jahre nach seinem Tode grub man die Überreste des Reformators wieder aus, verbrannte sie öffentlich auf einem Scheiterhaufen und verstreute die Asche unter Verwünschungen in einen Wasserlauf. Ein englischer Geschichtsschreiber kommentierte das mit den Worten: „Der Bach führte seine Asche mit sich in den Avon, der Avon in die Severn, die Severn in die Meerengen und diese weiter in den großen Ozean; und somit ist Wyclifs Asche ein Sinnbild seiner Lehre, die jetzt über die ganze Welt verbreitet ist."[7]

Von Wyclifs Schriften angeregt, sagte sich Jan Hus von vielen Irrtümern der römischen Kirche los und wurde in Böhmen zum Träger der Wahrheit. Von dort aus verbreitete sich das reformatorische Gedankengut in viele andere Länder und bereitete den Boden vor für die kommende geistliche Erneuerung in ganz Europa.

[7] Fuller, Church History of Britain, 4. Buch, 2. Kapitel, § 54

6 „... getreu bis an den Tod“

In Böhmen hatte das Evangelium schon im 9. Jahrhundert Eingang gefunden. Die Bibel war ins Tschechische übersetzt worden. Der Gottesdienst wurde nicht in lateinisch gehalten, sondern in der Landessprache, so daß jeder verstehen konnte, was verkündigt wurde. Den Gläubigen gefiel das, Papst Gregor XII. dagegen nicht. Er fürchtete um die Autorität und Macht der Kirche. In einer offiziellen Verlautbarung (Bulle) ließ er die Gläubigen wissen, der Allmächtige wolle in einer fremden Sprache angebetet werden. Wo das nicht geschähe, würden sich die schlimmsten Irrlehren und Übel in die Kirche einschleichen. [1]

Gott sorgte dessenungeachtet dafür, daß die Wahrheit nicht völlig unter kirchlichen Lehren begraben wurde. Viele der um ihres Glaubens willen aus der Heimat vertriebenen Waldenser und Albigenser kamen nach Böhmen. Ihrem Wirken ist es zu verdanken, daß dort der biblische Glaube nicht in Vergessenheit geriet.

Schon vor Jan Hus gab es in Böhmen Zeugen der Wahrheit, die ihre Stimme gegen die Verderbnis in der Kirche und gegen das lasterhafte Leben des Volkes erhoben. Das rief den erbitterten Widerstand der Priesterschaft hervor, die sich angegriffen fühlte und um ihren Einfluß fürchtete. Mit aller Härte ging die Kirche gegen die Boten der Wahrheit vor. Sie drohte jedem mit dem Scheiterhaufen, der sich von der römischen Form des Gottesdienstes abwenden würde. Viele mußten ihre biblisch begründete Glaubensüberzeugung mit dem Leben bezahlen. Einer von ihnen erklärte sterbend: „Jetzt hat die Wut der Feinde die Oberhand über uns, aber es wird nicht für immer sein; es wird sich einer aus dem gemeinen Volk erheben, ohne Schwert und Autorität, gegen den sie nichts vermögen werden.“ [2] Und tatsächlich, es war schon einer auf dem Weg, die Welt aufzurütteln und den Menschen die Augen für die Machenschaften Roms zu öffnen.

---

[1] Wylie, History of Protestantism, 3. Buch, Kapitel 1
[2] Comenius, Historia Persecutionum Ecclesiae Bohemicae, 20

Jan Hus (um 1370–1415) war von ärmlicher Herkunft und durch den Tod seines Vaters früh Halbwaise. Die fromme Mutter, der Ehrfurcht vor Gott als wertvollster Besitz galt, erzog ihren Sohn ganz in diesem Sinne. Nach Abschluß seiner Schulzeit in der Kreisstadt Prachatitz ging der Junge zum Studium nach Prag, wo ihm eine Freistelle an der Universität angeboten worden war. (14) Dort machte er bald durch Fleiß und außergewöhnlich gute Leistungen sowie durch sein freundliches Wesen auf sich aufmerksam. Bei alledem war er ein überzeugter Anhänger des katholischen Glaubens. Nachdem er sein Studium abgeschlossen hatte, wurde er zu einem allseits geschätzten Priester. Es dauerte nicht lange, bis er an den Königshof gezogen und zum Professor – später sogar zum Rektor[3] – der Universität berufen wurde, an der er studiert hatte. Innerhalb weniger Jahre war der Name Jan Hus in ganz Europa bekannt.

Hieronymus, ein tschechischer Laientheologe und Freund von Jan Hus, hatte in England Wyclifs Schriften gelesen und einige davon mitgebracht. Der englischen Königin, die sich zu Wyclifs Lehren bekannte, lag viel daran, daß die Werke des Reformators auch nach Prag kamen, denn Böhmen war ihre Heimat. Hus las diese Schriften mit großem Interesse. Er hielt Wyclif für einen aufrichtigen Christen und stand dessen Reformen wohlwollend gegenüber. Damit hatte er, ohne es selbst zu wissen, einen Weg eingeschlagen, der ihn weit von Rom wegführen sollte.

Von zwei Bildern beeindruckt

Ungefähr zu dieser Zeit kamen zwei englische Freunde nach Prag, um dort ihre aus der Bibel gewonnenen Erkenntnisse zu verbreiten. Als sie Kritik am Papst und der Lehre der Kirche äußerten, verboten ihnen die Behörden das Predigen. Da sie nicht nur Prediger, sondern auch Künstler waren, änderten sie daraufhin ihre Verkündigungsweise. Weil sie nicht mehr von der Wahrheit reden durften, versuchten sie Gottes Wort auf andere Weise unter die Leute zu bringen – nur schweigen wollten sie auf keinen Fall. Also begaben sie sich

[3] In einigen neueren Geschichtswerken findet sich auch die Version, daß Hus nicht Rektor der Universität, sondern nur Rektor der Bethlehemskapelle gewesen sei.

auf einen öffentlichen Platz und malten zwei Bilder. Das eine zeigte Jesus, wie er auf einem Esel in Jerusalem einreitet, gefolgt von seinen einfach gekleideten, barfüßigen Jüngern. Auf dem anderen Bild war der Papst zu sehen – in kostbare Gewänder gehüllt, die dreifache Krone auf dem Haupt, auf einem prächtig herausgeputzten Pferd reitend und von aufwendig gekleideten Kardinälen und Prälaten umgeben. Die Kunde von den Bildern ging wie ein Lauffeuer durch die Stadt. Immer mehr Menschen kamen, um sich das anzusehen – und natürlich begriffen sie die Botschaft der Bilder sofort. Die ganze Stadt geriet in Aufruhr, so daß es die beiden Engländer für besser hielten, Prag zu verlassen.

Auch Jan Hus schaute sich die Bilder an. Sie hinterließen bei ihm einen so tiefen Eindruck, daß er sich gedrungen fühlte, Wyclifs Schriften und die Bibel genauer zu studieren. Zwar stimmte er nicht allen Ansichten des englischen Reformators zu, aber er begann das wahre Wesen des Papsttums zu erkennen und verurteilte immer unverhohlener den Hochmut und die Verderbtheit des Papstes und seiner Priesterschaft.

Bannstrahl gegen Prag

Was in Prag geschah, konnte in Rom nicht verborgen bleiben. Der Papst zitierte Hus vor seinen Richterstuhl. Jedermann wußte, daß Jan Hus nicht mit dem Leben davonkommen würde, falls er nach Rom ginge. Deshalb schlossen sich das böhmische Königspaar, die Prager Universität, Mitglieder des Adels und Regierungsbeamte zusammen, um beim Papst zu erreichen, daß Hus in Prag bleiben und sich durch einen Bevollmächtigten vertreten lassen durfte. Darauf ließ sich der Papst jedoch nicht ein; er wollte Hus in Rom haben, um ihn möglichst schnell unschädlich machen zu können. Als sich die Freunde und Gönner des Reformators dem Befehl nicht beugten, verhängte der Papst den Bann über Prag.

Diese Maßnahme löste Angst und Bestürzung unter den Menschen aus. Das einfache Volk sah im Papst den Stellvertreter Gottes auf Erden, der die Schlüssel des Himmels und der Hölle in Händen hielt. Es fürchtete sich davor, daß der Bann schreckliche Strafgerichte über die Menschen bringen und sie von den himmlischen Freuden ausschließen würde. Rom heizte die abergläubische Angst geschickt an, indem es dafür sorgte, daß alle Kirchen geschlossen wurden. Trauungen durften zum Entsetzen der Menschen nur noch auf Kirchhöfen vollzogen werden, Verstorbene begrub man nicht mehr in geweihter Erde, sondern verscharrte sie ohne den Segen der Kirche irgendwo in Wald oder Feld.

Ganz Prag war in Aufruhr. Die Mehrheit der Bevölkerung gab Jan Hus die Schuld an dem Unglück und verlangte, daß er an Rom ausgeliefert werden müsse. Um die Lage etwas zu beruhigen, verließ Hus die Stadt und zog sich in sein Heimatdorf zurück. Aber auch dort konnte er die Wahrheit nicht verschweigen. Wann immer es möglich war, predigte er den Menschen das Evangelium. Als sich die Aufregung in Prag gelegt hatte, kehrte der Reformator in die Stadt zurück, um dort weiterhin für die Wahrheit zu zeugen. Zwar warteten hier erbitterte Feinde auf ihn, aber er hatte auch mächtige Freunde – die Königin, einen Teil des Adels und viele Menschen aus dem einfachen Volk.

Lange Zeit hatte Jan Hus die Reformation in Böhmen allein vorangetrieben, nun bekam er einen fähigen Mitstreiter. Es war Hieronymus (1360–1416), der in England durch Wyclifs Schriften mit dem reformatorischen Gedankengut in Berührung gekommen war. Er schloß sich dem Prager Reformator an. Beide wurden Freunde und wirkten hinfort gemeinsam für die Sache der Wahrheit, wobei Hus ohne Zweifel die größeren Führungsqualitäten besaß. Aber beide ergänzten sich in bezug auf ihr Wesen und ihre Begabungen in idealer Weise, so daß ihr gemeinsames Handeln der Reformation gewaltigen Auftrieb gab.

Gott ließ diese beiden Männer zahlreiche Irrtümer Roms erkennen, doch erhielten sie nicht alles Licht, das der Welt gegeben werden sollte. Viele seiner Kinder führte der Herr durch diese beiden Männer aus der Finsternis römischer Irrlehren zum Licht der biblischen Wahrheit. Das konnte allerdings nur Schritt für Schritt geschehen. Wie die Strahlen der Mittagssonne Menschen, die lange im Dunkeln zugebracht haben, blenden würden, so hätten es die Gläubigen damals wohl nicht ertragen können, wenn Gott ihnen nach der langen Nacht geistlicher Finsternis die ganze Fülle seiner Wahrheit zugemutet hätte. Er offenbarte ihnen deshalb immer nur so viel, wie sie zu verstehen und zu tragen imstande waren.

In dieser Zeit nahm der Verfall der römischen Kirche immer schlimmere Formen an. (15) In Rom stritten gleich drei Päpste um die Macht. Dabei begnügten sie sich nicht damit, einander zu verwünschen und mit Flüchen zu belegen. Jeder von ihnen kaufte Waffen und warb Söldner an, um seine Ansprüche gewaltsam durchzusetzen. Das kostete Geld, viel Geld. Und um es sich zu beschaffen, wurden alle Gaben, Ämter und Segnungen der Kirche zum Verkauf feilgeboten. (16)

Furchtlos prangerte Jan Hus diese im Namen des Christentums verübten Scheußlichkeiten an; und das Volk selbst beschuldigte mehr und mehr die römische Geistlichkeit, Ursache all der Übel zu sein, die über die Christenheit hereingebrochen waren.

Wiederum schien Prag an der Schwelle zu blutigen Auseinandersetzungen zu stehen. Wie in alttestamentlicher Zeit[4] versuchte man von kirchlicher Seite, den wahren Dienern Gottes die Schuld daran zuzuschieben. Zum zweiten Mal wurde der Kirchenbann über Prag verhängt. Wieder hielt Hus es für angebracht, die Stadt zu verlassen und vorübergehend in seine Heimat zurückzukehren. Die Zeit, da er in seiner geliebten Bethlehemskapelle in Prag das Evangelium verkündigt hatte, war zu Ende. Bald würde er vor einem weit größeren Forum für die reformatorische Wahrheit eintreten müssen.

Auf Betreiben Kaiser Sigismunds, der wieder Ordnung in Welt und Kirche bringen wollte, berief Johannes XXIII. (1409), einer der drei rivalisierenden Päpste, ein Konzil nach Konstanz ein. Eigentlich lag dem Kirchenfürsten nichts an einer solchen Versammlung, denn er wußte, daß seine lockeren Sitten und sein unchristliches Handeln nicht einmal von denen gebilligt wurden, die kaum weniger Skrupel hatten als er. Aber er wagte es nicht, sich dem Willen des Königs zu widersetzen.

Hauptanliegen dieses Konzils sollte es sein, die Kirchenspaltung zu beseitigen und die Ketzerei ein für allemal auszurotten. Deshalb wurden auch die beiden Gegenpäpste und der Reformator Jan Hus vorgeladen. Die Rivalen von Johannes XXIII. erschienen aus Sicherheitsgründen nicht persönlich, sondern ließen sich durch Gesandte vertreten. Johannes selbst sah den Verhandlungen mit großer Sorge entgegen. Er fürchtete nicht ohne Grund, daß man ihn wegen der Machenschaften belangen würde, mit denen er sich die Papstkrone erschlichen hatte, und daß man ihn für die Verbrechen zur Rechenschaft ziehen könnte, mit denen er sich an der Macht hielt. Aber da

---

[4] 1. Könige 18,17

ihm keine andere Wahl blieb, versuchte er die Massen wenigstens dadurch für sich zu gewinnen, daß er mit großem Pomp in Konstanz einzog.

Freies Geleit für Jan Hus

Zur gleichen Zeit näherte sich ein anderer Reisender der Stadt. Hus war sich der Gefahr, die ihm drohte, wohl bewußt. Er verließ seine Freunde in dem Gefühl, sie nie wiederzusehen. Obwohl er ein Sicherheitsgeleit vom böhmischen König erhalten hatte und ihn zusätzlich ein Geleitbrief (17) von Kaiser Sigismund schützte, rechnete der Reformator damit, daß er auf dem Scheiterhaufen enden würde. In einem Brief an seine Freunde in Prag schrieb er: „Meine Brüder ... ich reise mit einem Geleitbrief des Königs, um meinen unzähligen Todfeinden zu begegnen ... Jesus Christus litt für die, die er liebte. Sollten wir uns dann darüber wundern, daß er uns ein Beispiel gegeben hat? ... Deshalb, ihr Lieben, wenn mein Tod zu seiner Herrlichkeit beitragen soll, dann betet, daß er schnell komme und daß Gott mir die Kraft gibt, in meinem Leid standhaft zu bleiben ... Wir wollen zu Gott beten, ... daß ich nicht einen Buchstaben von der wahren Lehre verschweige, damit ich meinen Brüdern ein gutes Beispiel gebe, dem sie folgen können.“[5]

In einem anderen Brief sprach Hus mit tiefer Demut von seinen Fehlern und beklagte es, daß er mit Genugtuung aufwendige Kleidung getragen und viele Stunden mit unwichtigen Dingen vergeudet hatte. Und dann wünscht er dem Freund: „Möge die Herrlichkeit Gottes und das Heil von Seelen dein Gemüt in Anspruch nehmen und nicht der Besitz von Pfründen und Vermögen. Hüte dich, dein Haus mehr zu schmücken als deine Seele, und verwende deine größte Sorgfalt auf das geistliche Gebäude ... Aber ich beschwöre dich bei der Gnade unseres Herrn, mich nicht in irgendeiner der Eitelkeiten nachzuahmen, in welche du mich fallen sahst.“ Auf dem Umschlag des Briefes vermerkte er: „Ich beschwöre dich, mein Freund, dieses Siegel nicht zu brechen, bis du die Gewißheit erlangt hast, daß ich tot bin.“[6]

Nach seiner Ankunft in Konstanz konnte sich Hus zu-

---

[5] Bonnechose, Les réformateurs avant la réforme du XVI. siècle, 1. Buch, 147. 148 [6] Bonnechose, ebd., 163. 164

nächst völlig frei bewegen. Den Schutzbrief des Kaisers ergänzte eine Zusicherung des Papstes, daß der Reformator keine Repressalien zu befürchten habe. Aber trotz dieser feierlichen und mehrmals wiederholten Erklärungen wurde Hus bald nach seiner Ankunft mit Wissen und Zustimmung des Papstes und seiner Kardinäle verhaftet und in ein ekelerregendes Verlies gesteckt. Später brachte man ihn in die stark befestigte Burg Gottlieben jenseits des Rheins und hielt ihn dort gefangen. In eben diesen Kerker wurde bald darauf auch der Papst geworfen, der Hus unter Bruch aller Zusagen hatte verhaften lassen. Außer des Mordes, des Ämterschachers und der Unkeuschheit war er der niederträchtigsten Verbrechen für schuldig befunden worden, „die nicht passend sind, genannt zu werden", wie das Konzil erklärte. [7] Auch die Gegenpäpste wurden abgesetzt, und die Kirchenversammlung wählte einen neuen Papst.

Wer allerdings damit gerechnet hatte, daß diese veränderte Situation Hus die Freiheit bringen würde, sah sich getäuscht. Im Gegenteil, dem Konzil schien sehr daran gelegen zu sein, den unbequemen Mahner loszuwerden. Die Gefangennahme des Reformators hatte in Böhmen tiefe Entrüstung hervorgerufen. Ein Teil des Adels protestierte gegen diesen Übergriff. Der Kaiser, dem die Verletzung seiner Sicherheitszusage peinlich war, wandte sich ebenfalls gegen die Aufnahme eines Verfahrens gegen Hus. Aber die Feinde der Reformation gaben nicht nach, sondern machten sich den wankelmütigen und der Kirche hörigen Kaiser gefügig, indem sie behaupteten, daß es dem Konzil freistehe, „Ketzern und Leuten, die unter dem Verdacht der Ketzerei stünden, Wort zu halten, selbst wenn sie auch mit Sicherheitsgeleit von Kaisern und Königen versehen seien". [8]

Kerkerhaft und Krankheit hatten Jan Hus schon sehr geschwächt, als er endlich der Ratsversammlung vorgeführt wurde und vor dem Kaiser stand, der ihm freies Geleit zugesagt hatte. Dennoch wich er nicht von der Wahrheit ab, sondern nannte die Irrtümer der Kirche und die Verderbtheit der Geistlichkeit und des Papstes mutig beim Namen. Als man ihn vor die Wahl stellte, entweder seine Lehren zu widerrufen oder zu sterben, entschied er sich für die Wahrheit und zog

[7] Hefele, Konziliengeschichte, Band VII, 139–141
[8] Lenfant, Histoire du concile de Constance, Band I, 516

es vor, das grausame Ende eines Märtyrers auf sich zu nehmen.

Die schweren Wochen bis zur endgültigen Verurteilung durchlebte er im Vertrauen auf Gott. Seine Freunde ließ er in dieser Zeit wissen: „Ich schreibe diesen Brief im Kerker und in Ketten, mein Todesurteil morgen erwartend ... Was der gnädige Gott an mir bewirkt und wie er mir beisteht in wunderlichen Versuchungen, werdet ihr erst dann einsehen, wenn wir uns bei unserem Herrn und Gott durch dessen Gnade in Freuden wiederfinden.“ [9]

Im Blick auf den Sieg

Mitten im Jammer der Gefangenschaft gab Gott Jan Hus die innere Gewißheit, daß sich die Wahrheit auf die Dauer durchsetzen würde. Er fühlte sich im Geist zurückversetzt in seine Prager Bethlehemskapelle. Im Traum sah er, wie der Papst und seine Bischöfe alle Bilder von Jesus Christus an den Wänden der Kapelle zerstörten. Das bedrückte ihn sehr, aber „am andern Tage stand er auf und sah viele Maler, welche noch mehr Bilder und schönere entworfen hatten, die er mit Freuden anblickte. Und die Maler sprachen, umgeben von vielem Volk: ‚Mögen die Bischöfe und Priester kommen und diese Bilder zerstören!‘“ Der Reformator setzte hinzu: „So hoffe ich doch, daß das Leben Christi, das in Bethlehem durch mein Wort in den Gemütern der Menschen abgebildet worden ... durch eine größere Anzahl von besseren Predigern, als ich bin, besser wird abgebildet werden, zur Freude des Volkes, welches das Leben Christi liebt.“ [10]

Zum letztenmal wurde Jan Hus vor das Konzil geführt. Es war eine beeindruckende Versammlung: der Kaiser, Reichsfürsten, königliche Abgeordnete, Kardinäle, Bischöfe, Priester und eine große Volksmenge. Als Hus noch einmal aufgefordert wurde, seiner Lehre abzuschwören, lehnte er das ab. Dann richtete er seinen Blick auf den Kaiser und sagte: „Ich bin aus eigenem freien Entschluß vor dem Konzil erschienen, unter dem öffentlichen Schutz und dem Ehrenwort des hier anwesenden Kaisers.“ [11] Tiefe Schamröte überzog das Gesicht Sigismunds, als sich aller Augen auf ihn richteten.

Als der Schuldspruch gefällt war, forderte man Hus zum

---

[9] Neander, Kirchengeschichte, 6. Per., 2. Kap., 2. Teil, § 73 [10] Neander, ebd.
[11] Bonnechose, ebd., 2. Buch, 84; Palacky, Geschichte Böhmens, Bd. VI, 364

letztenmal zum Widerruf auf, doch der drehte sich der versammelten Menge zu und entgegnete: „Wie sollte ich dann Gott gegenübertreten? Wie könnte ich den vielen Menschen begegnen, denen ich das reine Evangelium gepredigt habe? Nein, ihre Errettung ist mir mehr wert als dieser armselige Leib, der nun dem Tode geweiht ist.“ [12]

Daraufhin begann die demütigende Zeremonie der Amtsenthebung. Die Priesterkleidung, die man ihm vorher angezogen hatte, wurde ihm Stück für Stück wieder ausgezogen. Dabei sprach jeder Bischof einen Fluch über ihn aus. Schließlich „setzten sie ihm eine Bischofsmütze aus Papier auf den Kopf, auf der gräßliche Dämonen abgebildet waren. Vorn war mit großen Buchstaben das Wort ‚Erzketzer‘ geschrieben. Dazu sagte Hus: ‚Mit größter Freude werde ich diese Krone der Schande für dich tragen, Herr Jesus, der du für mich die Dornenkrone getragen hast.‘“

Auf dem Scheiterhaufen

Nach dieser demütigenden Prozedur wurde Hus der weltlichen Obrigkeit übergeben und zur Hinrichtung geführt. Ein riesiger Zug von Würdenträgern und Neugierigen folgte ihm. Als er gefesselt am Pfahl stand und alles zum Entzünden des Feuers bereit war, wurde Hus noch einmal ermahnt, sein Leben durch Widerruf seiner Irrtümer zu retten. Er antwortete: „Welche Irrtümer sollte ich widerrufen, da ich mir keines Irrtums bewußt bin? Ich rufe Gott zum Zeugen an, daß ich das, was falsche Zeugen gegen mich behaupten, weder gelehrt noch gepredigt habe! Ich wollte die Menschen von ihren Sünden abbringen! Was immer ich sagte und schrieb, war stets für die Wahrheit; deshalb stehe ich bereit, die Wahrheit, welche ich geschrieben und gepredigt habe, freudigst mit meinem Blut zu besiegeln.“ [14]

Als das Feuer um ihn herum aufloderte, begann Hus laut zu singen: „Christe, du Sohn des lebendigen Gottes, erbarme dich meiner!“ Er sang so lange, bis seine Stimme für immer verstummte.

Selbst seine ärgsten Feinde waren beeindruckt von seiner Standhaftigkeit. Ein päpstlicher Chronist, der den Märtyrer-

---

[12] Bonnechose, ebd. [13] Wylie, History of Protestantism, 3. Buch, Kapitel 7
[14] Wylie, ebd.

tod des Hus und des Hieronymus, der ein Jahr später umgebracht wurde, beschrieb, sagte: „Beide ertrugen den gewaltsamen Tod mit standhaftem Gemüt und bereiteten sich auf das Feuer vor, als ob sie zu einem Hochzeitsfest geladen wären. Sie gaben keinen Schmerzenslaut von sich. Als die Flammen emporschlugen, fingen sie an, Loblieder zu singen, und kaum vermochte die Heftigkeit des Feuers ihrem Gesang Einhalt zu tun." [15]

Die Asche des Reformators wurde zusammengescharrt und in den Rhein geworfen. Seine Gegner bildeten sich törichterweise ein, sie hätten durch die Verbrennung seines Körpers auch die von ihm verkündigte Wahrheit ausgerottet. Aber so, wie der Fluß die Asche des Märtyrers ins weite Meer spülte, verbreitete sich auch seine reformatorische Botschaft in die Welt. Die Stimme, die vor dem Konzil in Konstanz für die Wahrheit gezeugt hatte, sollte noch Jahrhunderte später in der Christenheit zu hören sein. Die grausame Hinrichtung von Jan Hus öffnete vielen die Augen für die Unmenschlichkeit Roms, und seine Standhaftigkeit machte anderen Mut, trotz Gefahr und Bedrohung für die Wahrheit einzustehen.

Der nächste, den seine Glaubensüberzeugung das Leben kosten sollte, war Hieronymus. Er hatte Hus vor dessen Abreise ermutigt, standhaft zu bleiben und die Wahrheit nicht preiszugeben. Falls er in Gefahr geraten sollte, wollte er ihm zu Hilfe kommen. Als Hieronymus von der Gefangennahme seines Freundes erfuhr, machte er sich ohne Geleitbrief und Sicherheitsgarantien auf den Weg nach Konstanz. Dort angekommen, mußte er erkennen, daß er für Hus nichts tun konnte. Deshalb floh er aus der Stadt, wurde aber eingeholt und in Ketten in die Stadt zurückgebracht. Als er sich vor dem Konzil verantworten wollte, schrien ihn die fanatischen Gegner gnadenlos nieder: „In die Flammen mit ihm, in die Flammen!" [16]

Man warf ihn in den Kerker und gab ihm nur Wasser und Brot als Nahrung. Bald war seine Gesundheit so zerrüttet, daß mit dem Schlimmsten gerechnet werden mußte. Da seine Peiniger fürchteten, Hieronymus könnte ihrer Rache durch einen natürlichen Tod entkommen, behandelten sie ihn während des folgenden Jahres seiner Kerkerhaft etwas besser.

---

[15] Aeneas Sylvius, Hist. Bohem. [16] Bonnechose, ebd., Buch, 256

Hieronymus unterwirft sich

Die Verbrennung von Jan Hus hatte eine andere Wirkung gehabt, als Rom es sich wünschte. Der Bruch der kaiserlichen und kirchlichen Sicherheitsgarantien hatte in ganz Europa einen Sturm der Entrüstung entfacht. So etwas wollte man nicht noch einmal riskieren. Deshalb lag dem Konzil daran, Hieronymus unter allen Umständen zum Widerruf zu zwingen. Geschwächt durch Krankheit, durch die zermürbende Haft, durch die Qualen der Ungewißheit und Angst, getrennt von seinen Freunden und entmutigt durch den Tod seines Mitbruders, willigte er schließlich ein, sich dem Konzil zu unterwerfen. Er verpflichtete sich, am katholischen Glauben festzuhalten, und stimmte dem Konzil in der Verdammung der Lehren Wyclifs und Hus' bei, ausgenommen die „heiligen Wahrheiten“ [17], die sie gelehrt hatten.

Doch in der Abgeschiedenheit seines Kerkers wurde ihm bald deutlich, was er getan hatte. Er maß sein eigenes Versagen an der Treue und Standhaftigkeit seines Freundes Hus, und er dachte beschämt an Jesus, der um seinetwillen ans Kreuz gegangen war. Vor seinem Widerruf hatte er trotz aller Leiden in der Gewißheit der Gnade Gottes Trost gefunden; jetzt quälten ihn Reue und Zweifel. Ihm wurde bewußt, daß es mit einem bloßen Widerruf nicht getan sein würde. Rom würde ihn zwingen, der reformatorischen Erkenntnis in allen Stücken abzusagen. Der Weg, den er im Augenblick der Schwäche eingeschlagen hatte, mußte im völligen Abfall von der Wahrheit enden.

Zum Widerstand entschlossen

Nicht lange danach wurde Hieronymus erneut vor Gericht gestellt. Sein Widerruf hatte die Ankläger tatsächlich nicht befriedigt. Man sagte ihm, er könne sein Leben nur retten, wenn er den „ketzerischen Lehren“ vollständig abschwöre. Doch nun war Hieronymus entschlossen, seinen Glauben zu bekennen, auch wenn er seinem Freund Hus in die Flammen folgen müßte.

Er nahm seinen Widerruf zurück und verlangte, sich vor der Versammlung verteidigen zu dürfen. Das wollten die Kir-

[17] Hefele, Konziliengeschichte, Band VII, 235

chenvertreter aber möglichst vermeiden, denn sie fürchteten die Wirkung seiner Worte. Sie gestatteten ihm deshalb nur, die Vorwürfe gegen ihn zu bestätigen oder zurückzuweisen. Gegen solch ungerechtes Vorgehen protestierte Hieronymus entschieden: „Ganze 340 Tage habt ihr mich in dem schwersten, schrecklichsten Gefängnis, da nichts als Unflat, Gestank, Kot und Fußfesseln neben höchstem Mangel aller notwendigsten Dinge, gehalten. Meinen Feinden gewährt ihr gnädige Audienz, mich aber wollt ihr nicht eine Stunde hören ... Ihr werdet Lichter der Welt und verständige Männer genannt, so sehet zu, daß ihr nichts unbedachtsam wider die Gerechtigkeit tut. Ich bin zwar nur ein armer Mensch, welches Haut es gilt. Ich sage auch dies nicht, der ich sterblich bin, meinetwegen. Das verdrießt mich, daß ihr als weise, verständige Männer wider alle Billigkeit ein Urteil fällt.“ [18]

Schließlich konnten seine Richter nicht umhin, ihm die Möglichkeit der Verteidigung einzuräumen. In ihrer Gegenwart kniete Hieronymus nieder und betete, Gott möge seine Gedanken und Worte lenken, damit er nichts sage, was gegen die Wahrheit oder seines Herrn unwürdig sei. An jenem Tag erfüllte sich an diesem Glaubenszeugen, was Jesus Jahrhunderte vorher seinen Jüngern zugesagt hatte: „Und man wird euch vor Statthalter und Könige führen um meinetwillen ... Wenn sie euch nun überantworten werden, so sorgt nicht, wie oder was ihr reden sollt; denn es soll euch zu der Stunde gegeben werden, was ihr reden sollt. Denn nicht ihr seid es, die da reden, sondern eures Vaters Geist ist es, der durch euch redet.“ [19]

Während seiner Kerkerhaft hatte Hieronymus weder lesen noch schreiben können. Dennoch argumentierte er vor dem Gericht, als hätte er die ganze Zeit ungestört studieren und sich auf seine Verteidigung vorbereiten können. Er erinnerte seine Gegner an die vielen frommen Menschen, die zu Unrecht verfolgt oder abgeurteilt worden waren, nur weil sie anderen die biblische Wahrheit weitergegeben hatten. Sogar der Gottessohn war von einem ungerechten Gericht zum Tode verurteilt worden.

Und er bekannte auch, daß es falsch gewesen war, seiner Überzeugung untreu zu werden und zu widerrufen. Gleichzeitig bezeugte er die Frömmigkeit und Unschuld seines Freundes Jan Hus: „Ich kannte ihn von seiner Kindheit an, er

---

[18] Theobald, Hussitenkrieg, 158 [19] Matthäus 10,18–20

war ein außerordentlich begabter Mann, gerecht und heilig; er wurde trotz seiner Unschuld verurteilt ... Ich bin ebenfalls bereit zu sterben. Ich schrecke nicht zurück vor den Qualen, die mir von meinen Feinden und falschen Zeugen bereitet werden, welche eines Tages vor dem großen Gott, den nichts täuschen kann, für ihre Verleumdungen Rechenschaft ablegen müssen."[20] Indem er sich selbst wegen seiner Verleugnung der Wahrheit anklagte, fuhr er fort: „Von aller Schuld, die ich seit meiner Kindheit auf mich geladen habe, lastet keine so schwer auf meinem Gewissen und läßt mich keine so bittere Reue verspüren wie das Unrecht, das ich an diesem verhängnisvollen Ort begangen habe, als ich dem schändlichen Urteil gegen Wyclif zugestimmt habe und gegen den heiligen Märtyrer, Jan Hus, meinen Lehrer und Freund. Ja, ich gebe es von Herzen zu, und ich gestehe es mit Entsetzen, daß ich schmählich versagte, als ich ihre Lehren verurteilte, weil mir mit dem Tod gedroht wurde. Ich flehe deshalb, ... allmächtiger Gott, laß dich herab und vergib mir meine Schuld, und besonders diese, die abscheulichste von allen."[21]

Dann bekannte er dem Gericht gegenüber, daß alles, was man an Wyclif und Hus verdammt hatte, obwohl es von der Schrift her unwiderlegbar sei, auch für ihn gelte. Bebend vor Wut riefen die geistlichen Würdenträger, daß es keiner weiteren Beweise mehr bedürfe, um den Angeklagten der Ketzerei zu überführen. Unbeirrt übertönte Hieronymus den Tumult und rief seinen Peinigern zu: „Glaubt ihr etwa immer noch, ich hätte Angst zu sterben? Ihr habt mich ein ganzes Jahr lang in einem Verlies gefangengehalten, das schlimmer als der Tod ist ... Ich kann mich nur wundern, wie Christen einem anderen Christen gegenüber so unmenschlich handeln können."[22]

Wieder brach ein Sturm der Entrüstung los, und man beeilte sich, Hieronymus in den Kerker zurückzubringen. Es gab allerdings auch Zuhörer, auf die die Worte des Angeklagten großen Eindruck machten. Einige hohe Würdenträger versuchten sein Leben zu retten und baten ihn im Gefängnis, sich doch noch dem Konzil zu unterwerfen. Dabei machten sie ihm verlockende Angebote für die Zukunft. Hieronymus wehrte alles mit den Worten ab: „Beweist mir aus den Heiligen Schriften, daß ich im Unrecht bin, dann will ich widerrufen!"

---

[20] Bonnechose, ebd., 2. Buch, 151 [21] Bonnechose, ebd., 2. Buch, 151. 153
[22] Bonnechose, ebd., 2. Buch, 151

Einer der Geistlichen rief aus: „Die Heiligen Schriften! Soll denn alles an ihnen gemessen werden? Wer kann sie verstehen? Muß man nicht die Kirchenväter zu ihrer Auslegung heranziehen?" Hieronymus erwiderte: „Was höre ich da? Soll das Wort falsch sein oder urteilen? Soll es nicht allein gehört werden? Sollen die Menschen mehr gelten als das heilige Wort Gottes? ... Warum hat Paulus seine Bischöfe nicht ermahnt, auf die Ältesten zu hören, sondern gesagt, die Heilige Schrift kann dich unterweisen? Nein, das nehme ich nicht an, es koste mein Leben. Gott kann es wiedergeben." Daraufhin sah ihn der Fragende an und sagte mit scharfer Stimme: „Du Ketzer; es reut mich, daß ich soviel deinetwegen getan habe. Ich sehe wohl, daß der Teufel dich regiert." [23]

Bald darauf wurde Hieronymus zu der gleichen Stelle geführt, an der Hus sein Leben gelassen hatte. Singend ging auch er in den Tod. Sein Gesicht strahlte vor Freude und innerem Frieden, denn das Sterben hatte für ihn seine Schrecken verloren. Als der Henker den Holzstoß hinter seinem Rücken in Brand setzen wollte, rief der Todgeweihte ihm zu: „Zünde das Feuer vor meinen Augen an. Wenn ich Angst gehabt hätte, wäre ich nicht hier." Seine letzten Worte waren ein Gebet: „Herr, allmächtiger Gott, sei mir gnädig und vergib mir meine Schuld, denn du weißt, daß ich deine Wahrheit immer geliebt habe." [24] Auch seine Asche wurde zusammengescharrt und, wie die von Jan Hus, in den Rhein geworfen.

Die Verbrennung des Reformators Jan Hus hatte in Böhmen einen Sturm der Entrüstung entfacht. Die ganze Nation empfand, daß er dem Ränkespiel der Priester und der Treulosigkeit des Kaisers zum Opfer gefallen war. Man war davon überzeugt, daß er die Wahrheit verkündigt hatte, und erklärte das Konzil, das ihn zum Tode verurteilt hatte, des Mordes schuldig. Seine Lehren fanden jetzt noch mehr Beachtung als früher. Mehr Menschen als je zuvor wandten sich der biblischen Wahrheit und dem reformatorischen Glauben zu. Das gefiel weder dem Papst noch dem Kaiser. Um dem allen ein Ende zu machen, fielen Sigismunds Armeen raubend und mordend in Böhmen ein. Unter der Führung Ziskas leisteten die Böhmen erbitterten Widerstand. Auf die Gnade Gottes hoffend und ihrer gerechten Sache vertrauend, kämpften die Hussiten furchtlos gegen die Feinde und schlugen sie immer

---

[23] Theobald, Hussitenkrieg, 162-164 [24] Bonnechose, ebd., 3. Buch, 185. 186

wieder zurück. Als der tapfere Ziska wenige Jahre nach Kriegsbeginn starb, nahm der in mancher Hinsicht noch geschicktere Heerführer Prokop seine Stelle ein.

Der Papst rief zu einem Kreuzzug gegen die Hussiten auf. Eine riesige Heeresmacht ergoß sich über Böhmen, aber sie wurde vernichtend geschlagen. Erneut wurde in allen katholischen Ländern Europas zum Kampf gegen die Ketzer aufgerufen. Wieder überflutete ein feindliches Heer das Land und stand den Böhmen schließlich an einem Fluß gegenüber. Die Kreuzfahrer waren an Zahl weit überlegen, aber anstatt über den Fluß zu setzen und die Hussiten anzugreifen, blieben sie am Ufer stehen und schauten auf die heranrückenden Krieger. Dabei überkam die kaiserliche Armee ein unerklärlicher Schrecken, so daß die Soldaten zurückwichen und die Flucht ergriffen. Fast ohne einen Schwertstreich war das Land wieder befreit worden.

Einige Jahre später rief ein anderer Papst zu einem neuen Kreuzzug auf. Wieder fiel ein großes Heer in Böhmen ein. Die Verteidiger vermieden die direkte Schlacht und zogen sich immer weiter ins Land zurück. Damit verleiteten sie die Eindringlinge zu der Annahme, sie hätten den Sieg bereits in der Tasche. Unvermutet brach der böhmische Heerführer Prokop den taktischen Rückzug ab und ging zum Angriff über. Als die Kreuzfahrer das Getöse der herannahenden hussitischen Streitkräfte hörten, gerieten sie in Panik und flohen Hals über Kopf in alle Himmelsrichtungen. Vergeblich versuchte der päpstliche Heerführer seine Armee wieder zu sammeln. Wieder einmal hatte Gott den Seinen in schier auswegloser Lage ohne einen einzigen Schwertstreich zum Sieg verholfen. Es war so, wie es der Psalmdichter beschreibt: „Sie fürchten sich da, wo nichts zu fürchten ist; doch Gott zerstreut die Gebeine derer, die dich bedrängen. Du machst sie zuschanden, denn Gott hat sie verworfen.“ [25]

Mit List um den Erfolg gebracht

Als die Feinde der Hussiten erkannten, daß Gewalt sie nicht zum gewünschten Ziel brachte, versuchten sie es mit Verhandlungen. Schließlich kam es zu einem Kompromiß, der den Böhmen scheinbar Gewissensfreiheit garantierte, sie in Wirk-

[25] Psalm 53,6

lichkeit aber erneut der Gewalt Roms auslieferte. Die Hussiten hatten vier Forderungen als Bedingung für einen Frieden mit Rom gestellt: freie Predigt des göttlichen Wortes; die Zulassung der ganzen Gemeinde zu Brot und Wein beim Abendmahl und den Gebrauch der Muttersprache im Gottesdienst; den Ausschluß der Geistlichkeit von allen weltlichen Ämtern und weltlicher Gewalt; bei Vergehen gegen das Gesetz die gleiche Gerichtsbarkeit bürgerlicher Gerichtshöfe über Geistliche und Laien. Die päpstlichen Verhandlungsführer kamen „schließlich dahin überein, die vier Artikel der Hussiten anzunehmen; aber das Recht ihrer Auslegung, also die Bestimmung ihrer genauen Bedeutung, sollte dem Konzil – mit anderen Worten dem Papst und dem Kaiser – zustehen."[26]

Durch diese Übereinkunft gewann Rom durch Hinterlist und Betrug, was es durch Waffengewalt vergeblich zu erlangen gesucht hatte; denn indem es die hussitischen Artikel, (18) wie auch die Bibel, auf seine Weise auslegte, konnte es ihren Sinn je nach Bedarf verdrehen.

Viele Böhmen wollten diesem Vertrag nicht zustimmen, weil sie erkannten, daß sie dadurch wieder in die Abhängigkeit von Rom geraten würden. Daraus ergaben sich Spannungen, Uneinigkeit und Spaltungen, die schließlich zu Feindschaft und Blutvergießen unter den Hussiten selbst führten. Diesen Auseinandersetzungen fiel auch der Heerführer Prokop zum Opfer. Als schließlich Sigismund König von Böhmen wurde, führte er entgegen allen Abmachungen die päpstlichen Ordnungen wieder ein. Aufruhr, Streitigkeiten und Blutvergießen ohne Ende waren die Folge dieser Entwicklung. Alle, die dem Evangelium treu bleiben wollten, wurde gnadenlos verfolgt. Gezwungen, in Wäldern und Höhlen Zuflucht zu suchen, versammelten sie sich auch dort noch, um die Heilige Schrift zu lesen und Gott anzubeten. Durch Boten, die sie heimlich in andere Länder aussandten, erfuhren sie, daß auch andernorts „vereinzelte Bekenner der Wahrheit lebten, etliche in dieser, etliche in jener Stadt, die wie sie verfolgt wurden, und daß es in den Alpen eine alte Gemeinde gebe, die auf der Grundlage der Schrift stehe und gegen die abgöttischen Verderbnisse Roms Einspruch erhebe".[27]

Hocherfreut begannen die Böhmen einen regen Briefwech-

---

[26] Wylie, ebd., 3. Buch, Kapitel 18; Czerwenka, Geschichte der evangelischen Kirche in Böhmen, Band I, 197 [27] Wylie, ebd., 3. Buch, Kapitel 19

sel mit den Waldenserchristen. „Die letzten Jahre des 15. Jahrhunderts bezeugen den langsamen aber stetigen Zuwachs der böhmischen Brüdergemeinden. Obgleich sie durchaus nicht unbelästigt blieben, erfreuten sie sich verhältnismäßiger Ruhe. Am Anfang des 16. Jahrhunderts zählten sie in Böhmen und Mähren über zweihundert Gemeinden.“ [28]

Die „Böhmischen Brüder“ hielten durch die Jahrhunderte hindurch an der biblischen Lehre fest. Besonders in den schweren Zeiten der Verfolgung richteten sie den Blick nach vorn – wie Menschen, die den Horizont beobachten, um erste Anzeichen des heraufziehenden Morgens zu erkennen.

[28] Gillett, The Life and Times of John Hus, Band II, 570

7 Zwischen Irrtum und Wahrheit

Unter denen, die berufen wurden, die Menschen aus geistlicher Finsternis zum Licht des biblischen Glaubens zu führen, steht Martin Luther an vorderster Stelle. Er kannte keine Furcht außer der Ehrfurcht vor Gott, und für ihn gab es keine andere Glaubensgrundlage als die Heilige Schrift. Er war der richtige Mann für seine Zeit.

Martin Luther (1483–1546) stammte aus einem thüringischen Bauerngeschlecht, aber sein Vater war Bergmann. Die Eltern, deren Lebensführung durch Fleiß und Sparsamkeit sowie durch eine spätmittelalterliche Frömmigkeit gekennzeichnet war, setzten alles daran, dem Sohn eine gute Ausbildung zu ermöglichen. Rechtsgelehrter sollte er werden. Gott allerdings hatte ihn für eine ganz andere Aufgabe vorgesehen; er wollte durch ihn die Kirche erneuern. Entbehrungen und strenge Disziplin waren die Schule, in der Luther für dieses Werk vorbereitet wurde.

Luthers Vater war ein tatkräftiger, ehrlicher Mann mit wachem Geist und gesundem Menschenverstand. Deshalb traf es ihn hart, als sein Sohn ohne seine Zustimmung das Studium der Rechte aufgab und in ein Kloster eintrat. Er hielt nichts vom „Müßiggang" der Klosterbrüder und brauchte ganze zwei Jahre, ehe er sich wieder mit seinem Sohn versöhnte, wobei er seine Meinung über die „Möncherei" nicht änderte.

Luthers Eltern waren bemüht, ihre Kinder im Glauben an Gott zu erziehen und sie zu christlichem Verhalten anzuhalten. Dabei waren sie wohl mitunter strenger als nötig. Auch die Schulzeit des späteren Reformators war geprägt von harten Regeln und bitteren Entbehrungen. Außerdem beherrschten ihn düstere, abergläubische religiöse Vorstellungen. Er sah in Gott nicht den liebevollen himmlischen Vater, sondern eher einen grausamen und rachsüchtigen Tyrannen.

Erst mit Beginn des Studiums im thüringischen Erfurt änderte sich die Lage wesentlich. Seine Eltern hatten es durch Fleiß und Sparsamkeit zu einer gewissen Wohlhabenheit gebracht und konnten ihrem Sohn die nötige Unterstützung angedeihen lassen. Der Achtzehnjährige fand auch Freunde, die

Verständnis für die Auswirkungen seiner überaus strengen Erziehung hatten. Diese günstigen Gegebenheiten führten dazu, daß Martin Luther bald einer der besten Studenten war. Das machte ihn nicht überheblich, sondern weckte eher die Einsicht, daß er Gott viel zu verdanken hatte. So versäumte er es nicht, jeden Tag mit Gebet um die Führung Gottes zu beginnen. Schon damals lautete einer seiner Wahlsprüche: „Fleißig gebetet ist über die Hälfte studiert.“ [1]

Eines Tages entdeckte er in der Universitätsbibliothek eine lateinische Bibel, ein Buch, das ihm bisher fast unbekannt war. Er hatte in der Kirche zwar Auszüge aus den Evangelien oder den neutestamentlichen Briefen gehört, aber eine richtige Bibel hatte er noch nie in Händen gehabt. Ehrfürchtig und erstaunt zugleich begann er in dem Buch zu blättern und zu lesen. Dabei wurde in ihm der Wunsch geweckt, solch ein Buch zu besitzen, um nach den Schätzen der Wahrheit graben zu können.

Mit Gott Frieden machen

Luthers Entschluß, Mönch zu werden, war dem Bestreben entsprungen, Frieden mit Gott zu finden. Als Augustiner-Eremit gehörte er zu einem Bettelorden, dessen Regeln ihn zu niedrigsten Arbeiten, zum Betteln von Haus zu Haus und zu absolutem Gehorsam der Kirche gegenüber verpflichteten. Geduldig nahm er alles auf sich, denn er war davon überzeugt, daß er so Vergebung seiner Sünden erlangen könne.

Wann immer ihm seine täglichen Aufgaben die Zeit ließen, beschäftigte Luther sich mit der Heiligen Schrift. Er hatte eine an der Klostermauer angekettete Bibel entdeckt und zog sich so oft wie möglich dahin zurück. Je mehr ihn Gottes Wort von seiner Sündhaftigkeit überzeugte, desto stärker suchte er durch fromme Werke Vergebung und Frieden zu erlangen. Er fastete, verzichtete auf Schlaf und kasteite seinen Leib, um das Böse in sich zu besiegen und vor Gott angenehm zu werden. Später urteilte er über diese Zeit: „Wahr ist's, ein frommer Mönch bin ich gewesen und habe so gestrenge meinen Orden gehalten, daß ich's sagen darf: ist je ein Mönch gen Himmel gekommen durch Möncherei, so wollte ich auch hineingekommen sein; denn ich hätte mich (wo es länger gewährt hät-

---

[1] Mathesius, Luther-Historien, 3

te) zu Tode gemartert mit Wachen, Beten, Lesen und anderer Arbeit."[2] Aber all diese frommen Werke konnten ihm nicht die Gewißheit der Vergebung verschaffen. Das brachte ihn an den Rand der Verzweiflung.

In dieser kritischen Zeit schickte Gott ihm einen treuen Freund in den Weg, den Ordensgeistlichen Johann Staupitz. Der bewegte ihn dazu, den Blick von sich weg auf Christus zu richten: „Statt dich wegen deiner Sünden zu kasteien, wirf dich in die Arme des Erlösers. Vertraue auf ihn – auf die Gerechtigkeit seines Lebens – und auf die Versöhnung in seinem Tode. Horch auf den Sohn Gottes. Er ist Mensch geworden, dir die Gewißheit seiner göttlichen Gunst zu geben ... Liebe ihn, der dich zuerst geliebt hat."[3] Diese Worte beeindruckten Luther stark, so daß die inneren Kämpfe nachließen und tiefer Friede in sein Herz einzog.

Im Jahre 1507 wurde Luther zum Priester geweiht und danach als Dozent für Theologie an die Universität in Erfurt und später nach Wittenberg gerufen. Durch seine Vorlesungen über die Psalmen, die Evangelien und die neutestamentlichen Briefe fand er schnell Anerkennung bei der Studentenschaft. Johann Staupitz, der zugleich Luthers Freund und Vorgesetzter war, ermutigte ihn, auf die Kanzel zu steigen und zu predigen. Doch Luther fühlte sich dazu nicht würdig genug. Erst nach längerem Zögern gab er dem Drängen seiner Freunde nach. Die Zuhörer waren angetan von seiner Erkenntnis der Wahrheit und von der Art, wie er Gottes Wort verkündigte. Viele öffneten sich begeistert diesem Evangelium.

Zu jener Zeit war Luther immer noch ein treuer Sohn der katholischen Kirche und dachte nicht daran, je etwas anderes zu sein. Als er die Gelegenheit bekam, Rom zu besuchen, machte er sich wohlgemut auf den Weg. Als er allerdings in Italien sah, wie üppig, prunkliebend und leichtfertig seine Mönchsbrüder dort lebten, war er verwirrt. Er verglich deren Lebensstil mit der Mühsal und Entsagung seines eigenen Klosterlebens und mit den Ordensregeln, die auch für sie galten, und konnte kaum noch Gemeinsamkeiten finden.

Als Luther schließlich von fern die Stadt der sieben Hügel erblickte, warf er sich auf den Boden und rief aus: „Sei mir gegrüßt, du heiliges Rom!" Er durchstreifte die Stadt, besuchte

---

[2] D. Martin Luthers sämtliche Werke, Erlanger Ausgabe, XXXI, 273
[3] Walch, D. Martin Luthers sämtliche Schriften, Band II, 264

die Kirchen, lauschte den Wundererzählungen der Priester und Mönche und unterzog sich allen bei solch einer Pilgerreise üblichen Zeremonien. Je länger er in Rom war, desto mehr ernüchternde Erfahrungen machte er. In allen Schichten der Geistlichkeit hatte sich das Laster breitgemacht. Die Priester führten unanständige Reden, ihr gottloses Treiben machte nicht einmal vor der heiligen Messe halt. Überall begegnete er Verschwendung und Ausschweifung. All diese Eindrücke faßte er später so zusammen: „Niemand glaubt, was zu Rom für Büberei und greuliche Sünde und Schande gehen ... er sehe, höre und erfahre es denn. Daher sagt man: ‚Ist irgendeine Hölle, so muß Rom darauf gebaut sein; denn da gehen alle Sünden im Schwang.'" [4]

Die Wahrheit auf der Pilatusstiege

Kurz zuvor hatte der Papst allen Gläubigen, die auf Knien die sogenannte „Pilatusstiege" hinaufrutschen würden, per Erlaß Sündenvergebung zugesagt. Die Priester behaupteten, die Treppe, auf der Jesus damals den Gerichtssaal des römischen Prokurators verlassen hatte, sei auf wundersame Weise von Jerusalem nach Rom versetzt worden. Als Luther eines Tages andächtig diese Stiege erklomm, schien ihm plötzlich eine donnerähnliche Stimme zuzurufen: „Der Gerechte wird aus Glauben leben." [5] Entsetzt und zugleich beschämt sprang er auf, denn schlagartig hatte er begriffen, daß Erlösung und Vergebung nicht durch fromme Leistung und menschliche Werke zu erlangen sind. Von diesem Tag an wandte er sich innerlich von Rom ab und schlug einen Weg ein, der zum völligen Bruch mit der römischen Kirche führen sollte.

Nach seiner Rückkehr aus Rom wurde Luther von der Wittenberger Universität der Titel eines Doktors der Theologie verliehen. Nun konnte er sich noch intensiver dem Studium der Heiligen Schrift widmen. Er hatte sich selbst feierlich geschworen, sich täglich mit Gottes Wort zu befassen und nur die Lehren der Bibel zu verkündigen. Weil Gott ihn zum geistlichen Hirten für viele nach Wahrheit suchende Menschen berufen hatte, war er nicht mehr nur irgendein Mönch oder Professor der Theologie, sondern ein bevollmächtigter Verkündiger der Heiligen Schrift.

---

[4] Luther, EA, LXII, 441 [5] Römer 1,17

Noch nie hatten die Menschen die biblische Botschaft so gehört, wie Luther sie auslegte. In ihren Herzen wurde es hell, als sie hörten, wie sehr Jesus sie liebt, und als sie begriffen, daß der Herr sein Leben geopfert hatte, um ihre Schuld zu tilgen. Deshalb müsse, so predigte Luther, Versöhnung mit Gott nicht durch fromme Werke erkauft, sondern im Glauben angenommen werden. Damit war in Wittenberg ein Licht angezündet, das schließlich die ganze Welt erleuchten sollte.

Aber wie Licht und Finsternis sich nicht miteinander vertragen, so mußte es auch zwischen Wahrheit und Irrtum zum Kampf kommen. Wer sich für die biblische Wahrheit einsetzte, kam nicht umhin, sich auch gegen die unbiblischen kirchlichen Lehren zu wenden. Luther hatte diese Auseinandersetzung nicht gesucht, aber er konnte sich ihr nicht entziehen. Im Jahre 1519 schrieb er in einem Brief: „Gott reißt, treibt und führt mich; ich bin meiner nicht mächtig; ich will stille sein und werde mitten in den Tumult hineingerissen.“ [6]

Das Ablaßgeschäft

Die römische Kirche betrieb damals mit der „Vergebung Gottes“ einen schwunghaften Handel. Um den Bau des Petersdomes in Rom finanzieren zu können, boten die Päpste Sündenerlaß für Geld an. Sie machten die Menschen glauben, man könne Gott die Schuld abkaufen. Dieses Geschäft mit der Vergebung sollte eigentlich dazu dienen, den Glanz Roms zu erhöhen und seine Macht zu festigen, aber es erreichte genau das Gegenteil. Überall erhob sich Widerstand, der die päpstliche Herrschaft erschütterte und den Thron des römischen Oberhirten ins Wanken brachte.

In Deutschland betrieb Johannes Tetzel, ein übel beleumdeter, zwielichtiger Dominikanermönch, auf Geheiß Roms den Ablaßhandel. (19) Er handhabte das Geschäft mit der Sündenvergebung besonders schamlos. Bevor er in eine Stadt kam, ließ er durch einen Boten ankündigen: „Die Gnade Gottes und des heiligen Vaters ist vor den Toren.“ Und wenn er dann selber kam, wurde er von denen, die sich auf einfache Weise ihrer Sünden entledigen wollten, so empfangen, als wäre Gott selber in die Stadt eingezogen. [7] Der schändliche Ablaßhandel

---

[6] Enders, D. Martin Luthers Briefwechsel, Band I, 430
[7] v. Dorneth, Martin Luther, 102

spielte sich meist in der Kirche ab. Tetzel bestieg die Kanzel und pries seine Ablässe als eine der köstlichsten Gaben Gottes. Er versicherte, daß durch seine Ablaßbriefe alle Sünden vergeben würden, „auch noch so ungeheuerliche, welche der Mensch noch begehen möchte", und „es wäre nicht Not, Reue noch Leid oder Buße für die Sünde" nötig. Er verstieg sich sogar zu der kühnen Behauptung, die Ablässe besäßen die Kraft, Lebende und Tote zu retten; denn „wenn einer Geld in den Kasten legt für eine Seele im Fegefeuer, sobald der Pfennig auf den Boden fiele und klünge, so führe die Seele heraus gen Himmel".[8]

Gold und Silber flossen reichlich in Tetzels Kasse, denn die Menschen griffen begierig nach seinen Ablaßbriefen. Sündenvergebung durch Geld zu erkaufen war allemal leichter, als die Sünde zu bekennen, Gott um Vergebung zu bitten und das Leben zu ändern.

Luther mußte sich notgedrungen mit diesen Praktiken auseinandersetzen, weil auch Christen aus seiner Gemeinde mit solchen Ablaßbriefen kamen und Lossprechung von aller Schuld verlangten. An Reue und Umkehr dachten sie dabei nicht, schließlich hatten sie die Tilgung ihrer Schuld ja teuer genug bezahlt. Luther war entsetzt, daß Vergebung als Ware angeboten wurde, und er verweigerte die erwartete Lossprechung. Er machte den Menschen begreiflich, daß Schuld nicht durch Geld aufgewogen werden kann, und wies sie darauf hin, daß sie in ihren Sünden umkommen würden, wenn sie nicht wirklich bereuten und ihr Leben änderten. Daraufhin wandten sich viele wieder an Tetzel und beschwerten sich, einige verlangten sogar ihr Geld zurück. Wutentbrannt schleuderte der Ablaßhändler schreckliche Verwünschungen gegen alle, die sich seinen Geschäften entgegenstellten. Er ließ auf öffentlichen Plätzen Feuer anzünden und verkündigen, daß er „vom Papste Befehl hätte, die Ketzer, die sich wider den Allerheiligsten, den Papst und seinen allerheiligsten Ablaß legten, zu verbrennen".[9]

Luther greift an

Zunächst versuchte Luther dem Unwesen des Ablaßhandels von der Kanzel aus entgegenzuwirken. Er erklärte den Men-

---

[8] Luther, EA, XXVI, 69 f. [9] Luther, Walch, XV, 471

schen, welche schlimmen Auswirkungen Sünde in ihrem Leben habe und daß es unmöglich sei, Gott die Schuld mit frommen Werken oder Geld abzukaufen. Allein die Buße vor Gott und der Glaube an Jesus Christus könnten den Sünder retten. Deshalb sollten die Leute lieber auf den gekreuzigten Erlöser vertrauen, als ihre Zuflucht zu solch windigen Angeboten wie Ablaßbriefen zu nehmen. Luther erzählte den Menschen auch von seinen eigenen fruchtlosen Versuchen, sich das Heil durch religiöse Leistungen zu sichern, und er sagte ihnen, daß er nur durch den Glauben an Christus Freude gewonnen und inneren Frieden gefunden habe.

Als Tetzel trotz aller Kritik von seinem gotteslästerlichen Handel mit den Sünden des Volkes nicht abließ, entschloß sich Luther zu einem schärferen Protest. Die Schloßkirche zu Wittenberg besaß eine Reihe von Reliquien, die zu hohen kirchlichen Feiertagen ausgestellt wurden und viel Volk anlockten. Jedem, der an solchen Tagen in die Kirche kam und die Beichte ablegte, wurde von vornherein volle Sündenvergebung zugesagt.

Am 31. Oktober 1517, es war der Tag vor „Allerheiligen", schloß sich Luther dem Strom der Kirchgänger an und brachte an der Kirchentür ein Schriftstück mit 95 Thesen an, in denen er seinen Protest zum Ausdruck brachte und zur Diskussion aufforderte. Er ahnte damals nicht, was diese Tat auslösen würde. Die Thesen wurden von vielen mit Begeisterung aufgenommen und verbreiteten sich in Windeseile. Die ganze Stadt geriet in Aufregung, denn in diesem Thesenpapier hieß es eindeutig, daß kein Mensch die Vollmacht habe, Sünden zu vergeben und Strafen zu erlassen – auch nicht der Papst. Vergebung sei ein Geschenk Gottes an alle, die ihn reumütig und im Glauben an Christus um Vergebung bitten.

Luthers Thesen waren innerhalb weniger Wochen in ganz Deutschland bekannt; wenig später überall in Europa. Viele gläubige Katholiken lasen sie mit großer Freude, denn sie meinten darin die Stimme Gottes zu vernehmen. Viele waren der Uberzeugung, daß diese Botschaft von Gott gesandt sei, um die von Rom ausgehende Flut der Verderbnis aufzuhalten. Endlich hatte es einer gewagt, dem maßlosen Anspruch des päpstlichen Stuhls entgegenzutreten.

Natürlich zog sich Luther durch seinen Protest die erbitterte Feindschaft all derjenigen zu, denen daran lag, aus dem Aberglauben und der Abhängigkeit des Kirchenvolkes Gewinn für die Kirche und für sich selbst zu schlagen. Auf die wütenden Angriffe seiner Gegner antwortete Luther mit den Worten: „Es ist doch allgemein bekannt, daß nur selten jemand einen neuen Gedanken äußern kann, ohne daß ihm Streitsucht vorgeworfen wird ... Warum wurden denn Christus und die Märtyrer umgebracht? Weil sie neue Ansichten vertraten, ohne vorher die Vertreter der bisherigen Anschauungen demütig um Rat gefragt zu haben." [10]

Als Luther seine Thesen unter die Leute brachte, hatte er gehofft, die kirchlichen Würdenträger und Theologen davon überzeugen zu können, daß eine Erneuerung der Kirche längst überfällig war und daß sie mit ihm gemeinsam für die nötigen Reformen kämpfen würden. Aber er hatte sich getäuscht. Statt dessen überhäufte man ihn mit Vorwürfen, unterstellte ihm unlautere Absichten, verdrehte seine Aussagen, verunglimpfte ihn und bewarf ihn mit Schmutz. Die Kirchenführer hatten sehr schnell erkannt, daß eine geistliche Erneuerung der Kirche den Einfluß Roms schwächen und ihren bisherigen Lebensstil unmöglich machen würde. Für sie war nichts gefährlicher, als daß die Menschen zu der Erkenntnis kommen könnten, daß allein der Glaube an Christus ihnen das Heil bringt. Deshalb stellten sie sich der Wahrheit und dem, der sie im Auftrag Gottes verkündigte, hartnäckig entgegen.

Nun erkannte Luther, wie weit er sich vorgewagt hatte und daß er den Mächtigsten dieser Welt ganz allein gegenüberstand. Über diese Zeit schrieb er: „Wer war ich elender, verachteter Bruder dazumal, der sich sollte wider des Papstes Majestät setzen, vor welcher die Könige auf Erden und der ganze Erdboden sich entsetzt und allein nach seinen Winken sich mußten richten? Was mein Herz in jenen zwei Jahren ausgestanden und erlitten habe und in welcherlei Demut, ja Verzweiflung ich da schwebte, ach! da wissen die sichern Geister wenig von, die hernach des Papstes Majestät mit großem Stolz und Vermessenheit angriffen." [11] Dennoch verlor Luther nicht den Mut, denn in dieser schweren Zeit lernte er es, sich ganz auf den starken und allmächtigen Gott zu verlassen. Einem Freund schrieb er: „Es ist vor allem gewiß, daß man die Heili-

---

[10] D'Aubigné, Geschichte der Reformation, 3. Buch, Kapitel 6

[11] Seckendorff, Commentarius historicus et apologeticus de Lutheranismo seu de reformatione, Band I, 119 f.

ge Schrift weder durch Studium noch mit dem Verstand erfassen kann. Deshalb ist es zuerst Pflicht, daß du mit dem Gebet beginnst und den Herrn bittest, er möge dir zu seiner Ehre, nicht zu deiner, in seiner großen Barmherzigkeit das wahre Verständnis seiner Worte schenken. Das Wort Gottes wird uns von seinem Urheber ausgelegt ... Hoffe deshalb nichts von deinem Studium und Verstand; vertraue allein auf den Einfluß des Geistes. Glaube meiner Erfahrung."[12]

Dies ist eine wichtige Erkenntnis für alle, die sich berufen fühlen, anderen die göttliche Wahrheit zu bringen. Im Kampf gegen die Mächte des Bösen reichen menschliche Weisheit und ein scharfer Verstand nicht aus.

Allein die Heilige Schrift

Bei ihren Angriffen stützten sich Luthers Gegner durchweg auf die Schriften der Kirchenväter, auf Konzilienbeschlüsse und auf die Autorität des Papstes. Der Reformator dagegen berief sich in allem allein auf die Heilige Schrift. Da seine Widersacher dem nichts entgegenzusetzen hatten, bekämpften sie ihn um so wütender.

Aber es gab auch Tausende von Menschen, in deren Herzen es hell wurde, als sie Luthers Predigten hörten oder seine Schriften lasen. Immer mehr Gläubige lösten sich von unbiblischen Bräuchen und aus ihrer Abhängigkeit von menschlichen Heilsvermittlern, um sich im Glauben dem anzuvertrauen, der für sie ans Kreuz gegangen war. Den Vertretern der Papstkirche wurde diese Entwicklung immer unheimlicher. Sie wollten dem auf keinen Fall tatenlos zusehen. Deshalb wurde Luther vom Papst nach Rom beordert. Seine Freunde und Gönner wußten natürlich, welcher Gefahr der Reformator sich aussetzen würde, wenn er in die Stadt ginge, die schon soviel Märtyrerblut vergossen hatte. Sie verlangten deshalb, daß die Anhörung Luthers in Deutschland stattfinden müsse. Dieser Forderung wurde schließlich entsprochen. Der päpstliche Gesandte Cajetan erhielt den Auftrag, sich der Sache anzunehmen. Daß es dabei nicht um eine wirkliche Anhörung ging, ergibt sich aus der Tatsache, daß Cajetan bereits mit der Order im Gepäck anreiste, den widerspenstigen Mönch „zu verfolgen und unverzüglich in Haft zu nehmen". Falls Luther

[12] Enders, ebd., Band I, 142 (18. 1. 1518)

standhaft bleiben würde oder man seiner nicht habhaft werden konnte, war der Legat bevollmächtigt, ihn an allen Orten Deutschlands zu ächten, zu verbannen, zu verfluchen und seine Anhänger, unabhängig von ihrer Stellung in Kirche und Staat, in den Bann zu tun. Allein der Kaiser war von solchen Maßnahmen ausgeschlossen.[13]

Hier zeigte sich die wahre Gesinnung der damaligen Kirchengewaltigen. In dem ganzen Schriftstück war kein Hauch christlichen Geistes zu spüren, nicht einmal die Regeln ganz normaler menschlicher Gerechtigkeit gedachte man einzuhalten. Luther war zum Ketzer erklärt worden, ohne daß man ihn überhaupt angehört hatte.

In dieser schweren Zeit stellte Gott Luther mit Philipp Melanchthon (1497–1560) einen treuen Freund und Helfer mit umfassender Bildung, sicherer Urteilsfähigkeit und lauterem Charakter zur Seite. Melanchthons Bedachtsamkeit, Umsicht und Gründlichkeit ergänzten die Tatkraft und das Durchsetzungsvermögen Luthers in idealer Weise.

Das Verhör Luthers durch den päpstlichen Legaten sollte in Augsburg stattfinden. Als der Reformator sich zu Fuß auf den Weg machen wollte, warnten seine Freunde ihn vor solch einem gefährlichen Unterfangen. Sie verwiesen darauf, daß es bereits Drohungen gab, ihn unterwegs zu ermorden. Luther entgegnete: „Ich bin mit Jeremia gänzlich der Mann des Haders und der Zwietracht ... je mehr sie drohen, desto freudiger bin ich ... mein Name und Ehre muß auch jetzt gut herhalten; also ist mein schwacher und elender Körper noch übrig, wollen sie den hinnehmen, so werden sie mich etwa um ein paar Stunden Leben ärmer machen, aber die Seele werden sie mir doch nicht nehmen ... wer Christi Wort in die Welt tragen will, muß mit den Aposteln stündlich gewärtig sein, mit Verlassung und Verleugnung aller Dinge den Tod zu leiden."[14]

Die Nachricht von Luthers Ankunft in Augsburg erfüllte den päpstlichen Gesandten mit Genugtuung. Endlich schien der lästige Unruhestifter in der Gewalt Roms zu sein. Nun mußte nur noch dafür gesorgt werden, daß er nicht wieder entkam. Sollte er seine ketzerischen Ansichten nicht widerrufen, würde man ihn ergreifen und nach Rom bringen lassen, wo er den gleichen Tod sterben würde wie die Erzketzer Hus

---

[13] Luther, EA, op. lat. XXXIII, 354 f.

[14] Enders, ebd., Band I, 211 f. (10. 7. 1518)

und Hieronymus. Zunächst mußte nur erreicht werden, daß Luther sich bereit fand, auch ohne Sicherheitsgarantien vor dem kirchlichen Tribunal zu erscheinen. Doch der ließ sich darauf nicht ein. Er nahm erst dann an den Verhandlungen teil, als ihm schriftlich der Schutz des Kaisers zugesichert worden war.

Die Taktik der Vertreter Roms bestand zunächst darin, Luther durch Freundlichkeit und Milde zu beeindrucken, auch wenn die Forderungen in der Sache darauf hinausliefen, daß er sich der Kirche bedingungslos zu fügen und ihren Forderungen in allen Punkten ohne Widerspruch nachzugeben hatte. Der Reformator brachte ebenso zuvorkommend seine Wertschätzung der Kirche gegenüber zum Ausdruck, sprach von seinem Verlangen nach Wahrheit und bekundete die Bereitschaft, alle Fragen bezüglich seiner Lehre gewissenhaft zu beantworten und seine Anschauungen von führenden Vertretern bestimmter Universitäten prüfen zu lassen. Einen Widerruf könne man von ihm freilich nicht erwarten, ohne ihn vorher angehört und des Irrtums überführt zu haben.

Die einzige Antwort darauf war: „Widerrufe!" Luther berief sich auf die Heilige Schrift und erklärte, daß er die Wahrheit nicht verleugnen könne. Als der Legat sah, daß er den Argumenten des Ketzers nichts entgegenzusetzen hatte, flüchtete er sich in Beschimpfungen, Verdächtigungen, Spott und Schmeicheleien einerseits und in das Zitieren von Aussagen der Kirchenväter andererseits. Luther kam überhaupt nicht mehr zu Wort und beantragte deshalb, die Verteidigung seiner Lehren schriftlich vornehmen zu dürfen. Nur widerstrebend erhielt er dafür die Erlaubnis. In einem Brief an seine Freunde begründete er diesen Schritt so: „Was niedergeschrieben ist, kann dem Urteil anderer unterbreitet werden. Außerdem denke ich in dieser Weise besser auf die Befürchtungen und das Gewissen eines eingebildeten und geschwätzigen Tyrannen einwirken zu können, der mich bisher nur mit anmaßendem Gerede überschüttet hat." [15]

Bei seinem nächsten Verhör verlas Luther eine knappe, klare Darstellung seiner auf die Heilige Schrift gegründeten Anschauungen. Als er das Schriftstück anschließend dem Kardinal übergeben wollte, fegte der es mit der Begründung beiseite, das sei nichts weiter als eine Sammlung unnützer Worte und

---

[15] Martyn, The Life and Times of Luther, 271. 272

belangloser Zitate. Luther, dem jetzt die Augen aufgegangen waren, begegnete nun seinem überheblichen Ankläger auf dessen ureigenstem Gebiet, den Überlieferungen und Lehren der Kirche, und er widerlegte dessen Darlegungen vollständig. Als der Legat sich in die Enge getrieben sah, verlor er die Beherrschung und schrie wütend: „Geh! Widerrufe oder komm mir nicht wieder vor die Augen.“[16]

Daraufhin zog sich Luther mit seinen Freunden zurück und machte damit für jedermann deutlich, daß von ihm kein Widerruf zu erwarten war. Das entsprach allerdings in keiner Hinsicht dem, was der Kardinal hatte erreichen wollen. Ganz offensichtlich war seine Rechnung nicht aufgegangen.

Obwohl beide Seiten nicht erreichen konnten, was sie sich vorgenommen hatten, war der Meinungsstreit doch eine Gelegenheit für die Zuschauer, die beiden Kontrahenten miteinander zu vergleichen. Da war Luther: einfach, bescheiden, zielstrebig und mit überzeugenden Argumenten. Daneben der päpstliche Gesandte: anmaßend, überheblich, unwissend und geschwätzig. Für viele Augenzeugen ging der Vergleich nicht zugunsten des Römers aus.

Flucht aus Augsburg

Da es sinnlos und gefährlich war, in Augsburg zu bleiben, drängten Luthers Freunde auf sofortige Rückkehr nach Wittenberg. Deshalb verließ der Reformator noch vor Tagesanbruch zu Pferde die Stadt. Ein ortskundiger Führer, den der Augsburger Rat zur Verfügung gestellt hatte, zeigte ihm den sichersten Weg. Bevor der Gesandte Roms von Luthers Abreise erfuhr, war der Reformator außer Reichweite seiner Verfolger. Der Legat machte seiner Enttäuschung und seinem Zorn in einem Brief an Friedrich den Weisen, den Kurfürsten von Sachsen, Luft und forderte von ihm, Luther nach Rom bringen zu lassen oder ihn zumindest des Landes zu verweisen. Friedrich hatte sich bis dahin wenig um die reformatorischen Lehren gekümmert. Aber Luthers Argumentation, seine Aufrichtigkeit und Glaubensstärke machten einen tiefen Eindruck auf den Kurfürsten, so daß Friedrich beschloß, den Verfolgten zu beschützen, solange dieser nicht des Irrtums überführt sei. Als Antwort auf die Forderungen des römischen Legaten schrieb

---

[16] Luther, EA, LXIV, 361–365; LXII, 71 f.

er: „Weil der Doktor Martinus vor euch zu Augsburg erschienen ist, so könnt ihr zufrieden sein. Wir haben nicht erwartet, daß ihr ihn, ohne ihn widerlegt zu haben, zum Widerruf zwingen wollt. Kein Gelehrter in unsern Fürstenhäusern hat behauptet, daß die Lehre Martins gottlos, unchristlich und ketzerisch sei.“ [17] Der Kurfürst hatte längst erkannt, daß Reformen in der Kirche nötig waren. Insgeheim war er froh darüber, daß nun die ersten Anzeichen für eine geistliche Erneuerung zu erkennen waren.

Nach dem Thesenanschlag in Wittenberg war inzwischen ein Jahr vergangen. Luthers Schriften hatten in dieser Zeit überall großes Interesse an der Bibel geweckt. Junge Menschen aus ganz Europa kamen nach Wittenberg, um dort zu studieren. Trotz der großen Erkenntnis, die Luther aus der Heiligen Schrift gewonnen hatte, waren ihm noch längst nicht alle Irrtümer der römischen Kirche bewußt geworden. Als er jedoch Gottes Wort mit den päpstlichen Verlautbarungen verglich, schrieb er erstaunt: „Ich gehe die Dekrete der Päpste für meine Disputation durch und bin – ich sage dir's ins Ohr – ungewiß, ob der Papst der Antichrist selbst ist oder ein Apostel des Antichrist; elendiglich wird Christus, d. h. die Wahrheit, von ihm in den Dekreten gekreuzigt.“ [18]

Je länger Luther unbehelligt wirken konnte, desto mehr staute sich innerhalb der römischen Kirche die Wut auf diesen Ketzer an. Fanatische Gegner, nicht selten waren es Theologen von katholischen Universitäten, erklärten, daß es kein Verbrechen sei, diesen Störenfried kurzerhand zu töten. Luther selbst focht das wenig an, denn er fühlte sich in der Hand Gottes geborgen.

Etwa um diese Zeit fand der Reformator heraus, daß bereits Jan Hus in Böhmen die Lehre von der Rechtfertigung aus Glauben vertreten hatte. Erstaunt bekannte er: „Ich habe bisher unbewußt alle seine Lehren vorgetragen und behauptet ... Wir sind Hussiten, ohne es zu wissen; schließlich sind auch Paulus und Augustin bis aufs Wort Hussiten. Ich weiß vor starrem Staunen nicht, was ich denken soll, wenn ich die schrecklichen Gerichte Gottes in der Menschheit sehe, daß die offenkundige evangelische Wahrheit schon seit über hundert Jahren öffentlich verbrannt ist und für verdammt gilt.“ [19]

---

[17] Luther, EA, op. lat. XXXIII, 409 f.; D'Aubigné, ebd., 4. Buch, Kapitel 10
[18] Enders, ebd., Band I, 450 [19] Enders, ebd., Band II, 345

Über die Universitäten schrieb er: „Ich habe große Sorge, die hohen Schulen seien große Pforten der Hölle, so sie nicht emsiglich die Heilige Schrift üben und treiben ins junge Volk ... Wo aber die Heilige Schrift nicht regiert, da rate ich fürwahr niemand, daß er sein Kind hintue. Es muß verderben alles, was nicht Gottes Wort ohne Unterlaß treibt."[20]

Die Lage spitzt sich zu

Der Meinungsstreit ging quer durch Deutschland. Die einen waren für Luther, die anderen gegen ihn. Seine Feinde drängten den Papst, entschiedener gegen den unbotmäßigen Mönch vorzugehen. Sie hielten es für unerläßlich, ihn und seine Anhänger aus der Kirche auszuschließen – es sei denn, er würde seine Irrlehren widerrufen. Luther selbst verschloß die Augen nicht davor, daß seine Reformationsbewegung vor einer Zerreißprobe stand. Aber er überließ sich nicht der Angst, sondern vertraute fest auf Gott: „Was geschehen wird, weiß ich nicht, und ich will es auch nicht wissen ... Kein Blatt fällt vom Baum ohne den Willen des himmlischen Vaters. Sollte er da nicht viel mehr für uns sorgen! Es ist leicht, für Christus zu sterben, der ja selbst auch als Mensch in den Tod gegangen ist."[21]

Als die päpstliche Bannbulle Luther erreichte, schrieb er: „Endlich ist die römische Bulle mit Eck angekommen ... Ich verlache sie nur und greife sie jetzt als gottlos und lügenhaft ganz eckianisch an. Ihr sehet, daß Christus selbst darin verdammt werde ... Ich bin nun viel freier, nachdem ich gewiß bin, daß der Papst als der Antichrist und des Satans Stuhl offenbarlich erfunden sei."[22]

Dennoch blieb der Erlaß Roms nicht ohne Wirkung. Die Androhung von Gefängnis, Folter und Tod erwies sich nach wie vor als eine wirksame Waffe, um ängstliche und abergläubische Gemüter zum Gehorsam gegenüber der Kirche zu zwingen. Der Fortgang der Reformation schien in Frage gestellt, auch wenn sich Luther selbst von den Drohungen nicht beeindrucken ließ. Deshalb ging der Reformator zum Gegenangriff über, indem er das gegen ihn ergangene Verdammungsurteil nach Rom zurückschleuderte. Als er gar die päpstliche

---

[20] D'Aubigné, ebd., 6. Buch, Kapitel 3, 77. 81 [21] D'Aubigné, ebd., 6. Buch, Kapitel 10 [22] Enders, ebd., Band II, 491

Bannbulle in Anwesenheit einer großen Anzahl von Studenten, Gelehrten und Bürgern verbrannte, bekundete er für alle sichtbar seinen endgültigen Bruch mit Rom. Er sagte: „Nun hat der Kampf erst richtig begonnen. Bisher habe ich nur mit dem Papst gespielt. Ich habe diese Arbeit im Namen Gottes angefangen; sie wird durch seine Kraft beendet werden, auch ohne mich ... Wer weiß, ob Gott mich nicht gerade dazu auserwählt hat und ob sie nicht fürchten müssen, daß sie Gott selbst verachten, indem sie mich ablehnen ... Gott hat nie einen Hohenpriester noch sonst eine hochgestellte Persönlichkeit zum Propheten berufen. Gewöhnlich erwählte er niedrige, verachtete Menschen, einmal sogar den Schafhirten Amos. Zu allen Zeiten haben die Gottesmänner unter Lebensgefahr Könige, Adlige, Priester und Gelehrte ermahnen müssen ... Ich sage nicht, daß ich ein Prophet bin, aber ich sage, daß sie mich gerade deshalb fürchten müssen, weil ihrer viele sind, ich aber allein bin. Ich bin ganz sicher, daß Gottes Wort auf meiner Seite ist und nicht auf ihrer.“ [23]

Daß Luther sich nicht leichtfertig, sondern unter schweren inneren Kämpfen von der römischen Kirche trennte, geht aus folgender Äußerung hervor: „Obwohl ich die Heilige Schrift auf meiner Seite hatte, hat es mir sehr weh getan, vor mir selbst zu verantworten, daß ich mich allein gegen den Papst stellen und ihn als Antichrist betrachten soll. Wie oft habe ich mir selbst die bangen Fragen gestellt, die sie mir so oft entgegenhielten: ‚Bist du allein klug? Können alle anderen Unrecht haben? Was wird sein, wenn sich am Ende herausstellt, daß du selbst im Irrtum bist und so viele Menschen auf einen Weg geführt hast, der in der Verdammnis endet?‘ So habe ich mit mir und mit dem Bösen gerungen, bis Christus mein Herz durch sein unfehlbares Wort von diesen Zweifeln befreit hat.“ [24]

Im Jahre 1521 schleuderte der Papst erneut seinen Bann gegen Luther, indem er ihn als vom Himmel verflucht erklärte und all denen das gleiche Urteil androhte, die sich ihm angeschlossen hatten. Es ist seit jeher so gewesen, daß diejenigen, die Gott benutzt, um seine Wahrheit zu verkündigen, auf Widerstand stoßen. Wie es in den Tagen Luthers eine Wahrheit gab, die besonders für die Menschen damals aktuell war, so gibt es auch für unsere Zeit eine „gegenwärtige Wahrheit“. Leider will die Mehrheit der Menschen heute davon ebensowenig

---

[23] D'Aubigné, ebd., 6. Buch, Kapitel 10 [24] Martyn, ebd., 372. 373

wissen wie die Anhänger Roms von der Wahrheit, die Luther seinerzeit verkündigte. Wer heute Gottes Botschaft unter die Leute bringt, darf also nicht mehr Zustimmung erwarten, als der Wahrheit in früherer Zeit entgegengebracht worden ist. Die Auseinandersetzung zwischen Wahrheit und Irrtum, zwischen Christus und Satan, wird bis zum Ende nicht abreißen, sondern eher noch zunehmen.[25]

---

[25] Vgl. Johannes 15,19.20; Lukas 6,26

8 Vor Kaiser und Reich

Als Karl V. im Jahre 1519 den deutschen Kaiserthron bestieg, nötigte Rom ihn, den rebellischen Mönch von Wittenberg endlich zum Schweigen zu bringen. Das brachte den Monarchen in arge Bedrängnis, denn der Kurfürst von Sachsen hatte ihn bereits gebeten, nichts gegen Luther zu unternehmen, ohne ihn angehört zu haben. Einerseits war Karl V. dem sächsischen Fürsten verpflichtet, denn ohne dessen Hilfe wäre er nie Kaiser geworden; andererseits wußte er, daß der Papst und die römische Kurie mit nichts anderem als dem Tod Luthers zufriedenzustellen sein würden. Es war ohnehin ungewöhnlich, daß Luther nach der kirchlichen Verdammung noch nicht von der weltlichen Obrigkeit geächtet worden war. Nach deutschem Reichsrecht mußte dem kirchlichen Bann zwangsläufig und ohne weitere Verhandlung die Reichsacht folgen. Nur aus Rücksicht auf den sächsischen Kurfürsten und die Stimmung im Volk, hatte der Kaiser sich dazu bisher nicht entschließen können.

Seinen ersten Reichstag berief der jugendliche Monarch nach Worms ein. Dort wollte er den deutschen Adel kennenlernen und unter anderem den „Fall Luther" zur Verhandlung bringen. Kurfürst Friedrich der Weise verlangte vom Kaiser die schriftliche Garantie, daß Luther sich ungehindert und als freier Mann vor gelehrten, gläubigen und unparteiischen Richtern verantworten durfte. Karl V. sagte freies Geleit und eine faire Erörterung aller strittigen Punkte zu. Luther hatte seinem Fürsten geschrieben: „Wenn der Kaiser mich ruft, will ich das als einen Ruf Gottes annehmen. Wenn sie mir dort Gewalt antun wollen ... lege ich die Angelegenheit in Gottes Hand. Will er mich nicht erretten, so ist's um meinen Kopf eine geringe Sache ... man muß nur dafür sorgen, daß wir das Evangelium, das wir begonnen, den Gottlosen nicht zum Spott werden lassen ... Ihr könnt alles von mir erwarten außer Flucht und Widerruf. Fliehen kann ich nicht und widerrufen noch weniger."[1]

---

[1] D'Aubigné, Geschichte der Reformation, 7. Buch, Kapitel 1

Die Nachricht, daß Luther vor dem Reichstag erscheinen würde, verursachte allgemeine Aufregung. Aleander, der päpstliche Gesandte, sah dem mit gemischten Gefühlen entgegen. Einerseits würde es der Autorität des Papstes Abbruch tun, wenn ein Fall, in dem er das Verdammungsurteil bereits gesprochen hatte, neu zur Verhandlung kam. Zum andern war zu befürchten, daß Luther mit seinen Argumenten viele der deutschen Adligen dazu bringen würde, sich von der römischen Kirche abzuwenden. Deshalb überredete der Legat den Kaiser, Friedrich dem Weisen zu schreiben, daß Luther in Wittenberg bleiben müsse, wenn er nicht zum Widerruf bereit sei. Aber damit war der Vertreter Roms noch nicht zufrieden. Mit allen ihm zu Gebote stehenden Mitteln versuchte er eine Verurteilung des abwesenden Reformators durch den Reichstag zu erreichen, indem er Luther des Aufruhrs, der Empörung, der Gottlosigkeit und der Gotteslästerung beschuldigte. Sein Vorgehen erweckte allerdings bei vielen den Eindruck, daß hinter dem allen mehr der Haß und die Rachsucht steckten als der Eifer für die Sache des Glaubens. Die Mehrzahl der Reichsstände war geneigter denn je, Luther wohlwollend zu beurteilen.

Unentwegt drängte der päpstliche Legat den Kaiser, die päpstlichen Erlasse gegen Luther endlich in die Tat umzusetzen. Das war aber bei der bestehenden Gesetzeslage nicht ohne die Zustimmung der deutschen Fürsten möglich. Schließlich stimmte Karl V. zu, daß Aleander die Angelegenheit vor den Reichstag bringen durfte. Für den Nuntius war das ein großer Erfolg.

Der Ketzerei angeklagt

Gelehrt und beredt wie er war, zog Aleander alle rethorischen Register, um Luther als einen Feind der Kirche und des Staates hinzustellen. Er behauptete, in dessen Schriften fänden sich genug Irrtümer, um damit die Verbrennung von hunderttausend Ketzern zu rechtfertigen. Zum Schluß seiner Rede versuchte er, die Anhänger der Reformation verächtlich zu machen: „Wer sind denn diese Lutheraner? Eine Bande unverschämter Universitätsprofessoren, verderbter Priester, liederlicher Mönche, unwissender Rechtsgelehrter und heruntergekommener Adliger ... Wie weit überlegen an Zahl, Fähigkeit und Macht ist ihnen doch die katholische Seite! Ein einstimmiger Beschluß dieser erlauchten Versammlung wird die Einfältigen belehren, die Unklugen warnen, die Wankelmütigen festigen und die Schwachen stärken." [2]

So oder ähnlich hat man zu allen Zeiten diejenigen verächtlich zu machen versucht, die sich für die Wahrheit einzusetzen wagten. Wenn sachliche Argumente fehlten und Überredungskünste oder Drohungen nicht verfingen, dann griffen die Feinde des Evangeliums bereitwillig zu Verleumdung, Spott oder Gewalt.

Wäre Luther bei der Rede des päpstlichen Legaten zugegen gewesen, hätte er den Verdächtigungen mit überzeugenden, biblisch begründeten Argumenten entgegentreten können, aber er war vorsorglich von Worms ferngehalten worden. So gab es scheinbar niemanden, der die Sache der Wahrheit vertreten wollte. Die Großen des Reiches waren unter dem Eindruck der Ansprache Aleanders nicht nur geneigt, Luther und seine Lehren zu verdammen, sondern auch bereit, die gesamte Ketzerei ein für allemal auszurotten. Es stand schlecht um die Wahrheit. Da nahm sich Herzog Georg von Sachsen der reformatorischen Sache an. Der päpstliche Gesandte hatte den Einfluß und die Macht Roms in den leuchtendsten Farben gemalt, nun deckte der deutsche Fürst schonungslos die Verderbtheit der Kirche und die üblen Folgen der Priesterherrschaft auf. Er schloß mit den Worten: „Nirgendwo ist mehr Schamgefühl zu erkennen, es zählt nur noch ... Geld, Geld, Geld ... Die Priester, die die Wahrheit lehren sollten, erzählen nichts als Lügen, und das wird nicht nur geduldet, sondern noch gefördert, denn je größer ihr Schwindel, desto fetter ihr Gewinn. All diese verschmutzten Bäche kommen aus ein und derselben vergifteten Quelle. Überall paart sich Gewinnsucht mit Ausschweifung ... und es ist die Geistlichkeit selbst, die mit ihrem skandalösen Lebenswandel unzählige Seelen in die Verdammnis stößt. Darum halte ich eine grundlegende Erneuerung der Kirche für dringend nötig." [3]

Diese Rede beeindruckte die Versammelten um so mehr, da allgemein bekannt war, daß Herzog Georg ein strikter Gegner Luthers war. Der Reformator selbst hätte seine Sache nicht eindrucksvoller vertreten können, nur besaß der Fürst unvergleichlich mehr Autorität als der kleine Mönch aus Wittenberg. Wieder einmal hatte Gott gezeigt, daß er auch dort der

---

[2] D'Aubigné, ebd., 7. Buch, Kapitel 3 [3] D'Aubigné, ebd., 7. Buch, Kapitel 4

Wahrheit einen Weg zu bahnen weiß, wo es nach menschlichem Ermessen kein Durchkommen mehr gibt.

Der Reichstag beauftragte einen Ausschuß damit, ein Verzeichnis aller päpstlichen Übergriffe und Mißbräuche zusammenzustellen. Diese Liste, die 101 Beschwerden enthielt, wurde dem Kaiser mit der Bitte übergeben, unverzüglich die nötigen Schritte einzuleiten, um dem allen ein Ende zu machen.

Luther vor dem Reichstag

Nun endlich verlangte der Reichstag, daß Luther vorgeladen und gehört werden sollte. Der katholischen Seite und dem Kaiser lag daran nichts, aber Karl V. konnte sich dem Verlangen der Fürsten und Stände nicht entziehen. Deshalb sorgte er für Geleitbriefe [4] und ließ sie per Boten zu Luther nach Wittenberg bringen.

Luthers Freunde trauten dem Frieden allerdings nicht, denn sie wußten, wie sehr der Reformator der päpstlichen Seite verhaßt war, und sie erinnerten sich daran, wie oft in der Vergangenheit solche Geleitbriefe nicht das Pergament wert waren, auf das man sie geschrieben hatte. Sie rieten deshalb dringend von der Reise nach Worms ab. Luther entgegnete: „Christus wird mir seinen Geist geben, damit ich diese Anwälte des Irrtums überwinden kann. Ich verachte sie im Leben; durch meinen Tod werde ich über sie triumphieren. In Worms schmieden sie Pläne, wie sie mich zum Widerruf zwingen können. Ja, ich werde widerrufen – nämlich so: Früher habe ich gesagt, der Papst sei Christi Stellvertreter; jetzt erkläre ich, daß er der Feind Gottes und des Teufels Apostel ist.“ [5]

Da Luther nicht umzustimmen war, beschlossen seine Freunde, daß ihrer drei ihn und den kaiserlichen Boten begleiten sollten. Philipp Melanchthon wollte unbedingt einer von ihnen sein, aber darauf ließ Luther sich nicht ein: „Wenn ich nicht zurückkehre, dann mußt du weiter lehren und fest bleiben in der Wahrheit. Nimm dann meinen Platz ein! ... Wenn du überlebst, bedeutet mein Tod wenig.“ [6]

In Erfurt ging Luther durch die gleichen Straßen, in denen er früher als Bettelmönch unterwegs gewesen war. Er besuchte

---

[4] Der Kurfürst von Sachsen und Herzog Georg von Sachsen sowie der Kaiser stellten Geleitbriefe aus. [5] D'Aubigné, ebd., 7. Buch, Kapitel 6
[6] D'Aubigné, ebd., 7. Buch, Kapitel 7

seine ehemalige Klosterzelle und dachte an seine inneren Kämpfe und daran, wie das Licht des Evangeliums, das nun in ganz Deutschland zu strahlen begann, damals in seinem Herzen aufgegangen war. Man nötigte ihn zum Predigen. Das war ihm zwar verboten, aber da der kaiserliche Herold es erlaubte, bestieg er die Kanzel. In der überfüllten Kirche predigte er über die Worte Christi: „Friede sei mit euch!“ Die Menschen hörten wie gebannt zu, denn sie spürten, daß dieser Mann die Wahrheit verkündigte und ihnen das wahre Brot des Lebens brach. Nicht um Päpste, Abgeordnete, Kaiser und Fürsten ging es hier – auch nicht um Luther und die Gefahr, in der er sich befand –, sondern einzig und allein um Jesus Christus, der um ihrer aller Erlösung willen ans Kreuz gegangen war.

Im Angesicht des Todes

Auf seinem Weg nach Worms wurde Luther immer wieder von wohlmeinenden Menschen vor der Gefahr gewarnt, in die er sich begab. Nicht selten hörte er: „Sie werden dich verbrennen, wie sie Hus verbrannt haben!“ Dann antwortete er: „Und wenn sie gleich ein Feuer machten, das zwischen Wittenberg und Worms bis an den Himmel reicht, weil es aber gefordert wäre, so wollte ich doch im Namen des Herrn erscheinen und dem Behemoth[7] zwischen seine großen Zähne treten und Christum bekennen und denselben walten lassen.“[8]

Die Kunde, daß Luther in Kürze in Worms eintreffen würde, verbreitete sich wie ein Lauffeuer durch die Stadt. Seine Freunde sorgten sich um sein Leben, die Feinde fürchteten um den Erfolg ihrer Sache. Auf Betreiben der Anhänger Roms riet man ihm, außerhalb der Stadt in dem Schloß eines befreundeten Ritters Quartier zu nehmen. Dort könnten die anstehenden Zwistigkeiten am Ende gar gütlich beigelegt werden, ohne daß Luther vor dem Reichstag erscheinen müßte. Viele Freunde meinten, er wäre außerhalb von Worms sicherer als in der Stadt. Aber Luther erklärte: „Ich will gen Worms, wenn gleich so viel Teufel drinnen wären als immer Ziegel auf ihren Dächern!“[9]

Als der Reformator schließlich in der Stadt eintraf, wurde er bereits am Tor von einer unübersehbaren Menschenmenge

---

[7] Ein im Buch Hiob (40) erwähntes Untier (möglicherweise das Nilpferd)
[8] Luther, Walch, XV, 2172. 2173 [9] D'Aubigné, ebd., 7. Buch, Kapitel 7

erwartet. Die römische Seite bedrängte daraufhin den Kaiser, sofort einzugreifen: „Kaiserliche Majestät möge diesen Mann beiseite tun und ihn umbringen lassen. Sigismund hat den Johann Hus ebenso behandelt; einem Ketzer braucht man kein Geleit zu geben oder zu halten.“ [10] Karl V. lehnte dieses Ansinnen ab. So blieb den Anhängern Roms nichts anderes übrig, als Luthers Anhörung zähneknirschend zuzustimmen.

Obwohl der Reformator von der Reise mitgenommen war, blieb ihm nicht viel Zeit zur Erholung. Edelleute und Ritter, Priester und Bürger, Freunde und Feinde wollten den furchtlosen Mönch aus Wittenberg sehen. Wie die Leute auch zu ihm stehen mochten, kaum einer konnte sich dem Einfluß entziehen, der von diesem Mann ausging.

Als Luther am nächsten Tag vor der erlauchten Versammlung erscheinen mußte, war das Gedränge der Menschen so groß, daß er nur mit Mühe den Empfangssaal erreichte. Auf dem Weg dorthin ermutigte ihn ein alter General mit den Worten: „Mönchlein, du gehst hin, in einem edleren Kampf standzuhalten, als von mir oder einem anderen jemals in der blutigsten Schlacht gefordert wurde. Doch wenn deine Sache gerecht ist, dann gehe hin in Gottes Namen und fürchte nichts. Gott wird dich nicht verlassen.“ [11]

Luther steht vor dem Reichstag

Als Luther vor die höchsten Repräsentanten des Reiches geführt wurde, ließen ihn die äußere Prachtentfaltung und die innere Anspannung schüchtern und verlegen erscheinen. Mehrere Adlige flüsterten ihm deshalb ermutigende Worte zu. Als der vom Kaiser bestimmte Verhandlungsführer mit der Befragung begann, herrschte atemlose Stille im Saal. Auf einen Stoß von Büchern und Schriften zeigend, stellte er Luther zwei Fragen: „Sind diese Bücher von dir geschrieben worden?“ und „Widerrufst du die darin geäußerten Ansichten?“ Nachdem die Titel aller Bücher laut verlesen worden waren, bestätigte der Reformator, daß die Schriften von ihm seien. Dann sagte er: „Was die zweite Frage betrifft, so wäre ich unvernünftig, wenn ich sie beantworten würde, ohne jedes Wort genau

[10] D'Aubigné, ebd., 7. Buch, Kap. 8 [11] D'Aubigné, ebd., 7. Buch, Kap. 8; Der Landsknechtführer Georg von Frundsberg hatte Luther mit diesen Worten ermutigend auf die Schulter geklopft.

bedacht zu haben. Es könnte sein, daß ich weniger sage, als es die Umstände erfordern, oder mehr, als es der Wahrheit angemessen ist. Aus diesem Grund erbitte ich die Kaiserliche Majestät in aller Demut, mir Bedenkzeit zu geben, damit ich antworten kann, ohne gegen das Wort Gottes zu verstoßen." [12]

Manche sahen darin ein ängstliches Zurückweichen, andere hielten die Antwort für sehr klug, zeigte sie doch, daß hier ein nüchtern und vernünftig denkender Mann vor ihnen stand und nicht ein fanatischer Wirrkopf.

Am nächsten Tag sollte Luther wieder vor dem Reichstag erscheinen, um seine endgültige Antwort zu geben. Angesichts der Bedeutung dieses Unterfangens und der Macht seiner Feinde drohte ihn aller Mut zu verlassen. Sein Glaube wankte, und Todesangst kroch in ihm hoch. In seiner Seelennot warf er sich auf die Erde und stieß keuchend hervor: „Ach Gott! O du mein Gott, stehe du mir bei wider alle Welt, Vernunft und Weisheit. Tue du es; du mußt es tun, du allein. Ist es doch nicht meine, sondern deine Sache. Habe ich doch für meine Person hier nichts zu schaffen und mit diesen großen Herrn der Welt zu tun ... Aber dein ist die Sache, Herr, die gerecht und ewig ist. Stehe mir bei, du treuer, ewiger Gott! Ich verlasse mich auf keinen Menschen." [13]

Dabei war es nicht die Angst vor Folter und Tod, die ihn überkam, sondern vor allem die Furcht, er könne in seiner Schwachheit der Sache der Wahrheit schaden. Sein Seelenkampf glich dem Ringen Jakobs, der in alter Zeit mit dem Engel Gottes gekämpft hatte. Und wie der Glaubensvater siegreich aus dem Kampf hervorgegangen war, so erlebte es auch Martin Luther. Als er sich in seiner Hilflosigkeit ganz fest an Jesus Christus, seinen Erlöser, klammerte, zog wieder Friede in seine Seele ein.

Im Vertrauen auf Gott bereitete er sich auf den bevorstehenden Kampf vor. Er legte in Gedanken genau fest, was er sagen wollte, und verglich bestimmte Aussagen in seinen Schriften mit entsprechenden Texten der Heiligen Schrift. Dann gelobte er, indem er die linke Hand auf die Heilige Schrift legte und die rechte zum Schwur erhob, „dem Evangelium treu zu bleiben und seinen Glauben frei zu bekennen, sollte er ihn auch mit seinem Blut besiegeln". [14]

---

[12] D'Aubigné, ebd., 7. Buch, Kapitel 8 [13] Luther, EA, LXIV, 289f.
[14] D'Aubigné, ebd., 7. Buch, Kapitel 8

Die Antwort

Als Luther zum zweiten Mal vor der Reichsversammlung stand, waren an ihm weder Unsicherheit noch Furcht zu entdecken. Er war sich des Beistandes Gottes gewiß. Weil er vorher *allein vor Gott* gestanden hatte, konnte er nun auch *allein vor den Vertretern des Reiches* stehen, um seine Überzeugung darzulegen. Aber wie schon am Vortag kam es nicht zu eigentlichen Verhandlungen über Luthers Lehren. Der kaiserliche Beauftragte fragte ihn lediglich, ob er gewillt sei, seine Lehren zu widerrufen. Die Antwort des Reformators war im Ton höflich und bescheiden, in der Sache unmißverständlich. Er ordnete seine Schriften in solche, die von Glauben und Sitte handeln – diese hätten selbst seine Widersacher für nützlich erklärt, sie müßten deshalb nicht widerrufen werden –, in solche, die gegen das Papsttum und die Lehren der Papisten kämpfen – die könne er noch weniger widerrufen –, und in persönliche Streitschriften, in denen er vielleicht heftiger geworden sei, als es sich zieme, ohne sie aber zurücknehmen zu können, es sei denn, daß er mit prophetischen und evangelischen Schriften seines Irrtums überführt würde.

Luther hatte deutsch gesprochen und wurde nun aufgefordert, seine Rede noch einmal in lateinischer Sprache zu wiederholen. Viele in der Reichsversammlung waren voreingenommen und in ihrer bisherigen Denkweise so gefangen, daß sie Luthers Argumentation zunächst gar nicht richtig gefolgt waren. Manchen von ihnen ging durch die Wiederholung erst richtig auf, worum es sich in dieser Auseinandersetzung eigentlich handelte. Luthers Feinde dagegen versetzte seine Rede in Wut. Der Sprecher des Reichstags sagte zornig: „Du hast die Frage nicht beantwortet ... Wir verlangen von dir eine klare und deutliche Antwort ... Wirst du widerrufen oder nicht? “[15]

Darauf antwortete der Reformator: „Weil denn Eure Majestät und die Herrschaften eine einfache Antwort begehren, so will ich eine geben, die weder Hörner noch Zähne hat, dermaßen: Wenn ich nicht durch Schriftzeugnisse oder helle Gründe werde überwunden (denn ich glaube weder dem Papst noch den Konzilien allein, weil feststeht, daß sie öfter geirrt und sich selbst widersprochen haben), so bin ich überwunden durch die von mir angeführten Schriften und mein Gewissen

[15] D'Aubigné, ebd., 7. Buch, Kapitel 8

gefangen in Gottes Wort; widerrufen kann ich nichts und will ich nichts, weil wider das Gewissen zu handeln beschwerlich, unsicher und nicht lauter ist. Hier stehe ich, ich kann nicht anders, Gott helfe mir. Amen." [16]

Da stand nun dieser Mann ganz allein vor den Mitgliedern der Reichsversammlung. Seine Rechtschaffenheit, sein lauterer Charakter, sein innerer Friede und die Freude, mit der er seinen Glauben bezeugte, machten auf viele einen tiefen Eindruck. Als er tags zuvor um Bedenkzeit gebeten hatte, meinten seine Feinde, das sei nur das Vorspiel zu einem Widerruf oder ein Rückzugsgefecht, um das Gesicht zu wahren. Nun sahen sie sich getäuscht und versuchten unter Androhung von Gewalt zu retten, was noch zu retten war: „Wenn du nicht widerrufst, werden der Kaiser und die Mächtigen des Reiches über dich beraten, was gegen einen unverbesserlichen Ketzer getan werden soll." [17] Doch Luther wich keinen Fingerbreit zurück. Ihm wurde befohlen, den Saal zu verlassen, damit sich die Versammlung beraten könne. Viele begriffen, daß die Geschichte der Kirche in der Zukunft davon abhängen würde, wie man mit diesem unbeugsamen Mann umging. Deshalb beschlossen die Delegierten, ihm noch eine weitere Gelegenheit zum Widerruf zu geben. Luther entgegnete: „Ich weiß keine andere Antwort zu geben wie die bereits vorgebrachte."

Die Vertreter der päpstlichen Seite waren erbost, daß sich dieser einfache Mönch von der Macht Roms, vor der sonst die Großen der Welt zitterten, nicht schrecken ließ. Es gab aber auch Fürsten und Adlige, die sich mutig zu Luther und seinen Lehren bekannten. Andere äußerten sich zu diesem Zeitpunkt noch nicht zustimmend, wurden aber später furchtlose Anhänger der Reformation. Friedrich der Weise, Kurfürst von Sachsen, war von Luthers Rede so beeindruckt, daß er sich entschloß, den Reformator noch entschiedener gegen alle Anfeindungen und Übergriffe zu verteidigen.

Selbst der römische Legat erkannte, welchen Eindruck Luther auf große Teile der Reichsversammlung gemacht hatte. Deshalb versuchte er mit allen ihm zu Gebote stehenden Mitteln den Untergang dieses gefährlichen Ketzers zu erreichen. Er stellte dem jugendlichen Kaiser mit beredten Worten vor Augen, wie töricht und gefährlich es sei, wegen eines unbedeutenden Mönches das Wohlwollen und die Hilfe des mäch-

[16] Luther, EA, LXIV, 382f. [17] D'Aubigné, ebd., 7. Buch, Kapitel 8

tigen Rom aufs Spiel zu setzen. Das blieb nicht ohne Wirkung.

Schon am nächsten Tag ließ der Kaiser dem Reichstag seinen Entschluß mitteilen, den katholischen Glauben unter allen Umständen zu schützen. Deshalb sollte gegen Luther und seine Irrlehren mit aller gebotenen Strenge vorgegangen werden: „... so bin ich fest entschlossen, alle meine Königreiche, das Kaisertum, Herrschaften, Freunde, Leib, Blut und das Leben und mich selbst daran zu setzen, daß dies gottlose Vornehmen nicht weiter um sich greife." [18] Gleichzeitig erklärte der Kaiser jedoch, die Zusage des sicheren Geleits müsse unter allen Umständen eingehalten werden. Luther solle unbehelligt wieder in seine Heimat zurückkehren dürfen.

Die Gefahr wächst

Den Gesandten des Papstes waren die Sicherheitszusagen nach wie vor ein Dorn im Auge. Immer wieder versuchten sie zu erreichen, daß die Geleitbriefe für ungültig erklärt wurden. Sie waren der Meinung, daß Luther unverzüglich brennen müsse und seine Asche in den Rhein gehöre – wie damals bei Jan Hus. Doch selbst die Fürsten, die Luther feindlich gesinnt waren, widersetzten sich solchem Verlangen. Sie waren der Meinung, daß man sich solch einen öffentlichen Vertrauensbruch nicht ein zweites Mal leisten könne. Dabei erinnerten sie an die Vorgänge um Jan Hus und die blutigen Hussitenkriege, die der Tod des böhmischen Ketzers heraufbeschworen hatte. So etwas sollte sich nicht wiederholen. Der Kaiser selbst lehnte das skandalöse Ansinnen mit der Bemerkung ab: „Ich will nicht wie Sigismund erröten!" [19]

Dessenungeachtet blieb Karl V. ein Feind der Reformation. Er konnte sich nicht entschließen, den Pfad der Wahrheit und Gerechtigkeit einzuschlagen, sondern blieb weiterhin auf dem gewohnten Weg. Seine Vorfahren hatten die Macht der Kirche und des Papsttums respektiert und gestützt, und auch er würde das tun. Ihm war nicht an einer Erkenntnis gelegen, die über die seiner Väter hinausging.

Heute ist es oft nicht anders, denn die meisten Menschen lassen sich von Traditionen bestimmen. Schenkt Gott mehr

---

[18] Luther, Walch, XIV, 2236. 2237

[19] Lenfant, Histoire du concile de Constance; Band I, 3. Buch, 404

Erkenntnis, dann wollen sie davon nichts wissen, sondern lieber bei dem bleiben, was ihre Vorfahren auch schon geglaubt haben – ob es dem Wort Gottes entspricht oder nicht. Aber damit gibt Gott sich nicht zufrieden. Eines Tages wird jeder danach gefragt werden, was aus der Erkenntnis geworden ist, die Gott ihm angeboten hat.

Auf dem Reichstag hatte Gott durch seinen Knecht Martin Luther zu den höchsten Repräsentanten Deutschlands gesprochen. Für viele in dieser erlauchten Gesellschaft war es das letzte Mal, daß Gottes Geist sie so ansprach. Und wie Pilatus Jahrhunderte zuvor das Licht der Wahrheit bewußt zurückgewiesen hatte, so taten es nun auch viele der Fürsten und der Kaiser selbst. Traditionen, staatspolitische Erwägungen und weltliche Ehre waren ihnen wichtiger als die Wahrheit.

Luthers Freunde fürchteten um seine Sicherheit. Gerüchte gingen um, daß die Feinde sich verschworen hätten, den Ketzer unschädlich zu machen. Protestantisch gesinnte Adlige taten sich zusammen, um Luther vor allen Anschlägen zu schützen. Auch unter den Bewohnern von Worms waren die Meinungen geteilt. An Haustüren und auf öffentlichen Plätzen tauchten Plakate für und gegen Luther auf. Auf einem standen die auf den Kaiser gemünzten Worte: „Weh dir, Land, dessen König ein Kind ist.“[20]

Die Mehrheit schien aber dem Reformator zuzuneigen, so daß der Kaiser und der Reichstag zunächst nichts gegen Luther zu unternehmen wagten, weil sie fürchteten, dadurch den Frieden im Reich zu gefährden.

Auf der Suche nach einem Kompromiß

Kurfüst Friedrich von Sachsen verbarg nach außen hin sorgfältig seine Sympathie für Luther, während er insgeheim mit allen Mitteln für die Sicherheit des Reformators sorgte. Andere machten aus ihrer Parteinahme für Luther auch öffentlich keinen Hehl. Spalatin, der Biograph der sächsischen Kurfürsten, schrieb in diesem Zusammenhang, daß das kleine Zimmer des Wittenberger Doktors die vielen Besucher oft gar nicht fassen konnte. Sogar solche, die seinen Lehren nicht zustimmten, bewunderten seine Aufrichtigkeit und seine Gewissenstreue.

---

[20] Prediger 10,16

Immer wieder wurde er von Adligen und Fürsten beschworen, sich doch auf einen Kompromiß einzulassen. Wenn er sein Urteil über die Kirche und die Konzilien nicht revidiere, würde er aus Deutschland vertrieben werden und nirgends mehr eine Heimat finden, deshalb sei es vernünftiger, sich dem Urteilsspruch des Kaisers zu unterwerfen. Luther antwortete: „Ich weigere mich nicht, Leib, Leben und Blut dahinzugeben, nur will ich nicht gezwungen werden, Gottes Wort zu widerrufen, in dessen Verteidigung man Gott mehr als den Menschen gehorchen muß. Auch kann ich nicht das Ärgernis des Glaubens verhüten, zumal Christus selbst ein Stein des Ärgernisses ist."[21]

Luther war jederzeit bereit, sich dem Urteil eines allgemeinen Konzils zu unterwerfen, allerdings unter der Bedingung, daß die Entscheidungen über seine Lehren sich allein am Maßstab der Heiligen Schrift orientierten. Freunde und Gegner kamen schließlich zu der Überzeugung, daß weitere Versöhnungsversuche nutzlos seien.

Wäre Luther damals in irgendeinem Glaubenspunkt von seiner biblischen Erkenntnis abgewichen, hätten die Mächte der Finsternis triumphiert. Der Glaube und die Entschlossenheit dieses einen Mannes, der es gewagt hatte, selbständig zu denken und seiner Erkenntnis gemäß zu handeln, sollten nicht nur die Kirche zu seiner Zeit verändern, sondern auch in die kommenden Jahrhunderte hineinwirken. Seine Standhaftigkeit und Treue würden bis zum Ende der Tage jene ermutigen, die ähnliche Situationen zu bewältigen hätten wie er.

Bald darauf erging an Luther der kaiserliche Befehl, in seine Heimat zurückzukehren, und es war klar, daß nun die Reichsacht[22] nicht auf sich warten lassen würde. Er wußte, daß er einer ungewissen, dunklen Zukunft entgegenging, dennoch war er voller Freude und Dankbarkeit: „Der Teufel hat auch wohl verwahret des Papstes Regiment und wollte es verteidigen; aber Christus machte ein Loch darein."[23]

Nach seiner Abreise schrieb Luther an den Kaiser einen Brief, denn er wollte nicht, daß sein Festhalten an der Wahr-

---

[21] Luther, EA, op. lat. XXXVII, 18 [22] Im Mittelalter war die Ächtung eine häufig verhängte weltliche Strafe für Friedensbrecher und stand neben dem von der Kirche verhängten Bann. Geächtete galten als rechtsgültig verurteilt und konnten verhaftet oder getötet werden, wo man sie fand.

[23] Luther, Leipziger Ausgabe, XVII, 589

heit als politischer Widerstand mißgedeutet werden könnte: „Ich bin ernsthaft bereit, Eurer Majestät Gehorsam zu leisten, in Ehre oder Unehre, im Leben oder im Tod, ohne Ausnahme, außer dem Wort Gottes, von dem der Mensch lebt ... Wenn es jedoch um ewige Dinge geht, will Gott nicht, daß ein Mensch sich Menschen unterwirft. Denn eine Unterwerfung in geistlichen Dingen ist wie Anbetung – und die gebührt nur dem Schöpfer." [24]

Auf der Heimreise war Luthers Empfang vielerorts noch triumphaler als auf der Hinreise. Wieder wurde er gedrängt, in den Kirchen zu predigen. Trotz des kaiserlichen Verbotes stieg er auf die Kanzeln und predigte Gottes Wort. Er sagte: „Ich habe mich nie verpflichtet, das Wort Gottes in Ketten zu legen, noch werde ich es je tun." [25]

Die Vertreter des Papstes sorgten gleich nach Luthers Abreise dafür, daß über Luther endlich die Reichsacht verhängt wurde. Der Reformator wurde als das personifizierte Böse in Mönchsgestalt dargestellt, und jedermann wurde davor gewarnt, ihn nach Ablauf des Schutzbriefes aufzunehmen, ihm Nahrung zu geben oder ihn anderweitig zu unterstützen. Wer ihn fand, sollte ihn den Behörden ausliefern. Auch seine Anhänger sollten verhaftet und ihr Besitz beschlagnahmt werden. Seine Bücher und Schriften wollte man verbrennen, wo sie sich fanden. Wer sich nicht daran halten würde, dem drohte das gleiche Schicksal. Diese Verurteilung war von der Reichsversammlung leicht zu erreichen gewesen, da inzwischen der größte Teil der Freunde und Gönner Luthers abgereist war. Die Anhänger Roms jubelten, denn nun hielten sie das Schicksal der Reformation für endgültig besiegelt.

Der Kurfürst greift ein

Da Kurfürst Friedrich von Sachsen fürchtete, daß Luther schon während der Heimreise in die Hände seiner Feinde fallen könnte, suchte er nach einem Weg, das zu verhindern. Das schien ihm nur auf eine Weise möglich zu sein: Er mußte den Häschern Roms zuvorkommen. Deshalb gab er vertrauenswürdigen Leuten den Auftrag, Luther unterwegs gefangenzunehmen und an einen sicheren Ort zu bringen. Wie geplant, so geschah es. In der Nähe von Eisenach wurde der Reforma-

---

[24] D'Aubigné, ebd., 7. Buch, Kapitel 11 [25] Martyn, Band I, 420

tor von Unbekannten in Gewahrsam genommen und eilig auf die einsam gelegene Wartburg gebracht. Seine Begleiter mußten denken, daß er in die Hand seiner Feinde gefallen und nun wohl verloren sei. Dieses Unternehmen war so geheim durchgeführt worden, daß nicht einmal der Kurfürst wußte, wohin man Luther gebracht hatte. Er gab sich damit zufrieden, daß sein Schützling in Sicherheit war. Mehr wollte er auch gar nicht wissen, denn je weniger er wußte, desto glaubwürdiger konnte er auf unbequeme Fragen antworten. Als Frühling, Sommer und Herbst vergingen, ohne daß es irgendein Lebenszeichen von Luther gegeben hätte, triumphierten seine Gegner. Sie meinten, nun sei das Feuer der evangelischen Ketzerei am Verlöschen. Sie täuschten sich, denn das Licht der Wahrheit sollte das Dunkel der geistlichen Finsternis noch viel stärker als bisher erhellen.

In Sicherheit

Fernab aller religiösen Auseinandersetzungen und aller Gefahr lebte Martin Luther in dieser Zeit auf der Wartburg. Nach den Kämpfen der vergangenen Jahre genoß er zunächst die Sicherheit und Ruhe in der Einsamkeit. Aber er war ein Mann der Tat und ertrug deshalb die Abgeschiedenheit immer schwerer. Er wußte, daß es nötig war, den geistlichen Aufbruch in der Kirche weiterzuführen, aber ihm waren die Hände gebunden. Außerdem fürchtete er, man würde ihn für feige halten, weil er sich aus dem Kampf zurückgezogen hatte. So wurde ihm das Leben in Sicherheit und Bequemlichkeit mehr und mehr zur Last.

Nötig wäre das freilich nicht gewesen, denn selbst in dieser Zeit scheinbaren Abgeschnittenseins bewirkte Luther mehr, als gemeinhin ein Mensch zu leisten imstande ist. Sein Schreibgerät kam fast nie zur Ruhe. Immer mehr Schriften (20) aus seiner Feder machten in Deutschland die Runde. Das ließ seine Feinde aufhorchen und unruhig werden, denn nun mußten sie erkennen, daß der Reformator immer noch am Leben war. Das bedeutendste Werk in dieser Zeit seines unfreiwilligen Aufenthalts auf der Wartburg war die Übersetzung des Neuen Testamentes in die deutsche Sprache. Auf diesem Fundament konnte das Werk der Reformation erst richtig in Angriff genommen werden.

Gott hatte seinen Diener aber nicht nur in die Einsamkeit

geführt, um ihn dem Zugriff seiner Feinde zu entziehen oder um ihm Zeit zum Ausruhen und Studieren zu geben. Offenbar wollte er ihn auch vor Stolz und Selbstsicherheit bewahren. Wer in die Freiheit geführt wird, neigt dazu, die zu verehren, denen er die Freiheit verdankt. Sehr oft rücken dann Menschen in den Mittelpunkt, wo Gott allein die Ehre gebührt. Persönlichkeiten, denen solche Verehrung gezollt wird, geraten nur zu leicht in die Gefahr, sich davon blenden zu lassen und ihr Vertrauen auf die eigene Kraft zu setzen, anstatt sich ihrer Abhängigkeit von Gott bewußt zu bleiben. Oft ist es dann vom Führen zum Beherrschen anderer nur noch ein Schritt. Gott wollte die beginnende Reformation wohl davor bewahren, in diese Richtung zu entarten. Die Augen der Menschen sollten nicht auf den gerichtet sein, der die Wahrheit predigte, sondern sie sollten auf den sehen, der selbst die Wahrheit ist.

9 Geistliche Erneuerung in der Schweiz

Ein Jahr nachdem Martin Luther geboren wurde, erblickte Ulrich Zwingli (1484–1531) das Licht der Welt. Als Sohn eines Hirten wuchs er inmitten der Bergwelt der Schweizer Alpen auf und erhielt so von frühester Kindheit an eine Vorstellung von der Größe Gottes. Die ersten religiösen Eindrükke empfing er durch biblische Geschichten, die ihm seine Großmutter erzählte.

Zwinglis Vater war daran gelegen, seinem Sohn eine gute Ausbildung zu ermöglichen. Er schickte den 13jährigen deshalb nach Bern auf eine der hervorragenden Schulen in der damaligen Schweiz. Bald stellte sich heraus, daß der Junge ein begabter und vielversprechender Schüler war. Das veranlaßte Angehörige verschiedener Mönchsorden, ihn zum Eintritt in ihr Kloster zu bewegen. Glücklicherweise erfuhr Zwinglis Vater rechtzeitig davon. Er sah die Zukunft seines Sohnes in Gefahr und beorderte ihn deshalb nach Hause. Zwingli gehorchte, aber auf die Dauer konnte den begabten und vielseitig interessierten jungen Mann das Leben in seinem heimatlichen Tal nicht befriedigen. Um seine Studien wieder aufzunehmen, ging er kurze Zeit später nach Basel. Hier hörte er zum ersten Mal etwas davon, daß göttliche Gnade nicht verdient werden könne, sondern ein freies Geschenk Gottes sei. Dieser geistliche Impuls kam von Thomas Wyttenbach, einem Lehrer Zwinglis, der durch das Studium des Griechischen und Hebräischen zur Heiligen Schrift geführt worden war. Die Erkenntnisse, die er aus dem Bibelstudium gewann, gab er an seine Studenten weiter. „Er widerlegte den päpstlichen Ablaß und die Verdienstlichkeit der sogenannten guten Werke und behauptete, der Tod Christi sei die einzige Genugtuung für unsere Sünden.“ [1] Für Zwingli waren diese Gedanken wie ein zarter Schimmer am Horizont, der den heraufziehenden Morgen ankündigte.

Nach Abschluß seines Theologiestudiums in Basel nahm der junge Priester eine Pfarrstelle in einer Alpengemeinde an.

[1] Wirz, Helvetische Kirchengeschichte, Band III, 452

Je mehr er sich allerdings mit der Bibel beschäftigte, desto deutlicher erkannte er, wie weit viele Lehren seiner Kirche von der Wahrheit der Bibel entfernt waren. Er wollte aber für seinen Glauben keinen anderen Maßstab als den der Bibel gelten lassen. In seiner Verwirrung wandte er sich an Gott: „Da hub ich an, Gott um sein Licht zu bitten, und fing mir an, die Schrift viel heller zu werden."[2]

Im Jahre 1516 übernahm Zwingli eine Pfarrstelle im Kloster Einsiedeln. Von hier aus sollte bald darauf sein reformatorischer Einfluß in alle Teile der Schweiz und weit darüber hinaus ausstrahlen. Einer der Hauptanziehungspunkte des Klosters war ein Bildnis der Jungfrau Maria, das angeblich Wunder wirkte. Über der Eingangspforte des Klosters stand geschrieben: „Hier findet man volle Vergebung der Sünden." Tag für Tag zogen Gläubige zum Altar der Maria, um ihre Sünden loszuwerden und womöglich ein Wunder zu erleben. Einmal im Jahr pilgerten Menschen aus allen Teilen der Schweiz, aus Frankreich und Deutschland nach Einsiedeln zur wundertätigen Madonna. Zwingli schmerzte diese Wundersucht der Gläubigen sehr, deshalb benutzte er solche Gelegenheiten, den Menschen die herrliche Freiheit des Evangeliums zu verkündigen. Er lehrte sie, Vergebung der Sünden und das ewige Leben seien „bei Christo und nicht bei der heiligen Jungfrau zu suchen; der Ablaß, die Wallfahrten und Gelübde, die Geschenke, die man den Heiligen mache, haben keinen Wert. Gottes Gnade und Hilfe sei allen Orten gleich nahe und er höre das Gebet anderswo nicht weniger als zu Einsiedeln ... Christus, der sich einmal für uns geopfert, ist ein in Ewigkeit währendes und bezahlendes Opfer für die Sünden aller Gläubigen."[3]

Für viele der Pilger waren solche Gedanken keine gute Botschaft. Sie waren enttäuscht, daß ihre Opfer und Wallfahrten so gar nichts nützen sollten. Außerdem konnten sie nicht verstehen, wie Vergebung ohne jede fromme Leistung zu erlangen sei. Sie fühlten sich ja auch auf dem Weg wohl, den ihnen die römische Kirche gewiesen hatte. Im übrigen war es ihnen angenehmer, ihre Befreiung von Schuld den Priestern oder dem Papst zu überlassen, als sich selbst um ein reines Herz zu bemühen. Aber es gab auch Menschen, die mit Erleichterung vernahmen, daß sie durch den Glauben an Christus Verge-

[2] Zwingli (Schuler und Schultheß), Band I, 79
[3] Zwinglis Werke, Band I, 216. 232

bung empfangen dürfen. Wenn sie nach Hause kamen, erzählten sie von dieser befreienden Erfahrung, so daß sich die Botschaft von der Rechtfertigung des Sünders durch den Glauben im ganzen Land verbreitete. Die Zahl derer, die zum Altar der heiligen Jungfrau nach Einsiedeln pilgerten, nahm ständig ab. Da die Einnahmen des Klosters geringer wurden, sank auch Zwinglis Gehalt, das aus diesen Einkünften bestritten wurde. Dennoch freute er sich über die Entwicklung, spürte er doch, daß die Macht des Irrtums und Aberglaubens zerbrach und die Wahrheit in den Herzen der Menschen Fuß zu fassen begann.

Nach Zürich gerufen

Im Dezember 1518 wurde Ulrich Zwingli als Pfarrer an das Großmünster nach Zürich gerufen. Zürich war damals die bedeutendste Stadt der Schweizer Eidgenossenschaft. Was immer dort geschah, zog Kreise in der gesamten Schweiz. Deshalb wiesen die Domherren, die Neuerungen wenig schätzten, Zwingli bei seiner Amtsübernahme eindringlich auf seine wichtigste Aufgabe hin: „Du mußt nicht versäumen, für die Einkünfte des Domkapitels zu sorgen, und auch das Geringste nicht verachten. Ermahne die Gläubigen von der Kanzel und dem Beichtstuhle, alle Abgaben und Zehnten zu entrichten und durch Gaben ihre Anhänglichkeit an die Kirche zu bewahren ... Auch gehört zu deinen Pflichten die Verwaltung des Sakramentes, die Predigt und die Seelsorge. In mancher Hinsicht, besonders in der Predigt, kannst du dich durch einen Vikar ersetzen lassen.“ [4]

Zwingli hörte den Ausführungen geduldig zu, bedankte sich für die Ehre, zu einem solch hohen Amt berufen worden zu sein, und fügte dann hinzu: „Das Leben Jesu ist den Menschen so wenig bekannt, deshalb werde ich über das Matthäusevangelium predigen ... Ich werde mich in meinem Dienst der Ehre Gottes, dem Lobpreis seines Sohnes, der Rettung von Menschen und der Förderung des wahren Glaubens widmen.“ [5]

Da das Interesse für die von ihm gelehrte Wahrheit bereits geweckt war, strömte viel Volk zu seinen Predigten, darunter nicht wenige, die schon lange keine Kirche mehr besucht hat-

---

[4] Schuler, Zwingli, 227; Hottinger, Historia ecclesiastica, Band IV, 63–85

[5] D'Aubigné, Geschichte der Reformation, 8. Buch, Kapitel 6

ten. Er begann mit dem ersten Kapitel des Matthäusevangeliums und erklärte, wie ein Zuhörer dieser ersten Predigt berichtete, daß „das Evangelium so köstlich durch alle Propheten und Patriarchen, desgleichen auch nach aller Urteil nie gehört worden war". [6] Wie in Einsiedeln, so stellte er auch hier das Wort Gottes als die letztgültige Autorität und den Tod Christi als das einzig wirksame Opfer dar. Darüber hinaus verurteilte er furchtlos die Mißstände und die Verderbtheit seiner Zeit. Viele Zuhörer waren der Meinung: „Dieser ist ein rechter Prediger der Wahrheit, der wird sagen, wie die Sachen stehn, und als ein Mose uns aus Ägypten führen." [7]

Allerdings regte sich auch bald Widerstand. Die Mönche versuchten Zwinglis Einfluß zu untergraben, indem sie seine Lehren als falsch hinstellten. Man überschüttete ihn mit Spott und schreckte auch vor Drohungen nicht zurück. Um Jesu Christi willen trug er alles mit Geduld, weil er wußte, daß Satan immer dann die Fesseln der Finsternis und des Aberglaubens stärker anzieht, wenn er befürchten muß, daß die Wahrheit die Menschen frei machen könnte. Rom wirkte auch in der Schweiz der Botschaft von der Rechtfertigung aus Glauben entgegen, indem es weiterhin Sündenvergebung für Geld anpries. Jedes Vergehen hatte seinen Preis, und den Menschen wurden ihre Verfehlungen großzügig nachgesehen, wenn sie nur dafür bezahlten. Wichtig war vor allem, daß die Schatzkammern der Kirche keinen Mangel hatten.

Ablaßhandel in der Schweiz

In der Schweiz lag das Ablaßgeschäft in der Hand der Franziskaner und wurde von einem gewissen Samson, einem italienischen Mönch, mit Erfolg betrieben. Er hatte der Kirche schon riesige Summen zufließen lassen. Als Zwingli erfuhr, daß dieser Mönch erneut sein Unwesen in der Schweiz trieb, trat er ihm entgegen, indem er die unbiblischen Machenschaften des Ablaßhandels öffentlich in aller Schärfe verurteilte. Als der Mönch auf Grund der Predigten Zwinglis in Zürich nicht einen einzigen Ablaßbrief verkaufen konnte, suchte er resigniert das Weite und verließ bald darauf die Schweiz. [8]

Im Jahre 1519 fegte die Pest über die Schweiz. Das gab den

---

[6] Füßli, Beiträge, Band IV, 34 [7] Hottinger, ebd., 40 [8] Staehelin, Huldreich Zwingli, Sein Leben und Wirken nach den Quellen, Band I, 144f.

geistlichen Erneuerungsbestrebungen großen Auftrieb. Viele Menschen begriffen, wie wertlos die Ablaßbriefe waren, die sie früher gekauft hatten, um sich ein ruhiges Gewissen zu verschaffen. Im Angesicht des Todes sehnten sie sich nach einer besseren Grundlage für ihren Glauben, als Ablässe es je sein konnten. Auch Zwingli erkrankte schwer, und das Gerücht verbreitete sich, er sei gestorben. Glücklicherweise blieb das nur ein Gerücht. Der Reformator entkam dem „schwarzen Tod". Sobald er genesen war, predigte er das Evangelium dringlicher als je zuvor. Durch die Pflege der Sterbenden an die Vergänglichkeit des Menschen gemahnt, waren die Leute ihrem Seelsorger dankbar für die frohe Botschaft von der Erlösung durch den Glauben an Jesus Christus. Viele erkannten erst unter der Last ihrer schweren Erfahrungen den Wert des Evangeliums für ihr Leben, als Zwingli predigte: „Christus hat für uns eine vollkommene Erlösung erworben ... Sein Leiden ist ... ein ewiges Opfer und wird immer Heilung bringen; es tut der göttlichen Gerechtigkeit auf immer Genüge für alle, die sich mit festem und unerschütterlichem Glauben darauf verlassen ... Wo es aber Glauben an Gott gibt, da werden Menschen auch das Bedürfnis nach guten Werken haben."[9]

Schritt für Schritt gewann die Reformation in Zürich an Boden. Das schreckte die Gegner auf und veranlaßte sie zum Widerstand. Ungefähr ein Jahr zuvor hatte Luther, der rebellische Mönch von Wittenberg, sich in Worms weder vor der Kirche noch vor dem Kaiser gebeugt. Nun schien in Zürich auch alles auf eine Niederlage Roms hinauszulaufen. Dem wollten die romtreuen Kräfte nicht tatenlos zusehen. Mehrmals wurde Zwingli tätlich angegriffen. Man hoffte ihn damit einzuschüchtern und war auch bereit, ihn notfalls gewaltsam aus dem Wege zu räumen. Irgendwie mußte dieser Ketzer zum Schweigen gebracht werden. Der Bischof von Konstanz sandte drei Gesandte an den Züricher Rat, die Zwingli anklagten, er lehre das Volk die Gesetze der Kirche zu übertreten und gefährde dadurch den Frieden und die öffentliche Ordnung. Würde die Autorität der Kirche weiterhin so untergraben, müsse das unabwendbar zu Anarchie und Untergang führen. Zwingli hielt dem entgegen: „Ich habe schon beinahe vier Jahre lang das Evangelium Jesu mit saurer Mühe und Arbeit gepredigt. Zürich ist ruhiger und friedlicher, als jeder andere

[9] D'Aubigné, ebd., 8. Buch, Kapitel 9

Ort der Eidgenossenschaft, und dies schreiben alle guten Bürger dem Evangelium zu." [10] Der Rat weigerte sich denn auch, gegen den Reformator einzuschreiten. Alles, was Rom unternahm, um die Wahrheit zu unterdrücken, schien ins Gegenteil umzuschlagen, indem es das Evangelium nur bekannter machte. Selbst in Deutschland faßten die Evangelischen, die durch Luthers Verschwinden verunsichert worden waren, neuen Mut, als sie vom Fortschritt der Reformation in der Schweiz hörten.

Veränderte Taktik

Angesichts der Tatsache, daß Unterdrückung und Gewalt den reformatorischen Aufbruch in Deutschland nicht hatten verhindern können, entschloß sich die römische Geistlichkeit in der Schweiz zu einem anderen Vorgehen. Man bot Zwingli Gespräche über die strittigen Glaubensfragen an. Natürlich wollte Rom dabei nichts dem Zufall überlassen, deshalb legte es sowohl den Ort als auch das Gremium fest, das am Ende entscheiden würde, auf wessen Seite die Wahrheit ist. Die Religionsgespräche sollten in Baden stattfinden, wobei die Kirchenvertreter hofften, dort Zwinglis leichter habhaft zu werden. Und wenn er erst einmal in ihrer Gewalt war, würden sie schon dafür sorgen, daß er ihnen nicht wieder entkam.

Aber der Züricher Rat schöpfte Verdacht und verbot seinem Seelsorger, sich dieser Gefahr auszusetzen. In Zürich hätte sich Zwingli den Vertretern Roms Auge in Auge gestellt, aber in Baden ließ er sich durch seine Mitarbeiter Ökolampadius und Haller vertreten. Als Verhandlungsführer Roms trat der Ingolstädter Professor Johann Eck auf. Die Schreiber waren alle von katholischer Seite ausgewählt worden. Anderen Teilnehmern war es bei Todesstrafe verboten, sich Notizen zu machen. Deshalb schrieb ein Student abends die Beweisführungen des Tages aus dem Gedächtnis auf. Diese Aufzeichnungen wurden Zwingli zusammen mit den Anfragen der reformatorischen Verhandlungsführer auf verschlungenen Wegen zugestellt. Noch in der Nacht antwortete der Reformator und gab die nötigen Hinweise. Früh am Morgen kehrten die Boten, als Bauern verkleidet und mit Körben voller Federvieh auf dem Kopf, nach Baden zurück. Obwohl Zwingli bei den

[10] Wirz, Band IV, 226. 227

Gesprächen nicht zugegen war, war sein Einfluß doch täglich zu spüren. Ein Biograph bemerkte dazu: „Er hat während des Gesprächs durch Nachdenken, Wachen, Raten, Ermahnen und Schreiben mehr gearbeitet, als wenn er der Disputation selbst beigewohnt hätte.“ [11]

Schon äußerlich unterschieden sich die beiden Verhandlungsgruppen erheblich. Die Anhänger Roms erschienen mit aufwendigem Gepränge und waren stets darauf aus, sich die Last ihrer geistlichen Pflichten durch üppige Mahlzeiten und allerlei Zeitvertreib zu erleichtern. Die Züricher dagegen enthielten sich allen äußeren Aufwands und führten ein sehr zurückgezogenes Leben. Ökolampads Hauswirt beispielsweise, der den Auftrag hatte, den Reformator ständig im Auge zu behalten, sah den Gelehrten fast nur studieren und beten. Verwundert stellte er fest: „Man muß gestehen, das ist ein sehr frommer Ketzer.“ [12]

Auch am Ort der Streitgespräche selbst wurde dieser Unterschied greifbar deutlich. Während Doktor Eck eine reich verzierte Kanzel bestieg, mußte Ökolampadius auf einem notdürftig zusammengezimmerten Gerüst Platz nehmen. Eck strahlte Zuversicht und Überlegenheit aus, während Ökolampadius eher einen schüchternen Eindruck machte, so daß man denken konnte, er sei dem römischen Abgesandten von vornherein unterlegen. Aber der Schein trog: „Eck, der mit der Schrift nicht zurechtkommen konnte, berief sich immer wieder auf Überlieferungen und Herkommen. Ökolampad antwortete: ‚Über allen Übungen steht in unserm Schweizerlande das Landrecht. Unser Landbuch aber (in Glaubenssachen) ist die Bibel.‘“ [13]

Der Gegensatz zwischen den beiden Hauptrednern verfehlte seine Wirkung nicht. Die ruhige, klare Beweisführung Ökolampads und sein bescheidenes Verhalten gewannen ihm das Wohlwollen all derer, die sich von dem in der Sache schwachen, aber nichtsdestoweniger prahlerischen Auftreten Ecks abgestoßen fühlten.

Das Streitgespräch dauerte 18 Tage und verlief äußerlich zugunsten Roms. Gemäß der geschickten Regie im Vorfeld der

---

[11] Zwingli, Band VII, 517; Myconius, Zwingli, 10

[12] Bullinger, Reformationsgeschichte, Band I, 351

[13] Hagenbach, Leben und ausgewählte Schriften der Väter und Begründer der reformierten Kirche, Band II, 94

Zusammenkunft standen die meisten Abgeordneten auf der Seite der katholischen Kirche. Die Reformierten wurden als in der Sache unterlegen erklärt und aus der Kirche ausgeschlossen. Aber dieser scheinbare Sieg hielt nicht, was er versprach. Das Streitgespräch verlieh der protestantischen Sache einen ungeahnten Auftrieb, und wenig später bekannten sich neben Zürich auch die einflußreichen Städte Bern und Basel zur Reformation.

10 | Die Wahrheit bricht sich Bahn

Ganz Deutschland war bestürzt über Luthers plötzliches Verschwinden. Wilde Gerüchte machten die Runde, und viele glaubten, er sei umgebracht worden. Unzählige trauerten um ihn, andere schworen sich, seinen Tod zu rächen.

Seine Feinde, die zunächst über Luthers Verschwinden gejubelt hatten, fürchteten angesichts dieser Welle von Sympathie, daß ein toter Luther ihnen womöglich noch gefährlicher werden könnte als ein lebender. Ihre Besorgnis vor dem Zorn des Volkes wurde schließlich so groß, daß einer aus ihren Reihen äußerte: „Der einzige Ausweg ist, Fackeln anzuzünden und Luther überall zu suchen, damit wir ihn dem Volk zurückgeben können, das nach ihm verlangt.“ [1] Erst als die Nachricht durchsickerte, daß Luther in Sicherheit war, beruhigten sich die Menschen. Aber nun wurden seine Schriften mit noch größerem Interesse gelesen. Immer mehr Menschen schlossen sich der Sache dieses Mannes an, der so mutig für die Wahrheit eingetreten war. Das Verschwinden Luthers hatte dem Aufgehen der „reformatorischen Saat“ eher genützt als geschadet. Viele seiner Mitarbeiter fühlten sich nun persönlich dafür verantwortlich, das Werk Luthers weiterzuführen. Manche wuchsen dabei weit über sich hinaus.

Allerdings war auch Satan nicht untätig. Wie schon bei anderen Reformationsbewegungen versuchte er die Menschen auch jetzt dadurch zu täuschen, daß er ihnen anstelle der echten Erneuerung eine Fälschung unterschob. So wie zur Zeit des Urchristentums falsche Christusse auftraten, meldeten sich im 16. Jahrhundert falsche Heilsbringer und Propheten zu Wort. Sie fühlten sich in dieser Zeit religiösen Aufbruchs durch angebliche Offenbarungen dazu gedrängt, die Reformation, die Luther ihrer Meinung nach nicht entschlossen genug vorangebracht hatte, endlich zu vollenden. In Wahrheit rissen sie aber vieles von dem wieder nieder, was Luther mühsam aufgebaut hatte. Sie hatten sich von dem reformatorischen Prinzip, daß allein die Heilige Schrift letztgültiger Maßstab

---

[1] D'Aubigné, Geschichte der Reformation, 9. Buch, Kapitel 1, 5

für den Glauben und das Leben des Christen sei, weit entfernt. Für sie zählten vor allem Eingebungen und Gefühle.

Die Aktionen dieser Schwärmer sorgten in vielen Städten für Aufsehen und Unruhe, vor allem als religiöse Heißsporne sich dieser Bewegung anschlossen. Einer dieser „Propheten" behauptete, vom Engel Gabriel persönlich unterwiesen worden zu sein. Ein Student, der sich mit ihm zusammengetan hatte, erklärte, von Gott selbst die Weisheit empfangen zu haben, die Heilige Schrift auszulegen. Luther hatte die Menschen aus dem geistlichen Schlaf aufgeweckt und für die Wahrheit empfänglich gemacht. Viele hatten begriffen, daß es in der Kirche und in ihrem eigenen Leben nicht so weitergehen konnte wie bisher. Nun drohte die geistliche Erneuerungsbewegung durch den Einfluß solcher „falschen Propheten" in religiösen Fanatismus umzuschlagen. Die Reformation schien zur Revolution zu entarten.

Die Anführer der Schwarmgeister begaben sich nach Wittenberg und forderten ihre Anerkennung durch Melanchthon und seine Mitarbeiter. Sie behaupteten: „Wir sind von Gott gesandt, das Volk zu unterweisen. Wir haben vertrauliche Gespräche mit Gott und sehen in die Zukunft, wir sind Apostel und Propheten und berufen uns auf den Doktor Luther."[2]

Die Reformatoren waren ratlos. Melanchthon äußerte: „Diese Leute sind ungewöhnliche Geister, aber was für Geister? ... Wir wollen den Geist nicht dämpfen, aber uns auch nicht vom Teufel verführen lassen."[3]

Schlimme Folgen

Die Auswirkungen dieser Schwarmgeisterei waren verheerend. Viele Menschen wurden verleitet, die Bibel zu vernachlässigen oder gänzlich zu verwerfen. An den Universitäten machte sich Verwirrung breit. Studenten setzten sich über jede Ordnung hinweg oder gaben das Studium ganz auf, weil sie gehört hatten, es käme nur auf die Eingebungen des Geistes an. Die angeblich von Gott berufenen neuen Reformatoren brachten die Reformation an den Rand des Untergangs. Rom und seine Anhänger frohlockten, denn sie wußten, wenn diese Entwicklung nur noch kurze Zeit so weiterliefe, würde bald wieder alles sein wie früher.

---

[2] D'Aubigné, ebd., 9. Buch, Kapitel 7, 42f. [3] ebd.

Als Luther auf der Wartburg von den Zuständen in Wittenberg hörte, war er bestürzt und sagte: „Ich habe immer gewartet, daß Satan uns eine solche Wunde schlagen würde.“ [4] Ihm war schnell klar, wes Geistes Kinder diese „Propheten“ wirklich waren. Die Gegnerschaft des Papstes und des Kaisers erschien ihm weniger gefährlich als der Einfluß solcher Schwärmer. Aus angeblichen Freunden der Reformation waren gefährliche Gegner geworden, die alles bisher Erreichte in Gefahr brachten. Luther hatte sich nicht in die Position eines Reformators gedrängt, sondern war von Gott zum Werkzeug der Erneuerung berufen worden. Nun bohrte in ihm die Sorge, Gottes Werk könne durch den Fanatismus und die Gesetzlosigkeit, die ausgerechnet in Wittenberg um sich gegriffen hatte, zerstört werden. Schon machten manche Luther und seine Lehren für das verantwortlich, was dort geschah. Sollte die Reformation so enden? Erst als der Reformator sich in seiner Not Gott zuwandte, zog erneut Friede in sein Herz ein. Plötzlich konnte er wieder klar sehen und sagte: „Es ist nicht mein Werk, sondern deines!“ Dennoch war ihm der Gedanke unerträglich, daß in Wittenberg alles drunter und drüber ging, während er, fernab vom Geschehen, auf der Wartburg ausharren mußte. So stand sein Entschluß bald fest: Zurück nach Wittenberg!

Das war kein leichtes Unterfangen, denn seine Gegner konnten ihn auf Grund der verhängten Reichsacht töten, wo sie ihn fanden; und seine Freunde durften ihn nicht einmal aufnehmen, ohne sich selbst in Gefahr zu bringen. Aber im Vergleich zu der Gefahr, die der Sache der Wahrheit drohte, erschien ihm die Gefahr für sein Leben gering. Im Namen Gottes machte er sich auf, um den Kampf für das Evangelium wieder zu beginnen. In einem Brief an den sächsischen Kurfürsten schrieb er: „Ich gehe nach Wittenberg unter einem Schutz, der größer ist als der von Adligen und Kurfürsten. Ich habe nicht vor, Eure Hohheit um Hilfe zu bitten ... Es gibt kein Schwert, das diese Sache fördern kann. Gott muß allein alles tun.“ In einem zweiten Brief fügte er hinzu: „Ich bin bereit, mich dem Unwillen Eurer Hohheit und dem Zorn der ganzen Welt auszusetzen. Sind nicht die Wittenberger meine Herde? Und muß ich nicht mein Leben für sie einsetzen, wenn es nötig ist?“ [5]

---

[4] ebd. [5] D’Aubigné, ebd., 9. Buch, Kapitel 8, 53f.

Die Macht des Wortes

Wie ein Lauffeuer verbreitete sich in Wittenberg die Kunde: Der Doktor Luther ist wieder da und wird zu uns predigen! Seine Feinde hatten immer wieder versucht, die Wahrheit mit Gewalt zu unterdrücken; er wollte bei der Verteidigung des Evangeliums anders vorgehen: „Mit dem Worte müssen wir streiten, mit dem Worte stürzen, was die Gewalt eingeführt hat. Ich will keinen Zwang gegen Aber- und Ungläubige ... Keiner soll zum Glauben und zu dem, was des Glaubens ist, gezwungen werden."[6]

Als Luther die Kanzel bestieg, war die Kirche überfüllt. Indem er auf die Handlungsweise derer anspielte, die die katholische Messe mit blutiger Gewalt hatten abschaffen wollen, sagte er: „Die Messe ist ein böses Ding, und Gott ist ihr feind; sie muß abgetan werden, und ich wollte, daß in der ganzen Welt allgemein die evangelische Messe gehalten würde. Doch soll man niemand mit dem Haar davonreißen, denn Gott soll man hierin die Ehre geben und sein Wort allein wirken lassen, nicht unser Zutun und Werk. Warum? Ich habe nicht in meiner Hand die Herzen der Menschen, wie der Hafner den Leimen.[7] Wir haben wohl das Recht der Rede, aber nicht das Recht der Vollziehung. Das Wort sollen wir predigen, aber die Folge soll allein in seinem Gefallen sein. So ich nun darein falle, so wird dann aus dem Gezwang oder Gebot ein Spiegelfechten, ein äußerlich Wesen, ein Affenspiel, aber da ist kein gut Herz, kein Glaube, keine Liebe. Wo diese drei fehlen, ist ein Werk nichts; ich wollte nicht einen Birnstiel darauf geben ... Also wirkt Gott mit seinem Wort mehr, denn wenn du und ich alle Gewalt auf einen Haufen schmelzen. Also wenn du das Herz hast, so hast du ihn nun gewonnen ... Predigen will ich's, sagen will ich's, schreiben will ich's; aber zwingen, dringen mit der Gewalt will ich niemand, denn der Glaube will willig und ohne Zwang angezogen werden. Nehmt ein Exempel an mir. Ich bin dem Ablaß und allen Papisten entgegen gewesen, aber mit keiner Gewalt. Ich habe allein Gottes Wort getrieben, gepredigt und geschrieben, sonst habe ich nichts getan. Das hat, wenn ich geschlafen habe ... also viel getan, daß das Papsttum also schwach geworden ist, daß ihm noch nie kein Fürst noch Kaiser so viel abgebrochen hat. Ich

---

[6] ebd. [7] Gemeint ist: wie der „Töpfer den Ton"

habe nichts getan, das Wort Gottes hat es alles gehandelt und ausgericht'. Wenn ich hätte wollen mit Ungemach fahren, ich wollte Deutschland in ein großes Blutvergießen gebracht haben. Aber was wäre es? Ein Verderbnis an Leib und Seele. Ich habe nichts gemacht, ich habe das Wort Gottes lassen handeln." [8]

Eine Woche lang predigte Luther Tag für Tag einer aufmerksam lauschenden Menge. Schließlich brach das bloße gesprochene Wort den Bann der fanatischen Erregung. Die Kraft, die im verkündigten Wort wirkte, brachte die irregeleitete Menge auf den Weg der Wahrheit zurück.

Der Reformator suchte nicht die persönliche Begegnung mit den Schwarmgeistern, aber die ließen nicht locker, bis er in eine Unterredung mit ihnen einwilligte. Bei dieser Gelegenheit entlarvte er sie so gründlich, daß die Irrlehrer Wittenberg stehenden Fußes verließen. Damit war zunächst die schlimmste Gefahr abgewendet, aber einige Jahre später erhoben fromme Eiferer erneut ihr Haupt. Luthers Einschätzung dieser Unruhestifter lautete: „Die Heilige Schrift war für sie nichts als ein toter Buchstabe, und alle schrien: Geist! Geist! Aber wahrlich, ich gehe nicht mit ihnen, wohin ihr Geist sie führt. Der barmherzige Gott behüte mich ja vor *der* christlichen Kirche, darin lauter Heilige sind. Ich will da bleiben, wo es Schwache, Niedrige, Kranke gibt, welche ihre Sünde kennen und empfinden, welche unablässig nach Gott seufzen und schreien aus Herzensgrund, um seinen Trost und Beistand zu erlangen." [9]

Eine der tragischen Gestalten in der Reihe der religiösen Eiferer war Thomas Müntzer. Er war ein hochbegabter Theologe, der mit seinen bemerkenswerten Fähigkeiten viel Gutes für die Sache der Reformation hätte leisten können, wenn er sich nicht in fragwürdige religiöse Ideen verrannt hätte. „Er war von dem Wunsch besessen, die Welt zu erneuern, und vergaß dabei, wie alle Schwärmer, daß die Erneuerung bei ihm selbst beginnen mußte." [10] Sein Ehrgeiz trieb ihn, ähnlichen Einfluß zu gewinnen wie Luther. Den Wittenberger Reformatoren warf er vor, sie versuchten die Diktatur des Papstes durch die Diktatur der Heiligen Schrift zu ersetzen. Damit würden sie nur eine neue Form des Papsttums aufrichten. Er selbst betrachtete sich als von Gott berufen, die wahre Reformation einzuführen. „Wer diesen Geist besitzt", behauptete

---

[8] ebd. [9] ebd. [10] ebd.

Müntzer, „besitzt den wahren Glauben, und wenn er niemals in seinem Leben die Heilige Schrift zu Gesicht bekäme."[11]

Er und andere schwärmerische Lehrer waren davon überzeugt, daß jeder Gedanke und jede ihrer Eingebungen als Stimme Gottes anzusehen seien. Manche von ihnen gingen sogar so weit, Bibeln zu verbrennen, und sie begründeten das damit, daß „der Buchstabe tötet, aber der Geist lebendig macht". Indem Müntzer religiöses Gedankengut mit sozialkritischen Elementen verquickte, sammelte er eine große Anhängerschaft um sich. Ihm genügte es nicht, die Herrschaft des Papsttums abzuschütteln, er lehnte sich auch gegen die weltliche Obrigkeit auf. Das führte zu Aufständen und zum Bürgerkrieg. Thomas Müntzer wurde im Jahre 1525 nach einer verlorenen Schlacht seines Bauernheeres gefangengenommen, gefoltert und schließlich hingerichtet. Seine schwärmerische Vorstellung von einer christlichen Demokratie, die er letztlich mit Gewalt zu verwirklichen suchte, machten ihn daran mitschuldig, daß Deutschlands Boden damals mit dem Blut unzähliger Bauern und Bürger getränkt wurde.

Zwischen den Fronten

Die Aktivitäten verschiedener Gruppen von Schwärmern und die Wirren der Bauernaufstände verwickelten Luther und die anderen Reformatoren unversehens in einen „Zweifrontenkrieg". Die katholisch gesinnten Fürsten stellten die fanatischen Auswüchse als notwendige Folge der Reformation hin und machten Luther und seine Mitarbeiter dafür verantwortlich. Sie frohlockten, weil sie davon überzeugt waren, daß die Reformation in Kürze zusammenbrechen würde. Auf der anderen Seite bezichtigten protestantische Bilderstürmer, Aufständische und Wiedertäufer – vor allem Männer wie Andreas Karlstadt, Thomas Müntzer und Balthasar Hubmaier – Luther des Verrats an der Reformation. Obwohl Luther die meisten Forderungen der Bauern als berechtigt bejahte, wandte er sich strikt dagegen, das Evangelium für die Durchsetzung sozialer Ziele zu mißbrauchen und dabei bewußt den Weg der Gewalt zu wählen. Damit zog er sich den erbitterten Haß derer zu, die beim Volk den Anschein erweckten, die Garanten der eigentlichen Reformation zu sein.

---

[11] D'Aubigné, ebd., 10. Buch, Kapitel 10

Wieder einmal wurde deutlich, wie gut Satan es versteht, die Menschen zu täuschen, indem er das Unrecht als Recht darstellt und das Recht so verunglimpft, daß es wie Unrecht aussieht. Immer wieder geschieht es, daß Menschen, die die Arbeit Satans tun, gepriesen und mit Lob überschüttet werden, während man diejenigen, die Gott treu dienen, verdächtigt und in die Isolation treibt.

Aber trotz allem: Luther verteidigte das Evangelium furchtlos gegen die von allen Seiten losbrechenden Anfeindungen. Dabei erwies sich Gottes Wort erneut als seine wirksamste Waffe. Mit der Kraft dieses Wortes kämpfte er gegen den Machtanspruch des Papsttums ebenso wie gegen Schwärmer und Fanatiker, die auf dem „Feuer der Reformation ihre eigene Suppe kochen" wollten. All diese Strömungen, so gegensätzlich sie auch waren, hatten eins gemeinsam: Sie schoben die Heilige Schrift zugunsten menschlicher Weisheit und fragwürdiger Ziele beiseite. Der Rationalismus der Humanisten vergötterte die Vernunft und machte sie zum Maßstab der Religion. Der römischen Kirche galt der Papst in Fragen des Glaubens und der Lehre als letzte Instanz. Die Schwärmer erhoben ihre Eingebungen zur Quelle der Wahrheit. Für Menschen, die echte Nachfolger Christi sein wollen, kann es aber nur einen Maßstab geben – das Wort Gottes! An diesem Wort muß alles gemessen werden, wie vernünftig, machtvoll oder fromm es auch daherkommen mag.

Gottes Wort läuft

Luther wußte das, deshalb kehrte er von Wittenberg noch einmal zur Wartburg zurück, um dort die Übersetzung des Neuen Testamentes zu beenden. Es erschien im Jahre 1522 und wurde von vielen mit großer Freude aufgenommen. Endlich konnten sie Gottes Wort in ihrer Muttersprache lesen.

Aber gerade das rief auch die Gegner wieder auf den Plan. Die Kirche fürchtete, daß die Menschen durch das Lesen der Bibel erkennen könnten, daß sich viele ihrer Lehren nicht auf die Bibel gründeten. Außerdem würde nun deutlich werden, daß die Priester sich besser auf Heiligenlegenden verstanden als auf das Wort Gottes. Deshalb bot Rom seinen ganzen Einfluß auf, um die Verbreitung der Heiligen Schrift zu verhindern; aber Dekrete, Bannflüche und Verfolgung blieben letztlich wirkungslos. Je mehr die Bibel verdammt oder verboten wurde, desto mehr waren die Menschen darauf aus, sie zu lesen.

Nachdem Luther dem Volk das Neue Testament in die Hand gegeben hatte, machte er sich unverzüglich daran, das Alte Testament ins Deutsche zu übersetzen. Auch Luthers Schriften und die anderer Reformatoren wurden überall im Land gelesen. „Was Luther und seine Freunde schrieben, wurde von andern verbreitet. Mönche, welche sich von der Ungesetzlichkeit der Klostergelübde überzeugt hatten und nach ihrer langen Untätigkeit ein arbeitsames Leben führen wollten, aber für die Predigt des göttlichen Wortes zu geringe Kenntnisse besaßen, durchstreiften die Provinzen, um Luthers Bücher zu verkaufen. Es gab bald sehr viele dieser mutigen Hausierer.“ [12]

Überall im Land fanden sich Menschen in kleinen Gruppen zusammen, die Gottes Wort studierten. Viele nahmen die Wahrheit an und erzählten anderen davon. Damals bewahrheitete sich, was bereits der Psalmdichter erfahren hatte: „Wenn dein Wort offenbar wird, so erfreut es und macht klug die Einfältigen.“ [13]

Um dem evangelischen Einfluß zu begegnen, wies Rom die Priester und Mönche an, die neuen Lehren vor Ort zu bekämpfen und zu widerlegen. Die meisten von ihnen mußten jedoch ihrer Unkenntnis wegen eine Niederlage nach der anderen einstecken. Ein katholischer Chronist klagte: „Leider hatte Luther seine Anhänger dazu gebracht, nur den Worten der Heiligen Schrift zu glauben.“ [14]

Immer öfter kam es vor, daß ungelehrte Menschen die evangelische Botschaft vor großen Gruppen von Zuhörern verkündigten. Besonders peinlich war es für die Geistlichkeit, wenn sich herausstellte, daß ihre Argumente von ganz einfachen Leuten anhand der Bibel widerlegt wurden. Tagelöhner, Bauern, Soldaten, Frauen und sogar Kinder kannten die Bibel oft besser als Priester und Theologen.

Als die römische Geistlichkeit sah, daß ihre Anhängerschaft immer kleiner wurde, versuchte sie dieser Entwicklung mit Hilfe der Behörden Herr zu werden. Der Erfolg war gering, denn die Leute hatten in der neuen Lehre endlich das gefunden, was ihre Seelen, die so lange mit menschlichen Überliefe-

---

[12] D'Aubigné, ebd., 9. Buch, Kapitel 11, 88 [13] Psalm 119,130
[14] D'Aubigné, ebd., 9. Buch, Kapitel 11, 86

rungen und frommen Bräuchen abgespeist worden waren, brauchten. Selbst wenn gegen die Verkündiger der Wahrheit gewaltsam vorgegangen wurde, brachte das nicht die gewünschten Ergebnisse. Die Boten Jesu entzogen sich dem Zugriff der Häscher meist dadurch, daß sie sich an das Wort Jesu hielten: „Wenn sie euch aber in einer Stadt verfolgen, so flieht in eine andere.“ [15] Irgendwo fanden sie immer gastfreundliche Menschen, die ihnen Tür und Herz öffneten. Auf diese Weise verbreitete sich die reformatorische Botschaft schneller, als den Feinden des Evangeliums lieb sein konnte. Gewiß, in dieser Zeit fanden auch viele evangelisch gesinnte Christen um ihres Glaubens willen den Tod, aber das konnte die Ausbreitung der Reformation nicht mehr aufhalten. Deutschland schickte sich an, evangelisch zu werden.

---

[15] Matthäus 10,23

11 | Mutige Bekenner des Glaubens

Das wohl bedeutsamste Bekenntnis zur Reformation ist der von den christlichen Fürsten Deutschlands 1529 auf dem zweiten Reichstag zu Speyer erhobene Protest. Der Mut und die Entschiedenheit dieser frommen Männer bahnten kommenden Geschlechtern den Weg zur Glaubens- und Gewissensfreiheit. Dieser Protest gab den Anhängern der Reformation den Namen „Protestanten". Durch göttliche Fügung waren die Kräfte, die sich der Wahrheit entgegenstellten, bisher im Zaum gehalten worden. Zwar war Karl V. nach dem Reichstag zu Worms fest entschlossen, den neuen Glauben auszurotten, aber widrige Umstände und politische Rücksichten zwangen ihn immer wieder dazu, den entscheidenden Schlag zu verschieben. So bekam die Reformation den Spielraum, den sie brauchte, um sich innerlich zu festigen und an Boden zu gewinnen.

Unter dem Druck der Verhältnisse war auf dem Reichstag zu Speyer im Jahre 1526 allen deutschen Ländern bis zur Einberufung eines allgemeinen Konzils völlige Religionsfreiheit zugesichert worden. Der für das Jahr 1529 einberufene Reichstag in Speyer sollte diesen Kompromiß für ungültig erklären und endlich Schluß machen mit der evangelischen Ketzerei. Zunächst sollte versucht werden, die Fürsten gütlich dazu zu bewegen, gegen die Reformation Stellung zu nehmen. Falls das fehlschlagen würde, war der Kaiser auch zur Gewaltanwendung bereit.

Die Vertreter Roms frohlockten. Sie erschienen in großer Zahl in Speyer und bekundeten offen ihre feindselige Haltung gegenüber der Reformation und allen, die ihr zugeneigt waren. Melanchthon faßte das Empfinden der Evangelischen in einem bezeichnenden Satz zusammen: „Wir gelten als Abschaum und Kehricht der Welt; aber Christus wird auf sein armes Volk herabsehen und es bewahren." [1] Den evangelisch gesinnten Fürsten, die am Reichstag teilnahmen, war es sogar untersagt, das Evangelium in ihren Quartieren verkündigen zu

[1] D'Aubigné, Geschichte der Reformation, 13. Buch, Kapitel 5, 51ff.

lassen. Doch die Menschen in Speyer dürsteten nach dem Wort Gottes. Allen Verboten zum Trotz strömten Tausende zu den Gottesdiensten, die in der Kapelle des Kurfürsten von Sachsen abgehalten wurden.

Das spornte die romfreundlichen Kräfte an, eine schnelle Entscheidung zu suchen. Durch kaiserliche Botschaft wurde der Reichstag aufgefordert, den drei Jahre zuvor an gleicher Stelle gefaßten Beschluß über die Gewissensfreiheit für ungültig zu erklären, da er nur für Verwirrung und Spaltung gesorgt habe. Über diese Zumutung waren die Evangelischen entrüstet und fest entschlossen, sich dem Eingriff in ihre Rechte zu widersetzen. Luther, der noch immer unter der Reichsacht stand, konnte die evangelische Sache nicht persönlich vertreten. Das übernahmen einige seiner Mitarbeiter im Zusammenwirken mit Adligen, die auf der Seite der Reformation standen. Luthers Beschützer, Friedrich von Sachsen, war inzwischen gestorben; aber auch Kurfürst Johann, sein Bruder und Nachfolger, war der Sache der Wahrheit zugetan und setzte sich mutig und tatkräftig für sie ein.

Die Vertreter der katholischen Seite forderten, daß sich die Länder, in denen die Reformation Fuß gefaßt hatte, wieder bedingungslos der römischen Gerichtsbarkeit unterwerfen sollten. Die Evangelischen bestanden dagegen strikt auf der ihnen zugebilligten Freiheit von Rom. Um zu einem Vergleich zwischen den gegensätzlichen Forderungen zu kommen, schlug man schließlich vor, das Edikt von Worms dort streng anzuwenden, wo die Reformation noch nicht fest eingeführt war; „wo man aber davon abgewichen und wo dessen Einführung ohne Volksaufruhr nicht möglich sei, solle man wenigstens nicht weiter reformieren, keine Streitfragen verhandeln, die Messe nicht verbieten, keinen Katholiken zum Luthertum übertreten lassen“. [2] Dieser Vorschlag wurde zur großen Genugtuung der katholischen Seite vom Reichstag aufgegriffen.

Die Zukunft steht auf dem Spiel

Den Lutheranern war klar, daß sie sich auf solch einen Handel nicht einlassen durften. Sollte nämlich diese Regelung Gesetzeskraft erlangen, so könnte sich die Reformation nicht weiter ausbreiten, und dort, wo sie bereits Fuß gefaßt hatte,

---

[2] D'Aubigné, ebd.

würde sie sich auf die Dauer nicht halten können. Wenn es nicht mehr erlaubt sein sollte, die Wahrheit überall frei zu predigen und auf Grund der persönlichen Entscheidung die Konfession zu wechseln, würden die Gewissen der Menschen bald wieder geknechtet und alle Hoffnungen zerstört sein.

Als die Vertreter der Reformation zur Beratung zusammentrafen, schaute man sich bestürzt an. Es stand viel, wenn nicht gar alles auf dem Spiel. Sollten sie nachgeben und damit wenigstens etwas von dem bisher Erreichten sichern? „Den lutherisch gesinnten Fürsten war die freie Ausübung ihres Glaubens zugesichert worden. Dieselbe Vergünstigung erstreckte sich auch auf alle ihre Untertanen, soweit sie vor der abzuschließenden Vereinbarung die reformierte Lehre angenommen hatten. Konnten sie damit nicht zufrieden sein? ... Glücklicherweise erkannten sie den Grundsatz, auf dem diese Anordnung beruhte, und handelten im Glauben. Was war das für ein Grundsatz? – Es war das Recht Roms, das Gewissen zu zwingen ... Sollten aber sie selbst und ihre protestantischen Untertanen sich nicht der Religionsfreiheit erfreuen? – Ja, als Gunst, die in der Anordnung besonders vorgesehen war, nicht aber als ein Recht. In allem, was in diesem Abkommen nicht inbegriffen war, sollte der herrschende Grundsatz der Autorität maßgebend sein. Das Gewissen wurde nicht berücksichtigt; Rom war der unfehlbare Richter, und ihm mußte man gehorchen ... Dürften sie der örtlichen Beschränkung der Religionsfreiheit zustimmen, daß man verkündige, die Reformation habe ihren letzten Anhänger gewonnen, ihren letzten Fußbreit erobert? Und sollte dort, wo Rom zu dieser Stunde sein Zepter schwang, seine Herrschaft ständig aufgerichtet bleiben? ... Dies hieße, in jener so verhängnisvollen Stunde die Sache des Evangeliums und der Freiheit der Christenheit zu verraten. Lieber wollten sie ... ihre Länder, ihre Kronen, ihr Leben opfern.“ [3]

So entschlossen sich die evangelischen Fürsten, dem Kompromiß nicht zuzustimmen. In Gewissensangelegenheiten könne man nicht danach fragen, was die Mehrheit will, sondern sei nur Gott verantwortlich. Im übrigen sei es Aufgabe des Staates, die Gewissensfreiheit zu schützen, deshalb dürfe er nichts beschließen, was sie einschränkt oder gar mißachtet.

Als die Gegenseite sah, daß sie mit ihrem Vorschlag nicht

---

[3] D'Aubigné, ebd.

durchkommen würde, berief sie auch die Vertreter der freien Reichsstädte nach Speyer, um auf diese Weise die nötige Mehrheit zu gewinnen. Hinter den Kulissen wurde intrigiert oder gedroht, um die Evangelischen zu verunsichern und zu spalten. Als es dann zur Abstimmung kam, stellte sich fast die Hälfte der freien Reichsstädte auf die Seite der Reformation. Was das für die eigene Sicherheit bedeuten konnte, war allen klar. Einer der mutigen Männer drückte das so aus: „Das ist die erste Probe ... bald kommt die zweite: das Wort Gottes widerrufen oder brennen."

Sie blieben standhaft

König Ferdinand, der Stellvertreter des Kaisers, fürchtete, daß der Widerstand der evangelischen Fürsten zu weiteren Zerwürfnissen und Spaltungen führen würde. Deshalb versuchte er sie zur Annahme zu überreden, indem er sie mit dem Wohlwollen des Kaisers köderte. Aber die aufrichtigen Männer antworteten: „Wir werden dem Kaiser in allem gehorchen, was zur Erhaltung des Friedens und zur Ehre Gottes dienen kann."[4] Klein beigeben wollten sie freilich nicht. Deshalb kündigte Ferdinand vor versammeltem Reichstag an, daß die umstrittene Entschließung bald als kaiserliches Dekret verabschiedet würde, dem sich alle zu beugen hätten. Daraufhin verließ er den Verhandlungssaal und war nicht zu bewegen, die Evangelischen in dieser Sache noch einmal anzuhören. Die protestantischen Fürsten sahen deshalb keine andere Möglichkeit mehr, als dem Reichstag ein offizielles Protestschreiben vorzulegen, in dem es unter anderem hieß: „Wir protestieren durch diese Erklärung vor Gott, unserm einigen Schöpfer, Erhalter, Erlöser und Seligmacher, der einst uns richten wird, und erklären vor allen Menschen und Kreaturen, daß wir und die Unsrigen in keiner Weise dem vorgelegten Dekret beipflichten oder beitreten, und allen den Punkten, welche Gott, seinem heiligen Worte, unserem guten Gewissen, unserer Seligkeit zuwiderlaufen. Wie sollten wir das Edikt billigen können und dadurch erklären, daß, wenn der allmächtige Gott einen Menschen zu seiner Erkenntnis beruft, dieser Mensch nicht die Freiheit hat, diese Erkenntnis anzunehmen! ... Deshalb verwerfen wir das Joch, das man uns auflegt."[5] Dieser

---

[4] D'Aubigné, ebd. [5] D'Aubigné, ebd., 13. Buch, Kapitel 6

Protest ließ den Reichstag aufhorchen. Manche waren erstaunt, andere beschämt, die meisten aber besorgt, denn nun zeichnete sich ab, daß es nicht mehr ohne Gewalt und Blutvergießen abgehen würde.

„Die in dieser berühmten Protestation ... ausgesprochenen Grundsätze sind der wesentliche Inhalt des Protestantismus. Dieser Protest tritt gegen zwei menschliche Mißbräuche in Glaubenssachen auf: gegen die Einmischung der weltlichen Macht und gegen die Willkür des Klerus. Er setzt an die Stelle des Klerus die Autorität des Wortes Gottes. Der Protestantismus erkennt die weltliche Gewalt in göttlichen Dingen nicht an und sagt wie die Apostel und die Propheten: Man muß Gott mehr gehorchen als den Menschen." [6] Der Protest zu Speyer war ein bewegendes Zeugnis gegen religiöse Unduldsamkeit und geistlichen Zwang, indem er für jeden Menschen das Recht forderte, Gott dem eigenen Gewissen gemäß anzubeten.

Die Erfahrung jener Männer der Reformation ist von zeitloser Bedeutung. Satans Feindschaft gegen Gott und sein Wort hat sich bis auf den heutigen Tag nicht verringert. So wie damals möchte er auch heute die Menschen davon abhalten, die Heilige Schrift zum Maßstab ihres Lebens zu machen. Und wer wollte bestreiten, daß auch heute eine Rückkehr zu dem reformatorischen Grundsatz nötig ist, daß allein die Bibel Richtschnur für unseren Glauben und unser Leben sein kann? Wenn es darum geht, die religiöse Freiheit der Menschen einzuschränken, greift Satan zu jedem Mittel, das Erfolg verspricht. Auch die antichristliche Macht, gegen die sich der Protest der evangelischen Fürsten in Speyer richtete, nutzt bis heute jede Gelegenheit, ihre Macht über Menschen zurückzugewinnen. Unsere Hoffnung auf eine geistliche Erneuerung kann sich deshalb nur erfüllen, wenn wir ebenso unbeirrt wie die Protestanten von damals am Wort Gottes festhalten.

Reichstag in Augsburg

In Speyer konnten die evangelischen Fürsten zwar ihren Protest formulieren, aber eine Anhörung der Reformatoren wußte König Ferdinand, der den Kaiser vertrat, zu verhindern. Ein Jahr nach dem Reichstag in Speyer berief Karl V. die

---

[6] D'Aubigné, ebd.

Reichsversammlung erneut ein; diesmal nach Augsburg. Dort wollte er persönlich den Vorsitz führen, um die leidige Kirchenspaltung endgültig aus der Welt zu schaffen. Auch die protestantischen Führer wurden geladen.

Manche fürchteten, das könnte eine Falle sein, und warnten den sächsischen Kurfürsten davor, sich nach Augsburg zu begeben. Andere machten den Protestanten Mut, weil sie glaubten, daß Gott die Seinen nicht im Stich lassen würde. Luther, der die Evangelischen bis Coburg begleitete, stärkte viele durch sein Lied „Ein' feste Burg ist unser Gott ...", das er während der Reise geschrieben hatte und das bald in aller Munde war.

Die evangelischen Fürsten hatten beschlossen, dem Reichstag ihre Auffassung in Form einer systematischen Zusammenstellung mit Belegstellen aus der Heiligen Schrift vorzulegen. Luther und Melanchthon bekamen den Auftrag, gemeinsam mit anderen Reformatoren dieses Glaubensbekenntnis auszuarbeiten. Die Reformatoren achteten bei diesem Vorhaben streng darauf, daß die Erklärung keinen „politischen Beigeschmack" bekam; nichts anderes als Gottes Wort sollte die Reformation bestimmen. Als die evangelischen Fürsten das Schriftstück unterschreiben wollten, wandte Melanchthon ein: „Die Theologen, die Diener Gottes, müssen das vorlegen, und das Gewicht der Großen der Erde muß man für andere Dinge aufsparen." Kurfürst Johann von Sachsen erwiderte darauf: „Gott gebe, daß ihr mich nicht ausschließet, ich will tun, was recht ist, unbekümmert um meine Krone; ich will den Herrn bekennen. Das Kreuz Christi ist mehr wert als mein Kurhut und mein Hermelin." [7] Daraufhin schrieb er seinen Namen auf das Dokument, und die anderen taten es ihm gleich.

Die vorgesehene Zeit rückte heran, da die Reformatoren vor dem Kaiser erscheinen sollten. Karl V. saß auf seinem Thron, umgeben von den Kurfürsten und Würdenträgern des Reiches, und hörte die Vertreter der Reformation an. Das Glaubensbekenntnis wurde vorgelesen. Erstmals konnte das Evangelium den Repräsentanten des Reiches klar und eindeutig dargelegt werden. Für die Reformation und die weitere Geschichte der Christenheit war das ein bedeutsamer Tag. Vor dem Reichstag in Worms war der aufsässige Mönch aus Wittenberg einige

[7] D'Aubigné, ebd., 14. Buch, Kapitel 6, 147f.

Jahre zuvor allein für die Wahrheit eingetreten, nun standen statt seiner die mächtigsten Fürsten des Reiches vor dem Kaiser und verteidigten die Sache des Evangeliums. Als Luther, der aus Sicherheitsgründen nicht mit nach Augsburg hatte reisen können, davon hörte, schrieb er: „Ich bin über alle Maßen froh, daß ich bis zu dieser Stunde gelebt habe, in welcher Christus durch solche Bekenner vor solcher Versammlung in einem herrlichen Bekenntnis verkündigt worden ist.“ [8]

„Was die Lutheraner vorgelesen haben, ist wahr, es ist die reine Wahrheit, wir können es nicht leugnen“, erklärte ein katholischer Bischof. – „Könnet ihr das vom Kurfürsten abgefaßte Bekenntnis mit guten Gründen widerlegen?“ fragte ein anderer den Gelehrten Dr. Eck. „Nicht mit den Schriften der Apostel und Propheten“, antwortete Dr. Eck, „aber wohl mit denen der Väter und Konzilien.“ „Also sind die Lutheraner“, entgegnete der Fragende, „in der Schrift, und wir daneben.“ [9]

Einer der wichtigsten Leitsätze Luthers bestand darin, die Reformation nicht auf staatliche Gewalt zu gründen. Er begrüßte es zwar uneingeschränkt, daß sich angesehene Fürsten zum Evangelium bekannten, aber als einige von ihnen vorschlugen, einen Bund zur Verteidigung der Reformation zu gründen, „wollte Luther die evangelische Lehre nur von Gott allein verteidigt wissen, je weniger sich die Menschen darein mischten, desto herrlicher werde sich Gottes Dazwischenkunft offenbaren. Alle Umtriebe, wie die beabsichtigten, deuteten ihm auf feige Ängstlichkeit und sündhaftes Mißtrauen.“ [10] Später erklärte der Reformator, indem er sich noch einmal auf das geplante Bündnis bezog, daß die einzige Waffe in dieser Auseinandersetzung das „Schwert des Geistes“ sein solle. An den Kurfürsten von Sachsen schrieb er: „Wir mögen in unserem Gewissen solch Verbündnis nicht billigen ... Euer Kurfürstliche Gnaden seien getrost und unerschrocken, wir wollen mit Beten mehr ausrichten, denn sie mit all ihrem Trotzen.“ [11]

Von den verborgenen Stätten des Gebets kam die Macht, die damals die Welt veränderte. Während seine Freunde in Augsburg vor Kaiser und Reich für das Evangelium eintraten,

---

[8] D'Aubigné, ebd., 14. Buch, Kapitel 7, 156f.
[9] D'Aubigné, ebd., 14. Buch, Kapitel 8, 167
[10] D'Aubigné, ebd., 10. Buch, Kapitel 14, 187
[11] D'Aubigné, ebd., 14. Buch, Kapitel 1, 104

verbrachte Luther täglich drei Stunden im Gebet, um sie in ihrem schweren geistlichen Ringen zu unterstützen. An Melanchthon schrieb er in dieser Zeit: „Ich hasse deine Besorgnisse, die dich, wie du schreibst, verzehren, gewaltig. Wenn die Sache falsch ist, so wollen wir widerrufen; wenn sie gerecht ist, weshalb machen wir den, welcher uns ruhig schlafen heißt, bei so vielen Verheißungen zum Lügner? ... Christus entzieht sich nicht der Sache der Gerechtigkeit und Wahrheit; er lebt und regiert, und welche Angst können wir noch haben?" [12]

Der Herr hatte verheißen: „Siehe da, ich lege einen auserwählten, köstlichen Eckstein in Zion: und wer an ihn glaubt, der soll nicht zuschanden werden." [13] Die Protestanten hatten auf Christus gebaut, deshalb konnten die „Pforten der Hölle" sie nicht überwältigen.

---

[12] D'Aubigné, ebd., 14. Buch, Kapitel 6, 152 [13] 1. Petrus 2,6

12 Die Frohe Botschaft in Frankreich

Dem Protest in Speyer und dem Augsburger Bekenntnis folgten Jahre des Kampfes und der Rückschläge. Durch Uneinigkeit in den eigenen Reihen und durch Angriffe von außen wurde der Protestantismus so stark geschwächt, daß viele meinten, die Reformation wäre nicht mehr zu retten. Aber wieder frohlockten die Feinde zu früh. Kaiser Karl V. hatte zwar nach wie vor die Vernichtung des evangelischen Glaubens auf seine Fahnen geschrieben, doch Aufstände in seinem Riesenreich, Kriege und ständiger Geldmangel hinderten ihn immer wieder daran, diese Absicht zu verwirklichen. Offensichtlich hatte er einen Gegner, dem er nicht gewachsen war: den allmächtigen Gott. Und wenn Gott sagt: „Es werde Licht!", dann können weder Kaiser noch Kirche die Menschen auf die Dauer in geistlicher Finsternis halten. So kam es, daß sich die Reformation trotz aller Widerstände von innen und außen immer weiter ausbreitete. Karl V., der endlosen Kämpfe müde, dankte schließlich ab (1556) und zog sich in ein Kloster zurück, wo er zwei Jahre später starb.

Das bedeutete allerdings nicht, daß der Sache der Wahrheit nun keine Gefahr mehr drohte. In der Schweiz hatten manche Kantone den reformierten Glauben angenommen, während andere am katholischen Bekenntnis festhielten. Das führte zu Verfolgung und Bürgerkrieg. Zwingli und andere evangelische Christen fielen in der Schlacht bei Kappel (1531). Die Feinde jubelten, schien doch der Sieg über die Reformierten errungen zu sein. Aber wieder täuschten sie sich, denn Gott erweckte in anderen Ländern Menschen, die aufstanden und die Sache der Wahrheit in die Hand nahmen.

Noch ehe man in Frankreich etwas von Luther wußte, begann auch dort ein neuer Tag anzubrechen. Einer der ersten, der das Licht des Evangeliums erkannte, war ein Professor an der Pariser Sorbonne mit Namen Lefèvre (um 1450–1537), der sich später Faber nannte. Beim Studium alter Literatur war er auf die Bibel gestoßen. Da er gerade dabei war, eine Geschichte der Heiligen und Märtyrer zu schreiben, kam er auf den Gedanken, auch die Bibel als Quelle für sein Werk zu benutzen. Dort fand er tatsächlich Heilige beschrieben, aber ganz anders, als er das vom römischen Heiligenkalender und aus kirchlichen Legenden gewöhnt war.

Bereits 1512, als weder Luther noch Zwingli mit ihrem Reformationswerk begonnen hatte, schrieb Lefèvre: „Gott allein gibt uns die Gerechtigkeit durch den Glauben, rechtfertigt uns allein durch seine Gnade zum ewigen Leben." [1]

Einige seiner Schüler nahmen diese Gedanken begierig auf und trugen sie weiter. Einer dieser Männer war Guillaume Farel (1489–1565). Im katholischen Glauben erzogen, war er ein glühender Anhänger der Kirche und ein Feind derer, die sich gegen Rom stellten. „Ich fletschte die Zähne wie ein wütender Wolf, wenn sich irgendeiner gegen den Papst äußerte" [2], sagte er später über diesen Abschnitt seines Lebens. Aber irgendwann merkte er, daß Heiligenverehrung und fromme Werke ihm nicht den erhofften Seelenfrieden brachten. Das Bewußtsein seiner Sündhaftigkeit lastete unerträglich schwer auf ihm. Mitten in diesem inneren Kampf traf ihn der Satz seines Lehrers Lefèvre: „Erlösung kommt aus Gnade." Das brachte die Wende. Farel löste sich aus dem Gebundensein an kirchliche Überlieferungen und fand zur wahren christlichen Freiheit. Er „war so umgewandelt, daß er nicht mehr die Mordlust eines wilden Wolfes hatte, sondern einem sanften Lamme glich, nachdem er sich vom Papst entfernt und ganz Christus hingegeben hatte". [3]

Während Lefèvre seine Erkenntnisse vor allem den Studenten vermittelte, wandte sich Farel mit der evangelischen Wahrheit direkt an die Öffentlichkeit. Bald darauf schloß sich ihnen auch ein hoher kirchlicher Würdenträger, der Bischof von Meaux, an. Weitere angesehene Gelehrte kamen hinzu. Die Frohe Botschaft fand Eingang in alle Bevölkerungsschichten – bis hin zur königlichen Familie. Die Schwester des Königs nahm den reformierten Glauben an, und es schien eine Zeitlang so, als stünden sogar der König und die Königinmutter der Reformation aufgeschlossen gegenüber. Hoffnungsfroh sahen manche schon ganz Frankreich für das Evangelium gewonnen. Aber der Schein trog.

---

[1] D'Aubigné, Geschichte der Reformation, 12. Buch, Kapitel 2, 290
[2] Wylie, History of Protestantism, 13. Buch, Kapitel 2, 129
[3] D'Aubigné, ebd., 12. Buch, Kapitel 3, 129

Gottes Wort in französisch

Die Hoffnung auf ein reformiertes Frankreich erfüllte sich nicht. Vielmehr mußten die französischen Protestanten durch das tiefe Tal des Leides und der Verfolgung gehen. Doch davon ahnten sie noch nichts, denn zunächst lebten sie in Sicherheit und Frieden. Lefèvre übersetzte das Neue Testament ins Französische. Fast zur gleichen Zeit, als Luthers Bibelübersetzung in Wittenberg aus der Druckerpresse kam, erschien in Meaux das französische Neue Testament. Der Bischof sparte weder Mühe noch Geld, um es in seinen Pfarrbezirken zu verbreiten. Es dauerte auch nicht lange, da hatten sogar die Bauern und Handwerker von Meaux die Heilige Schrift in Händen.

Wie ein Verdurstender sich auf eine Wasserquelle stürzt, so taten es die Menschen mit Gottes Wort. Die Bauern auf den Feldern und die Handwerker in ihren Werkstätten ermutigten sich gegenseitig bei ihrer täglichen Arbeit durch das Wort der Bibel. Statt abends ins Wirtshaus zu gehen, kamen viele in Wohnungen zusammen, um die Bibel zu lesen und Gott zu loben. Bald machte sich Gottes Wort im Leben der Menschen als umgestaltende Kraft bemerkbar. Immer mehr Menschen bekehrten sich und wurden nun ihrerseits zu Zeugen des Evangeliums.

Allerdings stieß diese Erweckung nicht überall auf Zustimmung. Bald holten die Anhänger Roms zum Gegenschlag aus. Zwar konnte der König den Zorn der Priester noch eine Zeitlang im Zaum halten, aber schließlich nahm das Unheil seinen Lauf. Die Feinde der Reformation richteten wieder Scheiterhaufen auf und verbrannten „Ketzer“. Der Bischof von Meaux wurde gezwungen, zwischen Widerruf und Feuer zu wählen. Er entschied sich für den leichteren Weg. Viele andere blieben ihrer Überzeugung bis in den Tod hinein treu.

Auch unter den Adligen gab es evangelisch Gesinnte, denen die Wahrheit mehr bedeutete als Reichtum, Sicherheit oder Leben. Einer von ihnen war Louis de Berquin (1490–1529), ein Freund des Königs, den man den „gelehrtesten unter den Adligen“ nannte. Ursprünglich war er der Reformation feindlich gesinnt, aber als er sich mit der Heiligen Schrift befaßte, fand er dort nicht die Lehren der Kirche bestätigt, sondern die Luthers. Diese Erkenntnis machte ihn zu einem der glühenden Verfechter des reformatorischen Gedankengutes. Manche meinen, Berquin hätte ein zweiter Luther werden können, wenn er einen Beschützer vom Format des Kurfürsten von Sachsen zur Seite gehabt hätte. Seine Feinde fürchteten ihn jedenfalls mehr als Luther. Dreimal warfen sie ihn ins Gefängnis, doch der König ließ ihn jedesmal wieder frei. Franz I. bewunderte die Gelehrsamkeit und den Edelmut seines Freundes und wollte Berquin nicht der Rachsucht der Priester überlassen. Dennoch war abzusehen, daß der wankelmütige König sich nicht auf die Dauer durchsetzen würde. Deshalb schrieb der Humanist Erasmus von Rotterdam an Berquin: „Halte darum an, als Gesandter ins Ausland geschickt zu werden. Bereise Deutschland. Du kennst Beda und seinesgleichen – er ist ein tausendköpfiges Ungeheuer, das Gift nach allen Seiten ausspeit. Deine Feinde heißen Legion. Selbst wenn deine Sache besser wäre als die Jesu Christi, so würden sie dich nicht gehenlassen, bis sie dich elendiglich umgebracht haben. Verlasse dich nicht allzusehr auf den Schutz des Königs." [4]

Berquin greift an

Louis Berquin dachte nicht daran, sich der Gefahr durch die Flucht zu entziehen. Im Gegenteil, nun ging er selbst zum Angriff über. Hatte er sich bisher darauf beschränkt, die evangelische Wahrheit zu verteidigen, so begann er nun, die Irrlehren der Kirche aufzudecken. Seine Hauptkontrahenten waren die gelehrten Doktoren und Mönche der theologischen Fakultät der Pariser Universität. Ihren Schriften entnahm Berquin zwölf Lehrsätze, die er öffentlich als ketzerisch und der Heiligen Schrift zuwider anprangerte. Zugleich wandte er sich an den König mit der Bitte, in diesem Gelehrtenstreit als unparteiischer Richter zu fungieren.

Franz I. war damit einverstanden, zumal ihm damals noch jede Gelegenheit willkommen war, dem Hochmut der Mönche einen Dämpfer aufzusetzen. Er befahl den katholischen Gelehrten, ihre Sache mit der Bibel zu verteidigen. Das brachte die Gegner der Reformation in arge Verlegenheit, denn sie wußten mit den kirchlichen Überlieferungen, mit Waffen und Scheiterhaufen besser umzugehen als mit der Heiligen Schrift. Sie fürchteten zu recht, daß sie selbst in die Grube fallen könnten, die sie für Berquin gegraben hatten. Deshalb suchten

[4] Erasmus, Opus epistolarum, Band II, 1206

sie verzweifelt nach einem Ausweg. Und sie fanden auch einen.

Ausgerechnet zu dieser Zeit (!) war an einer Straßenecke eine Statue der Jungfrau Maria verstümmelt worden. Darüber herrschte in der Stadt große Aufregung. Scharenweise strömten entrüstete Menschen zur Stätte dieser „gotteslästerlichen Freveltat". Auch der König war über diesen Vorfall erschrokken. Berquins Gegner nutzten das sofort für ihre Zwecke, indem sie den Leuten einredeten: „Das sind die Früchte der Lehren Berquins. Alles geht seinem Umsturz entgegen – die Religion, die Gesetze, ja selbst der Thron – infolge dieser lutherischen Verschwörung."[5]

Wiederum wurde Berquin gefangengesetzt. Der König verließ Paris, ohne etwas gegen die Verhaftung zu unternehmen. Berquin wurde verhört und zum Tode verurteilt. Damit Franz I. nicht am Ende doch noch eingreifen konnte, wurde das Urteil noch am gleichen Tage vollstreckt. Die Menge, die der Verbrennung beiwohnte, sah mit Erstaunen, daß der Verurteilte einer der angesehensten Adelsfamilien Frankreichs entstammte. Auf den Gesichtern der Menschen konnte man Entrüstung, Verachtung und Haß, aber auch Bestürzung und Mitleid lesen. Berquin selbst schien von alledem nichts zu merken. „Er ist", so sagten Augenzeugen, „wie einer, der in einem Tempel sitzt und über heilige Dinge nachdenkt."[6]

Vom Scheiterhaufen aus versuchte Berquin ein letztes Wort an die Menge zu richten; aber aus Furcht vor dem Einfluß dieses Mannes begannen die anwesenden Mönche laut zu schreien, und die Soldaten klirrten mit ihren Waffen, um seine Worte zu ersticken. Der Reformator wurde vom Henker erwürgt und sein Leichnam den Flammen übergeben.

Die Nachricht vom Tode dieses aufrechten Mannes rief in ganz Frankreich unter den Anhängern der Reformation Trauer hervor. Um der direkten Bedrohung zu entgehen, verließen die meisten Reformatoren Paris. Lefèvre ging nach Deutschland. Farel kehrte in seine Heimat im Osten Frankreichs zurück. Er verkündigte dort das Evangelium, wurde aber bald wieder vertrieben. Zum Schweigen brachte man ihn dadurch nicht, denn nun predigte er in den Dörfern, im Wald und auf versteckten Wiesen. Zuflucht fand er in Schlupfwinkeln und Felsenhöhlen, die er noch von seiner Kinderzeit her kannte.

---

[5] Wylie, ebd., 12. Buch, Kapitel 9, 159 [6] Wylie, ebd., 13. Buch, Kapitel 9

Wie in den Tagen der Apostel war die Verfolgung „nur mehr zur Förderung des Evangeliums geraten".[7] Aus Paris und Meaux waren die Boten der Wahrheit vertrieben worden, und „die nun zerstreut waren, zogen umher und predigten das Wort".[8] Auf diese Weise fand das Evangelium seinen Weg in alle Provinzen Frankreichs.

Ein neuer Glaubenszeuge

In Paris besuchte ein nachdenklicher, überdurchschnittlich begabter junger Mann die Schule. Er war religiös interessiert und führte ein ordentliches Leben, was damals unter Studenten durchaus nicht die Regel war. Seine Begabung und sein Fleiß machten ihn bald zum Stolz seiner Schule. Er hieß Johannes Calvin (1509–1564) und gab seinen Lehrern zu der Hoffnung Anlaß, daß mit ihm ein hervorragender Verteidiger der Kirche heranwuchs. Aber es sollte anders kommen. Durch einen Vetter kam Calvin mit dem reformatorischen Gedankengut in Berührung. Die beiden jungen Männer sprachen bei ihren Begegnungen auch über das, was damals die Christenheit bewegte. „Es gibt nur zwei Religionen in der Welt", sagte Calvins Vetter, der sich zum Protestantismus bekannte, „die eine ist die, welche die Menschen erfunden haben und nach der die Menschen sich durch Zeremonien und gute Werke retten; die andere ist die Religion, welche in der Bibel offenbart ist und die lehrt, daß die Menschen nur durch die freie Gnade Gottes selig werden können." Calvin war über solche Worte zunächst entsetzt und wehrte sich: „Weg mit euren neuen Lehren! Bildet ihr euch ein, daß ich mein ganzes Leben lang im Irrtum gewesen bin?"[9]

Aber wie sehr er sich auch sträubte, in ihm waren Gedanken geweckt worden, die sich je länger, desto weniger abweisen ließen. Immer wieder mußte er über die Worte seines Vetters nachdenken. Schließlich packte ihn die Erkenntnis seiner Schuld. Er sah sich ohne Fürsprecher in der Gegenwart eines heiligen und gerechten Richters. Plötzlich fiel es ihm wie Schuppen von den Augen, daß weder die angebliche Fürsprache von Heiligen noch gute Werke und kirchliche Bräuche Schuld zu sühnen vermögen. Diese Erkenntnis stürzte ihn in eine abgrundtiefe Verzweiflung. Vergebens bemühten sich

[7] Philipper 1,12 [8] Apostelgeschichte 8,4 [9] Wylie, ebd., 13. Buch, Kap. 7

Freunde, ihm die Angst zu nehmen. Vergeblich waren auch seine Versuche, sich durch Beichte und Bußübungen Erleichterung zu verschaffen. Nichts konnte ihn mit Gott versöhnen.

Die Saat eines Märtyrers

Zufällig wurde Johannes Calvin in jener Zeit Augenzeuge einer Ketzerverbrennung. Der junge Student wunderte sich, wie ein Mensch, der von der Kirche verdammt worden war, so freudig in den schrecklichen Tod gehen konnte. Er verglich seine eigene Unsicherheit und Verzweiflung mit der Glaubenszuversicht des Märtyrers und schnitt dabei nicht gut ab. Wie er gehört hatte, gründeten diese Ketzer ihren Glauben auf die Bibel; deshalb beschloß er, dieses Buch zu studieren, um hinter das Geheimnis ihrer Freude zu kommen.

Durch die Bibel fand Calvin zu Christus. „O Vater!" rief er aus, „sein Opfer hat deinen Zorn besänftigt, sein Blut hat meine Flecken getilgt, sein Kreuz hat mein Fleisch getragen, sein Tod hat für mich Genugtuung geleistet. Wir haben viele unnütze Torheiten geschmiedet; aber du hast mir dein Wort gleich einer Fackel gegeben, und du hast mein Herz gerührt, damit ich jedes andere Verdienst, ausgenommen das des Erlösers, verabscheue." [10]

Nach dieser Erfahrung entschloß sich Calvin, sein Leben der Verkündigung der reformatorischen Botschaft zu widmen. Von Natur aus eher schüchtern, ließ er sich von seinen Freunden überreden, das Evangelium öffentlich zu lehren. Er begann damit allerdings nicht in Paris, sondern in der Provinz. In der Prinzessin Margarete von Parma, die selbst das Evangelium liebte, hatte er eine Förderin und Beschützerin gefunden. Calvin ging zunächst in die Heime der Leute. Man hörte ihm wie gebannt zu, wenn er aus der Bibel vorlas und das Wort auslegte. Viele, die seine Botschaft gehört hatten, trugen sie bald ihrerseits weiter. So wurde der Grundstein gelegt für reformierte Gemeinden, aus denen später unerschrockene Zeugen für die Wahrheit hervorgehen sollten.

Einige Monate später kehrte Calvin nach Paris zurück. Prinzessin Margarete wünschte, daß die Frohe Botschaft auch in den Kirchen der Hauptstadt verkündigt würde. Das stieß auf den erbitterten Widerstand der kirchlichen Würdenträger,

---

[10] Calvin, opus. lat., 123

die das kurzerhand verboten. Daraufhin ließ die Prinzessin bekanntmachen, daß täglich eine reformierte Predigt in ihrem Palast zu hören sei. Die Leute kamen scharenweise; unter ihnen Adlige, Staatsbeamte, Rechtsgelehrte, Kaufleute und Handwerker. Statt die Versammlungen zu untersagen, verfügte der König, der sich zu dieser Zeit noch nicht völlig dem Einfluß Roms ausgeliefert hatte, daß in Paris zwei Kirchen für die evangelische Predigt geöffnet würden. Die Stadt bekam nach der Vertreibung von Lefèvre und Farel eine zweite Chance, sich dem Evangelium zuzuwenden. Nie zuvor war Paris so von Gottes Wort bewegt worden wie in diesen Wochen. Die Menschen wurden vom Geist Gottes ergriffen, so daß bei vielen Selbstbeherrschung, Reinheit, Ordnung und Fleiß an die Stelle von Trunksucht, Ausschweifung, Gesetzlosigkeit und Müßiggang traten.

Eigentlich hätte das die Geistlichkeit mit Freude erfüllen müssen, aber das Gegenteil war der Fall. Der Haß auf die Anhänger der Reformation wurde nur um so größer. Man bemühte sich, die Vorurteile, die abergläubische Angst und den Fanatismus der unwissenden Menge zu schüren, um sie gegen die Reformatoren aufzuwiegeln. Aus staatspolitischen Erwägungen heraus hatte sich Franz I. um eine gewisse religiöse Toleranz bemüht, aber den Vertretern Roms war das immer ein Dorn im Auge gewesen. Nun sorgten sie dafür, daß die beiden Kirchen nach zwei Jahren wieder geschlossen und neue Scheiterhaufen aufgerichtet wurden. Wie anderthalb Jahrtausende zuvor Jerusalem, so hatte auch Paris nicht erkannt, was zu seinem Frieden diente.

Auch auf Calvin hatten die Behörden es abgesehen. Sie sandten Häscher aus, um seiner habhaft zu werden. In letzter Minute wurde er durch Freunde gewarnt und konnte als Arbeiter verkleidet aus Paris fliehen. Er fand Zuflucht auf den Besitzungen seiner Gönnerin, der Prinzessin Margarete. Dort blieb er einige Monate unter dem Schutz einflußreicher Freunde und befaßte sich mit seinen Studien. Aber die Verbreitung des Evangeliums in Frankreich lag ihm wie eine Last auf der Seele. Er wollte nicht länger untätig sein.

Sobald die Gefahr etwas abgeflaut war, ging er nach Poitiers, wo man für die reformatorischen Gedanken aufgeschlossener war als in Paris. Leute aus allen Ständen lauschten der Verkündigung des Evangeliums. Als die Zuhörerschaft wuchs, hielt man es für besser, sich außerhalb der Stadt zu versammeln. Eine Höhle, an einer tiefen Bergschlucht gelegen, wo Bäume und überhängende Felsen ein sicheres Versteck boten, wurde schließlich zum Versammlungsort. Dort feierten die Protestanten Frankreichs auch zum ersten Mal das Abendmahl. Von dieser kleinen Gemeinde wurden später mehrere erfolgreiche reformierte Evangelisten ausgesandt.

Noch einmal kehrte Calvin nach Paris zurück. Er hatte die Hoffnung immer noch nicht aufgegeben, daß die französische Nation evangelisch werden würde. Aber überall stieß er auf verschlossene Türen. Bald sah er ein, daß er nur sein Leben aufs Spiel setzte, ohne das Geringste erreichen zu können. Deshalb entschloß er sich, nach Deutschland zu gehen. Kaum hatte Calvin Frankreich verlassen, da brach ein Sturm der Vernichtung über die Protestanten herein, der sicher auch ihn ins Verderben gerissen hätte, wäre er noch länger dort geblieben.

Die französischen Reformatoren wünschten sich, daß ihr Land mit der geistlichen Erneuerung in Deutschland und der Schweiz Schritt halten möge. Deshalb holten sie zu einem kühnen Schlag gegen den Aberglauben und die Mißbräuche in der Kirche aus. Sie wollten die ganze Nation aufwecken. In einer Nacht wurden überall in Frankreich Plakate angeheftet, die gegen die Messe gerichtet waren. Statt die Reformation zu fördern, brachte diese übereilte, unkluge Aktion schreckliches Unglück über die Urheber und alle Freunde des reformierten Glaubens. Nun endlich hatten die Feinde des Evangeliums eine Handhabe, die völlige Ausrottung der Ketzer zu fordern, die angeblich die Sicherheit des Thrones und den Frieden der Nation gefährdeten.

Besonders schwerwiegend war, daß solch ein Plakat direkt an die Tür der königlichen Privatgemächer geheftet worden war. Ob dafür ein unbesonnener protestantischer Eiferer verantwortlich war oder ob ein hinterhältiger Feind nur noch Öl ins Feuer gießen wollte, ist nie geklärt worden. Die Folgen waren verheerend. Der entsetzte und erboste König befahl: „Man ergreife ohne Unterschied alle, die des Luthertums verdächtig sind ... Ich will sie alle ausrotten.“ [11] Die Würfel waren gefallen. Franz I. hatte beschlossen, sich rückhaltlos auf die Seite Roms zu stellen.

---

[11] D'Aubigné, Geschichte der Reformation zu den Zeiten Calvins, 4. Buch, Kapitel 10

Herrschaft des Schreckens

Sofort gingen die Behörden daran, alle Lutheraner in Paris zu verhaften. Ein armer Handwerker, Anhänger des reformierten Glaubens, wurde festgenommen. Man stellte ihn vor die Wahl, entweder seine Glaubensgenossen zu verraten oder auf dem Scheiterhaufen verbrannt zu werden. Zunächst schreckte er davor zurück, andere ins Unglück zu stürzen, aber dann siegte doch die Angst vor den Flammen. Mit der Hostie, die vorangetragen wurde, und einem Gefolge von Priestern, Ministranten, Mönchen und Soldaten, zogen Morin, der königliche Geheimsekretär, und der Verräter langsam und schweigend durch die Straßen der Stadt. Angeblich sollte diese Prozession eine Ehrung „des heiligen Sakramentes" sein, ein Akt der Versöhnung für die Beleidigung, die der Messe zugefügt worden war. Doch dahinter verbarg sich eine grausame Absicht. Kam die Prozession am Haus eines Lutheraners vorbei, so gab der Verräter wortlos ein Zeichen. Der Zug machte halt, Soldaten stürmten ins Haus, schleppten die Bewohner heraus und legten sie in Ketten. Dann zog die schreckliche Schar weiter, um neue Opfer zu suchen.

Meist wurden die Opfer gefoltert und grausam zu Tode gequält. Um ihre Qualen zu verlängern, war den Henkern befohlen worden, das Feuer der Scheiterhaufen möglichst klein zu halten. Solche Grausamkeiten sollten alle Welt abschrekken, sich auf die evangelische Ketzerei einzulassen. Aber das gelang nur zum Teil, denn die Art, in der die Märtyrer in den Tod gingen, machte auf viele Zuschauer großen Eindruck. „Ganz Paris konnte sehen, was für Männer die neue Lehre hervorbrachte! Keine Kanzel konnte so beredt sein wie der Scheiterhaufen des Märtyrers. Die stille Freude, die auf den Angesichtern jener Männer ruhte, wenn sie dem Richtplatz zuschritten, ihr Heldenmut inmitten der peinigenden Flammen, ihr sanftmütiges Vergeben der Beleidigungen verwandelten nicht selten den Zorn in Mitleid und den Haß in Liebe und zeugten mit unwiderstehlicher Beredsamkeit für das Evangelium." [12]

Um den Volkszorn zu schüren, beschuldigte man die Protestanten der schrecklichsten Verbrechen. So wurde behauptet, daß sie sich verschworen hätten, alle Katholiken umzubrin-

---

[12] Wylie, ebd., 13. Buch, Kapitel 20

gen, die Regierung zu stürzen und den König zu ermorden. Natürlich war nichts davon wahr, aber es hatte die beabsichtigte Wirkung auf das Volk und schien den grausamen Vernichtungsfeldzug gegen die „protestantischen Verbrecher" zu rechtfertigen. Damals ahnte keiner der Verfolger, daß damit bereits der Grundstein für die Schrecknisse gelegt wurde, die 250 Jahre später während der Französischen Revolution über das Königshaus, die Kirche und das Volk hereinbrachen.

In allen Bevölkerungsschichten machten sich Argwohn, Mißtrauen und Entsetzen breit. Wer konnte, flüchtete aus Paris oder gar aus Frankreich. Plötzlich wurde deutlich, wie viele Menschen bereits reformierten Glaubens waren: Handwerker, Gelehrte, Professoren, ja sogar Beamte am königlichen Hof. Die Anhänger Roms waren erschrocken bei dem Gedanken, daß sie solch eine Menge Ketzer ahnungslos in ihrer Mitte geduldet hatten.

Tod den Feinden Roms

Eigentlich war König Franz I. der Wissenschaft und Kunst sehr zugetan. Er hatte Gelehrte und Künstler aus vielen Ländern an seinen Hof gerufen. Da er die Gelehrsamkeit der Reformatoren schätzte, die Unwissenheit vieler Priester und Mönche aber verabscheute, hatte er der Reformation lange einen gewissen Spielraum gelassen. Nun allerdings war er davon beseelt, die protestantische Ketzerei mit Stumpf und Stiel auszurotten. Damit gab er eines der vielen Beispiele in der Geschichte, daß Bildung und Aufgeklärtheit durchaus nicht immer vor Unduldsamkeit und Fanatismus schützen.

Die Priesterschaft überzeugte den König davon, daß die Schmähung der Messe nur durch das Blut der Ketzer gesühnt werden könne. Er müsse deshalb für die Vernichtung der Reformierten sorgen. Daß sich Kirche und Thron in diesem Vorhaben einig waren, sollte durch ein feierliches Zeremoniell für das ganze Volk sichtbar gemacht werden. Dafür wurde der 21. Januar 1535 vorgesehen. Entlang der Strecke, durch die die Prozession führen sollte, waren Altäre aufgestellt und Trauerflore an den Häusern angebracht worden. Der prunkvolle Wallfahrtszug begann vor Tagesanbruch im königlichen Palast: „Die Hostie wurde von dem Bischof von Paris unter einem kostbaren Baldachin, ... der von vier Prinzen von Geblüt gehalten wurde, einhergetragen ... Hinter der Hostie ging der

König ... Franz I. trug weder Krone noch königliche Gewänder; mit entblößtem Haupt und gesenktem Blick, in der Hand eine brennende Kerze haltend", erschien der König von Frankreich „als ein Büßender". [13] Vor jedem Altar verneigte er sich demütig, nicht seiner eigenen Sünden wegen, obwohl viel unschuldiges Blut an seinen Händen klebte, sondern um die Todsünde seiner Untertanen zu sühnen, die es gewagt hatten, die heilige Messe zu schmähen. Ihm folgten die Königin und paarweise die Würdenträger des Staates, jeder mit einer brennenden Kerze in der Hand.

Mit tränenerstickter Stimme hielt der König in der großen Halle des Bischofspalastes eine Rede, in der er „den Frevel, die Gotteslästerung, den Tag des Schmerzes und der Schande" beklagte, der über Frankreich hereingebrochen sei. Dann forderte er alle Untertanen auf, sich an der Ausrottung der verderblichen Ketzerei zu beteiligen, die Frankreich ins Verderben zu stürzen drohte. Die Versammelten weinten vor Rührung und riefen wie mit einer Stimme: „Wir wollen leben und sterben für den katholischen Glauben!" [14]

Danach formierte sich die Prozession neu. In kurzen Abständen waren in den Straßen „Gerüste errichtet worden, auf denen gewisse Protestanten lebendig verbrannt werden sollten, und es war bestimmt worden, die Holzscheite beim Herannahen des Königs anzuzünden, damit die Prozession anhalten und Augenzeuge der Hinrichtung sein möchte". [15] Zu schauerlich wäre es, Einzelheiten der Qualen zu beschreiben, denen die Verurteilten ausgesetzt waren. Doch die Opfer blieben Christus und ihrem Glauben treu. Wenn man sie zum Widerruf aufforderte, antworteten sie ähnlich wie einer der ihren: „Ich glaube nur, was die Propheten und Apostel ehemals gepredigt haben, was die ganze Gemeinschaft der Heiligen geglaubt hat. Mein Glaube setzt seine Zuversicht auf Gott und wird aller Gewalt der Hölle widerstehen." [16]

Damals wurde der evangelische Glaube fast vollständig ausgerottet. 258 Jahre nach jener Verfolgung der Protestanten in Frankreich, am 21. Januar 1793, zog wieder eine Menschenmenge durch die Straßen von Paris. „Abermals war der König die Hauptperson, abermals erhoben sich Tumult und Lärm; wiederum wurde der Ruf nach mehr Opfern laut; aufs neue

[13] Wylie, ebd., 13. Buch, Kap. 21
[14] D'Aubigné, ebd., 4. Buch, Kap. 12
[15] Wylie, ebd., 13. Buch, Kap. 21
[16] D'Aubigné, ebd., 4. Buch, Kap. 12

gab es schwarze Schafotte, und nochmals wurden die Auftritte des Tages mit schrecklichen Hinrichtungen beschlossen. Ludwig XVI., der sich den Händen seiner Kerkermeister und Henker entwinden wollte, wurde auf den Henkerblock geschleppt und mit Gewalt gehalten, bis das Beil gefallen war und sein abgeschlagenes Haupt auf das Schafott rollte." [17]

Die Reformationsbewegung hatte die Menschen zur biblischen Botschaft zurückführen wollen. Die Gläubigen sollten die unermeßliche Liebe Gottes und seinen Willen erkennen. Aber Frankreich hatte sich gegen die Wahrheit entschieden und damit den Samen des Unheils selbst gesät. Und dieser Same ging auf in Form einer blutigen Revolution und einer schrecklichen Gewaltherrschaft.

Gottes Werk überlebt

Längst vor dem Vernichtungsschlag gegen die französischen Reformierten hatte Farel Frankreich verlassen und in der Schweiz Zuflucht gefunden. Dort unterstützte er das reformatorische Wirken Zwinglis. Zwar war er aus seinem Vaterland vertrieben worden, aber sein Einfluß blieb in Frankreich weiterhin spürbar. Mit Hilfe anderer Flüchtlinge wurden die Schriften der deutschen Reformatoren ins Französische übersetzt und zusammen mit französischen Bibeln in hohen Auflagen gedruckt. Wandernde Buchhändler verkauften diese Werke in ganz Frankreich.

Farel begann seine Tätigkeit in der Schweiz als Lehrer in einer abgelegenen Kirchgemeinde. Als er anfing, das Evangelium der Bibel zu lehren, stieß er auf den erbitterten Widerstand der Priester in jenem Gebiet. Wieder mußte er fliehen. Aber wohin er auch kam, predigte er das Evangelium; auch als man ihn verfolgte, von der Kanzel zerrte oder fast totschlug, er gab nicht auf. Nach und nach öffneten die Dörfer und Städte, die vorher Hochburgen des katholischen Glaubens gewesen waren, dem Evangelium ihre Tore. Die kleine Kirchgemeinde, in der er zuerst gearbeitet hatte, nahm bald den reformierten Glauben an. Auch die Städte Murten und Neuenburg gaben die römisch-katholischen Gepflogenheiten auf und entfernten die Heiligenbilder aus ihren Kirchen.

Schon lange hatte Farel gewünscht, das protestantische Ban-

---

[17] Wylie, ebd., 13. Buch, Kapitel 21

ner auch in Genf aufzupflanzen. War es möglich, diese Stadt für das Evangelium zu gewinnen, so konnte sie ein Zentrum für die Reformation in Frankreich, der Schweiz und Italien werden. Viele der umliegenden Ortschaften hatten den reformierten Glauben bereits angenommen. Schließlich ging Farel mit einem Gefährten nach Genf und durfte dort mit Genehmigung der Stadtverwaltung zwei Predigten halten. Daraufhin luden ihn die Priester vor einen Kirchenrat. Eine Verurteilung durch den Stadtrat hatten sie nicht erreichen können, deshalb versteckten sie Waffen unter ihrer Kleidung, um Farel bei dieser Begegnung umzubringen. Nur weil einige beherzte Männer der Genfer Stadtverwaltung anwesend waren, entging der Reformator dem Tod. Früh am nächsten Morgen wurde er im Auftrag des Stadtrates über den See zu einem sicheren Ort gebracht. So endete der erste Versuch, Genf das Evangelium zu bringen.

Für den nächsten Vorstoß hatte sich Gott einen so zurückhaltenden und bescheidenen jungen Mann erwählt, daß selbst die gutwilligsten Anhänger der Reformation sich nicht vorstellen konnten, wie jener in Genf etwas ausrichten sollte, wo sogar der tatkräftige Farel gescheitert war.

Nicht durch Heer oder Kraft

Antoine Froment (1509–1581) begann seine Arbeit als Lehrer in Genf. An ihm erfüllte sich das Wort der Heiligen Schrift: „Es soll nicht durch Heer oder Kraft, sondern durch meinen Geist geschehen, spricht der Herr Zebaoth.“ [18] Die Kinder, die Froment in der Schule unterwies, nahmen die Wahrheit mit nach Hause. Bald kamen auch die Eltern, um zu hören, wie der Lehrer die Bibel auslegte. Froment verteilte großzügig Ausgaben des Neuen Testamentes und reformatorische Schriften. Nach einiger Zeit mußte auch er vor den Nachstellungen der Geistlichkeit fliehen, aber der Same, den er in die Herzen seiner Zuhörer gesät hatte, wuchs weiter und ging schließlich auf. Der Grundstein für die Reformation war gelegt. Als später reformierte Prediger in die Stadt zurückkehren durften, dauerte es nicht mehr lange, bis auch in Genf protestantische Gottesdienste eingeführt wurden.

Als Johannes Calvin nach Genf kam, hatte sich die Stadt

[18] Sacharja 4,6

schon zum Protestantismus bekannt. Eigentlich war Calvin unterwegs nach Basel, sah sich aber durch verschiedene Umstände gezwungen, zunächst in Genf Station zu machen. Farel sah darin eine Fügung Gottes. Obwohl die Bevölkerung der Stadt den reformierten Glauben angenommen hatte, war noch ein großes Werk zu tun. Wirkliche Wiedergeburt ist nämlich nicht eine Sache von Ratsbeschlüssen, sondern geschieht durch die Kraft des Heiligen Geistes in den Herzen und Gewissen der Menschen. Zwar hatten die Genfer die römische Herrschaft abgeschüttelt, aber damit waren bei weitem nicht alle Mißstände beseitigt, die im Laufe der Zeit eingerissen waren. Den Menschen die Grundsätze des Evangeliums einzuprägen und sie zur Mitarbeit an der Sache Gottes zu bewegen würde keine leichtes Unterfangen sein.

Farel war davon überzeugt, in Calvin den richtigen Mann für diese Aufgabe gefunden zu haben. Deshalb beschwor er den jungen Gelehrten im Namen Gottes, in der Stadt zu bleiben und mit ihm zusammenzuarbeiten. Calvin erschrak über dieses Ansinnen. Ihm lag die bestimmte, mitunter sogar gewalttätige Art der Genfer nicht. Er liebte die Zurückgezogenheit des Studierens, nicht die Auseinandersetzung. Außerdem fühlte er sich gesundheitlich einer solchen Aufgabe nicht gewachsen. Er meinte, er könne der Wahrheit mit der Feder mehr nützen als mit Predigen. Dennoch wagte er es nicht, sich dem Auftrag zu entziehen, denn es schien ihm, „als ob die Hand Gottes vom Himmel herab ausgereckt ihn ergriffen und unwiderruflich an den Ort gesetzt habe, den er so gern verlassen wollte“.[19]

Dunkle Wolken über Genf

Gerade zu dieser Zeit türmte sich die Gefahr für die protestantische Sache wie eine Gewitterfront über Genf auf. Wie Donnergrollen brandeten die Bannflüche des Papstes gegen die Stadt. Wie sollte das kleine Genf einer Macht widerstehen können, die sogar Könige und Kaiser in die Knie gezwungen hatte? Überall in der Christenheit war der Protestantismus bedroht. Nach den ersten Erfolgen der Reformation hatte Rom neue Kraft gesammelt und holte nun zum vernichtenden Gegenschlag aus. Um diese Zeit wurde der Jesuitenorden (21) ge-

[19] D'Aubigné, ebd., 9. Buch, Kapitel 17

gründet, der zum willfährigen und gefährlichsten Werkzeug des Papsttums wurde. Seine Mitglieder hatten alle persönlichen Bindungen abgebrochen und ihre natürlichen Neigungen abgetötet. Sie fühlten sich einzig und allein ihrem Orden verpflichtet. Um ihn zu schützen und seine Macht zu mehren, war ihnen jedes Mittel recht. Wenn es um die Herrschaft des Papstes oder das Wohl der Kirche ging, schreckten die Jesuiten auch nicht vor Lüge, Täuschung, Meineid oder gar Meuchelmord zurück. Überall versuchten Angehörige dieses Ordens Eingang zu finden, um ihren Einfluß geltend zu machen. Häufig waren sie Ratgeber von Fürsten und Königen und griffen so entscheidend in die Politik ein. Sie gründeten Schulen für das einfache Volk und Universitäten für die Söhne der Oberschicht, um die Menschen langfristig in ihrem Sinne zu erziehen. Rasch breitete sich der Jesuitenorden über ganz Europa aus, und wohin seine Angehörigen auch kamen, da versuchten sie den durch die Reformation verlorengegangenen Boden mit allen Mitteln zurückzugewinnen. Um diesem Stoßtrupp Roms die nötigen Druckmittel in die Hand zu geben, wurde durch einen päpstlichen Erlaß die Inquisition (22) wieder eingeführt. Obwohl diese Einrichtung zur Ketzerjagd sogar in den katholischen Ländern Abscheu erregt hatte und auf Ablehnung gestoßen war, scheute man sich nicht, sich ihrer erneut zu bedienen. Wieder wurden Tausende von Menschen verfolgt, in finstere Verliese gesteckt, gefoltert, verurteilt und ermordet. Ihre einzige Schuld bestand darin, evangelischen Glaubens zu sein. In manchen Ländern wurden auf diese Weise die tüchtigsten und begabtesten Bürger, die Blüte der Nation, verjagt oder umgebracht.

Das Licht leuchtet weiter

Die Inquisition war eines der verwerflichsten Mittel, mit denen Rom das Licht der Reformation auszulöschen suchte. Doch Gott ließ nicht zu, daß Unwissenheit und Aberglaube die Wahrheit wieder verdrängten. Er selbst hielt seine Hand über die Reformation, denn von den Mächtigen der Welt war nur Widerstand, aber keine Hilfe zu erwarten. Die schwachen Länder, nicht die mächtigen Nationen machte der Herr zu seinen Bollwerken. Das kleine Genf war umgeben von starken Feinden; Holland kämpfte gegen die Tyrannei Spaniens, des damals mächtigsten Königreiches; nicht zu vergessen das protestantische Schweden – sie alle waren daran beteiligt, daß die Fackel des Evangeliums nicht ausgelöscht werden konnte.

Fast dreißig Jahre lang arbeitete Calvin in Genf für die Sache der Reformation. Seinen Einfluß spürte man in ganz Europa. Calvins Entscheidungen waren nicht immer richtig, auch seine Lehre nicht frei von Irrtümern, aber er galt als ein Verkündiger der Wahrheit, die zu jener Zeit wichtig gewesen war. Seinem Wirken ist es mit zu verdanken, daß die zurückflutende Welle päpstlichen Einflusses die Reformation nicht hinwegspülte.

Nicht nur Schriften wurden von Genf ausgesandt, sondern auch Lehrer, die das evangelische Glaubensgut überall verbreiteten. Außerdem wurde die Stadt Calvins zu einer Zufluchtsstätte für die verfolgten Anhänger der Reformation aus dem ganzen westlichen Europa. Die ausgehungerten, verwundeten und heimatlosen Flüchtlinge wurden freundlich aufgenommen und liebevoll versorgt. Viele derer, die hier eine neue Heimat gefunden hatten, wurden der Stadt durch ihren Fleiß, ihre Gelehrsamkeit und ihren Glauben zum Segen. Manche kehrten nach einer gewissen Zeit wieder in ihre Heimatländer zurück, um dort erneut der Herrschaft Roms Widerstand zu leisten. John Knox, der schottische Reformator, eine Reihe englischer Puritaner, Protestanten aus Holland und Spanien sowie Hugenotten aus Frankreich trugen von Genf aus die Fackel der Wahrheit hinaus, um die geistliche Finsternis in ihrer Heimat zu vertreiben.

13 Offene Türen im Norden

Reformation in den Niederlanden

In den Niederlanden hatte die päpstliche Vorherrschaft schon sehr früh Widerstand hervorgerufen. Bereits siebenhundert Jahre vor Luther hatten zwei Bischöfe, die mit einer Gesandtschaft nach Rom gereist waren, das wahre Wesen des „Heiligen Stuhles" erkannt. Unerschrocken klagten sie den Papst an: „Du setzest dich in den Tempel Gottes als ein Gott; statt ein Hirte zu sein, bist du den Schafen zum Wolf geworden ... Du willst, daß wir dich für einen hohen Bischof halten; aber du beträgst dich vielmehr wie ein Tyrann ... Statt ein Knecht aller Knechte zu sein, wie du dich nennst, bemühst du dich, ein Herr aller Herren zu werden ... Du bringst die Gebote Gottes in Verruf." [1]

Im Laufe der Jahrhunderte erhoben immer mehr Menschen ihre Stimme gegen die von Rom ausgehende religiöse Verderbnis. Missionare, die stark an die Waldenser erinnerten, durchzogen die Niederlande und predigten das Evangelium. Sie übersetzten die waldensische Bibel in die holländische Sprache und gaben damit den Gläubigen die Möglichkeit, selbst zu erkennen, was Gottes- und was Menschenwort ist.

Trotz Verfolgung durch die Papstkirche, trotz Folter und Scheiterhaufen wuchs die Zahl derer, die allein Gottes Wort als Maßstab für ihr Leben gelten lassen wollten. Sie traten für den Grundsatz ein, daß „niemand gezwungen werden solle zu glauben, sondern durch die Predigt gewonnen werden müsse". [2]

Luthers Lehren stießen auch in den Niederlanden auf reges Interesse. Angeregt durch die Erkenntnisse des deutschen Reformators, verkündigten gläubige Menschen auch in Holland das Evangelium. Einer dieser tapferen Männer war Menno Simons (1496–1561). Obwohl er katholischer Priester war, kannte er die Bibel so gut wie gar nicht. Er wollte sich auch

[1] Brandt, Geschichte der niederländischen Reformation, 1. Buch, 6
[2] Brandt, ebd., 14

nicht mit ihr befassen, weil er Angst hatte, dadurch auf ketzerische Gedanken zu kommen. Aber auf die Dauer ließ sich die innere Stimme, die ihn mahnte, sich mit der Wahrheit auseinanderzusetzen, nicht unterdrücken. Nach einiger Zeit begann er mit dem Studium des Neuen Testamentes und las Luthers Schriften.

Eines Tages erlebte Menno Simons, daß jemand hingerichtet wurde, weil er sich als Erwachsener noch einmal hatte taufen lassen. Das veranlaßte ihn, sich genauer mit den Aussagen des Neuen Testamentes über die Taufe zu befassen. Erstaunt stellte er fest, daß die Taufe nach biblischem Verständnis an zwei wichtige Bedingungen geknüpft ist: an Reue und Glauben. Die neuen Erkenntnisse, die er durch sein Bibelstudium gewonnen hatte, entfremdeten ihn der römischen Kirche immer mehr und ließen ihn schließlich den reformatorischen Glauben annehmen.

Wie bereits in Deutschland, so traten auch in den Niederlanden religiöse Schwärmer und Fanatiker auf, deren obskure Ideen das reformatorische Werk gefährdeten. Diesen Schwarmgeistern entgegenzutreten, sah Menno Simons als eine seiner wichtigsten Aufgaben an.

Etwa 25 Jahre lang zog er durch die Niederlande und Norddeutschland, um das Evangelium zu verkündigen. Weil er ein aufrichtiger und rechtschaffener Mann war, dessen Leben dem entsprach, was er lehrte, wuchs sein Einfluß ständig. Seinem Wirken ist es zu verdanken, daß sich damals unzählige Menschen der Reformation anschlossen.

In Deutschland hatte Kaiser Karl V. die Reformation zwar verboten, aber ein großer Teil des deutschen Adels widersetzte sich seinem Vorgehen. In den Niederlanden gab es diesen massiven Widerstand nicht, so daß die Verfolgung der Protestanten rasch gefährliche Ausmaße annahm. Wer die Heilige Schrift las, reformatorische Lehren anhörte oder sie gar weitergab, wer persönlich zu Gott betete oder Psalmen sang, wer Heiligenbildern nicht die gebührende Ehrfurcht erwies, mußte mit der Todesstrafe rechnen. Wurde man solcher „Ketzer" habhaft, brachte man sie um. Männer wurden enthauptet oder verbrannt, Frauen nicht selten lebendig begraben. Während der Regierungszeit Karls V. und Philipps II. kamen Tausende auf diese Weise ums Leben.

Einmal wurde eine ganze Familie vor ein Inquisitionsgericht gebracht und angeklagt, der Messe ferngeblieben zu sein und zu Hause Gottesdienst gehalten zu haben. Auf die Frage, was in den „geheimen Gottesdiensten" denn geschähe, antwortete der jüngste Sohn dieser Familie: „Wir fallen auf unsere Knie und beten, daß Gott unsere Gemüter erleuchten und unsere Sünden verzeihen wolle. Wir beten für unseren Landesfürsten, daß seine Regierung gedeihlich und sein Leben glücklich sein möge. Wir beten für unsere Stadtbehörde, daß Gott sie erhalten wolle." [3] Offenbar sahen einige der Richter selbst das als fluchwürdige Vergehen an, denn sie verurteilten den Vater und einen der Söhne zum Tod auf dem Scheiterhaufen.

Der Wut der Verfolger stand die Glaubenstreue der Märtyrer nicht nach. Nicht nur Männer, sondern auch Frauen und junge Mädchen legten einen schier unfaßbaren Mut an den Tag. „Frauen stellten sich neben den Marterpfahl ihrer Gatten, und während diese das Feuer erduldeten, flüsterten sie ihnen Worte des Trostes zu oder sangen Psalmen, um sie zu ermutigen." Junge Mädchen „legten sich lebendig in ihr Grab, als ob sie das Schlafgemach zur nächtlichen Ruhe betraten, oder sie gingen in ihren besten Gewändern auf das Schafott oder in den Feuertod, als ob sie zur Hochzeit gingen". [4]

Wie zu der Zeit, als die heidnischen Verfolger den christlichen Glauben auszurotten versuchten, wurde auch in den Niederlanden das Blut der Christen zum „Samen der Kirche". [5] Ungeachtet der Verfolgung wuchs die Zahl derer, die sich zum reformatorischen Glauben bekannten. Was immer die römisch gesinnten Herrscher auch unternahmen, sie konnten den Siegeszug des Evangeliums nicht verhindern. Schließlich brachte der Aufstand unter Prinz Wilhelm von Oranien den Niederländern die ersehnte Religionsfreiheit.

Reformation in Dänemark

Auf den Bergen von Piemont, in den Ebenen Frankreichs und an den Küsten Hollands war der Weg des Evangeliums rot vom Blut der treuen Glaubenszeugen. In die Länder des Nordens zog die Reformation auf friedlichem Wege ein. Studenten, die in Wittenberg ihre theologische Ausbildung erhalten hatten, brachten lutherische Schriften und reformatorisches Glaubensgut mit in ihre Heimatländer. In dem Maße, wie die

[3] Wylie, History of Protestantism, 18. Buch, Kapitel 6 [4] Wylie, ebd.
[5] Tertullian, Apologeticum, Kapitel 50

Bevölkerung Skandinaviens sich der Bibel zuwandte, nahm der Einfluß Roms ab. Die Reformation gewann besonders in Dänemark und Schweden rasch an Boden.

Hans Tausen (1494–1561), der Reformator Dänemarks, zeichnete sich schon als Junge durch seinen scharfen Verstand aus. Für den Sohn eines armen Landarbeiters waren die Chancen für eine gute Ausbildung allerdings nicht groß. Deshalb trat er in ein Kloster ein. Sein lauterer Lebenswandel, sein Fleiß und seine Intelligenz ließen die Ordensoberen bald auf ihn aufmerksam werden. Sie waren der Überzeugung, dieser vielseitig begabte junge Mann könne der Kirche eines Tages von großem Nutzen sein. Man beschloß, ihn nach besten Kräften zu fördern. Er durfte sich sogar eine Universität in Holland oder Deutschland aussuchen, an der er studieren wollte – allerdings mit einer Einschränkung: Nach Wittenberg durfte er nicht gehen, um nicht etwa von den „ketzerischen" Lehren Luthers angesteckt zu werden.

Hans Tausen wählte die Universität von Köln, damals eine der geistigen Hochburgen des Katholizismus. Aber der Mystizismus, der dort gelehrt wurde, befriedigte seinen nach Wahrheit forschenden Geist nicht. Etwa um diese Zeit bekam er erstmals Luthers Schriften in die Hände. Was er dort las, erstaunte und erfreute ihn zugleich. Bald wünschte er sich nichts sehnlicher, als Luther kennenzulernen und bei ihm studieren zu dürfen. Natürlich wußte er, daß er dann die Unterstützung durch seinen Orden verlieren würde. Dennoch war sein Entschluß bald gefaßt, und nicht lange danach war er Student in Wittenberg. Seine Ordensoberen merkten davon nichts. Als er wieder in sein Kloster zurückkehrte, ahnte keiner, daß Tausen sich innerlich längst zum evangelischen Glauben bekannte. Natürlich konnte er seinen Klosterbrüdern gegenüber die eigene Überzeugung nicht verleugnen. So oft wie möglich las er mit ihnen in der Bibel und zeigte ihnen, daß nur Christus den Sünder gerecht machen könne und daß die Seligkeit nicht durch Geld und fromme Werke zu erwerben sei. Die Enttäuschung und der Zorn seiner Vorgesetzten waren groß, als sie merkten, daß Tausen zu einem unbequemen Kritiker der kirchlichen Lehre und Praxis geworden war, anstatt ein scharfsinniger Verteidiger des Katholizismus zu werden – wie sie es gehofft hatten.

Zunächst wurde Tausen in ein anderes Kloster versetzt und dort in eine Mönchszelle eingeschlossen. Da er sich nicht frei bewegen konnte, legte er seinen Mitbrüdern Gottes Wort durch das vergitterte Zellenfenster hindurch aus. Offenbar waren die dänischen Klostervorsteher nicht sehr vertraut mit den Praktiken, die Rom andernorts anwandte, um unbequeme Mahner auszuschalten. Wäre das der Fall gewesen, hätten sie ihn vermutlich in ein unterirdisches Verlies gesteckt und für immer zum Schweigen gebracht. So aber sperrten sie ihn zunächst nur in eine Mönchszelle, um ihn schließlich ganz aus der Mönchsgemeinschaft auszuschließen und aus dem Kloster zu jagen.

Gerade zu dieser Zeit hatte der dänische König einen Erlaß unterschrieben, der den Verkündigern der neuen Lehre Schutz gewährte. Für Hans Tausen standen plötzlich alle Kirchen offen, und die Leute strömten in Scharen herbei, um seine biblisch begründete, evangelische Botschaft zu hören. Inzwischen lag auch das Neue Testament in dänischer Sprache vor, so daß jeder nachlesen konnte, was in der Bibel wirklich steht. Natürlich versuchten die Anhänger der römischen Kirche, die Reformation in Dänemark zu hindern, aber sie hatten wenig Erfolg. Es dauerte nicht lange, da war Dänemark evangelischen Glaubens.

Die Reformation in Schweden

Auch in Schweden begann der Siegeszug des Evangeliums damit, daß junge Männer vom Studium in Wittenberg zurückkehrten. Unter ihnen waren die beiden Brüder Olaus (1493–1552) und Laurentius (1499–1573) Petri, Söhne eines Schmiedes aus Oerebro. Sie hatten bei Luther und Melanchthon studiert und ähnelten auch in ihrer Art den beiden deutschen Reformatoren. Während Olaus, der ältere, die Leute durch seine volksnahe Verkündigung begeisterte, beeindruckte Laurentius die Menschen durch seine Gelehrsamkeit und Besonnenheit. Beide setzten ihre ganze Kraft zur Verbreitung der evangelischen Wahrheit ein. Natürlich fehlte es auch in Schweden nicht an Widerstand. Priester und Mönche wiegelten das abergläubische und unwissende Volk gegen die Reformatoren auf. Olaus Petri geriet einige Male in die Hände einer aufgebrachten Volksmenge und kam gerade noch mit dem Leben davon. Aber davon ließen sich die schwedischen Reformatoren nicht abschrecken, zumal der König mehr und mehr ihre Partei ergriff.

Unter der Herrschaft der römischen Kirche war das Volk in Unwissenheit und Armut gesunken. Vom biblischen Glauben wußten die Menschen kaum etwas, wohl aber von kirchlichen Zeremonien und Bilderverehrung. Der schwedische König war davon überzeugt, daß Staat und Kirche reformiert werden müßten, und sah in den Brüdern Petri geeignete Helfer im Kampf gegen Rom.

In Gegenwart des Königs und der führenden Männer Schwedens verteidigte Olaus Petri die reformatorischen Lehren überzeugend gegen die Anhänger Roms. Er betonte vor allem den Grundsatz, daß man die Lehren der Kirchenväter nur dann annehmen dürfe, wenn sie mit den Aussagen der Heiligen Schrift übereinstimmt. Im übrigen, so argumentierte er, seien alle wesentlichen christlichen Glaubenslehren in der Bibel so klar dargestellt, daß sie jeder verstehen könne. Er lehrte auch, daß den Erlassen der Kirche jede Autorität fehle, weil sie den Geboten Gottes zuwiderliefen. Dabei stützte er sich auf den reformatorischen Grundsatz, daß allein die Heilige Schrift Richtschnur des Glaubens und Wandels sein dürfe.

Diese religiöse Auseinandersetzung zeigte eindrucksvoll, „aus welchen Männern das Heer der Reformatoren bestand. Es waren keine ungebildeten, sektiererischen, lärmenden Wortfechter – weit davon entfernt; es waren Männer, die das Wort Gottes studiert hatten und wohl verstanden, die Waffen zu führen, mit denen die Rüstkammer der Bibel sie versehen hatte ... [Es sind] Gelehrte und Theologen, Männer, die gründlich die gesamte Evangeliumswahrheit kennen und einen leichten Sieg über die Sophisten der Schulen und die Würdenträger Roms gewinnen.“ [6]

Nach dieser Aussprache nahm der König von Schweden den protestantischen Glauben an. Bald darauf bekannte sich auch die Nationalversammlung zur Reformation.

Nachdem Olaus Petri das Neue Testament bereits ins Schwedische übersetzt hatte, gab der König den Brüdern den Auftrag, die gesamte Bibel in die Landessprache zu übertragen. Der Reichstag ordnete an, daß Prediger den Leuten im ganzen Land die Botschaft der Bibel auslegen sollten. Außerdem sollten bereits die Kinder in der Schule die Bibel lesen lernen.

Nachdem sich Schweden von der römischen Bevormundung befreit hatte, stieg es zu einer bis dahin nicht gekannten

---

[6] Wylie, ebd., 10. Buch, Kapitel 7

nationalen Größe auf und wurde zum Bollwerk des gesamten Protestantismus. Ein Jahrhundert später wagte es dieses ehemals unbedeutende Land – übrigens als einziges in Europa –, der Reformation in Deutschland in der Stunde höchster Gefahr zu Hilfe zu eilen. Als ganz Nordeuropa wieder unter die Herrschaft Roms zu geraten drohte, waren es schwedische Truppen, die dem Vormarsch der kaiserlich-katholischen Heere Einhalt geboten. Sie retteten die Reformation und sorgten dafür, daß den Menschen die Glaubens- und Gewissensfreiheit nicht wieder genommen werden konnte.

14 Männer ohne Furcht in England

Zu der Zeit, da Luther dem deutschen Volk die Bibel in die Hand gab, wurde William Tyndale (1491–1536) vom Geist Gottes gedrängt, das gleiche für England zu tun. Die Wyclif-Bibel war aus dem lateinischen Text übersetzt worden, der eine Fülle von Ungenauigkeiten enthielt. Außerdem war sie nie im Druck erschienen, sondern lag nur in handgefertigten Abschriften vor, die sich nur reiche Leute leisten konnten.

Im Jahre 1516, ein Jahr vor Luthers Thesenanschlag, hatte Erasmus von Rotterdam seine griechische und lateinische Fassung des Neuen Testamentes veröffentlicht. Damit war das Wort Gottes zum ersten Mal in den Grundsprachen gedruckt worden. Erasmus hatte frühere Fehler weitgehend ausgemerzt und den Sinn der Texte klar wiedergegeben. Das führte viele der Gebildeten zu einem besseren Verständnis der Wahrheit und gab den reformatorischen Bestrebungen neuen Auftrieb. Den Menschen aus dem Volk war das Wort Gottes aber nach wie vor verschlossen. Tyndale sollte Wyclifs Werk weiterführen und seinen Landsleuten die Bibel in die Hand geben.

Furchtlos stand er zu seiner Überzeugung, daß alle kirchlichen Lehren am Maßstab des Wortes Gottes gemessen werden müßten. Auf die Behauptung, daß die Kirche die Bibel gegeben habe und darum auch sie allein dazu berechtigt sei, das Wort Gottes auszulegen, antwortete Tyndale: „Nicht ihr habt uns die Schrift gegeben, vielmehr habt ihr sie uns vorenthalten; ihr seid es, die solche verbrennen, die sie predigen, ja ihr würdet die Schrift selbst verbrennen, wenn ihr könntet.“ [1]

Wo Tyndale auch predigte, da liefen ihm die Menschen zu. Aber die Priesterschaft war auf der Hut. Sobald er einen Ort verlassen hatte, versuchten Priester und Mönche seine Arbeit mit Drohungen und Verleumdungen zunichte zu machen. Nicht selten gelang das auch, so daß der Reformator klagte: „Was soll ich tun? Während ich hier säe, reißt der Feind dort wieder alles aus, wo ich gerade herkomme. Ich kann nicht überall zugleich sein. O daß die Christen die Heilige Schrift in

---

[1] D'Aubigné, Geschichte der Reformation, 18. Buch, Abschnitt 4

ihrer Sprache besäßen, so könnten sie den Sophisten selbst widerstehen! Ohne die Bibel ist es unmöglich, die Laien in der Wahrheit zu gründen." [2]

Solche Erfahrungen ließen in Tyndale die Überzeugung reifen, daß ihm hier eine Aufgabe zugewachsen sei, der er sich nicht entziehen durfte. Er sagte: „In Israels eigener Sprache erklangen die Psalmen im Tempel des Herrn, und das Evangelium sollte unter uns nicht reden dürfen in der Sprache Englands? Die Kirche sollte weniger Licht haben jetzt im hohen Mittag als ehemals in den ersten Stunden der Dämmerung? Das Neue Testament muß in der Volkssprache gelesen werden können." [3]

Den Vertretern Roms lag freilich nichts daran, die Bibel unters Volk zu bringen. Anläßlich einer Auseinandersetzung zwischen Tyndale und einem katholischen Gelehrten äußerte der, es sei besser, ohne das Gesetz Gottes zu sein als ohne das Gesetz des Papstes. Das brachte bei Tyndale das Faß zum Überlaufen; er schwor sich: „Ich trotze dem Papst mit all seinen Gesetzen. Wenn Gott mir das Leben erhält, so soll in wenigen Jahren ein Bauernknecht, der den Pflug führt, die Schrift noch besser verstehen als ich." [4]

Das Neue Testament erscheint in englischer Sprache

Weil er in der Heimat verfolgt wurde, ging Tyndale nach London, wo er einige Zeit ungestört an der Übersetzung des Neuen Testamentes arbeitete. Aber lange ließen ihn seine Feinde auch dort nicht in Ruhe. Deshalb wich er nach Deutschland aus, um dort den Druck des englischen Neuen Testamentes vorzubereiten. Nach einigen vergeblichen Versuchen gelang ihm das in Worms, wo er auf Anhänger Luthers gestoßen war, die ihn tatkräftig unterstützten. Bald waren 3000 Exemplare gedruckt, und man sah sich genötigt, der ersten Auflage sofort eine zweite folgen zu lassen.

Heimlich wurden die Bibeln nach London gebracht und im ganzen Land verteilt. Alle Versuche der Kirche, das zu unterbinden, waren vergeblich – manchmal schlugen sie sogar ins Gegenteil um. Eines Tages kaufte der Bischof von Durham bei einem Buchhändler, der ein Freund Tyndales war, alle vorhandenen Bibeln auf, um sie vernichten zu lassen. Er meinte, da-

[2] D'Aubigné, ebd. [3] D'Aubigné, ebd. [4] D'Aubigné, ebd.

mit die weitere Verbreitung des Wortes Gottes verhindern zu können. Da irrte er sehr, denn mit dem Geld, das er für diese Bibeln bezahlte, gab er Tyndale die Möglichkeit, eine neue, verbesserte Auflage herauszubringen, für die bisher die Mittel gefehlt hatten. Als Tyndale später durch Verrat in die Hände seiner Feinde fiel, versprach man ihm die Freiheit, wenn er die Namen derer preisgeben würde, die ihm die Mittel zur Herausgabe seiner Bibelübersetzung zur Verfügung gestellt hatten. Daraufhin erwiderte er, daß ihm keiner so sehr geholfen habe wie der Bischof von Durham.

Tyndale mußte seinen reformatorischen Glauben und sein Eintreten für die Wahrheit mit dem Leben bezahlen. Aber sein Werk konnten die Feinde nicht zerstören. Nach seinem Märtyrertod standen andere auf, die dort weitermachten, wo er hatte aufhören müssen.

Einer dieser mutigen Männer war der Theologe Hugh Latimer (um 1480–1555), der von der Kanzel herab dafür eintrat, daß die Bibel in der Sprache des Volkes gelesen werden sollte. In einer seiner Predigten sagte er: „Laßt uns keine Nebenwege einschlagen, sondern laßt das Wort Gottes uns leiten; laßt uns nicht unseren Vätern nachfolgen und auf das sehen, was sie getan haben, sondern auf das, was sie hätten tun sollen.“[5]

Bekannte und damals allseits geachtete Männer wie Barnes, Frith, Ridley und Cranmer schlugen sich auf die Seite der Reformation, nachdem sie die Irrtümer des „Heiligen Stuhles“ erkannt hatten.

Gottes Wort ist der Maßstab

Auch für die englischen Reformatoren galt der Grundsatz, daß nur die Heilige Schrift letzte und unfehlbare Autorität für den Glauben und das Leben sein kann. In dieser Erkenntnis stimmten sie mit den Waldensern, mit Wyclif, Hus, Luther, Zwingli und anderen Reformatoren überein. Für diese Überzeugung kämpften sie zeit ihres Lebens und gingen dafür sogar in den Tod. Noch auf dem Scheiterhaufen rief Latimer seinen Leidensgefährten zu: „Seid guten Mutes, wir werden heute ein Licht in England anzünden, das, so hoffe ich, nie ausgelöscht werden wird.“[6]

---

[5] Latimer, First Sermon Preached before King Edward VI.
[6] Works of Hugh Latimer, Band I, 13

Als sich Jahrhunderte zuvor die englische Geistlichkeit der Herrschaft Roms unterworfen hatte, hielt die schottische Kirche noch lange an ihrer Freiheit fest. Im 12. Jahrhundert faßte das Papsttum jedoch auch in Schottland Fuß und herrschte dort bald ebenso uneingeschränkt wie in England. Geistliche Finsternis breitete sich mehr als drei Jahrhunderte lang über das Land aus. Erst als die aus England kommenden Lollarden Wyclifs Bibelübersetzung und seine reformatorischen Schriften nach Schottland brachten, begann das Licht des Evangeliums erneut aufzuleuchten. Die ins Englische übersetzten Schriften Luthers sowie Tyndales Neues Testament sorgten vollends dafür, daß sich die Wahrheit wieder Bahn brach. Freilich ging auch das nicht ohne Opfer ab. Hamilton und Wishart sowie andere junge Männer aus den angesehensten Familien Schottlands mußten noch als Märtyrer sterben, ehe auch hier die unumschränkte Herrschaft Roms gebrochen war.

John Knox

Das Blut der Glaubenszeugen gab der Reformation neuen Auftrieb. Die Scheiterhaufen, die angezündet worden waren, um alle reformatorischen Bestrebungen im Keim zu ersticken, wurden am Ende zu Kanzeln, von denen das Evangelium unüberhörbar in ganz Schottland erscholl. Durch das Feuer, in dem Wishart verbrannte, wurde ein Gelehrter für die Reformation erweckt, den keine Flammen mehr zum Schweigen bringen konnten.

John Knox (1505–1572) wandte sich von den Traditionen und dem Mystizismus der römischen Kirche ab und widmete fortan seine ganze Kraft der unverfälschten biblischen Botschaft. Wisharts Lehren und sein Märtyrertod hatten Knox in dem Entschluß bestärkt, alle Brücken zu Rom abzubrechen und sich den verfolgten Reformatoren anzuschließen.

Seine Freunde drängten ihn, die Aufgabe eines evangelischen Predigers zu übernehmen. Zunächst schreckte er davor zurück. Nach tagelangem Ringen willigte er schließlich ein. Nachdem er einmal „ja“ gesagt hatte zu diesem Dienst, ließ er sich durch nichts mehr von dem eingeschlagenen Weg abbringen. Weil er Gott fürchtete, war ihm Menschenfurcht fremd.

Selbst als John Knox der Königin von Schottland gegenüberstand, vor der schon manchem führenden Protestanten der Mut gesunken war, ließ er sich weder durch Schmeichelei noch durch Drohungen in seiner Überzeugung beirren. Die Königin beschuldigte ihn der Ketzerei. Sie warf ihm vor, er habe das Volk dazu verleitet, eine vom Staat verbotene Religion anzunehmen und damit Gottes Gebot zu übertreten, das den Untertanen befehle, ihren Fürsten zu gehorchen. Knox antwortete: „Da die richtige Religion weder ihren Ursprung noch ihre Autorität von weltlichen Fürsten, sondern von dem ewigen Gott allein erhielt, so sind die Untertanen nicht gezwungen, ihren Glauben nach dem Geschmack ihrer Fürstin zu richten. Denn oft kommt es vor, daß die Fürsten vor allen andern in der wahren Religion am allerunwissendsten sind ... Hätte aller Same Abrahams die Religion Pharaos angenommen, dessen Untertanen sie lange waren, welche Religion, ich bitte Sie, Madame, würde dann in der Welt gewesen sein? Oder wenn in den Tagen der Apostel alle Menschen die Religion der römischen Kaiser gehabt hätten, welche Religion würde dann auf Erden gewesen sein?"

Da sagte Maria: „Ihr legt die Heilige Schrift auf diese Weise aus, sie (die römischen Lehrer) auf eine andere; wem soll ich glauben, und wer soll Richter sein?"

Der Reformator antwortete: „Sie sollen Gott glauben, der deutlich spricht in seinem Worte; und weiter als das Wort lehrt, brauchen Sie weder das eine noch das andere zu glauben."[7]

Furchtlos verkündete der Reformator die Wahrheit unter Lebensgefahr vor seiner Regentin. Unerschrocken hielt er an seinem Vorhaben fest und betete und kämpfte so lange, bis Schottland vom Papsttum frei war.

Durch die Einführung des Protestantismus als Staatsreligion nahmen die Verfolgungen in England zwar ab, aber sie kamen nicht völlig zum Stillstand. Viele Lehren Roms wurden verworfen, aber nicht wenige der alten Bräuche wurden weiterhin gepflegt. Zwar hatte man sich von der Oberherrschaft des Papstes gelöst, aber an dessen Stelle trat nun der Landesherr als Haupt der Kirche. Im Gottesdienst wurde noch immer nicht das reine Evangelium gepredigt, und von Glaubens- und Gewissensfreiheit verstanden die meisten nicht mehr als zuvor. Die furchtbaren Grausamkeiten, mit denen Rom gegen die Ketzerei vorgegangen war, wurden von protestantischen Herrschern zwar selten verübt, aber das Recht des einzelnen, Gott

---

[7] Laing, The Works of John Knox, Band II, 281. 284

nach seinem Gewissen anzubeten, war deshalb noch keineswegs verwirklicht. Im Grunde genommen war nur eine Staatskirche durch eine andere ersetzt worden. Damit waren die Probleme, die sich aus der Verquickung von Staat und Kirche zwangsläufig ergeben, nicht aus der Welt geschafft. Hinfort hatten es Andersdenkende nicht mehr mit der römischen Kirche zu tun, sondern mit der englischen Staatskirche.

Das führte dazu, daß im 17. Jahrhundert Tausende von Pastoren aus ihren Ämtern vertrieben wurden. Die Menschen machten sich strafbar, wenn sie religiöse Versammlungen besuchten, die kirchlicherseits nicht genehmigt waren. Viele Gläubige waren genötigt, sich an geheimgehaltenen Orten oder im Wald zu versammeln. Unzählige mußten um ihres Glaubens willen leiden, Familien wurden auseinandergerissen, die Gefängnisse waren überfüllt, manche Christen wurden des Landes verwiesen. Viele von ihnen gingen nach Amerika, wo sie den Grundstein für die bürgerliche und religiöse Freiheit dieses Landes legten.

Hundert Jahre später traten George Whitefield und die Brüder John und Charles Wesley als Gottes Fackelträger der Wahrheit auf. Das englische Staatskirchentum hatte zu einer geistlichen Finsternis geführt, die der unter römischer Herrschaft oder gar in heidnischer Zeit kaum nachstand. Die Geistlichkeit beschäftige sich vorwiegend mit Naturreligion; die Intellektuellen machten sich über jede Art von Frömmigkeit lustig und hielten alles Religiöse für Schwärmerei; die Masse des Volkes war unwissend und dem Laster ergeben. Und die Kirche hatte nicht die geistliche Kraft, dem entgegenzutreten.

Durch Glauben gerecht

Luthers klare und eindeutige Darstellung der Rechtfertigung durch den Glauben war fast völlig in Vergessenheit geraten. An ihrer Stelle hatte sich die römische Auffassung wieder breitgemacht, daß Seligkeit durch gute Werke erlangt werden könne.

George Whitefield (1714–1770), John Wesley (1703–1791) und Charles Wesley (1707–1788) waren junge Männer, die es mit ihrem Glauben ernst meinten und Gottes Gnade durch ein tugendhaftes Leben und die Befolgung der kirchlichen Verordnungen zu erlangen suchten. Als Charles Wesley eines Tages schwer erkrankte und den Tod vor Augen hatte, fragte ihn jemand, worauf er denn seine Hoffnung auf ewiges Leben stütze. Seine Antwort lautete: „Ich habe mich nach Kräften bemüht, Gott zu dienen." Der Fragesteller schien mit dieser Antwort nicht zufrieden zu sein, deshalb dachte Wesley: „Sind meine Bemühungen nicht ein genügender Grund der Hoffnung? Würde er mir diese rauben, so hätte ich nichts anderes, worauf ich vertrauen könnte."[8]

Charles Wesley und seine Gefährten erkannten, daß wahre Religion im Herzen wohnt und daß sich Gottes Gesetz sowohl auf die Gedanken als auch auf die Worte und Taten auswirkt. Von der Notwendigkeit eines heiligen Herzens und einer einwandfreien Lebensführung überzeugt, bemühten sie sich ernstlich um ein neues Leben. Durch frommes Verhalten, Selbstverleugnung und Gebet versuchten sie, das Böse in sich zu überwinden und die Heiligkeit zu erreichen, die sie vor Gott angenehm machen würde. Aber all ihr Bemühen brachte ihnen nicht den erhofften inneren Frieden.

Das in England fast erloschene Feuer der evangelischen Wahrheit wurde schließlich von böhmischen Christen neu entfacht. In Böhmen selbst waren die Protestanten gnadenlos verfolgt und fast völlig ausgerottet worden. Wer nicht umgebracht worden war oder seinem Glauben abgesagt hatte, mußte ins Ausland fliehen, um wenigstens sein Leben zu retten. Viele der Flüchtlinge siedelten sich in Sachsen an, wo sie ihres Glaubens leben konnten. Durch Nachkommen dieser Christen wurden die Gebrüder Wesley und ihre Gefährten mit der Botschaft von der Rechtfertigung aus Glauben bekannt.

Das geschah auf bemerkenswerte Weise. Nach ihrer Ordination zum Predigtamt wurden John und Charles Wesley von ihrer Kirche nach Amerika geschickt. An Bord des Schiffes war auch eine Gruppe Mährischer Brüder. Während der Überfahrt geriet das Schiff in heftige Stürme. Als John Wesley den Tod vor Augen sah, spürte er, daß ihm trotz all seiner Frömmigkeit die Gewißheit des Friedens mit Gott fehlte. Bei den Mährischen Brüdern schien das ganz anders zu sein, denn sie strahlten eine Zuversicht aus, die Wesley nicht kannte. Er äußerte sich darüber später so: „Ich hatte lange zuvor den großen Ernst in ihrem Benehmen beobachtet ... Jetzt sollten sie geprüft werden, ob sie von dem Geist der Furcht ebenso frei

---

[8] Whitehead, Life of the Rev. Charles Wesley, 102

waren wie von dem des Stolzes, des Zornes und der Rachsucht ... Unter den Engländern erhob sich ein furchtbares Angstgeschrei. Die Brüder aber sangen ruhig weiter. Ich fragte nachher einen von ihnen: ‚Waren Sie nicht erschrocken?' Er antwortete: ‚Gott sei Dank nicht.' ‚Aber', sagte ich, ‚waren ihre Frauen und Kinder nicht erschrocken?' Er erwiderte mild: ‚Nein, unsere Frauen und Kinder fürchten sich nicht zu sterben.'" [9]

Wesleys Herz wird warm

Nach der Ankunft in Savannah war Wesley kurze Zeit mit den Mährischen Brüdern zusammen. Ihr christliches Verhalten beeindruckte ihn sehr. Auf der Rückreise nach England war ebenfalls ein böhmischer Christ auf dem Schiff, so daß es zu langen geistlichen Gesprächen kam. Nun erkannte Wesley, daß sein ewiges Heil nicht von seinen eigenen Werken abhing, sondern einzig und allein von seinem Vertrauen auf das „Lamm Gottes, welches der Welt Sünde trägt". Als John Wesley etwas später in London eine Versammlung der Brüdergemeinde besuchte, wurde gerade die Vorrede Luthers zum Römerbrief vorgelesen, in der es vor allem um die Rechtfertigung durch den Glauben geht. Als Wesley das hörte, gewann auch in ihm dieser Glaube Raum. Er schrieb über dieses Erlebnis: „Ich fühlte mein Herz seltsam erwärmt. Ich fühlte, daß ich mein ganzes Vertrauen für mein Seelenheil auf Christus, ja auf Christus allein setzte, und ich erhielt die Versicherung, daß er meine – ja meine Sünden weggenommen und mich von dem Gesetz der Sünde und des Todes erlöst hatte." [10]

Endlich hatte er erkannt, daß die Gnade, die er durch Beten und Fasten, durch Werke der Barmherzigkeit und Selbstverleugnung zu „erkaufen" versucht hatte, eine Gabe war – „ohne Geld und umsonst". Nachdem sein Glaube in Christus Grund gefunden hatte, brannte in ihm das Verlangen, das Evangelium von der freien Gnade Gottes überall zu verkündigen. „Ich betrachte die ganze Welt als mein Kirchspiel", sagte er, „und wo ich auch immer sein mag, erachte ich es als passend, recht und meine Pflicht und Schuldigkeit, allen, die willens sind zuzuhören, die frohe Botschaft des Heils zu verkündigen." [11]

Wesley setzte sein Leben der Selbstverleugnung fort, doch

---

[9] Withehead, ebd., 10 [10] Whitehead, ebd., 52 [11] Whitehead, ebd., 74

nun war es nicht mehr der *Grund*, sondern das *Ergebnis* des Glaubens, nicht mehr die *Wurzel*, sondern die *Frucht* der Heiligung. Wesley widmete sich hinfort ganz der Verkündigung der Wahrheit: Gerechtigkeit kommt aus dem Glauben an das versöhnende Blut Christi. Und er sagte den Leuten, daß sie mit der Kraft des Heiligen Geistes rechnen durften, der das Leben von Grund auf erneuert und dem Leben Jesu ähnlich macht.

Ihr Eifer für die Wahrheit brachte den Wesleys und ihren Freunden nicht nur Zustimmung ein, sondern setzte sie auch dem Hohn und Spott ihrer Landsleute aus. Von ihren Widersachern wurden sie verächtlich „Methodisten" genannt – ein Name, der später zum Ehrennamen für eine der größten protestantischen Gemeinschaften in England und Amerika werden sollte.

John Wesley hatte nie daran gedacht, eine neue Kirche zu gründen, aber er sammelte alle, die durch seine Predigt erweckt wurden, in einer sogenannten methodistischen Verbindung. Gott lenkte in seiner Weisheit alles so, daß die geistliche Erneuerung trotz allen Widerstandes in der anglikanischen Staatskirche Fuß faßte. Bald schlossen sich auch andere Geistliche dieser Bewegung an und wurden in ihren Pfarrgemeinden zu Verkündigern der Wahrheit.

Damals führte Gott Männer zusammen, die ganz unterschiedliche Gaben hatten und keineswegs in allen Glaubenslehren übereinstimmten, denen aber eins gemeinsam war: Sie wollten Menschen zu Christus führen. Selbst das freundschaftliche Verhältnis zwischen Whitefield und den Wesleys drohte an Meinungsverschiedenheiten zu scheitern, doch da sie in der Nachfolge Jesu Demut gelernt hatten, führten Geduld und christliche Liebe sie immer wieder zusammen.

Dem Tod nur knapp entgangen

Leicht wurde es John Wesley und seinen Freunden nicht gemacht, für die Wahrheit einzutreten. Es dauerte nicht lange, da stellten sich einflußreiche Leute gegen sie. Außerdem wetterten viele Geistliche von der Kanzel herab gegen die „Unruhestifter" und verschlossen ihnen ihre Kirchen. Der Pöbel wurde gegen sie mobil gemacht, und mehr als einmal entging John Wesley nur knapp dem Tode. Aber immer dann, wenn es keinen Ausweg mehr zu geben schien, war es so, als würde ein Engel seine schützende Hand über ihn halten, so daß der aufgehetzte Mob von ihm ablassen mußte. Über eine dieser gefährlichen Situationen berichtete Wesley: „Obwohl viele versuchten, mich an meinem Kragen oder an meinen Kleidern zu fassen und mich herunterzuziehen, konnten sie doch keinen Halt finden. Nur einem gelang es, einen Zipfel meines Rockes zu packen, der alsbald in seiner Hand blieb. Der andere Zipfel, in dessen Tasche eine Banknote steckte, wurde halb abgerissen ... Ein vierschrötiger Mann schlug mehrmals mit einem schweren Eichenknüppel nach mir. Wenn er mich am Kopf getroffen hätte, wäre er aller weiteren Mühe enthoben gewesen. Doch jedesmal wurde der Schlag abgelenkt, ich weiß nicht wie, denn ich konnte mich weder nach rechts noch nach links bewegen.“ [12]

Viele Methodisten jener Zeit mußten um ihres Glaubens willen Hohn, Spott und Verfolgung auf sich nehmen. Man verleumdete sie, hängte ihnen Gerichtsverfahren an, mißhandelte sie oder plünderte und zerstörte ihre Häuser. Nicht selten wurde der Pöbel durch öffentliche Bekanntmachung dazu aufgerufen, sich an der „Methodistenjagd“ zu beteiligen. All das traf Menschen, deren „Schuld“ allein darin bestand, daß sie Sündern dazu verhelfen wollten, auf den Weg der Wahrheit zurückzukehren.

Der geistliche Verfall, der sich in England damals breitgemacht hatte, hing ursächlich damit zusammen, daß die Menschen Gottes Gebote nicht mehr ernst nahmen. Sogar Geistliche behaupteten, Christus habe das Sittengesetz abgeschafft, deshalb wäre es für Christen nicht mehr verbindlich. Andere bestritten zwar nicht die Gültigkeit des Gesetzes, lehrten aber, es sein unnötig, die Menschen zum Halten der Gebote anzuhalten, da diejenigen, die Gott zum Heil bestimmt habe, „durch den unwiderstehlichen Antrieb der göttlichen Gnade zur Frömmigkeit und Tugend angeleitet würden“. Schließlich gab es auch solche, die zu noch abwegigeren Schlußfolgerungen gekommen waren. Sie behaupteten, daß die Auserwählten weder von der Gnade abfallen noch der göttlichen Gunst verlustig gehen könnten, weil „die bösen Handlungen, welche sie begehen, in Wirklichkeit nicht sündhaft seien noch als Übertretung des göttlichen Gesetzes betrachtet werden könnten, und daß sie folglich gar keinen Grund hätten, ihre Sünden zu

---

[12] John Wesleys Works, Band III, 297. 298

bekennen, noch sich von ihnen durch Buße abzuwenden".[13]

Diese ungeheuerlichen Lehren gleichen im wesentlichen denen, die später von manchen Erziehern und Theologen aufgestellt wurden. Sie behaupten, es gebe kein unveränderliches göttliches Gesetz als Maßstab für Recht und Unrecht. Der Maßstab der Sittlichkeit werde vielmehr durch die Gesellschaft bestimmt und sei daher einem beständigen Wechsel unterworfen. Urheber solcher Lehren ist letztlich derjenige, der einst unter den sündlosen Bewohnern des Himmels sein Werk der Zerstörung begann, indem er Gottes Ordnungen zu untergraben suchte.

Die Anschauung, daß Gott von vornherein festgelegt habe, wer gerettet werden könne und wer nicht, hat viele dazu verführt, das Gesetz Gottes zu mißachten. Dem trat Wesley ganz entschieden entgegen, indem er nachwies, daß solche Lehren nicht mit dem Zeugnis der Heiligen Schrift übereinstimmen. Im Wort Gottes heißt es: „Denn es ist erschienen die heilsame Gnade Gottes *allen* Menschen."[14] „Solches ist gut und angenehm vor Gott, unserm Heiland, welcher will, daß *allen* Menschen geholfen werde und sie zur Erkenntnis der Wahrheit kommen. Denn es ist ein Gott und ein Mittler zwischen Gott und den Menschen, nämlich der Mensch Christus Jesus, der sich selbst gegeben hat für alle zur Erlösung."[15] Christus ist „das wahre Licht, das *alle* Menschen erleuchtet, die in diese Welt kommen".[16] Das zeigt ganz klar, daß Gott allen Menschen das Heil zugedacht hat. Allerdings zwingt er es keinem auf. Wir können das Heil auch verlieren, wenn wir die Gabe des ewigen Lebens leichtfertig oder absichtlich zurückweisen.

Wesley verteidigt das Gesetz Gottes

Der Behauptung, daß beim Tode Christi die Zehn Gebote zusammen mit den zeremoniellen Vorschriften abgetan worden seien, hielt Wesley entgegen: „Das Sittengesetz, wie es in den Zehn Geboten enthalten und von den Propheten eingeschärft worden ist, hat er nicht abgetan. Es war nicht der Zweck seines Kommens, irgendeinen Teil davon abzuschaffen. Es ist ein Gesetz, das nie gebrochen werden kann, das feststeht wie der treue Zeuge im Himmel."[17]

---

[13] McClintock und Strongs Enzyklopädie, Artikel „Antinomians"
[14] Titus 2,11 [15] 1. Timotheus 2,3–6 [16] Johannes 1,9

Wesley erklärte immer wieder, daß Gesetz und Evangelium durchaus keine Gegensätze seien: „Es besteht deshalb die denkbar innigste Verbindung zwischen dem Gesetz und dem Evangelium. Einerseits bahnt das Gesetz beständig den Weg für das Evangelium und weist uns darauf hin, andererseits führt uns das Evangelium beständig zu einer genaueren Erfüllung des Gesetzes. Das Gesetz zum Beispiel verlangt von uns, Gott und den Nächsten zu lieben und sanftmütig, demütig und heilig zu sein. Wir fühlen, daß wir hierzu nicht tüchtig sind, daß dies dem Menschen unmöglich ist. Aber wir sehen eine Verheißung Gottes, uns diese Liebe zu geben und uns demütig, sanftmütig und heilig zu machen. Wir ergreifen dies Evangelium, diese frohe Botschaft; uns geschieht nach unserem Glauben, und die Gerechtigkeit des Gesetzes wird in uns erfüllt durch den Glauben an Christus Jesus ... Die größten Feinde des Evangeliums Christi sind die, welche offen und ausdrücklich das Gesetz richten und übel davon reden, welche die Menschen lehren, das ganze Gesetz, nicht nur eins seiner Gebote, sei es das geringste oder das größte, sondern sämtliche Gebote zu brechen ... Höchst erstaunlich ist es, daß die, welche sich dieser starken Täuschung ergeben haben, wirklich glauben, Christus dadurch zu ehren, daß sie sein Gesetz umstoßen, und wähnen, sein Amt zu verherrlichen, während sie seine Lehre vernichten! ... Irgendeinen Teil seines Gesetzes auf leichtfertige Weise beiseite zu setzen unter dem Vorwand, sein Evangelium zu fördern, ist nichts anderes, als ihn mit einem Kuß zu verraten, von seinem Blute zu reden und seine Krone wegzunehmen.“ [18]

Die Einheit von Gesetz und Evangelium

Denen, die behaupteten, daß „das Predigen des Evangeliums dem entspreche, was das Gesetz erreichen wolle“, erwiderte Wesley: „Dies leugnen wir gänzlich. Es kommt schon dem allerersten Zweck des Gesetzes nicht nach, nämlich die Menschen der Sünde zu überführen und die, welche noch immer am Rande des Verderbens schlafen, aufzurütteln ... Es ist deshalb töricht, den Gesunden oder denen, die sich für gesund halten, einen Arzt aufzudrängen. Sie müssen erst überzeugt sein, daß sie krank sind, sonst werden sie keine Hilfe verlan-

[17] John Wesley's Works, Sermon 25 [18] John Wesley's Works, ebd.

gen. Ebenso töricht ist es, demjenigen Christus anzubieten, dessen Herz noch ganz und unzerbrochen ist." [19]

Wenn John Wesley das Evangelium von der Gnade Gottes predigte, bemühte er sich gleich seinem Herrn, „das Gesetz herrlich und groß" zu machen. Am Ende seines 50jährigen Dienstes für Christus hatte er mehr als eine halbe Million Anhänger. Die Zahl derer, die durch ihn zu einem Leben mit Jesus gefunden hatten, dürfte um ein Vielfaches höher sein.

John Wesleys Leben kann jedem Christen als Vorbild dienen. Es würde den Kirchen und Gemeinschaften von heute guttun, wenn in ihnen mehr von dem Glauben und der Demut, dem unermüdlichen Eifer, der Selbstverleugnung und Hingabe dieses Dieners Jesu Christi zu finden wäre.

[19] John Wesley's Works, Sermon 35

15 | Die Bibel und die Französische Revolution

Im 16. Jahrhundert breitete sich die Reformation über ganz Europa aus. In manchen Ländern wurde sie freudig begrüßt und als ein Geschenk des Himmels angenommen. Es gab aber auch Gebiete, die sich dem Evangelium verschlossen oder in denen die Wahrheit nach jahrhundertelangem Ringen erneut dem Irrglauben weichen mußte. Frankreich war solch ein Land, in dem geistliche Finsternis das Licht wieder verdrängte. Die schrecklichen Folgen hatte am Ende das Volk zu tragen. Weil es das Geschenk der Gnade verachtet hatte, zog Gott seinen Geist zurück. Er ließ das Böse ausreifen, und für alle Welt wurde offenbar, welche Frucht daraus erwächst, wenn sich Menschen bewußt und vorsätzlich der Erlösungsbotschaft Gottes verschließen.

Jahrhundertelang hatte die Kirche dagegen gekämpft, daß dem Volk Gottes Wort zugänglich gemacht wurde. (23) Dieses für eine Kirche merkwürdige Streben kann als einer der Gründe für den Ausbruch der Französischen Revolution angesehen werden. Denn wo der Einfluß des Wortes Gottes ausgeschaltet wird, hat das früher oder später katastrophale Auswirkungen auf die Gesellschaft.

Im prophetischen Wort war die Unterdrückung der Heiligen Schrift während der Zeit päpstlicher Vorherrschaft längst angekündigt worden. Speziell die Offenbarung des Johannes weist auf die schrecklichen Folgen hin, die aus der Herrschaft des „Menschen der Sünde“ [1] entstehen würden: „Die heilige Stadt werden sie zertreten 42 Monate. Und ich will meine zwei Zeugen geben, daß sie sollen weissagen zwölfhundertsechzig Tage, angetan mit Trauerkleidern ... Und wenn sie ihr Zeugnis geendet haben, so wird das Tier, das aus dem Abgrund aufsteigt, mit ihnen Krieg führen und wird sie überwinden und wird sie töten. Und ihre Leichname werden liegen auf der Gasse der großen Stadt, die da geistlich heißt: Sodom und Ägypten, wo auch ihr Herr gekreuzigt ist ... Und die auf Erden wohnen, freuen sich über sie und sind guter Dinge und

---

[1] 2. Thessalonicher 2,3

werden einander Geschenke senden; denn diese zwei Propheten quälten, die auf Erden wohnten. Und nach drei Tagen und einem halben fuhr in sie der Geist des Lebens von Gott, und sie traten auf ihre Füße; und eine große Furcht fiel auf alle, die sie sahen."[2]

Die „zweiundvierzig Monate" und „zwölfhundertsechzig Tage" sind zwei unterschiedliche Notierungen für ein und dieselbe Zeitspanne. Damit umschreibt das prophetische Wort die 1260 Jahre päpstlicher Vorherrschaft, die zugleich eine Zeit religiöser Unterdrückung gewesen sind. Dieser geschichtliche Abschnitt begann im Jahre 538 und endete 1798. In diesem Jahr nahmen französische Revolutionstruppen den damals amtierenden Papst gefangen, der später im Exil starb. Zwar wurde bald ein neuer Papst gewählt, doch die römische Kirche erlangte seitdem nicht wieder die Macht, die sie zuvor ausgeübt hatte.

Die Verfolgung derer, die Gottes Wort über die Lehren und Traditionen der Kirche stellten, war in diesen mehr als tausend Jahren nicht immer gleich stark, dennoch war die Gefahr allgegenwärtig. Zwar brachte die Reformation eine gewisse Entspannung, ungeachtet dessen mußten immer noch ungezählte Menschen ihr Festhalten an der Wahrheit mit dem Leben bezahlen.

Die in der Offenbarung erwähnten zwei Zeugen stellen bildhaft die Schriften des Alten und Neuen Testamentes dar. Beide vermitteln wichtige Erkenntnisse über den Ursprung und die bleibende Gültigkeit des Gesetzes Gottes sowie über den göttlichen Heilsplan.

„Sie sollen weissagen zwölfhundertsechzig Tage, angetan mit Trauerkleidern." Als die Bibel verboten und ihre Botschaft unterdrückt oder verfälscht wurde, als diejenigen, die es wagten, die biblische Wahrheit zu verkündigen, verfolgt, gefoltert oder getötet wurden, da predigten die „beiden Zeugen" tatsächlich in „Trauerkleidern". Aber selbst in dieser schlimmen Zeit konnte die Wahrheit nicht völlig unterdrückt werden. (24)

„Und wenn ihnen jemand will Schaden tun, so geht Feuer aus ihrem Mund und verzehrt ihre Feinde ..." Mit diesen Worten machte Gott denen Mut, die sich in ihrem Eintreten für die Wahrheit auf verlorenem Posten wähnten. Gott läßt sich

[2] Offenbarung 11, 2–11

nicht spotten, und niemand darf sein Wort ungestraft mit Füßen treten.

„Wenn sie ihr Zeugnis geendet haben, so wird das Tier, das aus dem Abgrund aufsteigt, mit ihnen kämpfen und wird sie überwinden und wird sie töten." Der Zeitabschnitt, in dem die zwei Zeugen in Trauerkleidern weissagten, ging 1798 zu Ende. In den vorausgegangenen Jahrhunderten hatte die Kirche dem Volk das Wort Gottes ganz bewußt vorenthalten, um zu verschleiern, wie viele unbiblische Anschauungen sich in ihrem religiösen Lehrgebäude breitgemacht hatten. Rom war sehr daran gelegen, daß die Gläubigen die Bibel nicht in ihrer Landessprache in die Hand bekamen. Gegen Ende dieser Zeitspanne sollte sich „das Tier aus dem Abgrund" erheben und offen den Kampf gegen Gottes Wort aufnehmen. Die Wendung „die da heißt geistlich: Sodom und Ägypten" läßt etwas von der Geisteshaltung jener antichristlichen Macht erkennen. Von allen in der biblischen Geschichte dargestellten Nationen hat keine das Dasein Gottes so dreist verleugnet, keine sich seinen Geboten so widersetzt wie Ägypten. Als Mose den Pharao im Auftrag Gottes aufforderte, Israel aus der Sklaverei zu entlassen, antwortete der stolz: „Wer ist der Herr, daß ich ihm gehorchen müsse ...?" „Ägypten" steht offenbar bildhaft für Unterdrückung und Verfolgung, während „Sodom" als Symbol für Verführung und Lasterhaftigkeit gebraucht wird. Beide Elemente, Verführung und Unterdrückung, kennzeichnen also die Kräfte, die zum Ende der geweissagten Zeitspanne gegen Gottes Wort und die Gläubigen einen Vernichtungsfeldzug entfesseln würden.

Die Erfüllung der Prophezeiung

Die Schreckensbilder, die Johannes in der Vision vor Augen hatte, erfüllten sich genau in der Geschichte Frankreichs während der Französischen Revolution, die im Jahre 1793 ausbrach. „Frankreich steht in der Weltgeschichte als einziger Staat da, der durch den Erlaß seiner gesetzgebenden Versammlung erklärte, daß es keinen Gott gebe, in dessen Hauptstadt sämtliche Bewohner, und eine ungeheure Menge anderswo, Weiber und Männer, vor Freude sangen und tanzten, als sie die Bekanntmachung empfingen." [3]

---

[3] Blackwood Magazine, November 1870

Auf Frankreich lassen sich auch die Merkmale anwenden, die typisch waren für Sodom. Ein Historiker beschrieb die Gottesleugnung und Zügellosigkeit der französischen Gesellschaft von damals so: „Eng verbunden mit den religionsfeindlichen Gesetzen war jenes, das die Ehe – die innigste Verbindung, die Menschen eingehen können, und deren Dauerhaftigkeit am meisten zur Festigung der Gesellschaft beiträgt – auf die Stufe eines rein bürgerlichen Vertrags vorübergehender Natur herabsetzte, den zwei Personen eingehen und wieder lösen konnten, wie es ihnen gefiel ... Die Schauspielerin Sophie Arnoult, die für ihre geistreichen Bemerkungen berühmt war, beschrieb die republikanische Ehe als das ‚Sakrament des Ehebruchs'." [4]

Feindschaft gegen Christus

„Wo auch ihr Herr gekreuzigt ist." Auch diese Voraussage trifft in übertragenem Sinn auf Frankreich zu. Nirgendwo war die Feindschaft gegen Christus und den Glauben offener zutage getreten als hier. Bei den Verfolgungen, die in Frankreich über die Bekenner des Evangeliums hereinbrachen, wurde Christus in der Person seiner Nachfolger gleichsam noch einmal gekreuzigt.

Jahrhundert um Jahrhundert war das Blut der Heiligen vergossen worden. Die Albigenser wurden fast völlig ausgerottet. Die Hugenotten galten als vogelfrei und wurden gnadenlos verfolgt. Man setzte Kopfprämien auf sie aus und hetzte sie wie wilde Tiere von Ort zu Ort. Die wenigen Nachkommen der französischen Protestanten, die es im 18. Jahrhundert noch gab, hatten sich in die Gebirgsregionen Südfrankreichs zurückgezogen, um ihres Glaubens leben zu können. Wenn man ihrer habhaft wurde, metzelte man sie nieder, kerkerte sie ein oder machte sie zu Galeerensträflingen.

All diese schrecklichen Greueltaten wurden „nicht in dem finsteren Zeitalter, ... sondern in jener glänzenden Zeitperiode Ludwigs XIV. begangen. Damals wurden die Wissenschaften gepflegt, die Literatur blühte, die Geistlichkeit des Hofes und der Hauptstadt waren gelehrte und beredte Männer, welche sich gern mit dem Schein der Demut und Liebe zierten." [5]

---

[4] Sir Walter Scott, Life of Napoleon, Band I, Kapitel 17

[5] Wylie, History of Protestantism, 22. Buch, Kapitel 7

Das dunkelste Kapitel

Doch das schwärzeste unter all den verübten Verbrechen, die schrecklichste unter den höllischen Taten in diesen furchtbaren Jahrhunderten war die blutige Bartholomäusnacht (1572). Mit Schaudern und Entsetzen erinnerte sich die Welt später an jenes grausame und heimtückische Blutbad. Der König von Frankreich, gedrängt von römischen Würdenträgern, stimmte diesem schrecklichen Morden zu. Um Mitternacht gab eine Glocke das Signal für das Gemetzel. Tausende von Hugenotten, die friedlich in ihren Wohnungen schliefen und sich auf das Ehrenwort des Königs verließen, wurden aus ihren Häusern gezerrt und niedergemacht. Zwei Monate lang hielt das Morden in ganz Frankreich an. Siebzigtausend der Besten der Nation kamen dabei ums Leben.

„Als die Nachricht von dem Blutbad Rom erreichte, kannte die Freude der Geistlichkeit keine Grenzen. Der Kardinal von Lothringen belohnte den Boten mit tausend Kronen, der Domherr von St. Angelo ließ hundert Freudenschüsse abgeben, die Glocken läuteten von jedem Turm, Freudenfeuer verwandelten die Nacht zum Tag, und Papst Gregor XIII. zog, begleitet von Kardinälen und anderen geistlichen Würdenträgern, in einer großen Prozession zur Kirche von St. Ludwig, wo der Kardinal von Lothringen ein Tedeum [6] sang ... Zur Erinnerung an das Gemetzel wurde eine Gedenkmünze geprägt.“[7]

Die Vernichtung der blühenden calvinistischen Kirche Frankreichs war ein wirtschaftlicher, kultureller und geistiger Aderlaß, von dem sich das Land über Jahrhunderte hinweg nur schwer erholte. Außerdem hat diese Schandtat der Französischen Revolution in mehr als einer Hinsicht vorgearbeitet.

Der gleiche Geist, der zu dem Blutbad unter den französischen Protestanten geführt hatte, offenbarte sich wenig später auch in den Geschehnissen der Revolution. Einer der Schlachtrufe dieser Zeit lautete: „Nieder mit dem Elenden!“, womit Christus gemeint war. Das klang nicht viel anders als damals in Jerusalem, wo die aufgeputschte Menge geschrien hatte: „Kreuzige ihn!“

„Das Tier, das aus dem Abgrund aufsteigt, [wird] mit ihnen

---

[6] „Te deum laudamus“ = „Dich, Gott, loben wir!“

[7] Henry White, The Massacre of St. Bartholomew, Kapitel 14, 34

kämpfen und wird sie überwinden und wird sie töten." Die dunklen Mächte, die in Frankreich während der Revolution und in der nachfolgenden Schreckensherrschaft wüteten, begannen auch einen beispiellosen Vernichtungsfeldzug gegen Gott und sein Wort. Die Nationalversammlung verbot die Anbetung Gottes. Bibeln wurden beschlagnahmt und unter dem Gejohle des Pöbels öffentlich verbrannt. Gottes Gebote wurden für ungültig erklärt, Gottesdienste abgeschafft sowie Taufe und Abendmahl verboten. Endlich, so triumphierte man, sei mit dem Aberglauben der Religion aufgeräumt worden.

Die Göttin der Vernunft

Nachdem sich Frankreich von dem lebendigen Gott losgesagt hatte, sank es zu niedrigstem Götzendienst herab. Man setzte eine lasterhafte Frau auf einen Thron, trug sie in die Nationalversammlung und betete in ihr die „Göttin der Vernunft" an. Ein Zeitzeuge schilderte das gotteslästerliche Tun so: „Eine der Zeremonien dieser irrsinnigen Zeit steht unübertroffen da wegen ihrer Perversität, verbunden mit Gottlosigkeit. Die Tore des Konvents wurden geöffnet ... Die Mitglieder der Stadtverwaltung marschierten feierlich hinein, und während sie ein Loblied zu Ehren der Freiheit sangen, geleiteten sie eine verschleierte Frauengestalt hinein, die sie Göttin der Vernunft nannten und die der Gegenstand ihrer künftigen Verehrung sein würde. Als man sie innerhalb der Schranken gebracht hatte, wurde sie mit größter Förmlichkeit enthüllt und zur Rechten des Präsidenten hingesetzt. Da erkannte man sie als eine Tänzerin aus der Oper."[8]

Als die Göttin in den Konvent geführt wurde, nahm der Redner sie bei der Hand und sagte, indem er sich an die Versammlung wandte: „‚Sterbliche, hört auf, vor dem ohnmächtigen Donnern eines Gottes zu beben, den eure Furcht geschaffen hat. Hinfort erkennet keine Gottheit außer der Vernunft.' ... Nachdem der Präsident die Göttin umarmt hatte, wurde sie auf einen prächtigen Wagen gesetzt und zur Kathedrale von Notre Dame geführt, damit sie dort die Stelle der Gottheit einnehme. Dann wurde sie auf den Hochaltar gehoben und von allen Anwesenden verehrt."[9]

---

[8] Scott, ebd., Band I, Kapitel 17

Verwahrlosung und Verfall

Roms Politik hatte viele der Übelstände hervorgerufen, die Frankreich nun zum Verhängnis wurden. Um die protestantische Ketzerei auszurotten, hatte die Kirche die französischen Könige gegen die Reformation aufgewiegelt. Eigentlich war nicht zu übersehen, daß die evangelische Botschaft die Menschen von Unwissenheit, Laster und Aberglauben befreit hatte, aber die Vertreter Roms versahen diesen geistlichen Aufbruch arglistig mit einem negativen politischen Vorzeichen. Sie machten die Herrscher glauben, die protestantischen Lehren untergrüben die staatliche Autorität, führten zwangsläufig zu Spaltung und Unfrieden und brächten am Ende das Königtum in Gefahr. Ein päpstlicher Gesandter hatte den König gewarnt: „Sire, täuschen Sie sich nicht, die Protestanten werden die bürgerliche wie die religiöse Ordnung untergraben ... Der Thron ist ebensosehr in Gefahr wie der Altar ... Die Einführung einer neuen Religion bringt notwendigerweise die einer neuen Regierung mit sich.“ [10]

So gelang es Rom, Frankreich zum Kampf gegen die Reformation zu bewegen. Die Herrscher ahnten nicht, welche Folgen diese Politik nach sich ziehen würde. Hätten alle bleiben können, die wegen ihres evangelischen Glaubens fliehen mußten, hätte Frankreich eine der wohlhabendsten und bedeutendsten Nationen in Europa werden können. Die politischen, wirtschaftlichen und sozialen Fragen hätten durch das Evangelium gelöst werden können. Aber das Gegenteil trat ein: „Mit der Flucht der Hugenotten geriet Frankreich in allgemeinen Verfall. Blühende Fabrikstädte gingen zugrunde, fruchtbare Landstriche verwilderten, geistiger Stumpfsinn und sittlicher Verfall lösten die Zeit ungewöhnlichen Fortschritts ab. Paris wurde ein einziges Armenhaus; man sagt, daß beim Ausbruch der Revolution 200 000 Arme um Unterstützung von der Hand des Königs nachsuchten. Nur der Jesuitenorden blühte in der verfallenden Nation und herrschte mit fürchterlicher Willkür über Kirchen und Schulen, über Gefängnisse und Galeeren.“ [11]

---

[9] Alison, History of Europe from the Commencement of the French Revolution in 1789 to the Restoration of the Bourbons in 1815, Band I, Kap. 10
[10] D'Aubigné, Geschichte der Reformation zu den Zeiten Calvins, 2. Buch, Kapitel 36 [11] Wylie, ebd., 13. Buch, Kapitel 20

Unter der Herrschaft der römischen Kirche hatten die Menschen Jesu Beispiel der Selbstverleugnung und Liebe völlig aus den Augen verloren. Niemand dachte mehr an das Wohl des anderen. Die Reichen wurden nicht dafür getadelt, daß sie die Armen ausbeuteten und bedrängten. Jahrhundertelang hatte der Adel in seiner Habgier und Verschwendungssucht die Bauern ausgepreßt. Die Landpächter waren der Willkür der Gutsbesitzer ausgeliefert, die maßlose Forderungen an sie stellten. Die mittleren und unteren Schichten des Volkes wurden von Kirche und Staat gleichermaßen mit Abgaben belegt und gerieten immer tiefer in Abhängigkeit und Not. Diejenigen aber, die andere an den Bettelstab brachten, waren selbst von Steuern befreit und durch Gesetz oder Gewohnheitsrecht zu allen Staatsämtern zugelassen. Zu den bevorzugten Klassen zählten etwa 150 000 Personen; um deren Bedürfnisse zu befriedigen, waren Millionen zu einem hoffnungslosen und entwürdigenden Leben verdammt.

Ein halbes Jahrhundert vor Ausbruch der Revolution bestieg der leichtfertige und träge Ludwig XV. den französischen Thron. Angesichts des raffgierigen und vergnügungssüchtigen Adels, der verarmten und verbitterten unteren Volksschichten und der ständigen finanziellen Schwierigkeiten des Staates bedurfte es keines prophetischen Blickes, die schrecklichen Folgen vorauszusehen. Immer wieder drängten wohlmeinende Ratgeber den König zu Reformen, aber der erwiderte nur: „Bemüht euch, alles in Gang zu halten, solange ich lebe. Nach mir die Sintflut!"

Ein Volk bezahlt mit Blut

Während König und Adel das Volk um ihrer Macht willen in politischer und wirtschaftlicher Abhängigkeit zu halten suchten, waren die Ziele Roms sehr viel höher gesteckt. Die Kirche wollte sowohl die Massen als auch die Herrschenden ihren Zwecken dienstbar machen. Aber auf die Dauer gelang das nicht. Unzählige wollten sich nicht mehr unter das königliche Joch zwingen lassen, und schon gar nicht unter das der Kirche. Erbittert darüber, daß sie so lange hinters Licht geführt worden waren, wandten sich die Menschen nicht nur von der Kirche ab, sondern wurden zu Ungläubigen und Revolutionären.

Bei Ausbruch der Revolution ließ der König eine Volksvertretung bilden, die zahlenmäßig größer war als die von Adel und Geistlichkeit. Damit verfügte das Volk zwar über die Mehrheit, aber es war in politischen Dingen zu ungeübt, um daraus Nutzen zu ziehen.

Möglicherweise war den ausgebeuteten und unterdrückten Massen auch damals Rache wichtiger als Mitspracherecht. Jedenfalls setzten sie nun in die Tat um, was sie von ihren Unterdrückern gelernt hatten, indem sie die peinigten, von denen sie bisher gequält worden waren.

Frankreich mußte seine Romhörigkeit mit viel Blut bezahlen. Dort, wo die Kirche zu Beginn der Reformation den ersten Scheiterhaufen errichtet hatte, wurde nun die erste Guillotine aufgestellt. An derselben Stelle, wo im 16. Jahrhundert die ersten Märtyrer ihres protestantischen Glaubens wegen verbrannt worden waren, wurden im 18. Jahrhundert die ersten Opfer der Revolution enthauptet.

Nur zu gut hatte man von der Grausamkeit und der Folter gelernt, die Rom so ausgiebig geübt hatte. Jetzt war der Tag der Vergeltung gekommen. Nun waren es allerdings nicht mehr die Jünger Jesu, die in Kerker geworfen und auf Scheiterhaufen geschleppt wurden. Sie waren längst umgekommen oder aus ihrer Heimat vertrieben. Jetzt bekam das unbarmherzige Rom selbst die tödliche Macht derer zu spüren, die es einst leichtfertig zu Bluttaten angehalten hatte. Nun waren die Schafotte besudelt mit dem Blut der Priester. Die Gefängnisse, einst mit Hugenotten überfüllt, nahmen jetzt deren Verfolger auf. An die Ruderbänke der Galeeren gekettet, mußten nun die Geistlichen all die Qualen durchmachen, zu denen sie die friedliebenden „Ketzer" verurteilt hatten. Ganz Frankreich drohte in Blut zu ersticken, denn Menschenleben galten damals so gut wie nichts.

Wieder wurde auf schreckliche Weise deutlich, daß Satan kein anderes Ziel kennt, als die Menschen zu täuschen und Leid und Elend über sie zu bringen. Er entstellt Gottes Werk und sucht zu vereiteln, was Gott sich in seiner Liebe und Güte vorgenommen hat. Durch seine raffinierten Täuschungen verblendet er die Menschen und verleitet sie, nicht ihn, sondern Gott für alle Ungerechtigkeit und alles Leid verantwortlich zu machen. Als die Leute merkten, daß vieles, was die Kirche als wahr ausgegeben hatte, gar nicht der Wahrheit entsprach, verwarfen sie die Religion völlig und sahen in der Bibel nichts weiter als ein Märchenbuch.

Ein tödlicher Irrtum

Die Revolution hatte den Schlachtruf „Freiheit, Gleichheit, Brüderlichkeit“ auf ihre Fahnen geschrieben. Aber bereits bei der Forderung nach Freiheit beging man einen verhängnisvollen Fehler. Man warf nicht nur die Fesseln politischer und gesellschaftlicher Unterdrückung ab, sondern wollte auch frei sein von Gott. Daß echte Freiheit nur innerhalb bestimmter Grenzen zu verwirklichen ist, wollten die Menschen nicht wahrhaben. Nicht umsonst hatte Gott darauf hingewiesen: „O daß du auf meine Gebote gemerkt hättest, so würde dein Friede sein wie ein Wasserstrom und deine Gerechtigkeit wie Meereswellen ... Aber die Gottlosen, spricht der Herr, haben keinen Frieden.“ [12]

Davon wollten die Menschen damals freilich nichts wissen. Sie hielten nichts von Gott und seinen Ordnungen. Die Quittung dafür lag bald auf dem Tisch, denn das Streben nach Freiheit glitt unversehens ab in Zügellosigkeit, Terror und Chaos. Immer deutlicher wurde offenbar, wie sehr das Wohlergehen der Menschen davon abhängt, ob sie Gott gehorsam sein wollen. Da man diese Lehre nicht aus dem Worte Gottes annehmen wollte, mußte man sie aus der Geschichte lernen.

Als Satan die Menschen durch die römische Kirche vom Weg des Gehorsams abzubringen suchte, hatte er sein Wirken so geschickt getarnt, daß der sittliche Verfall und das Elend, die sich daraus ergaben, nicht als Folge der Übertretung erkannt wurden. Im Laufe der Französischen Revolution sollten diese Zusammenhänge nun für jedermann sichtbar werden. Die Nationalversammlung hatte das Sittengesetz Gottes öffentlich für abgeschafft erklärt. In den daraufolgenden Wirren konnte jeder, der es nur wollte, die wahre Ursache für all das erkennen, was nun an Schrecknissen über Frankreich hereinbrach. Das ganze Land wurde schlimmer als durch verheerende Erdbeben erschüttert, nachdem Religion, Gesetz, soziale Ordnung, Familie, Staat und Kirche zerstört waren.

Aber Gottes treue Zeugen, von denen das prophetische Wort gesprochen hatte und die durch die gotteslästerliche Macht „aus dem Abgrund“ getötet worden waren, sollten nicht lange schweigen. In der Offenbarung heißt es: „Nach drei Tagen und einem halben fuhr in sie der Geist des Lebens

---

[12] Jesaja 48,18.22

von Gott, und sie traten auf ihre Füße; und eine große Furcht fiel auf alle, die sie sahen." [13]

Im Jahre 1793 hatte die französische Nationalversammlung die Gesetze verabschiedet, die die christliche Religion abgeschafft und die Bibel zum verbotenen Buch erklärt hatten. Dreieinhalb Jahre später hob die gleiche Versammlung diese Erlasse wieder auf. Man war bestürzt über die Lawine von Gewalt und Unheil, die die Gottlosigkeit über das Land gebracht hatte. Die Menschen begannen zu erkennen, wie wichtig der Glaube an Gott und sein Wort für das Geschick und den Bestand einer Nation sind.

Und noch etwas wurde im prophetischen Wort über die zwei Zeugen vorhergesagt: „Und sie hörten eine große Stimme vom Himmel zu ihnen sagen: Steigt herauf! Und sie stiegen auf in den Himmel in einer Wolke, und es sahen sie ihre Feinde." [14] Nach jener Zeit, da sich Frankreich gegen die beiden Zeugen Gottes erhoben hatte, sind sie mehr als je zuvor geehrt worden.

Im Jahre 1804 wurde die Britische und Ausländische Bibelgesellschaft gegründet. Ähnliche Einrichtungen gab es bald auch auf dem europäischen Festland. Im Jahre 1816 nahm die amerikanische Bibelgesellschaft ihre Tätigkeit auf. Als die britische Bibelgesellschaft gegründet wurde, war die Bibel in etwa fünfzig Sprachen verbreitet. Seitdem ist sie in Tausende von Sprachen und Mundarten übersetzt worden.

Vor 1792 hatte man der Mission im Ausland wenig Beachtung geschenkt. Gegen Ende des 18. Jahrhunderts änderte sich das grundlegend. Die Folgen des rationalistischen Denkens zeigten immer deutlicher, wie notwendig göttliche Offenbarung und ein lebendiger Glaube sind. Von dieser Zeit an wuchs die äußere Mission sprunghaft an.

Der technische Fortschritt auf dem Gebiet des Buchdrucks trug dazu bei, daß die Bibel in großen Stückzahlen unter die Leute gebracht werden konnte. (25) Die Entstehung besserer Verkehrsverbindungen zwischen den Ländern, die Überwindung von Vorurteilen und der nationalen Abgeschlossenheit sowie die geschwundene weltliche Macht des Papsttums, all das trug dazu bei, dem Wort Gottes den Weg in alle Welt zu ebnen. Heute ist die Bibel auf der ganzen Erde verbreitet.

Millionen hatten sich im Kampf gegen die Heilige Schrift

---

[13] Offenbarung 11,11 [14] Offenbarung 11,12

verbündet, dennoch konnte Gottes Wort nicht ausgerottet werden. Wo es einst hundert Bibeln gab, stehen den Menschen nun zehntausend, ja hunderttausend Exemplare zur Verfügung. Die Geschichte hat bewiesen, wie wahr die Worte eines der frühen Reformatoren sind: „Die Bibel ist ein Amboß, der viele Hämmer abgenutzt hat."

Was sich allein auf menschliche Macht stützt, wird früher oder später in sich zusammenfallen. Was dagegen auf den Felsengrund des Wortes Gottes gebaut ist, bleibt ewig.

16 Zuflucht in der Neuen Welt

Die englischen Reformatoren hatten zwar die unbiblischen Lehren der römisch-katholischen Kirche abgelehnt, jedoch viele ihrer kirchlichen Formen beibehalten. Der Machtanspruch und das Glaubensbekenntnis Roms waren zwar verworfen worden, aber im Gottesdienst der anglikanischen Kirche lebten alte Sitten und Gebräuche weiter. Für die meisten Geistlichen und das Kirchenvolk war das nicht weiter problematisch. Sie sagten sich, was dem Wort der Heiligen Schrift nicht entgegenstünde, könne guten Gewissens weitergepflegt werden. Im übrigen, so meinten die auf Ausgleich und Annäherung bedachten Gruppen, seien solche Gemeinsamkeiten geeignet, den Katholiken die Annahme des protestantischen Glaubens zu erleichtern.

Es gab aber auch andere, die diese Sicht der Dinge nicht teilten. Sie wurden Puritaner genannt, weil sie für die Reinigung der Kirche von katholisierenden Elementen eintraten, später sogar für die Trennung von Kirche und Staat. Bereits der Gedanke, daß alte Gebräuche „dahin zielten, die Kluft zwischen Rom und der Reformation zu überbrücken“ [1], beunruhigte sie. Für sie war das ein Stück Gebundenheit, von der sie frei geworden waren und zu der sie unter keinen Umständen zurückkehren wollten. Für die Puritaner stand fest, daß Gott in seinem Wort die notwendigen Hinweise gegeben hatte, wie er verehrt und angebetet werden sollte. Dem Menschen, so argumentierten sie, stünde es nicht frei, dem etwas hinzuzufügen oder davon gar etwas zu streichen. Hatte der erste Schritt hin zum Abfall in der alten Kirche nicht gerade darin bestanden, daß man neben Gott noch andere Autoritäten anerkannte? Rom hatte vieles zur Pflicht gemacht, was von Gott nicht verlangt wurde, und verbot schließlich, was Gott ausdrücklich befohlen hatte.

Viele sehnten sich danach, zur Reinheit und Schlichtheit der urchristlichen Gemeinde zurückzukehren. Manche der anglikanischen Gebräuche hielten sie für götzendienerische

---

[1] Martyn, Life and Time of Luther, 5. Band, 22

Überreste des früheren katholischen Kultes. Deshalb konnten sie nicht mit gutem Gewissen an diesen Gottesdiensten teilnehmen. Doch die vom Staat unterstützte Kirche duldete kein Abweichen von ihren gottesdienstlichen Formen. Der Besuch der Gottesdienste war gesetzliche Pflicht, und unerlaubte religiöse Versammlungen waren bei Androhung von Kerker, Verbannung und Todesstrafe untersagt. Wegen ihrer Unbeugsamkeit verfolgt und gejagt, mußten viele Puritaner in andere Länder fliehen. Damals ging das Wort um, niemand, der seinem Gewissen gemäß handeln wolle, könne in England leben.

Zunächst war Holland das Land, in dem viele Puritaner Zuflucht suchten. In der Fremde, umgeben von Not, erstarkte ihre Liebe zu Gott, und ihr Vertrauen darauf, daß Gott sie nicht verlassen würde, wuchs. Als sie das Gefühl hatten, Gottes Geist weise ihnen den Weg übers Meer, damit sie in der Neuen Welt einen Staat gründeten, wo sie und ihre Kinder in religiöser Freiheit leben könnten, da zögerten sie nicht.

Gott hat Vorsorge getroffen

Als die Puritaner sahen, daß sie sich von der anglikanischen Kirche trennen mußten, schlossen sie untereinander einen feierlichen Bund, als freies Volk des Herrn in „allen seinen Wegen, die ihnen bekannt waren oder noch bekannt gemacht würden, gemeinsam zu wandeln".[2] Das war der Geist wahrer Erneuerung, die entscheidende Grundlage des Protestantismus. Mit diesem Vorsatz verließen die „Pilgerväter" Holland, um in der Neuen Welt eine Heimat zu suchen. John Robinson (um 1575–1625), ihr Prediger, der sie nicht begleiten konnte, sagte in seiner Abschiedsrede: „Ich befehle euch vor Gott und seinen heiligen Engeln, mir nicht weiter zu folgen, als ich Christus gefolgt bin. Falls Gott euch durch ein anderes Werkzeug irgend etwas offenbaren sollte, so seid ebenso bereit es anzunehmen wie zu der Zeit, da ihr die Wahrheit durch meine Predigt annahmt; denn ich bin sehr zuversichtlich, daß der Herr noch mehr Wahrheit und Licht aus seinem heiligen Wort hervorbrechen lassen wird."[3] „Was mich betrifft, so kann ich den Zustand der reformierten Kirchen nicht genug beklagen, die in der Religion bis zu einer gewissen Stufe gelangt sind und nicht weitergehen wollen, als ihre Gründer ... Die

---

[2] Brown, The Pilgrim Fathers, 74 [3] Martyn, ebd., 70f.

Lutheraner sind nicht zu bewegen, über das hinauszugehen, was Luther erkannt hatte ... Und die Calvinisten bleiben, wie ihr seht, da stehen, wo sie von jenem großen Gottesmann, der noch nicht alle Dinge sah, zurückgelassen wurden. Das ist beklagenswert; denn wenn diese Diener Gottes in ihrer Zeit auch Träger der Wahrheit waren, so erkannten sie doch nicht den ganzen Willen Gottes; aber wenn sie heute leben würden, wären sie für neues Licht ebenso offen, wie sie es damals waren."[4] „Denkt an euer Versprechen und an euren Bund miteinander, alles Licht und alle Wahrheit, so euch noch aus seinem geschriebenen Wort kundgetan werden sollen, anzunehmen. Dennoch achtet darauf, darum bitte ich euch, was ihr als Wahrheit annehmt; vergleicht sie, wägt sie mit anderen Schriftstellen der Wahrheit, ehe ihr sie annehmt, denn es ist nicht möglich, daß die christliche Welt so plötzlich aus solch einer dichten antichristlichen Finsternis herauskomme und ihr dann auf einmal die vollkommene Erkenntnis aufgehe."[5]

Der Wunsch nach Gewissensfreiheit gab den Pilgervätern die Kraft, alle Schwierigkeiten einer langen Seereise zu bewältigen, die Gefahren, die das Leben in einem unerschlossenen Land mit sich bringen würde, auf sich zu nehmen und damit den Grundstein für das Entstehen einer neuen Nation zu legen. Aber wie aufrichtig und gottesfürchtig diese Menschen auch waren, so hatten selbst sie nicht begriffen, was religiöse Freiheit wirklich ist. Obwohl die Pilgerväter für ihre eigene Glaubens- und Gewissensfreiheit fast alles geopfert hatten, waren sie merkwürdigerweise nicht bereit, diese Freiheit auch anderen zuzugestehen. Die Auffassung, Gott habe der Kirche die Vollmacht gegeben, die Gewissen zu beherrschen, war eine so tief eingewurzelte päpstliche Irrlehre, daß sich selbst protestantisch gesinnte Christen ihr nicht ganz entziehen konnten. Die Reformatoren hatten zwar den von Rom ausgeübten Glaubenszwang abgeschüttelt, waren aber selber keineswegs frei vom Geist der Unduldsamkeit.

Die englischen Auswanderer besiedelten die Ostküste Nordamerikas und gründeten nun ihrerseits eine Art Staatskirche. Den Behörden wurde das Recht zugestanden, abweichende Glaubensüberzeugungen zu unterdrücken. Damit bedienten sich Christen wiederum weltlicher Macht, um ihre religiösen Anschauungen abzusichern. Die Folge war – Verfolgung!

---

[4] Neal, History of the Puritans, Band I, 269 [5] Martyn, ebd., 70f.

Roger Williams

Elf Jahre nach der Gründung der ersten Kolonie kam Roger Williams (um 1603–1683) in die Neue Welt, um dort seines Glaubens leben zu können. Im Gegensatz zu den Pilgervätern erkannte er, daß Glaubens- und Gewissensfreiheit das unveräußerliche Recht *aller* Menschen ist. Er war der „erste Mann im neueren Christentum, der die zivile Verwaltung auf die Lehre von der Gewissensfreiheit und der Gleichberechtigung der Anschauungen vor dem Gesetz gründete". [6] Er erklärte, daß es Aufgabe der Obrigkeit sei, Verbrechen zu verhindern oder zu ahnden, nicht aber Gewissen zu beherrschen: „Das Volk oder die Behörden mögen entscheiden, was der Mensch dem Menschen schuldig ist; versuchen sie aber einem Menschen seine Pflicht gegen Gott vorzuschreiben, so tun sie, was nicht ihres Amtes ist, und man kann sich auf sie nicht mit Sicherheit verlassen; denn es ist klar, daß der Magistrat, wenn er die Macht hat, heute diese und morgen jene Meinungen oder Bekenntnisse vorschreiben mag, wie es in England ... der Fall war, so daß der Glaube zu einem einzigen Chaos würde." [7] Von dieser Warte aus wandte Williams sich auch gegen die Praxis, den Gottesdienstbesuch durch Strafandrohung zu erzwingen. Er „mißbilligte dieses Gesetz ... Leute zu zwingen, sich mit Andersgläubigen zu vereinen, betrachtete es als eine offene Verletzung ihrer natürlichen Rechte; Religionsverächter und Unwillige zum öffentlichen Gottesdienst zu schleppen hieße Heuchelei verlangen." [8]

Zwar war Roger Williams ein wegen seiner Fähigkeiten und Rechtschaffenheit allseits geachteter Mann, dennoch wollte man es nicht dulden, daß er so kompromißlos für Glaubensfreiheit eintrat und den Behörden das Recht absprach, über die Kirche zu entscheiden. Deshalb wurde er durch Gerichtsurteil aus den Kolonien verbannt. Um der Verhaftung zu entgehen, mußte er mitten im Winter in die Wälder fliehen. Nach wochenlangen Entbehrungen und Strapazen fand er Zuflucht bei einem Indianerstamm, dessen Zuneigung und Vertrauen er im Laufe der Zeit gewinnen konnte.

Roger Williams war es, der schließlich den Grundstein legte

---

[6] Bancroft, History of the United States from the Discovery of the Continent, 1. Teil, Kapitel 15
[7] Martyn, ebd., 340 [8] Bancroft, ebd., 1. Teil, Kapitel 15

für den ersten Staat der Neuzeit, der das Recht jedes Menschen anerkannte, „Gott nach seinem eigenen Gewissen zu verehren".[9] Hinfort wurde der kleine Staat Rhode Island ein Zufluchtsort für alle Unterdrückten. Er wuchs und gedieh. Seine Grundsätze – bürgerliche und religiöse Freiheit – wurden später auch das Fundament der amerikanischen Republik.

Ein Dokument der Freiheit

In der amerikanischen Unabhängigkeitserklärung heißt es: „Wir halten diese Wahrheit als selbstverständlich: daß alle Menschen gleich geschaffen sind; daß ihnen der Schöpfer gewisse unveräußerliche Rechte verliehen hat; daß dazu Leben, Freiheit und die Erlangung des Glückes gehören." Und die Verfassung schützt unmißverständlich die Unverletzlichkeit des Gewissens: „Keine Religionsprüfung soll je erforderlich sein zur Bekleidung irgendeines öffentlichen Vertrauenspostens in den Vereinigten Staaten ... Der Kongreß soll kein Gesetz erlassen, das die Einführung einer Religion bezweckt oder deren freie Ausübung verbietet."

„Die Verfasser der Konstitution erkannten den ewigen Grundsatz an, daß die Beziehungen des Menschen zu seinem Gott über der menschlichen Gesetzgebung stehen muß und daß sein Gewissensrecht unveräußerlich ist ... Es ist dies ein angeborener Grundsatz, den nichts zu tilgen vermag."[10]

Als sich in Europa die Kunde von einem Land ausbreitete, in dem es jedem möglich sei, die Frucht seiner Arbeit zu genießen und der Überzeugung seines Gewissens zu folgen, wanderten Tausende nach Nordamerika aus. Rasch wurde Kolonie auf Kolonie gegründet, denn die Zahl derer, die es nach Amerika zog, wuchs ständig.

Aufstieg zu nationaler Größe

Die Bibel war für die Menschen in der Neuen Welt Grundlage ihres Glaubens und Quelle der Erkenntnis. In ihr sahen sie auch ihre Freiheit verbrieft. Das Wort Gottes wurde zu Hause, in der Schule und in der Kirche gelehrt, und die Frucht, die daraus erwuchs, zeigte sich in Wohlstand, Bildung,

---

[9] Martyn, ebd., 349

[10] Congressional Documents USA, Seriennummer 200, Urkunde 271

sittlicher Reinheit und Selbstzucht. Man konnte jahrelang in den puritanischen Niederlassungen wohnen, ohne „einen Trunkenbold zu sehen, einen Fluch zu hören oder einem Bettler zu begegnen“. [11] Damit war der Beweis erbracht, daß die Lehren der Heiligen Schrift eine sichere Garantie für nationale Größe sind. Die schwachen und auf sich selbst angewiesenen Kolonien wuchsen zu einem bedeutenden Staatenbund heran. Mit Verwunderung sah die Welt den Frieden und Wohlstand „einer Kirche ohne Papst und eines Staates ohne König“.

Ständig wuchs die Zahl derer, die es nach Amerika zog. Ihre Beweggründe unterschieden sich allerdings immer öfter von denen der ersten Pilgerväter. Obgleich der schlichte Glaube und der lautere Wandel sich weithin zum Guten bemerkbar machten, wurde dieser Einfluß doch immer schwächer; denn es wuchs die Zahl derer, die nur das Abenteuer oder den Gewinn suchten.

Nun wirkte sich die von den ersten Kolonisten angenommene Verordnung, das Stimmrecht und öffentliche Ämter nur Kirchenmitgliedern zuzubilligen, verhängnisvoll aus. Viele schlossen sich der Kirche aus reinen Nützlichkeitserwägungen heraus an, ohne eine Erneuerung des Herzens erfahren zu haben. Sogar unter den Predigern und Pastoren gab es Leute, die überhaupt nicht wußten, was Bekehrung ist. Erneut zeigte sich wie schon oft in der Kirchengeschichte, welcher Schaden entsteht, wenn versucht wird, die Kirche mit Hilfe des Staates aufzubauen oder zu erhalten. Verbindungen zwischen Kirche und Staat, mögen sie noch so unbedeutend erscheinen, bringen die Welt der Kirche nicht näher, sondern tragen in Wirklichkeit nur dazu bei, daß die Kirche näher zur Welt geführt wird.

Die protestantischen Kirchen Amerikas ebenso wie die Europas führten die Reformation nicht weiter. Wie einst viele Juden zur Zeit Christi oder die Masse der Katholiken zur Zeit Luthers war nun die Mehrheit der Protestanten damit zufrieden, das zu glauben, was auch schon ihre Vorfahren geglaubt hatten. Deshalb blieb der Glaube bei nicht wenigen eine reine Formsache. Irrtümer und Aberglaube wurden nicht überwunden, sondern beibehalten, ja sogar gepflegt. So starb der reformatorische Geist nach und nach aus, bis die protestantischen

---

[11] Bancroft, ebd., 1. Teil, Kapitel 19

Kirchen eine Erneuerung beinahe ebenso nötig hatten wie die römische Kirche zur Zeit Luthers. Menschliche Meinungen waren vielen wichtiger als Gottes Wort. Nur noch wenige lasen in der Heiligen Schrift. Das machte die Masse des Kirchenvolkes anfällig für unbiblische Lehren jeglicher Art.

Unter dem Deckmantel der Religion pflegte man Stolz und Verschwendung. Die Kirche verfiel mehr und mehr. Kirchliche Überlieferungen überwucherten erneut die Wahrheit der Bibel und schlugen im Denken der Menschen tiefe Wurzeln. Statt wie früher um die Reinheit des Glaubens zu kämpfen, hielt die Kirche an Überlieferungen fest und verteidigte sie. So wurden ausgerechnet die Grundsätze preisgegeben, für die die Reformatoren einst so viel eingesetzt hatten.

17 | Zeichen des Kommenden

Die Zusage, daß Christus wiederkommen und Gottes Erlösungswerk auf dieser Erde vollenden wird, ist eine der Schlüsselbotschaften der Heiligen Schrift. Seit der Vertreibung aus dem Paradies sehnen sich gläubige Menschen danach, daß diese Verheißung Wirklichkeit wird.

Schon Henoch, ein gläubiger Mann, der in der siebten Generation nach der Erschaffung der Menschen lebte, sagte voraus: „Siehe, der Herr kommt mit seinen vielen tausend Heiligen, Gericht zu halten über alle ...“ [1] Hiob, ein Mann, der unsagbares Leid zu erdulden hatte, tröstete sich mit der Gewißheit: „Aber ich weiß, daß mein Erlöser lebt, und als der letzte wird er über dem Staub sich erheben ... Ich selbst werde ihn sehen, meine Augen werden ihn schauen und kein Fremder. Danach sehnt sich mein Herz in meiner Brust.“ [2]

Die Heiligen Schriften der Bibel sind voll von begeisternden Schilderungen der Zeit, da Christus wiederkommen und Gottes Reich aufrichten wird: „Der Himmel freue sich, und die Erde sei fröhlich ... vor dem Herrn; denn er kommt, denn er kommt, zu richten das Erdreich. Er wird den Erdkreis richten mit Gerechtigkeit und die Völker mit seiner Wahrheit.“ [3] Und der Prophet Jesaja rief aus: „Aber deine Toten werden leben, deine Leichname werden auferstehen ... Zu der Zeit wird man sagen: ‚Siehe, das ist unser Gott, auf den wir hofften, daß er uns helfe. Das ist der Herr, auf den wir hofften; laßt uns jubeln und fröhlich sein über sein Heil.‘“ [4]

Kurz bevor Christus seine Jünger verließ, tröstete er sie mit der Versicherung, daß er wiederkommen werde: „Euer Herz erschrecke nicht! ... In meines Vaters Hause sind viele Wohnungen ... Ich gehe hin, euch die Stätte zu bereiten. Und wenn ich hingehe, euch die Stätte zu bereiten, so will ich wiederkommen und euch zu mir nehmen.“ [5] Und weiter sagte er: „Wenn aber des Menschen Sohn kommen wird in seiner Herrlichkeit und alle Engel mit ihm, dann wird er sitzen auf dem

---

[1] Judas 14.15 [2] Hiob 19,25–27 [3] Psalm 50,2–4; 96,11.13
[4] Jesaja 26,19; 25,9 [5] Johannes 14,1–3

Thron seiner Herrlichkeit, und werden vor ihm alle Völker versammelt werden."[6]

Nach seiner Himmelfahrt bekräftigten Engel diese Zusage mit den Worten: „Dieser Jesus, der von euch ist aufgenommen gen Himmel, wird so wiederkommen, wie ihr ihn habt gen Himmel fahren sehen."[7] Der Apostel Paulus bezeugte: „Denn er selbst, der Herr, wird mit befehlendem Wort, mit der Stimme des Erzengels und mit der Posaune Gottes herniederkommen vom Himmel."[8] Im letzten Buch der Heiligen Schrift heißt es: „Siehe, er kommt mit den Wolken, und es werden ihn sehen alle Augen."[9] Die jahrhundertelange Herrschaft des Bösen wird dann zu Ende gehen, denn „es sind die Reiche der Welt unseres Herrn und seines Christus geworden, und er wird regieren von Ewigkeit zu Ewigkeit".[10]

Zu allen Zeiten hegten die Gläubigen die Hoffnung, daß ihr Herr bald wiederkommen würde. Als die Christen in Thessalonich erlebten, wie Gläubige aus ihrer Mitte starben, ohne die Wiederkunft Christi gesehen zu haben, tröstete Paulus sie damit, daß bei Jesu Kommen Lebende und Verstorbene gleicherweise dem Herrn begegnen würden. Für die Toten würde das durch die Auferstehung geschehen, für die noch Lebenden durch die Verwandlung. Das Ziel war für alle gleich: „bei dem Herrn sein allezeit".[11]

Dieser Glaube und diese Hoffnung waren es, die den Gläubigen seit jeher die Kraft gaben, unbeirrt ihren Weg zu gehen – wenn nötig sogar ihr Leben für ihre Überzeugung hinzugeben. Die Auferstehung ihres Herrn war ihnen Garantie dafür, daß Christus auch sie bei seiner Wiederkunft aus dem Tode zurückrufen würde. Von dieser Hoffnung waren die ersten Christen, die Waldenser und Hugenotten, Hus, Wyclif, Luther, Calvin, Knox und viele andere beseelt. Sie lebten zu ganz unterschiedlichen Zeiten, aber eins war ihnen gemeinsam – sie warteten sehnlichst auf die Wiederkunft ihres Heilandes Jesus Christus.

Die biblischen Prophezeiungen gehen nicht nur auf das „Wie und Warum" der Wiederkunft Christi ein, sondern machen auch auf Zeichen aufmerksam, an denen zu erkennen sein wird, daß Jesu Kommen nahe bevorsteht. Jesus selbst sagte voraus: „Es werden Zeichen geschehen an Sonne, Mond

---

[6] Matthäus 25,31.32 [7] Apostelgeschichte 1,11 [8] 1. Thessalonicher 4,16
[9] Offenbarung 1,7 [10] Offenbarung 11,15 [11] 1. Thessalonicher 4,17

und Sternen.“ [12] „Aber zu der Zeit, nach dieser Trübsal, werden Sonne und Mond ihren Schein verlieren, und die Sterne werden vom Himmel fallen, und die Kräfte des Himmels werden ins Wanken kommen. Und dann werden sie des Menschen Sohn kommen sehen in den Wolken mit großer Kraft und Herrlichkeit.“ [13] Auch der Jesusjünger Johannes durfte einen Blick in die Zukunft tun: „Und ich sah ... da geschah ein großes Erdbeben, und die Sonne wurde finster wie ein schwarzer Sack, und der ganze Mond wurde wie Blut.“ [14]

Ein Beben, das die Welt erschütterte

Diese Zeichen begannen sich noch vor Beginn des 19. Jahrhunderts zu erfüllen. Im Jahre 1755 erschütterte das bis dahin schrecklichste Erdbeben die Welt. (26) Es ist in die Geschichte als „Erdbeben von Lissabon“ eingegangen, obwohl es nicht nur diese Stadt, sondern große Teile von Europa, Afrika und Amerika verwüstete. Die Erschütterungen waren auf einer Fläche von mehr als zehn Millionen Quadratkilometern zu spüren. Eine ungeheure Meereswoge fegte über die Küstenregionen von Spanien und Nordafrika hinweg und verschlang ganze Ortschaften mit Tausenden von Einwohnern. In Cadiz soll die Flutwelle 18 Meter hoch gewesen sein. „Etliche der größten Berge in Portugal wurden stark, gewissermaßen vom Grunde aus, erschüttert. Die Gipfel einiger Berge öffneten sich und wurden auf erstaunliche Weise gespalten und zerrissen. Dabei flogen riesige Steinmassen in die umliegenden Täler. Man erzählte, daß diesen Bergen Flammen entstiegen.“ [15]

In Lissabon war ein unterirdisches Grollen zu hören; unmittelbar darauf stürzte durch einen heftigen Stoß der größere Teil der Gebäude ein. In etwa sechs Minuten kamen 60 000 Menschen ums Leben. Das Meer zog sich zunächst zurück, um dann mit der verheerenden Gewalt einer 15 Meter hohen Flutwelle alles unter sich zu begraben.

Das Erdbeben geschah an einem Feiertag, als die Kirchen und Klöster voller Menschen waren. Nur wenige konnten aus den zusammenbrechenden Gebäuden entkommen. „Der Schrecken der Bevölkerung war unbeschreiblich. Das Unglück war so groß, daß kaum noch jemand weinen konnte.

---

[12] Lukas 21,25 [13] Markus 13,24–26 [14] Offenbarung 6,12
[15] Lyell, Principles of Geology, 495

Die Leute liefen hin und her, wahnsinnig vor Schrecken und Entsetzen, schlugen sich ins Gesicht und an die Brust und riefen: ‚Erbarmen! Die Welt geht unter!' Mütter vergaßen ihre Kinder und liefen mit Kruzifixen umher. Unglücklicherweise suchten viele in den Kirchen Zuflucht. Aber vergebens wurde ununterbrochen die Messe gelesen und die Hostie enthüllt; vergebens klammerten sich die armen Geschöpfe an die Altäre. Kruzifixe, Priester und Volk, alle wurden bei dem allgemeinen Untergang verschlungen." [16]

Die Sonne verliert ihren Schein

Fünfundzwanzig Jahre später erfüllte sich das nächste in der Weissagung erwähnte Zeichen – die Verfinsterung der Sonne und des Mondes. Den Zeitpunkt dieses Geschehens hatte Jesus in einem Gespräch mit seinen Jüngern bereits vorausgesagt: „Aber zu jener Zeit, nach dieser Bedrängnis, wird die Sonne sich verfinstern und der Mond seinen Schein verlieren ..." [17] Mit der Zeit der „Bedrängnis" war offenbar die 1260jährige Vorherrschaft der Kirche gemeint. Mehr als ein Jahrtausend lang (538–1798) wurden Millionen von Christen, die sich nicht den Normen der Kirche unterordnen wollten, gnadenlos verfolgt und getötet. Gegen Ende dieser Zeit, am 19. Mai 1780, erfüllte sich Jesu Prophezeiung buchstäblich.

Ein in Massachusetts lebender Augenzeuge schilderte das damalige Ereignis so: „Am Morgen ging die Sonne klar auf, bald aber bezog sich der Himmel. Die Wolken sanken immer tiefer, und während sie dunkler und unheildrohender wurden, zuckten die Blitze, und der Donner rollte, und etwas Regen fiel. Gegen neun Uhr lichtete sich die Wolkendecke und nahm ein messing- oder kupferfarbenes Aussehen an, so daß Erde, Felsen, Bäume, Gebäude, das Wasser und die Menschen in diesem seltsamen, unheimlichen Licht ganz verändert erschienen. Wenige Minuten später breitete sich eine schwere, schwarze Wolke über das ganze Himmelsgewölbe aus, mit Ausnahme eines schmalen Streifens am Horizont, und es war so dunkel, wie es gewöhnlich im Sommer um neun Uhr abends ist ... Furcht, Angst und heilige Scheu bemächtigten sich der Menschen. Frauen standen vor den Türen und schauten in die dunkle Landschaft, die Männer kehrten von ihrer Feldarbeit

[16] Encyclopaedia Americana, 1831, Art. Lisbon [17] Markus 13,24

zurück ... Die Schulen wurden geschlossen, und die Kinder rannten vor Angst zitternd nach Hause. Reisende suchten Unterschlupf im nächstgelegenen Haus. Erschrocken fragten sich die Leute: ‚Was hat das zu bedeuten?' Es schien, als ob ein gewaltiger Sturm über das Land hereinbrechen wollte oder als ob das Ende der Welt gekommen sei ... An vielen Orten wurden Versammlungen durchgeführt, und die Bibeltexte für die Predigten waren ausschließlich solche, die andeuteten, daß die Finsternis in Übereinstimmung mit der biblischen Weissagung war." [18]

Der Mond wie Blut

„Die Dunkelheit der Nacht war ebenso ungewöhnlich und erschreckend wie die des Tages, denn obgleich es fast Vollmond war, ließ sich doch kein Gegenstand ohne künstliches Licht unterscheiden, und dieses nahm sich von den Nachbarhäusern und andern Orten aus, als ob es durch eine ägyptische Finsternis schien, die für die Strahlen nahezu undurchdringlich war." [19] Ein Augenzeuge dieses Ereignisses sagte: „Ich konnte mich des Gedankens nicht erwehren, daß, wenn alle leuchtenden Himmelskörper in solch undurchdringliche Finsternis gehüllt oder gänzlich verschwunden wären, die Finsternis nicht vollständiger sein könnte." [20] Nach Mitternacht lichtete sich das Dunkel; als der Mond erschien, war er blutrot.

Der 19. Mai 1780 ging in die Geschichte als „der finstere Tag" ein. Ein Ereignis wie dieses scheint es seit der Zeit Moses in der Menschheitsgeschichte nicht wieder gegeben zu haben; jedenfalls liegen darüber keine Aufzeichnungen vor. Nun begann sich zu erfüllen, was der Prophet Joel bereits 2500 Jahre zuvor angekündigt hatte: „Die Sonne soll in Finsternis und der Mond in Blut verwandelt werden, ehe denn der große und schreckliche Tag des Herrn kommt." [21]

Gott ruft zur Umkehr

Jesus hat dazu aufgefordert, die Zeichen seines Kommens zu beachten: „Wenn aber dieses anfängt zu geschehen, dann seht

---

[18] Essex Antiquarian, Salem, Mass., April 1780 [19] Massachusetts Spy, 25. Mai 1780 [20] Massachusetts Historical Society Collections, 1792, 1. Serie, Band I, 97 [21] Joel 3,4

auf und erhebt eure Häupter, weil sich eure Erlösung naht."[22] Aber je länger, desto mehr verflüchtigte sich die Erwartung der Wiederkunft Christi. In dem Maße, wie in der Kirche Demut und praktische Frömmigkeit durch Stolz, Rechthaberei und Formenwesen verdrängt wurden, schwanden die Liebe zu Jesus und die Hoffnung auf seine Wiederkunft. Mehr als nach dem Reich Gottes sehnten sich die Menschen nach Wohlstand, Einfluß und Macht. Sie wollten auf dieser Erde erfolgreich und angesehen sein. Deshalb wurde alles, was auf das Ende der Welt hinwies, als lästig und hinderlich beiseite geschoben.

Jesus hatte diese Entwicklung vorausgesehen und davor gewarnt: „Hütet euch aber, daß eure Herzen nicht beschwert werden mit Fressen und Saufen und mit täglichen Sorgen und dieser Tag nicht plötzlich über euch komme wie ein Fallstrick; denn er wird über alle kommen, die auf Erden wohnen. So seid allezeit wach und betet, daß ihr stark werdet, zu entfliehen diesem allen, was geschehen soll, und zu stehen vor dem Menschensohn."[23]

Es war nötig, auf die drohende Gefahr aufmerksam zu machen. Die Menschen mußten wachgerüttelt werden, ehe es zu spät war. Wenn Jesus wiederkommt, wird es keine Möglichkeit der Umkehr mehr geben. Bereits der Prophet Joel mußte im Auftrag Gottes ausrufen: „Ja, der Tag des Herrn ist groß und voller Schrecken, wer kann ihn ertragen?"[24] Wer also nicht in den Untergang dieser Welt hineingezogen werden will, muß sein Verhältnis zu Gott ordnen, bevor der Herr den Mächten der Vernichtung freien Lauf läßt. Deshalb ruft Gott dazu auf: „Bekehrtet euch zu mir von ganzem Herzen mit Fasten, mit Weinen, mit Klagen! Zerreißet eure Herzen und nicht eure Kleider und bekehret euch zu dem Herrn, eurem Gott! Denn er ist gnädig, barmherzig, geduldig und von großer Güte."[25]

Um ein Volk vorzubereiten, das am Tag des Herrn bestehen kann, mußte zuvor eine durchgreifende Erneuerung geschehen. Gott sah, daß viele, die sich mit Worten zu ihm bekannten, in Wirklichkeit nicht auf ihn und sein Reich hin lebten. Deshalb sandte er ihnen in seiner Barmherzigkeit eine Warnungsbotschaft, die sie aufrütteln und veranlassen sollte, sich auf Christi Kommen vorzubereiten.

---

[22] Lukas 21,28 [23] Lukas 21,34–36 [24] Joel 2,11 [25] Joel 2,12.13

Diese Botschaft findet sich in Offenbarung 14, wo Johannes niederschrieb, was Gott ihm in einer Vision gezeigt hatte. Im ersten Teil heißt es: „Und ich sah einen anderen Engel fliegen mitten durch den Himmel, der hatte ein ewiges Evangelium zu verkündigen denen, die auf Erden wohnen, allen Nationen und Stämmen und Sprachen und Völkern. Und sprach mit großer Stimme: Fürchtet Gott und gebt ihm die Ehre, denn die Stunde seines Gerichts ist gekommen! Und betet an den, der gemacht hat Himmel und Erde und Meer und die Wasserquellen!"[26]

Diese Botschaft ist ein Teil des „ewigen Evangeliums". Ihre Verkündigung ist nicht Engeln, sondern Menschen übertragen worden. Zwar haben Gottes Engel über den Fortgang seines Werkes auf dieser Erde zu wachen, aber die Verkündigung des Evangeliums ist Sache von Menschen, die sich vom Geist Gottes und von seinem Wort leiten lassen.

Sind wir noch Wartende?

In der Geschichte der Kirche kam es nicht selten vor, daß Gott die Wahrheit nicht den geistlichen Würdenträgern oder Theologen anvertrauen konnte, sondern daß er sich ganz einfache Werkzeuge suchen mußte. Wer die Heilige Schrift nicht demütigen Geistes und unter Gebet liest, steht immer in der Gefahr, am Vordergründigen hängenzubleiben, anstatt zum Eigentlichen durchzudringen.

Als Jesus sich anschickte, Mensch zu werden, hätten das zuerst die Priester und Schriftgelehrten wissen und verkündigen müssen. Der Prophet Micha hatte den Geburtsort des Messias vorausgesagt[27], Daniel die Zeit seines Kommens[28]. Als der Gottessohn dann wirklich kam, war sein Volk nicht darauf eingestellt. Man hatte für ihn weder Raum noch Zeit. Er wurde unbemerkt in Bethlehem geboren und starb einsam und unverstanden an einem Kreuz vor den Toren Jerusalems.

Der Engelwelt, die den Gottessohn in seiner Macht und Herrlichkeit kannte, muß es unbegreiflich gewesen sein, daß die Menschheit kaum davon Notiz nahm, als ihr Retter geboren wurde. Keine Hand rührte sich, um den Herrn der Welt gebührend zu empfangen, schon gar nicht in Jerusalem. Scheinheilige Frömmigkeit, eitle Selbstdarstellung und geistli-

[26] Offenbarung 14,6–8 [27] Micha 5,2 [28] Daniel 9,25

ches Desinteresse, das war es, was die Engel zu sehen bekamen. Die einzigen, die nach dem verheißenen Retter ausschauten und sich nach Gottes Heil sehnten, waren ein paar einfache Leute und eine Handvoll Hirten.

Das Geschehen von Bethlehem enthält eine wichtige Lehre für uns. Wie straft es unsern Unglauben, unsern Stolz und unsere Überheblichkeit! Wir werden ermahnt, auf der Hut zu sein, damit wir nicht durch sträfliche Gleichgültigkeit versäumen, die Zeichen der Zeit zu verstehen und den Tag unserer Heimsuchung zu erkennen!

So wie das Evangelium von der Menschwerdung des Heilandes wurde auch die Botschaft von seiner Wiederkunft nicht den religiösen Führern seines Volkes anvertraut. Sie gehörten nicht zur Gruppe derer, von denen Paulus sagte: „Ihr aber, liebe Brüder, seid nicht in der Finsternis, daß der Tag wie ein Dieb über euch komme. Denn ihr alle seid Kinder des Lichtes und Kinder des Tages. Wir sind nicht von der Nacht noch von der Finsternis.“ [29]

Und heute ist es nicht anders. Wenn die Gemeinde nicht den Weg zu gehen bereit ist, den Gott ihr zeigt, wenn sie nicht das ihr geschenkte Licht annimmt und gewissenhaft Gottes Auftrag erfüllt, wird sie am Ende nur noch eine Verwalterin leerer Formen und hohler Frömmigkeit sein. Das jedenfalls ist die bittere Erfahrung, die sich durch die gesamte Kirchengeschichte zieht. Gott erwartet von seiner Gemeinde etwas ganz anderes: Glauben und Gehorsam, die dem entsprechen, was er an Segnungen und Gnadengaben ausgeteilt hat. Freilich, das erfordert Opfer und schließt die Bereitschaft ein, das Kreuz Jesu auf sich zu nehmen. Wahrscheinlich ist das der Grund, weshalb sich so viele, die sich zu Christus bekennen, am Ende weigern, die von Gott geschenkte Erkenntnis anzunehmen.

[29] 1. Thessalonicher 5,4.5

18 | Gott ist in den Schwachen mächtig

In der Neuen Welt erwählte sich Gott einen schlichten, nach Wahrheit suchenden Farmer und übertrug ihm die Aufgabe, die Botschaft von der nahen Wiederkunft Christi zu verkündigen. Wie viele andere Glaubensmänner hatte William Miller (1782–1849) in seiner Jugend die Armut kennengelernt und sich vielleicht gerade deshalb zu einem strebsamen, bescheidenen Menschen entwickelt. (27) Sein reger Geist war ständig bestrebt, sich neues Wissen anzueignen. Da er aus sehr bescheidenen Verhältnissen stammte, blieb ihm akademische Bildung versagt. Aber seine Gewohnheit, alles gründlich zu durchdenken, schärfte sein Urteilsvermögen und weitete seinen Gesichtskreis über die Dinge hinaus, mit denen er täglich umging. Wegen seines guten Charakters wurde er allseits geschätzt, und man kannte ihn als aufrichtigen, sparsamen und hilfsbereiten Menschen. Durch Tatkraft und Fleiß sicherte er sich schon früh sein Auskommen und bekleidete eine Reihe von Ämtern.

William Millers Mutter war eine fromme Frau, und er selbst war schon als Kind für den christlichen Glauben aufgeschlossen. Doch in seiner Jugendzeit geriet er in die Gesellschaft von Deisten. [1] Die übten einen starken Einfluß auf ihn aus, da sie zumeist ehrenwerte, freundliche und sozial eingestellte Leute waren. Die Vorzüge, durch die sie bei den Menschen Achtung und Vertrauen gewannen, hatten sie im Grunde genommen der Bibel zu verdanken. Und doch waren diese guten Gaben so verfälscht worden, daß ihr Einfluß dem Wort Gottes geradezu entgegenwirkte. Je enger Millers Kontakte zu den Deisten wurden, desto mehr übernahm er auch ihre Anschauungen. Dennoch blieb er innerlich unzufrieden. Die damals in den christlichen Kirchen gängige Auslegung der Heiligen Schrift konnte William Miller zwar über weite Strecken nicht nachvollziehen, aber auch die deistische Sicht der Dinge,

[1] Deismus: Eine im 17. Jahrhundert zuerst in England vertretene Anschauung, daß Gott zwar die Welt erschaffen habe, aber auf ihre Erhaltung keinen weiteren Einfluß nehme.

die Gottes Wort einfach überging, brachte ihm am Ende nicht das, was er suchte. Immerhin bekannte er sich mehr als ein Jahrzehnt zu dieser Auffassung. Als er vierunddreißig Jahre alt war, verfestigte sich in ihm die Erkenntnis, daß er trotz allen guten Strebens ein verlorener Sünder sei. Sein bisheriger „Glaube“ hatte ihm zwar neue Erkenntnisse gebracht, aber keine Hoffnung, die über den Tod hinausreichte. Damit konnte und wollte er sich nicht zufriedengeben. Über seine damaligen Empfindungen äußerte sich Miller später: „Ausgelöscht zu werden, das war ein furchtbarer Gedanke, und Rechenschaft ablegen zu müssen, wäre für alle der sichere Untergang gewesen ... Die Ewigkeit – was war sie? Und der Tod – warum war er? Je mehr ich diese Dinge zu ergründen suchte, desto weniger vermochte ich zu beweisen. Je mehr ich darüber nachdachte, um so verwirrter wurden meine Schlußfolgerungen. Ich versuchte, meinem Denken Einhalt zu gebieten, aber mein Geist widersetzte sich solchen Befehlen. Ich fühlte mich elend und unzufrieden, ohne genau zu wissen warum. Ich spürte, daß irgend etwas nicht stimmte, aber ich wußte nicht, was ich dagegen tun sollte.“ [2]

Die Lösung heißt: Christus

Es dauerte viele Monate, ehe es im Leben von William Miller zu einer Wende kam. „Plötzlich“, so berichtet er, „wurde ich von dem Wesen des Heilandes tief beeindruckt. Es leuchtete mir ein, daß es einen gibt, der so gut und barmherzig ist, sich für unsere Übertretungen zu opfern und uns dadurch von der Strafe für unsere Sünde zu erretten ... Aber dabei quälte mich die Frage: Wie kann bewiesen werden, daß es solch einen Retter wirklich gibt? Mir wurde klar, daß außerhalb der Bibel kein Nachweis für die Existenz eines solchen Erlösers oder für die Hoffnung auf ein zukünftiges Leben zu finden war. Nur in der Bibel fand ich unübersehbare Hinweise auf einen Helfer, wie ich ihn brauchte. Mir war schleierhaft, wie in einem angeblich nichtinspirierten Buch Grundsätze entwikkelt werden konnten, die genau den Bedürfnissen einer in Sünde gefallenen Welt entsprechen. Für mich gab es keine andere Erklärung als die, daß die Bibel eine Offenbarung Gottes sein mußte. Nachdem ich das erkannt hatte, wurde die Heilige

---

[2] Bliss, Memoirs of William Miller, 65–67

Schrift zu einem Licht auf meinem Weg, und Jesus Christus, den ich überall in der Bibel bezeugt fand, wurde mir zum Freund ... Je mehr ich Gottes Wort studierte, desto erstaunter stellte ich fest, wie wenig ich bisher von ihrem Inhalt gewußt hatte. Ich begriff auch, wie töricht es war, etwas abzulehnen, was ich gar nicht wirklich kannte. Die Bibel bot mir alles, was die Schäden meines Lebens beheben und die inneren Wunden heilen konnte. Bald verlor ich den Gefallen an anderem Lesestoff, und mein Herz sehnte sich danach, die Weisheit zu erlangen, die von Gott kommt."[3]

Als Miller sich seinen deistischen Freunden gegenüber zu seiner neuen Erkenntnis bekannte, versuchten die, ihn mit Hinweis auf angebliche Widersprüche und Ungereimtheiten in diesem Buch davon zu überzeugen, daß die Bibel keineswegs göttlichen Ursprungs sei. Er spürte zwar, daß die anderen unrecht hatten, konnte ihre Argumente aber nicht entkräften. Eins war ihm im Laufe dieser Auseinandersetzungen allerdings klar geworden: Wenn die Bibel wirklich aus göttlicher Quelle stammte, dann mußte sie mit sich selbst übereinstimmen. Deshalb entschloß er sich, die Heilige Schrift selber zu durchforschen, um sich Gewißheit darüber zu verschaffen, ob die Bibel tatsächlich so widersprüchlich ist, wie behauptet wurde. Dabei bemühte er sich, alle vorgefaßten Meinungen zu meiden, indem er keine Bibelkommentare zu Rate zog, sondern Bibelstelle mit Bibelstelle verglich. Einzige Hilfsmittel waren die angegebenen Parallelstellen und eine Konkordanz. Mit dem ersten Buch Mose beginnend, las er die Bibel Vers für Vers. Wenn ihm etwas unklar war, verglich er die Aussage mit allen anderen Schriftstellen, die sich auf die betreffende Sache zu beziehen schienen. Er prüfte sogar jedes einzelne Wort bezüglich seiner Bedeutung für den Textzusammenhang. Während seines Studiums, das vom Gebet um rechtes Verständnis begleitet war, machte er die Erfahrung, daß es für schwer verständliche Texte fast immer an anderer Stelle eine Erklärung gab. So erlebte er, was Jahrtausende zuvor der Psalmdichter in Worte gefaßt hatte: „Wenn dein Wort offenbar wird, so erfreut es und macht klug die Unverständigen."[4]

Mit großem Interesse las Miller die Bücher Daniel und Offenbarung. Dabei stellte er fest, daß die prophetischen Sinnbilder durchaus zu verstehen sind, weil sie entweder im Textzu-

---

[3] Bliss, ebd. [4] Psalm 119,130

sammenhang erklärt oder an anderer Stelle näher bestimmt und erläutert werden. Seine Anstrengungen wurden reichlich belohnt, denn die Wahrheit präsentierte sich ihm wie die Glieder einer Kette, so daß er die großen Linien der Weissagung immer deutlicher erkannte. Erstaunt stellte er fest, daß die damals weit verbreitete Ansicht, Christus werde vor dem Ende der Welt ein tausendjähriges Friedensreich (Millennium) aufrichten, von der Bibel nicht vertreten wird.

Wie Christus wiederkommt

Die Lehre von der Bekehrung der ganzen Welt und einer geistlichen Herrschaft Christi auf Erden hat nichts mit dem zu tun, was die ersten Christen glaubten. Erst zu Beginn des 18. Jahrhunderts fand diese Anschauung Eingang in die Kirche. Die Folge davon war, daß die Bedeutung der Wiederkunft Jesu für den christlichen Alltag immer mehr verblaßte. Die Menschen achteten nicht mehr auf die Zeichen der Zeit, und nur wenige hielten es noch für notwendig, sich auf das Kommen des Herrn vorzubereiten.

William Miller erkannte, daß in der Heiligen Schrift deutlich und eindringlich vom persönlichen Erscheinen Christi die Rede ist. Paulus schrieb: „Er selbst, der Herr, wird mit befehlendem Wort, mit der Stimme des Erzengels und mit der Posaune Gottes herniederkommen vom Himmel.“ [5] Und Jesus erklärte: „Denn wie ein Blitz ausgeht vom Aufgang und leuchtet bis zum Niedergang, so wird auch sein das Kommen des Menschensohnes.“

Dann werden sie „sehen kommen des Menschen Sohn in den Wolken des Himmels mit großer Kraft und Herrlichkeit ... Er wird senden seine Engel mit hellen Posaunen, und sie werden sammeln seine Auserwählten.“ [6]

Bei Jesu Kommen werden alle, die im Vertrauen auf Christus gestorben sind, auferweckt, während die lebenden Gläubigen verwandelt werden. Paulus beschreibt das so: „Wir werden nicht alle entschlafen, wir werden aber alle verwandelt werden; und dasselbe plötzlich, in einem Augenblick, zur Zeit der letzten Posaune. Denn es wird die Posaune erschallen, und die Toten werden auferstehen unverweslich, und wir werden verwandelt werden. Denn dies Verwesliche muß anziehen die

---

[5] 1. Thessalonicher 4,16 [6] Matthäus 24,27.30.31

Unverweslichkeit, und dies Sterbliche muß anziehen die Unsterblichkeit." [7] Und im Brief an die Thessalonicher heißt es: „Die Toten in Christus werden auferstehen zuerst. Danach wir, die wir leben und übrigbleiben, werden zugleich mit ihnen hingerückt werden in den Wolken, dem Herrn entgegen in der Luft, und werden so bei dem Herrn sein allezeit." [8]

Aus diesen und anderen Schriftstellen geht eindeutig hervor, daß Gottes Reich anderer Natur ist als unser von der Vergänglichkeit geprägter irdischer Lebensraum. Deshalb schafft der Herr bei seiner Wiederkunft zuerst die Voraussetzungen dafür, daß die erlösten Gläubigen in sein Reich eingehen können.

Vorhersagen in der Bibel

Miller erkannte auf Grund seines Bibelstudiums zwei Dinge immer klarer: Zum einen berechtigten die Aussagen der Heiligen Schrift nicht zu der damals gängigen Annahme, daß es vor Jesu Wiederkunft ein tausendjähriges Friedensreich auf Erden geben werde. Zum andern deuteten die Zeichen der Zeit und die Zustände in der Welt in dieselbe Richtung wie die prophetischen Vorhersagen über die Zeit des Endes.

„Ein anderer Beweis, der mich in meinem Nachdenken wesentlich beeinflußte", sagte Miller, „waren die Zeitangaben der Heiligen Schrift ... Ich erkannte, daß vorhergesagte Ereignisse, die sich bereits in der Vergangenheit erfüllt hatten, tatsächlich zur vorausbestimmten Zeit eingetreten waren." [9]

Als Miller bei seinem Bibelstudium auf verschiedene prophetische Zeitabschnitte stieß, die seinem Verständnis nach bis zur Wiederkunft Christi reichten, gewann er die Überzeugung, daß es sich um „vorher bestimmte Zeiten" handelte, die Gott seinen Knechten offenbart hatte. Hatte nicht Mose geschrieben: „Was verborgen ist, ist des Herrn, unseres Gottes; was aber offenbart ist, das gilt uns und unsern Kindern"? [10] Und durch den Propheten Amos hatte Gott erklären lassen, daß er nichts tut, „er offenbare denn seinen Ratschluß den Propheten, seinen Knechten" [11]. Angesichts solcher Aussagen war Miller davon überzeugt, daß in der Heiligen Schrift auch für die gewaltigen Ereignisse am Ende der Menschheits-

---

[7] 1. Korinther 15,51–53 [8] 1. Thessalonicher 4,16.17 [9] Bliss, ebd., 74
[10] 5. Mose 29,28 [11] Amos 3,7

geschichte bestimmte zeitliche Festlegungen zu finden sein müßten. Entsprechend äußerte er sich auch: „Da ich völlig davon überzeugt war, daß ‚alle Schrift von Gott eingegeben ist', ... konnte ich auch die prophetischen Zeiten der Bibel unserer ernsten Aufmerksamkeit genau so wert achten wie jeden andern Teil der Heiligen Schrift. So kam ich in meinem Mühen um Verständnis dessen, was Gott in seiner Barmherzigkeit uns offenbart hat, schließlich dahin, daß wir keineswegs berechtigt sind, über die prophetischen Zeitangaben hinwegzugehen." [12]

Die Weissagung in Daniel 8,14 schien sich am deutlichsten auf die Zeit der Wiederkunft Christi zu beziehen: „Bis zweitausenddreihundert Abende und Morgen vergangen sind; dann wird das Heiligtum wieder geweiht werden." Gemäß dem Grundsatz, daß die Bibel sich selbst auslegt, entdeckte Miller, daß ein Tag in der prophetischen Bildersprache für den Zeitraum eines Kalenderjahres steht. [13] Unter dieser Voraussetzung konnte sich die Zeitspanne von 2300 prophetischen Tagen oder wirklichen Jahren nicht auf das jüdische Heiligtum beziehen, sondern mußte weit über den Alten Bund hinausweisen. Die im Text benutzte Wendung „das Heiligtum (wird) wieder geweiht werden" bezog Miller auf die Reinigung der Erde durch Feuer, von der das prophetische Wort im Zusammenhang mit der Wiederkunft Christi spricht. Konnte also der richtige Ausgangspunkt für die 2300 Jahr-Tage gefunden werden, so schlußfolgerte Miller, dann war es ein leichtes, das Datum der Wiederkunft Christi zu bestimmen. (28)

Ein endzeitlicher Fahrplan?

Diese Gedanken wurden für William Miller so wichtig, daß er tage- und nächtelang studierte, um im 8. Kapitel des Buches Daniel Anhaltspunkte dafür zu finden, wann der Beginn der 2300 Jahr-Tage anzusetzen sei. Es gelang ihm nicht. Vielmehr machte er die gleiche Erfahrung wie Daniel: „Und ich wunderte mich über das Gesicht, und niemand konnte es mir auslegen." [14] Erst die Erklärungen des Engels Gabriel, der von Gott ausgeschickt worden war, um Daniel bei der Entschlüsselung der Vision zu helfen, brachte auch für Miller Licht in das prophetische Dunkel.

„Siebzig Wochen sind verhängt über dein Volk und über

[12] Bliss, ebd., 75 [13] 4. Mose 14,34; Hesekiel 4,6 [14] Daniel 8,27

deine heilige Stadt; dann wird dem Frevel ein Ende gemacht und die Sünde abgetan und die Schuld gesühnt, und es wird ewige Gerechtigkeit gebracht und Gesicht und Weissagung erfüllt und das Allerheiligste gesalbt werden. So wisse nun und gib acht: Von der Zeit an, als das Wort erging, Jerusalem werde wiederaufgebaut werden, bis ein Gesalbter, ein Fürst, kommt, sind es sieben Wochen; und zweiundsechzig Wochen lang wird es wieder aufgebaut sein mit Plätzen und Gräben, wiewohl in kummervoller Zeit. Und nach zweiundsechzig Wochen wird ein Gesalbter ausgerottet werden und nicht mehr sein ... Er wird aber vielen den Bund schwer machen eine Woche lang. Und in der Mitte der Woche wird er Schlachtopfer und Speisopfer abschaffen." [15]

Der Engel begann seine Erklärung mit dem Hinweis: „Siebzig Wochen sind verhängt über dein Volk und deine heilige Stadt." (Vers 24) Das hier mit „verhängt" übersetzte Wort kann vom Wortstamm her auch mit „abgeschnitten" wiedergegeben werden. Siebzig (Jahr-)Wochen (= 490 Jahre) sollten nach Auskunft des Engels für Israel „abgeschnitten" werden. Wovon abgeschnitten? Da in Daniel 8 keine andere Zeitspanne als die der 2300 Jahr-Tage erwähnt wird, können die siebzig Wochen nur auf sie bezogen – von ihnen „abgeschnitten" – sein. In diesem Falle hätten beide Zeitabschnitte denselben Ausgangspunkt. Bei den 2300 Jahr-Tagen wird keine Angabe gemacht, die auf den Anfangstermin schließen ließe, wohl aber bei den siebzig Wochen. Laut Erklärung des Engels sollten sie mit dem Befehl zum Wiederaufbau Jerusalems beginnen. Konnte das Datum dieses Befehls festgestellt werden, dann stand auch der Beginn der großen Zeitspanne von 2300 Jahr-Tagen fest.

Tatsächlich wird solch ein Befehl im Buch Esra erwähnt. [16] Drei persische Könige (Cyrus, Darius, Artaxerxes) gaben Erlasse heraus, die den Juden die Rückkehr nach Jerusalem, den Wiederaufbau der Stadt und den Bau des Tempels erlaubten. Das umfassendste und wichtigste Dokument wurde im Jahre 457 v. Chr. von Artaxerxes (hebr. Arthahsastha) unterzeichnet. Es trat im Herbst jenes Jahres in Kraft.

Im Text des Danielbuches heißt es: „Von der Zeit an, da ausgeht der Befehl ... bis ein Gesalbter, ein Fürst, kommt, sind sieben Wochen; und zweiundsechzig Wochen ..." – also

[15] Daniel 9,22–27 [16] Esra 7,12–16

69 Wochen oder 483 Jahre. Vom Ausgangsdatum 457 v. Chr. an gerechnet, führt diese Zeitspanne bis in den Herbst des Jahres 27 n. Chr. In dem Jahr wurde Jesus von Johannes getauft und von Gott mit dem Heiligen Geist gesalbt. Petrus bestätigte, daß Gott „... diesen Jesus von Nazareth gesalbt hat mit dem heiligen Geist und Kraft“ [17]. Und Jesus ergänzte im Blick auf dasselbe Geschehen: „... die Zeit ist erfüllt.“ [18]

Gute Botschaft für die Welt

Von der letzten Woche des für Israel bestimmten Zeitabschnittes heißt es: „Und stark machen wird er einen Bund für die Vielen, eine Woche lang; und zur Hälfte der Woche wird er Schlachtopfer und Speisopfer aufhören lassen ...“ [19] Auch diese Voraussagen erfüllten sich erstaunlich genau in der Person und im Wirken Christi. In der Zeit von 27 bis 34 n. Chr. haben Jesus und seine Jünger die Botschaft vom Reich Gottes ausschließlich unter der jüdischen Bevölkerung verkündigt. Jesu Auftrag lautete damals: „Geht nicht den Weg zu den Heiden und zieht in keine Stadt der Samariter, sondern geht hin zu den verlorenen Schafen aus dem Hause Israel.“ [20]

Die Wendung „zur Hälfte der Woche wird er Schlachtopfer und Speisopfer aufhören lassen“ deutete offensichtlich auf Christi Opfertod hin. Im Jahre 31 n. Chr., dreieinhalb Jahre nach seiner Taufe, wurde Jesus zum Tode verurteilt und ans Kreuz geschlagen. Nachdem das eigentliche Opfer gebracht worden war, auf das die jahrtausendealten Opferriten hinweisen sollten, war der gesamte alttestamentliche Opferdienst überflüssig geworden.

Die für Israel bestimmten 70 Wochen oder 490 Jahre waren im Jahre 34 n. Chr. zu Ende. Die jüdische Obrigkeit setzte diesen Endpunkt damals selbst, indem sie die Botschaft Jesu ablehnte, die Steinigung des Stephanus organisierte und die Gemeinde Jesu verfolgte. Von dieser Zeit an wurde die Heilsbotschaft der ganzen Welt verkündigt und blieb nicht länger auf das auserwählte Volk beschränkt. [21]

Bis hierher läßt sich also sagen, daß sich die Weissagung Daniels zuverlässig erfüllt hat. Aber die 70 Wochen sind ja nur der erste Teil einer erheblich größeren prophetischen Zeit-

---

[17] Apostelgeschichte 10,38 [18] Markus 1,15 [19] Daniel 9,27 Elberfelder Bibel [20] Matthäus 10,5.6 [21] Apostelgeschichte 8,4.5

spanne. Von den 2300 Jahr-Tagen waren nach Ablauf der 490 Jahre immerhin noch 1810 Jahre übrig, die bis in das Jahr 1844 reichen sollten. Im Buch Daniel wird davon gesprochen, daß dann „das Heiligtum wieder geweiht" werden sollte.[22] Damals war man ganz allgemein der Überzeugung, daß die Weihe des Heiligtums mit der Wiederkunft Christi zusammenfallen würde. Deshalb glaubten viele, das Enddatum der 2300 Jahr-Tage sei gleichzeitig das Datum der Wiederkunft Christi.

Voreilige Schlußfolgerungen?

Als William Miller mit dem Studium der Bücher Daniel und Offenbarung begann, ahnte er nicht, wohin das führen würde. Je mehr er in die prophetischen Zusammenhänge und Verknüpfungen eindrang, desto weniger wollte er an die Ergebnisse seines Forschens glauben. Aber er konnte seine Studien nicht abbrechen oder die Erkenntnisse einfach beiseite schieben, dafür waren die Beweise aus der Heiligen Schrift zu überzeugend.

Nachdem er sich zwei Jahre lang intensiv mit der Bibel beschäftigt hatte, kam Miller im Jahre 1818 zu der Überzeugung, daß Christus in ungefähr 25 Jahren wiederkommen würde. „Ich brauche nicht zu betonen", so äußerte er sich, „wie diese herrliche Aussicht mein Herz freudig stimmte und welch heißes Sehnen in mir aufstieg, an dieser Freude der Erlösten teilzuhaben. Die Bibel war für mich ein ganz neues Buch geworden ... Wenn es auch viele Stellen gab, die ich noch nicht recht verstehen konnte, hatte ich doch viel neue Erkenntnis beim Studium der Heiligen Schrift gewonnen ... Mit Macht drängte sich mir nun die Frage auf, welche Pflicht ich der Welt gegenüber angesichts der Beweise hätte, die mich selbst ergriffen hatten."[23]

Er spürte, daß er seine Erkenntnisse nicht für sich behalten durfte. Er war sich darüber im klaren, daß er von seiten der Ungläubigen mit Widerstand zu rechnen hatte, meinte aber, daß alle Christen sich darauf freuen würden, ihrem Herrn bald begegnen zu dürfen. Dennoch konnte er sich zunächst nicht entschließen, die Ergebnisse seiner Studien weiterzugeben. Er wollte auf keinen Fall andere in die Irre führen, falls er sich selbst geirrt hatte. Deshalb prüfte er immer wieder alle

---

[22] Daniel 8,14 [23] Bliss, ebd., 81

Beweise für seine Schlußfolgerungen und versuchte, die noch offenen Fragen zu klären. Nach weiteren fünf Jahren intensiven Studiums zweifelte er nicht mehr an der Richtigkeit seiner Erkenntnis.

„Erzähle es der ganzen Welt!"

Nun drängte sich Miller mit aller Gewalt die Verantwortung auf, anderen weiterzugeben, was die Heilige Schrift seiner Überzeugung nach so klar lehrte. Dazu äußerte er sich später: „Wenn ich meiner Arbeit nachging, tönte es ständig in meinen Ohren: ‚Geh und erzähle der Welt von der Gefahr, in der sie sich befindet.' Immer wieder kam mir folgende Bibelstelle in den Sinn: ‚Wenn ich nun zu dem Gottlosen sage: Du Gottloser mußt des Todes sterben! und du sagst ihm das nicht, um den Gottlosen vor seinem Wege zu warnen, so wird er, der Gottlose, um seiner Sünde willen sterben, aber sein Blut will ich von deiner Hand fordern ...' [24] Ich erkannte, daß, wenn die Sünder mit aller Eindringlichkeit gewarnt werden könnten, viele von ihnen Buße tun würden, wenn sie aber nicht gewarnt würden, ihr Blut von meiner Hand gefordert würde." [25]

Miller wartete weitere neun Jahre, und immer noch lastete die Verantwortung für seine Mitmenschen auf ihm. Im Jahre 1831 wagte er es schließlich, öffentlich darüber zu sprechen, daß die Wiederkunft Christi unmittelbar bevorstehe. Er war damals fünfzig Jahre alt und an öffentliches Reden nicht gewöhnt. Aber bereits sein erster Vortrag führte dazu, daß sich dreizehn Familien bekehrten und Jesus als ihren Erlöser annahmen. Daraufhin drängte man ihn, auch an anderen Orten zu predigen. Fast überall, wo er über seine Erkenntnis sprach, gab es einen geistlichen Aufbruch. Ungläubige fanden zum Glauben an Jesus, Namenschristen begannen die Botschaft der Bibel ernst zu nehmen, Gläubige wurden zu neuer Hingabe an Gott ermutigt. Millers Predigt zielte darauf ab, den Menschen die Bedeutung der biblischen Glaubenslehren verständlich zu machen und der überhandnehmenden Verweltlichung und Vergnügungssucht seiner Zeit entgegenzutreten.

In zahlreichen Orten öffneten ihm die protestantischen Kirchen fast aller Bekenntnisse ihre Türen. Miller hatte es sich

[24] Hesekiel 33,8 [25] Bliss, ebd., 92

zum Grundsatz gemacht, nur dort zu predigen, wohin er eingeladen wurde. Bald konnte er nicht einmal die Hälfte der Einladungen annehmen, die ihm angetragen wurden. Viele, die Millers Ansichten über das genaue Datum des zweiten Kommens Christi nicht teilen konnten, wurden doch von der Gewißheit der nahen Wiederkunft und der Notwendigkeit überzeugt, sich darauf vorzubereiten. In mehreren großen Städten der amerikanischen Ostküste führte Millers Einfluß zu einem regelrechten geistlichen Aufbruch. Schankwirte wandelten ihre Lokale in Versammlungsräume um; Spielhöllen wurden geschlossen; Ungläubige, die kaum je ein Gotteshaus von innen gesehen hatten, bekehrten sich; Menschen mit einer höchst zweifelhaften Vergangenheit änderten ihre Gesinnung und ihren Lebenswandel. In manchen Kirchen wurden zu fast jeder Tageszeit Gebetsversammlungen durchgeführt. Geschäftsleute kamen mittags zu Gebet und Lobpreisung zusammen. Aber das alles hatte keinen schwärmerisch-gefühlsseligen Einschlag, sondern bewegte sich im Rahmen einer wohltuend nüchternen Frömmigkeit. Miller war nicht darauf aus, die Gefühle der Menschen aufzuwühlen, sondern versuchte, den Verstand und das Gewissen seiner Zuhörer zu erreichen.

Im Jahre 1833 erhielt William Miller von der Baptistenkirche, der er angehörte, die Beglaubigung für den Dienst eines Predigers. Viele seiner Amtsbrüder unterstützten ihn nachdrücklich und schlossen sich seiner Überzeugung an. Jahrelang bestritt er sämtliche Reisekosten aus eigener Tasche. Auch später reichten die finanziellen Zuschüsse der einladenden Gemeinden so gut wie nie aus, um die tatsächlichen Kosten zu decken. Doch da er und seine große Familie genügsam und fleißig waren, reichten die Erträge der Farm sowohl für die familiären Bedürfnisse als auch für seine missionarischen Unternehmungen.

„Die Sterne werden vom Himmel fallen!“

Im Jahre 1833, zwei Jahre nachdem Miller angefangen hatte, öffentlich über die bevorstehende Wiederkunft Christi zu predigen, ereignete sich das letzte der von Christus erwähnten Zeichen, die sein Kommen ankündigen sollten. Jesus hatte gesagt: „Die Sterne werden vom Himmel fallen“ [26], und Johannes

[26] Matthäus 24,29

erklärte in der Offenbarung im Blick auf den großen Tag Gottes: „Die Sterne des Himmels fielen auf die Erde, gleichwie ein Feigenbaum seine Feigen abwirft, wenn er von großem Wind bewegt wird.“ [27] Diese Prophezeiung erfüllte sich unübersehbar durch den großen Meteoritenregen vom 13. November 1833. Augenzeugen berichteten über dieses Ereignis: „Das ganze Himmelsgewölbe über den Vereinigten Staaten war damals stundenlang in feuriger Bewegung. Noch nie hatte sich bis dahin in jenem Lande eine Naturerscheinung gezeigt, die von einem Teil der Bevölkerung mit größter Bewunderung und von dem andern mit so viel Schaudern und Bestürzung wahrgenommen wurde ... Bei vollkommen klarem und heiterem Himmel dauerte dieses Schauspiel blendend glänzender Lichtkörper am ganzen Himmel von zwei Uhr bis zum Tagesanbruch.“ [28]

In einer Tageszeitung hieß es: „Eine genauere Illustration des Bildes vom Feigenbaum, der seine Früchte abwirft, wenn ein heftiger Wind ihn schüttelt, hätte es nicht geben können.“ [29] Im New Yorker Handelsblatt vom 14. November 1833 erschien ein ausführlicher Artikel über diese außergewöhnliche Naturerscheinung. Darin heißt es: „Kein Weiser oder Gelehrter hat je, wie ich annehme, eine Erscheinung wie die von gestern morgen mündlich oder schriftlich berichtet. Ein Prophet aber hat sie vor achtzehnhundert Jahren genau vorausgesagt. Nicht buchstäblich ‚fallende Sterne‘, sondern ein Meteoritenregen ist in der Weissagung angekündigt worden. Allein in diesem Sinne war es zu verstehen.“

Viele Augenzeugen sahen den Sternschnuppenfall als einen Vorboten des kommenden Gerichtes an.

Prophetisches Wort erfüllt sich

Im Jahre 1840 erregte die Erfüllung einer anderen biblischen Weissagung großes Aufsehen. Zwei Jahre zuvor hatte Josiah Litch, ein methodistischer Geistlicher, der zum Kreis um William Miller gehörte, eine Auslegung von Offenbarung 9 veröffentlicht. Darin hatte er den entscheidenden Machtverlust des Osmanischen Reiches für den August des Jahres 1840

---

[27] Offenbarung 6,13 [28] Devens, American Progress or The Great Events of the Greatest Century, Kapitel 28, Abschnitt 1–5 [29] Portland (Maine) Evening Advertiser, 26. November 1833

vorausgesagt. (29) Wenige Tage vor dem zu erwartenden Ereignis schrieb Litch: „... so müssen sie am 11. August 1840 enden, wenn man erwarten darf, daß die osmanische Macht in Konstantinopel gebrochen werden wird. Und ich glaube gewiß, daß dies eintreten wird.“ [30]

Genau zur angegebenen Zeit nahm die Türkei durch ihre Gesandten den Schutz der verbündeten Großmächte Europas an und stellte sich damit unter die Aufsicht der christlichen Nationen. Die verblüffend genaue Erfüllung uralter biblischer Weissagung brachte viele zu der Überzeugung, daß die von Miller und seinen Gefährten vertretene Auslegung der Bibel zuverlässig sei. Das gab der Adventbewegung in den Jahren von 1840 bis 1844 einen ungeahnten Aufschwung, zumal sich immer mehr angesehene und gelehrte Männer der Millerbewegung anschlossen.

Zustimmung und Ablehnung

Miller selbst blieb trotz seiner außergewöhnlichen geistigen Fähigkeiten und seines großen Einflusses ein bescheidener und liebenswürdiger Mann. Er war stets bereit, die Meinung anderer anzuhören und das Für und Wider der Argumente anhand der Heiligen Schrift zu prüfen. Dennoch erfuhr er nicht nur Zustimmung und Anerkennung, sondern stieß auch auf schroffe Ablehnung. Vor allem angesehene Geistliche und Repräsentanten etablierter Kirchen bekämpften ihn teilweise erbittert. Da sie der Verkündigung Millers mit biblischer Beweisführung nicht beizukommen vermochten, versuchten sie ihn und seine Anhänger lächerlich zu machen. Man schüttete Hohn und Spott über die Adventgläubigen aus, verleumdete sie oder verunglimpfte sie als Fanatiker. Das Studium des prophetischen Wortes wurde als fragwürdig und die Verkündigung der baldigen Wiederkunft als unsinnig hingestellt. Dabei schienen diejenigen, die die Millerbewegung so bekämpften, nicht einmal zu merken, wie sehr sie den Glauben an Gottes Wort dadurch in der Öffentlichkeit untergruben.

Als Millers Gegner merkten, daß die Adventbewegung trotz aller feindseligen Attacken wuchs, versuchten sie ihr Ziel mit anderen Mitteln zu erreichen. Einige Kirchenleitungen gingen dazu über, alle, die Millers Ansichten teilten, zu maß-

---

[30] Signs of the Times and Expositors of Prophecy, 1. 8. 1840

regeln und mit Ausschluß zu bedrohen. Das veranlaßte William Miller, einen offenen Brief an die Christen aller Gemeinschaften zu richten, in dem er nachdrücklich darauf bestand, ihm seinen Irrtum aus der Bibel nachzuweisen, falls seine Lehre falsch sei. Unter anderem schrieb er: „Haben wir unrecht, so zeigt uns, worin unser Irrtum besteht; beweist uns durch das Wort Gottes, wo unser Fehler liegt. Verspottet werden wir genug; das aber kann uns nicht davon überzeugen, daß wir im Unrecht sind. Allein das Wort Gottes kann unsere Überzeugung ändern. Unsere Schlußfolgerungen haben wir wohl überlegt und unter Gebet auf Grund der Beweise der Heiligen Schrift gewonnen.“ [31]

Nichts Neues unter der Sonne

Im Grunde erlebten die Verkündiger der Adventbotschaft im 19. Jahrhundert nichts anderes als das, was den meisten Gottesboten widerfuhr, wenn sie der Welt Gottes Warnungsbotschaften brachten. Der vorsintflutlichen Menschheit erschien Noahs Predigt von der kommenden Katastrophe als kindisches Märchen oder als Panikmache. Die Leute glaubten denen, die mit allen möglichen Argumenten zu beweisen suchten, daß solch eine verheerende Flut überhaupt nicht möglich sei. Von Umkehr hielten sie allesamt nichts, und an ein Gottesgericht glaubte keiner. Aber dann brach die Katastrophe zu der von Gott bestimmten Zeit über sie herein und vernichtete alle außer Noah und seiner Familie.

Christus erklärte, daß ähnlicher Unglaube vor seiner Wiederkunft herrschen werde: Die Menschen zu Noahs Zeiten „achteten's nicht, bis die Sintflut kam und nahm sie alle dahin –, so wird auch sein das Kommen des Menschensohnes“. [32] Wenn diejenigen, die sich Kinder Gottes nennen, wie die Kinder der Welt leben und den gleichen Vergnügungen nachgehen; wenn der Luxus der Welt auch zum Luxus der Gemeinde wird; wenn man auf viele Jahre irdischen Wohlstands rechnet und Gottes Reich aus den Augen verliert, dann werden wie durch einen Blitz aus heiterem Himmel all die trügerischen Hoffnungen zerstört werden.

Wie Gott damals Noah damit beauftragt hatte, die gottlose Menschheit vor der Sintflut zu warnen, so sandte er auch sei-

---

[31] Bliss, ebd., 250. 252 [32] Matthäus 24,39

ne auserwählten Boten, um die Menschen der letzten Zeit auf die Wiederkunft Jesu und das Weltgericht hinzuweisen. Und wie Noahs Zeitgenossen den Prediger der Gerechtigkeit verhöhnten, so spotteten auch in den Tagen William Millers viele – leider nicht nur Ungläubige – über die Botschaft vom baldigen Kommen des Herrn.

Aber viele nahmen die Adventbotschaft an, weil ihnen klar geworden war, daß sie sich entweder für Christus oder für die Welt entscheiden mußten. Sie erkannten auch, daß es nicht mehr lange möglich sein würde, anderen Menschen die Gnadenbotschaft zu bringen. Je mehr das Vergängliche in den Hintergrund trat, desto wichtiger wurde ihnen das Ewige. Ihre hingebungsvolle Frömmigkeit und ihr christliches Leben beeindruckten andere so stark, daß auch sie sich dem Geist Gottes öffneten und anfingen, sich auf Christi Kommen vorzubereiten.

Für diejenigen allerdings, die an ihrem oberflächlichen Christsein festhalten wollten, und für alle, die Ansehen, Wohlstand und Vergnügungen höher schätzten als Gottes Reich, waren die Adventgläubigen ein ständiger Stein des Anstoßes. Sie fühlten sich in ihrer Ruhe und ihrem weltlichen Streben gestört. Im Grunde genommen lag hier eine der wesentlichen Ursachen für den Widerstand gegen die Adventbotschaft und ihre Verkündiger.

Die biblischen Belege für die prophetischen Zeitabschnitte hatten sich als unerschütterlich erwiesen. Deshalb waren die Gegner Millers darauf bedacht, von einer Untersuchung dieser Fragen abzulenken, indem sie behaupteten, das Buch Daniel und die Offenbarung seien versiegelt und deshalb nicht zum Studium geeignet. Damit machten sich Protestanten ein Argument zu eigen, das von römisch-katholischer Seite schon lange ins Feld geführt wurde. Wie absurd das ist, geht schon daraus hervor, daß Christus im Blick auf prophetische Aussagen im Buch Daniel gesagt hat: „Wenn ihr nun sehen werdet das Greuelbild der Verwüstung stehen an der heiligen Stätte, wovon gesagt ist durch den Propheten Daniel – *wer das liest, der merke auf!* –, alsdann fliehe auf die Berge, wer in Judäa ist ...“ [33] Und in den ersten Versen der Offenbarung heißt es: „Dies ist die Offenbarung Jesu Christi, die ihm Gott gegeben hat, *seinen Knechten zu zeigen,* was in Kürze geschehen soll ... Selig

---

[33] Matthäus 24,15

ist, *der da liest und die da hören* die Worte der Weissagung und behalten, was darin geschrieben ist; denn die Zeit ist nahe.“[34]

Das „Selig ist, der da *liest ... hört ... behält*“ läßt darauf schließen, daß es auch Christen gibt, die mit den prophetischen Aussagen der Heiligen Schrift nichts anzufangen wissen oder nichts damit zu tun haben wollen. Wie zutreffend das ist, haben gläubige Menschen seit jeher und bis heute immer wieder erleben müssen. Dabei muß man sich allerdings fragen, wie sich Menschen angesichts des biblischen Zeugnisses dazu versteigen können, die Offenbarung als ein unverständliches, geheimnisvolles, verschlossenes Buch zu bezeichnen. Das Gegenteil ist richtig: Sie ist ein geöffnetes Buch, das Geheimnisse enträtselt. Wer die Offenbarung liest, wird zum Buch Daniel hingeführt – und beide biblische Bücher enthalten wichtige Hinweise auf das, was am Ende dieser Weltgeschichte geschehen wird. Durch das prophetische Wort sollen alle, die sich vom Irrtum zur Wahrheit hinwenden, auf die bevorstehenden Gefahren und Kämpfe vorbereitet werden. Niemand braucht über das zukünftige Geschehen auf Erden im unklaren zu sein.

Warum dann aber die erschreckende Unkenntnis über diesen wichtigen Teil der Heiligen Schrift? Weshalb die allgemeine Abneigung, die Aussagen des Buches Daniel und der Offenbarung zu prüfen? Hier zeigt sich etwas von der Strategie Satans, dem sehr daran gelegen ist, alles unter Verschluß zu halten, was seine betrügerischen Machenschaften aufdecken könnte. Deshalb hat Christus, der den Kampf gegen das Studium der Offenbarung voraussah, all denen seinen besonderen Segen verheißen, die die Worte der Weissagung lesen, hören und behalten.

---

[34] Offenbarung 1,1–3

19 Sie wurden enttäuscht

Reformation und Erweckungsbewegungen zeigten zu allen Zeiten auffällige Ähnlichkeiten. Das hängt sicher damit zusammen, daß Gottes Handeln mit den Menschen in seinen Grundzügen gleichgeblieben ist. Wenn es also in unserer Zeit geistlichen Aufbruch gibt, dann finden sich dazu meist Parallelen in der Vergangenheit. Deshalb ist es lohnenswert, sich mit den Erfahrungen der Gemeinde Gottes in früherer Zeit vertraut zu machen, weil sie wichtige Lehren für die Gegenwart enthalten.

Seit jeher hat der Heilige Geist Menschen bewegt, Gottes Reich in dieser Welt zu bauen. Dafür empfingen sie jeweils so viel an Erkenntnis und Kraft, wie sie brauchten, um ihre Aufgaben zu erfüllen. Aber nicht einmal die bedeutendsten unter ihnen haben alle Zusammenhänge erkennen oder die Absichten Gottes in ihrer ganzen Fülle und Tragweite erfassen können. Selbst die Propheten, die in besonderer Weise durch den Heiligen Geist erleuchtet waren, begriffen nur bruchstückhaft die Bedeutung der ihnen von Gott anvertrauten Botschaften. Oft wuchs das Verständnis für die Wahrheit erst nach und nach und in dem Maße, wie Gottes Volk sie für die jeweilige Situation und Zeit benötigte. In diesem Sinne schrieb der Apostel Petrus: „Nach dieser Seligkeit haben gesucht und geforscht die Propheten, die von der Gnade geweissagt haben, die auf euch kommen sollte, und haben geforscht, worauf oder auf was für eine Zeit der Geist Christi deutete, der in ihnen war und zuvor bezeugt hat die Leiden, die über Christus kommen sollten, und die Herrlichkeit danach. Ihnen ist offenbart worden, daß sie nicht sich selbst, sondern euch dienen sollten ..."[1]

Auch die Gottesmänner in alter Zeit konnten längst nicht alles erfassen, was Gott ihnen mitteilte, aber das spornte sie nur zu intensiverem Forschen an. Selbst wenn sie wußten, daß ihre Botschaften für spätere Geschlechter bestimmt waren, versuchten sie herauszufinden, ob Gottes Weisungen nicht

---

[1] 1. Petrus 1,10–12

auch für sie und ihre Zeit von Bedeutung waren. Das müßte eigentlich alle beschämen, die sich damit zufriedengeben, daß Weissagungen „schwer zu verstehen sind".

Es ist unbestreitbar, daß wir Menschen in unserer Erkenntnisfähigkeit begrenzt sind – Gottes Diener nicht ausgenommen. Aber manchmal verstehen wir Gottes Absichten nur deshalb nicht, weil wir uns zu wenig um das richtige Verständnis bemühen. Nicht selten sind es vorgefaßte Meinungen, falsche Denkansätze, irrige Anschauungen oder das Festhalten am Althergebrachten, die uns den Weg zur Erkenntnis versperren. Das Verhalten der Jünger Jesu mag das verdeutlichen. Obwohl diese Männer jahrelang mit Jesus unterwegs waren und seine Predigten vom Reich Gottes gehört hatten, lebten sie in der volkstümlichen Vorstellung, daß der Messias ein irdisches Friedensreich aufrichten würde. Wenn Jesus vom Gottesreich sprach, dann hörten sie offensichtlich jedesmal „Königreich Israel". Deshalb war es für sie unbegreiflich, daß Jesus immer wieder von seinem Leiden und Sterben sprach.

„Die Zeit ist erfüllt!"

Christus hatte seine Jünger mit der Botschaft hinausgesandt: „Die Zeit ist erfüllt, und das Reich Gottes ist herbeigekommen. Tut Buße und glaubt an das Evangelium!" [2] Welche Zeit meinte Jesus? Es konnte sich nur um die in Daniel 9 vorausgesagten Ereignisse handeln. Damals hatte der Engel dem Daniel mitgeteilt, daß am Ende der „69 Wochen" „ein Gesalbter" kommen würde. Das war nun Wirklichkeit geworden, und die Jünger erwarteten die Errichtung eines weltweiten messianischen Reiches mit Jerusalem als Mittelpunkt.

Sie stützten sich bei ihrer Verkündigung auf die uralte Prophezeiung des Propheten Daniel, gingen dabei aber von falschen Voraussetzungen aus. Sie sahen den Messias so, wie sie ihn sich wünschten: als König, der den Thron Davids besteigen und über die ganze Welt herrschen würde. In dieses Bild paßte ein leidender, ein dem Spott und Tod ausgelieferter Christus nicht. Deshalb nahmen sie nicht wahr, daß der Prophet Daniel auch geschrieben hatte, daß der „Gesalbte ausgerottet werden und nicht mehr sein" würde (V. 26).

Zweifellos hatte sich das prophetische Wort erfüllt, denn Je-

---

[2] Markus 1,15

sus war zur angekündigten Zeit gekommen. Gott hatte sich hörbar und sichtbar zur Sendung seines Sohnes bekannt. Aber dann war alles so ganz anders, als die Jünger es sich vorgestellt hatten. Das Geschehen um Golgatha stürzte sie in abgrundtiefe Verzweiflung. Wenn Jesus von Nazareth wirklich der Messias war, warum hatte er es dann zugelassen, daß sie solch eine furchtbare Enttäuschung erleben mußten? Hätte er das nicht verhindern können, ja müssen?

Aber so dunkel, wie es zwischen Tod und Auferstehung Jesu in den Herzen der Jünger war, sollte es nicht bleiben. An ihnen erfüllte sich, was den Gläubigen viele Jahrhunderte zuvor durch Prophetenmund zugesagt worden war: „... und wenn ich auch im Finstern sitze, so ist doch der Herr mein Licht ... Er wird mich ans Licht bringen, daß ich seine Gnade sehe.“ [3]

Als die Jünger die wahren Zusammenhänge erkannten, wurde es wieder hell in ihren Herzen. Sie begriffen, daß die Botschaft vom Anbruch des Gottesreiches richtig war und daß sich die prophetischen Ankündigungen zuverlässig erfüllten, daß aber ihre Deutung der Ereignisse falsch gewesen war. Als Jesus davon sprach, daß „Gottes Reich nahe herbeigekommen“ sei, redete er nicht vom Erstehen eines irdischen Königreiches. Er meinte auch nicht das zukünftige Gottesreich, das am Ende der Weltgeschichte als „Reich der Herrlichkeit“ alle menschlichen Strukturen und Staatsformen für immer ersetzen wird. Vielmehr sprach er von dem „Reich der Gnade“, dessen Zeit mit seinem ersten Kommen angebrochen war. Was damit gemeint ist, läßt sich aus einem Text des Hebräerbriefes entnehmen: „Darum lasset uns hinzutreten mit Freudigkeit zu dem Thron der Gnade, auf daß wir Barmherzigkeit empfangen und Gnade finden.“ [4] Der Begriff „Thron“ wird in der Bibel häufig als Umschreibung für „Königsherrschaft“ oder „Königreich“ benutzt. Wo ein Thron ist, da muß es selbstverständlich ein Reich geben. Wenn also im Hebräerbrief vom „Thron der Gnade“ die Rede ist, dann können wir auch von einem „Reich der Gnade“ reden.

Nachdem die ersten Menschen in Sünde geraten waren, hatte Gott angekündigt, daß er sich ihnen und ihren Nachkommen trotz allem wieder gnädig zuwenden würde. Damit kündigte er so etwas wie ein unsichtbares Reich der Gnade an. In-

---

[3] Micha 7,8.9 [4] Hebräer 4,16

dem der Gottessohn Mensch wurde und sein Leben für die Sünder dahingab, wurde dieses „Reich der Gnade" endlich für alle Wirklichkeit.

Als Jesus sein Leben am Kreuz von Golgatha aushauchte, war das für seine Anhänger die größte Enttäuschung, die sie je erlebt hatten. Aber was ihnen als Ende aller Hoffnungen erschien, war aus Gottes Sicht der Anbruch einer neuen Zeit. Nicht das Geschehen an sich mußte also hinterfragt werden, sondern die Art, wie die Jünger es deuteten. Und diese falsche Deutung hing mit ihren eigensüchtigen Erwartungen zusammen. Noch am Abend vor dem schrecklichen Tod Jesu „erhob sich auch ein Streit unter ihnen, wer von ihnen als der Größte gelten sollte". [5] Noch unmittelbar vor den Ereignissen in Gethsemane und auf Golgatha erwarteten die Jünger für ihren Herrn die Königskrone und für sich selbst Ansehen und Macht. Ihr Stolz und das Verlangen nach Ruhm hatten sie Jesu wiederholte Leidensankündigung einfach überhören und an den falschen Messiasvorstellungen ihrer Zeit festhalten lassen. Dieser Irrtum stürzte sie in eine schwere, aber wohl nötige Glaubensprüfung. Erst die bittere Erfahrung bodenloser Enttäuschung machte sie fähig, die frohmachende Auferstehungsbotschaft wirklich glaubhaft an andere weiterzugeben. Als Jesus sich nach seiner Auferstehung zu den beiden Jüngern aus Emmaus gesellte, korrigierte er ihre falschen Vorstellungen mit den Worten: „‚O ihr Toren, zu trägen Herzens, all dem zu glauben, was die Propheten geredet haben! Mußte nicht Christus dies erleiden und in seine Herrlichkeit eingehen?' Und er fing an bei Mose und allen Propheten und legte ihnen aus, was in der ganzen Schrift von ihm gesagt war." [6]

Von der Verzweiflung zur Gewißheit

Offenbar war es Jesus sehr wichtig, daß seine Jünger nicht nur die Tatsache seines Sterbens und Auferstehens sahen, sondern begriffen, daß all das bereits Jahrtausende zuvor in den Symbolen der Zeremonialvorschriften und im prophetischen Wort vorausgesagt worden war. Sie sollten ihre Verkündigung nicht nur auf den Augenschein gründen, sondern die Ereignisse im Gesamtzusammenhang der Heiligen Schrift sehen und verstehen lernen. Als die Jünger diese Zusammenhänge er-

[5] Lukas 22,24 [6] Lukas 24,25–27

kannt hatten, wichen Ungewißheit, Angst und Verzweiflung einem felsenfesten Glauben. All das geschah freilich erst nach der „großen Enttäuschung".

Da drängt sich zwangsläufig die Frage auf: Hätte Jesus seinen Freunden das alles nicht ersparen können? Offensichtlich nicht; denn die prophetischen Belegstellen und seine eigene Leidensankündigung waren unter „normalen Verhältnissen" einfach übersehen oder umgedeutet worden. Erst nachdem sie durch die schwere Glaubensprüfung hindurchgegangen waren, hatten die Jünger erkannt und erfahren, daß sich Gottes Wort ausgerechnet da sieghaft erfüllte, wo nach menschlichem Ermessen alles verloren schien. Was sollte ihren Glauben nach dieser Erfahrung noch erschüttern und ihrer Liebe Abbruch tun? Als Jesus ihnen vor seiner Rückkehr in Gottes Welt den Auftrag gab: „Gehet hin in alle Welt und predigt das Evangelium aller Kreatur", da setzten sie ihr Leben ein, um überall die Frohe Botschaft vom auferstandenen Herrn zu verkündigen. Nichts und niemand konnte sie aufhalten, denn sie wußten: Unser Herr lebt, und er „ist bei uns alle Tage bis an der Welt Ende"![7]

Ein naheliegender Vergleich

Die Erfahrungen der ersten Christen wiederholten sich in ähnlicher Weise in der Millerbewegung. Die Jünger waren in die Städte und Dörfer gegangen und hatten verkündigt: „Die Zeit ist erfüllt, das Reich Gottes ist herbeigekommen"; ohne die wirklichen Zusammenhänge verstanden zu haben. Sie vermischten die prophetische Zeitweissagung von den 70 Wochen, die sie in Daniel 9 fanden und auf die sich ihre Verkündigung stützte, mit ihren althergebrachten Vorstellungen und kamen zu falschen Schlußfolgerungen.

William Miller und seine Gefährten waren durch das Studium derselben Weissagung davon überzeugt, daß die 2300 Jahr-Tage nahezu abgelaufen sein mußten. Das war richtig, aber einige ihrer Schlußfolgerungen waren falsch. Auch bei ihnen war es so, daß althergebrachte kirchliche Irrtümer an entscheidender Stelle den Weg zur richtigen Erkenntnis versperrten. Bei der Auslegung der Wendung „... dann wird das Heiligtum wieder geweiht werden"[8] nahm William Miller gemäß

[7] Matthäus 28,20 [8] Daniel 8,14

der Anschauung seiner Zeit an, daß damit die Erde gemeint sei. Demzufolge vertrat er die Meinung, daß unter Weihe des Heiligtums nichts anderes zu verstehen sein könne als die Läuterung der Erde durch Feuer. Als er entdeckte, daß das Enddatum der 2300 Jahr-Tage aus den prophetischen Angaben genau zu errechnen war, meinte er fälschlicherweise, daß damit der Termin der Wiederkunft Jesu feststünde. Der Grund für diese verhängnisvolle Fehldeutung war vor allem die Tatsache, daß Miller die damals gängige Meinung bezüglich des Heiligtums übernommen hatte.

Der Begriff „Reinigung des Heiligtums" hatte im alttestamentlichen Opferdienst, der ja vor allem symbolischer Hinweis auf den Opfertod und den Mittlerdienst Jesu war, eine spezielle Bedeutung. Die letzte rituelle Handlung im jüdischen Jahreszyklus war die Reinigung des irdischen Heiligtums. Am Großen Versöhnungstag tilgte der Hohepriester durch eine besondere Opferhandlung die „aufgehäuften" Sünden des ganzen Jahres aus dem Allerheiligsten des Tempels.

Diese zeremonielle Handlung deutete vorausweisend an, was Jesus Christus, unser himmlischer Hoherpriester, zum Ende seines Versöhnungsdienstes tun würde. Entsprechend der Reinigung des irdischen Heiligtums sollten am Ende der 2300 Jahr-Tage die Sünden aller Gläubigen aus den „Büchern" des himmlischen Heiligtums getilgt werden. Dieser Vorgang schließt eine Untersuchung ein, sozusagen ein Gericht, das dem Kommen Christi in Macht und Herrlichkeit vorausgehen muß. Wenn der Herr wiederkommt, wird entschieden sein, wer zu ihm gehört und wer nicht. In der Offenbarung heißt es: „Siehe, ich komme bald und mein Lohn mit mir, zu geben einem jeglichen, wie seine Werke sind."[9] Auf dieses vor Jesu Wiederkunft stattfindende Gericht wird auch in der Botschaft des ersten Engels hingewiesen: „Fürchtet Gott und gebet ihm die Ehre; denn die Stunde seines Gerichts ist gekommen!"[10]

Als diese Nachricht Mitte des 19. Jahrhunderts verkündigt wurde, war das die richtige Botschaft zur richtigen Zeit. Aber die auf Daniel 8,14 und Offenbarung 14,7 gegründete Botschaft Millers war zu einseitig, weil er und seine Mitarbeiter übersehen hatten, daß Offenbarung 14 noch andere Aussagen enthielt, die ebenfalls vor der Wiederkunft Christi verkündigt

---

[9] Offenbarung 22,12 [10] Offenbarung 14,7

werden sollten. Wie einst die Jünger wegen ihrer falschen Vorstellungen enttäuscht wurden, so auch die Adventgläubigen im Jahre 1844. Sie hatten an dem allgemein-christlichen Verständnis des Heiligtums festgehalten und nicht gemerkt, daß es nicht den Aussagen der Bibel entsprach. In beiden Fällen gehorchten die Gläubigen Gottes Willen, indem sie seinen Ruf zur Umkehr weitergaben; dennoch wurden sie enttäuscht.

Trotz allem erfüllte die von Miller ausgehende Erweckungsbewegung ihren Zweck. Die Menschen sollten erkennen, daß Jesu Kommen in greifbare Nähe gerückt war. Die Gläubigen sollten sich fragen, ob ihr Herz und ihre Gedanken wirklich auf Christus und seine Wiederkunft ausgerichtet waren oder ob sie nur religiöse Traditionen aufrechterhielten. Waren sie wirklich bereit, ihre ehrgeizigen Pläne und die rein diesseitigen Hoffnungen aufzugeben, um sich auf den Tag des Herrn vorzubereiten? Viele hatten sich unter der Wucht der Gerichtsbotschaft bekehrt, aber häufig war nicht Liebe zu Jesus der Beweggrund, sondern sie taten es aus Angst oder religiöser Erregung. Angesichts der Enttäuschung über den ausbleibenden Herrn mußte sich zeigen, wessen Umkehr sich als echt erwies und starken Belastungen gewachsen war. Würden sich die Gläubigen enttäuscht von Gott abwenden oder demütig und unter Gebet zu erkennen suchen, inwiefern sie die Weissagung falsch verstanden hatten? Offensichtlich konnten viele nur auf diese Weise begreifen, wie gefährlich es ist, sich auf kirchliche Überlieferungen zu verlassen, statt das Vertrauen allein auf das Wort der Heiligen Schrift zu setzen.

Und nicht zuletzt sollten die Gläubigen erfahren, daß der Herr „barmherzig und ein Erbarmer“ ist; daß alle seine Wege „lauter Güte und Treue für alle (sind), die seinen Bund und seine Gebote halten“.[11]

---

[11] Psalm 25,10

20 Die Wahrheit macht frei

In Offenbarung 14,6.7 heißt es: „Und ich sah einen anderen Engel fliegen mitten durch den Himmel, der hatte ein ewiges Evangelium zu verkündigen denen, die auf Erden wohnen, allen Nationen und Stämmen und Sprachen und Völkern. Und er sprach mit großer Stimme: Fürchtet Gott und gebt ihm die Ehre; denn die Stunde seines Gerichts ist gekommen! Und betet an den, der gemacht hat Himmel und Erde und Meer und die Wasserquellen!"

Die Verkündigung des ewigen Evangeliums sollte eine große religiöse Erweckung zur Folge haben. Die Symbolgestalt eines Engels ist die Gewähr dafür, daß diese überaus wichtige Botschaft direkt von Gott kommt. Die Wendungen „mitten durch den Himmel", mit „großer Stimme", unter „allen Völkern" deuten an, daß die Botschaft in kurzer Zeit weltweit zu hören sein sollte. Sie selbst charakterisiert die Zeit, in der diese Erweckungsbewegung entstehen sollte. Es wird vom „ewigen Evangelium" und der „Stunde des Gerichts" gesprochen.

Das Evangelium ist so alt wie die Menschheit, aber die Verbindung mit dem Gericht deutet an, daß es hier um einen speziellen Teil der Heilsbotschaft gehen muß, der die letzte Zeit betrifft. Im prophetischen Wort finden sich Hinweise auf eine Reihe von Ereignissen, die bis in die erwähnte Gerichtszeit reichen. Das gilt vor allem für das Buch Daniel. Dort stoßen wir auf Weissagungen, die der Prophet „bis auf die letzte Zeit" versiegeln sollte, weil sie frühere Generationen nicht betrafen und für sie wohl auch nicht verständlich waren. Aber in der letzten Zeit sollten viele auf diese alten Prophezeiungen aufmerksam werden, sich mit ihnen beschäftigen und dabei zu überraschenden Erkenntnissen kommen. [1]

Der Apostel Paulus warnte schon zu seiner Zeit davor, sich im Blick auf die Wiederkunft Jesu in unbiblischen und unrealistischen Spekulationen zu ergehen. Er sagte unmißverständlich, daß der Tag Christi nicht kommen würde, „es sei denn, daß zuvor der Abfall komme und offenbart werde der

[1] Daniel 12,4

Mensch der Sünde".[2] Konkret bedeutet das: Jesu Wiederkunft war erst nach dem großen Abfall und der langen Herrschaft des „Menschen der Sünde" zu erwarten. Nach prophetischer Schau endete diese Zeitspanne im Jahre 1798. Erst danach konnte die Botschaft von der nahe bevorstehenden Wiederkunft Christi zu Recht verkündigt werden. Diese Gedanken werden durch einen Blick in die Kirchengeschichte bestätigt. Paulus wies die Gläubigen bezüglich der Wiederkunft des Herrn in eine weit entfernte Zukunft. Auch in der Reformationszeit war das Ende der Welt kein vordringliches Thema. Luther erwartete das Gericht etwa dreihundert Jahre nach seiner Zeit. Erst zu Anfang des 19. Jahrhunderts wuchs das Interesse am prophetischen Wort und das Verständnis für bisher verborgene Zusammenhänge. Es war so, als wenn plötzlich die Siegel gebrochen worden wären, die bis dahin das prophetische Wort ganz allgemein und Teile des Buches Daniel im besonderen verschlossen hielten.

Neue Erkenntnisse

Wie sich die Reformationsbewegungen im 16. Jahrhundert fast gleichzeitig und unabhängig voneinander in verschiedenen Ländern entwickelt hatten, so war es auch mit der Adventbewegung im 19. Jahrhundert. Die Zahl der Gläubigen, die sich mit dem prophetischen Wort beschäftigte, wuchs. Weissagungen, die seit Jahrhunderten unbeachtet oder unverstanden geblieben waren, gaben plötzlich ihre Geheimnisse preis. Immer mehr Bibelleser in Europa und Amerika kamen durch das Schriftstudium zu der Überzeugung, daß das Ende aller Dinge bevorstehe.

Im Jahre 1821, drei Jahre nachdem William Miller seine Erkenntnisse bezüglich der Wiederkunft Christi gewonnen hatte, begann ein gewisser Dr. Joseph Wolff (1795–1862) das baldige Kommen Jesu zu verkündigen. Er war, jüdischer Abstammung, in Deutschland als Sohn eines Rabbiners geboren worden, aber seit früher Jugend davon überzeugt, daß die Wahrheit nur im christlichen Glauben zu finden sei. In seinem Elternhaus hörte er häufig fromme Juden vom Messias und der zu erwartenden Wiederherstellung Israels reden. Eines Tages fiel dabei auch der Name Jesus von Nazareth. Der Junge frag-

[2] 2. Thessalonicher 2,3

te, wer das sei. Man antwortete ihm: „Ein begabter Jude. Weil er aber vorgab, der Messias zu sein, verurteilte ihn das jüdische Gericht zum Tode."

Als Joseph Wolff eines Tages fragte, warum Jerusalem zerstört worden war und die Juden in der Zerstreuung leben mußten, antwortete der Vater: „Ach, weil unsere Vorfahren immer wieder die von Gott gesandten Propheten umgebracht haben!" Dem Jungen kam sofort der Gedanke: War vielleicht auch Jesus von Nazareth ein Prophet, und die Juden haben ihn getötet, obwohl er unschuldig war?[3]

Dieser Gedanke bewegte ihn so sehr, daß er unbedingt Klarheit haben wollte. Da es ihm verboten war, eine christliche Kirche zu betreten, hörte er manchmal der Predigt von draußen zu. Als Siebenjähriger prahlte er vor einem älteren christlichen Nachbarn mit dem künftigen Triumph Israels, wenn der Messias kommen würde. Darauf erwiderte der alte Mann freundlich: „Mein Junge, ich will dir sagen, wer der wirkliche Messias ist: Es ist Jesus von Nazareth, der vor langer Zeit in Jerusalem gekreuzigt worden ist. Geh heim und lies das 53. Kapitel im Buch des Propheten Jesaja, und du kannst dich davon überzeugen, daß Jesus Christus der Sohn Gottes ist."

Joseph Wolff tat, wie ihm geheißen. Als er den Bibelabschnitt las, wunderte er sich, wie genau sich das alles im Leben des Mannes aus Nazareth erfüllt hatte. Sollte der Nachbar tatsächlich recht haben? Der Junge erzählte seinem Vater, was er erlebt hatte, und bat ihn, ihm die Weissagung des Jesaja zu erklären. Aber er bekam keine Antwort, sondern erntete nur finsteres Schweigen, so daß er es nie wieder wagte, auf diese Geschichte zurückzukommen. Sein Interesse für das Christentum wurde dadurch aber nur noch größer.

Im Alter von elf Jahren verließ Joseph Wolff sein Elternhaus. Er zog in die Welt, um sich die notwendige Bildung anzueignen, um in Sachen Beruf und Religion seine eigenen Entscheidungen treffen zu können. Eine Zeitlang fand er Unterkunft bei Verwandten, wurde aber bald als Abtrünniger weggeschickt und mußte seinen Lebensunterhalt mit Hebräischunterricht verdienen. Durch den Einfluß eines katholischen Lehrers trat er zum Katholizismus über und wünschte sich, als Missionar unter den Juden wirken zu können. Deshalb ging er wenig später zum Studium an ein katholisches Missions-

[3] Wolff, Reiseerfahrungen, Band I, 6f.

institut nach Rom.[4] Aber es dauerte nicht lange, da warf man ihm wegen seines unabhängigen Denkens und seiner offenen Kritik am Zustand der Kirche Ketzerei vor. Unter den argwöhnischen Blicken seiner Vorgesetzten arbeitete er an verschiedenen Stellen, aber schließlich wurde doch deutlich, daß er sich niemals wirklich der Kirche unterordnen würde. Man erklärte ihn für unverbesserlich und stellte es ihm frei zu gehen, wohin er wollte. Er ging nach England, wo er sich bald der anglikanischen Kirche anschloß. Nach zweijährigem Studium begann er im Jahre 1821 mit seinem Wirken.

Entgegen der Tradition

Wolff erkannte, daß die biblische Weissagung nicht nur auf die Menschwerdung des Gottessohnes hinwies, sondern auch von seinem Kommen in Herrlichkeit sprach. Er glaubte fest daran, daß Jesu Kommen nahe bevorstand. Seine Auslegung der prophetischen Zeitweissagungen wich vom Datum her nur wenige Jahre von dem ab, was William Miller predigte. Als man Wolff darauf aufmerksam machte, daß Jesus im Blick auf sein Kommen gesagt hatte: „Von dem Tage aber und von der Stunde weiß niemand“[5], antwortete er: „Sagte unser Herr, daß der Tag und die Stunde niemals bekannt werden sollten? Hat er uns nicht Zeichen der Zeit gegeben, damit wir wenigstens das Herannahen seiner Wiederkunft erkennen könnten, so wie man an dem Feigenbaum, wenn er Blätter treibt, weiß, daß der Sommer nahe ist?[6] Sollen wir jene Zeit nie erkennen können, obgleich er selbst uns ermahnt hat, den Propheten Daniel nicht nur zu lesen, sondern auch zu verstehen? ... Überdies will unser Herr damit nicht sagen, daß das Herannahen der Zeit unbekannt bleiben soll, sondern nur, daß niemand den bestimmten Tag und die genaue Stunde weiß. Er sagt, es soll genügend durch die Zeichen der Zeit bekannt werden, um uns anzutreiben, uns auf seine Wiederkunft vorzubereiten, gleichwie Noah die Arche baute.“[7]

In seinem Tagebuch äußerte sich Wolff kritisch zu der damals übliche Auslegung oder Mißdeutung der Bibel: „Der größere Teil der christlichen Kirche ist von dem klaren Sinn der Heiligen Schrift abgewichen und hat sich trügerischen Lehren

[4] Collegium pro fide propaganda [5] Matthäus 24,36 [6] Matthäus 24,32
[7] Wolff, Forschungen und Missionswirken, 404, 405

zugewandt ... sie nehmen an, daß Heiden darunter zu verstehen seien, wenn sie von Juden lesen; daß die Kirche gemeint sei, wenn Jerusalem dasteht; daß es Himmel bedeute, wenn es Erde heißt; daß an den Fortschritt der Missionsgesellschaften zu denken sei, wenn vom Kommen des Herrn die Rede ist; und daß unter dem Ausdruck ,auf den Berg des Hauses Gottes gehen' eine große Versammlung der Methodisten gemeint sei."[8]

Die Macht des Buches

Zwischen 1821 und 1845 bereiste Joseph Wolff viele Länder, um dort Studien zu treiben und das Evangelium zu verkündigen. Er war in Ägypten, Abessinien, Palästina, Syrien, Persien, Turkestan, Indien und in den Vereinigten Staaten von Amerika. In Washington hatte er sogar Gelegenheit, vor den Mitgliedern des Kongresses über seine Forschungen in Asien und seinen Glauben an die baldige Wiederkunft Christi zu sprechen.

Während seiner Reisen durch wenig zivilisierte Länder durchlitt er viel Mühsal und war zahlreichen Gefahren ausgesetzt. Mehrmals entkam er nur knapp dem Tode. Dennoch ließ er sich nicht entmutigen und gab niemals auf. Wenn man ihn davor warnte, sich unbewaffnet in gefährliche Gebiete zu begeben, dann erwiderte er, er sei mit den wirksamsten Waffen versehen, die man sich denken könne: mit dem Gebet, dem Eifer für Christus und dem Vertrauen auf Gottes Hilfe. „Ich habe auch", sagte er, „die Liebe zu Gott und meinem Nächsten im Herzen und trage die Bibel in meiner Hand." Wohin er auch ging, stets hatte er eine hebräische und eine englische Bibel bei sich. Von seinen späteren Reisen berichtete er: „Ich ... hielt die Bibel offen in meiner Hand. Ich fühlte, daß meine Kraft in dem Buche war und daß seine Macht mich erhalten würde."[9]

Wolff wurde nicht müde, die Botschaft vom wiederkommenden Herrn unter Juden, Türken, Parsen, Hindus und unter den Angehörigen anderer Völker und Religionen zu bezeugen. Dabei machte er die erstaunliche Erfahrung, daß es in einer völlig abgelegenen Gegend Turkestans Menschen gab, die seit langem auf die Wiederkunft Jesu warteten. Ferner berichtete er: „Die Araber des Jemen sind im Besitz eines Buches, ,Seera' genannt, das Kunde gibt von der Wiederkunft Christi

---

[8] Wolff, Tagebuch, 96 [9] Adams, In Perils Oft, 192f.

und seiner Regierung in Herrlichkeit, und sie erwarten für das Jahr 1840 große Ereignisse." [10] „Im Jemen ... befanden sich auch Israeliten aus dem Stamm Dan, ... die gemeinsam mit den Kindern Rechabs die baldige Ankunft des Messias in den Wolken des Himmels erwarten." [11]

Ein anderer Missionar stieß bei den Tataren auf ähnliche Erwartungen. Ein tatarischer Priester fragte ihn, wann Christus wiederkäme. Als der Missionar antwortete, er könne darüber nichts sagen, war der Priester erstaunt über soviel Unwissenheit bei einem Bibellehrer. Und dann erzählte der alte Mann, daß er auf Grund des prophetischen Wortes damit rechne, daß Christus um das Jahr 1844 wiederkommen werde.

Die Adventbotschaft breitet sich aus

Bereits 1826 begann man in England mit der Predigt der Adventbotschaft, ohne sich dabei auf ein bestimmtes Datum festzulegen. Ein zeitgenössischer englischer Schriftsteller gibt an, daß sich damals etwa siebenhundert Geistliche der anglikanischen Kirche an der Verkündigung dieses „Evangeliums vom Reich" beteiligten. Angeregt durch Schrifttum der Millerbewegung aus den USA, das in England verbreitet wurde, setzte sich auch in Großbritannien die Erwartung durch, daß Christi Wiederkunft für das Jahr 1844 zu erwarten sei.

In Südamerika erkannte der spanische Jesuit Lacunza als einer der ersten beim Studieren der Heiligen Schrift, daß Christus bald wiederkommen werde. Einerseits fühlte er sich gedrängt, diese Erkenntnis weiterzugeben, andererseits scheute er sich, dadurch in die Mühlen Roms zu geraten. Deshalb veröffentlichte er seine Überzeugung unter dem Decknamen „Rabbi Ben-Esra". Dabei gab er sich für einen zum Christentum übergetretenen Juden aus. Als Lacunzas Buch um 1825 in London in englischer Sprache erschien, weckte es das Interesse vieler Menschen an den prophetischen Voraussagen bezüglich des Kommens Christi.

Die Adventbotschaft in Deutschland

In Deutschland war es der lutherische Prälat Johann Albrecht Bengel (1687–1752), der die nahe bevorstehende

---

[10] Wolff, Tagebuch, 398f. [11] Wolff, ebd., 389

Wiederkunft Christi verkündigte. Als Bengel sich mit dem Text aus Offenbarung 21 befaßte, um eine Adventpredigt vorzubereiten, ging ihm plötzlich das Verständnis für die Botschaft von der Wiederkunft Christi auf. Die Bedeutung und Tragweite der von den Propheten vorausgesagten Ereignisse überwältigten ihn so, daß er sich eine Zeitlang nicht mehr mit diesem Thema beschäftigen konnte, um nicht in die Gefahr zu geraten, alles andere zu vernachlässigen. Dennoch ließ ihn der Gedanke an Jesu Kommen nicht los. So nutzte er bald wieder jede sich bietende Gelegenheit, das prophetische Wort – besonders die Offenbarung des Johannes – zu durchforschen. Bald kam er zu der Überzeugung, daß die Wiederkunft Christi in naher Zukunft zu erwarten sei. Der Zeitpunkt, den er für dieses Ereignis errechnete (1836), wich nur um wenige Jahre von dem ab, den später William Miller nannte.

Bengels Schriften stießen über seine württembergische Heimat hinaus in ganz Deutschland auf reges Interesse. Die Adventbotschaft war hier ebenso zu hören wie zur gleichen Zeit in anderen Ländern.

Die Gute Nachricht breitet sich aus

In Frankreich und in der Schweiz war es der protestantische Geistliche Louis Gaussen (1790–1863), der die Botschaft vom bald kommenden Herrn verkündigte. Aus Sorge, die Erwachsenen könnten seine Botschaft ablehnen, wandte er sich an die Kinder. Über sie gewann er nach und nach das Interesse der Eltern für die Adventbotschaft. Die Kirche füllte sich, weil nun auch die Erwachsen hören wollten, was ihr Pastor über die Wiederkunft Jesu zu sagen wußte. Die Verkündigung dieser Botschaft machte Gaussen bald zu einem der beliebtesten Genfer Prediger. Dennoch enthob man ihn eines Tages seines Amtes, weil er die Jugend nicht aus dem rationalistisch geprägten „Kirchenkatechismus“ unterrichtete, sondern direkt auf die Bibel zurückgriff. Später wurde er Lehrer an einer theologischen Schule und verbreitete seine Überzeugung nun vom Katheder aus und durch Schriften, die er zu prophetischen Themen und zum Kommen des Herrn verfaßte.

Auch in Skandinavien ließen sich viele durch die Verkündigung der Adventbotschaft aus ihrer sorglosen oder frommen Sicherheit aufrütteln. Die Geistlichkeit der Staatskirche sah diesen religiösen Aufbruch allerdings nicht gern. Sie versuchte dem entgegenzuwirken, indem sie einige von denen, die Jesu baldiges Kommen predigten, inhaftieren ließ. Die Wahrheit ließ sich dadurch freilich nicht unterdrücken, denn Gott gebrauchte an solchen Orten in wunderbarer Weise Kinder, um die Botschaft weiterzutragen. Da sie noch minderjährig waren, konnten sie auf Grund der bestehenden Gesetze nicht verhaftet und demzufolge nicht zum Schweigen gebracht werden.

Die Erweckungsbewegung breitete sich besonders unter der einfachen Bevölkerung aus. Die Kinderprediger stammten meist aus armseligen Hütten. Manche waren nicht älter als sechs bis acht Jahre. Sie unterschieden sich von ihren Altersgenossen durch nichts, außer daß sie Jesus liebten. Aber wenn sie vor den Menschen standen und dazu aufriefen: „Fürchtet Gott und gebet ihm die Ehre; denn die Stunde seines Gerichts ist gekommen!“, dann spürten die Zuhörer, daß hier Gott zu ihren Herzen sprach. Viele fingen an, wieder in der Bibel zu lesen und ihr Leben im Blick auf den kommenden Herrn neu zu ordnen. Was da an Erneuerung geschah, war nicht zu übersehen und schon gar nicht zu unterdrücken. Selbst die Vertreter der Staatskirche mußten gestehen, daß sich Gottes Hand in dieser Bewegung zeigte.

Gott wollte, daß die Botschaft von der Wiederkunft Jesu auch in den Ländern des Nordens verkündigt werden sollte. Als den Erwachsenen die Möglichkeit dazu genommen wurde, übertrug er diese Aufgabe unmündigen Kindern. Es war wie damals, als der Herr in Jerusalem einzog und Kinder im Tempel riefen: „Hosianna dem Sohn Davids!“ Auf die entrüsteten Vorhaltungen der Geistlichkeit antwortete Jesus mit einem Psalmwort: „Habt ihr nie gelesen: ‚Aus dem Munde der Unmündigen und Säuglinge hast du dir Lob bereitet‘?“ [12]

Zentrum der Adventbewegung blieb allerdings Nordamerika. Von dort aus wurden die Schriften Millers und seiner Mitarbeiter in alle Welt gesandt. Die Prophezeiungen, die auf Jesu Wiederkunft im Frühjahr 1844 zu deuten schienen, beeindruckten die Menschen tief. Viele waren davon überzeugt, daß die Millersche Auslegung des prophetischen Wortes in sich schlüssig war. Hier und da schlossen sich auch Geistliche aus verschiedenen Kirchen der Adventbewegung an, aber das war eher die Ausnahme. Aufs ganze gesehen, blieb die Verkündigung der Adventbotschaft ein Werk, das von Laien ge-

[12] Matthäus 21,15.16

tragen wurde. Bauern verließen ihre Felder, Handwerker ihre Werkstätten, Kaufleute ihre Geschäfte, um Menschen zur Umkehr zu rufen. Dabei nahmen sie bereitwillig Entbehrungen, Leiden und Spott auf sich. Diesen begeisterten und selbstlosen Glaubenszeugen ist es zu verdanken, daß damals Tausende von Menschen die Wahrheit erkannten und annahmen.

Eine überzeugende Botschaft

Wie seinerzeit Johannes der Täufer seine Zeitgenossen zur Umkehr aufgerufen hatte, so taten es auch die Verkündiger der Adventbotschaft. Wie er scheuten sie sich nicht, die „Axt an die Wurzel" zu legen und zur Buße aufzufordern. Das traf die Menschen im Innersten, zumal sie sonst von den Kanzeln meist Predigten hörten, die ihr Gewissen beschwichtigten, anstatt ihnen durch das klare und unmißverständliche Wort der Heiligen Schrift die Augen zu öffnen. Viele erkannten, daß sie bisher nur Namenschristen gewesen waren und vor Gott nicht bestehen konnten. Tief bewegt fragten Tausende von Menschen: „Was muß ich tun, damit ich gerettet werde?" [13] Sie änderten ihr Leben, bekannten ihre Sünden und bemühten sich, begangenes Unrecht wiedergutzumachen. Und nachdem sie selbst Frieden mit Gott gefunden hatten, setzten sie alles daran, andere auf den gleichen Weg zu führen. Eltern und Kinder fanden wieder zueinander; Stolz und Vorurteile wurden abgelegt; in den Familien rang man im Gebet um die Rettung von Verwandten, Freunden und Nachbarn.

Zuhörer aus allen Bevölkerungsschichten strömten in die Versammlungen der Adventgläubigen, um die Botschaft vom wiederkommenden Herrn zu hören. Und selbst wenn nur ganz schlichte Menschen Gottes Wort auslegten, spürten die Zuhörer, daß sie in der Vollmacht des Heiligen Geistes redeten. Es war, als wenn Gottes heilige Engel in den Versammlungen anwesend wären. Keiner, der das miterlebt hatte, konnte den tiefen Eindruck je wieder vergessen.

Widerstand und Feindschaft

Aber die Verkündigung der Adventbotschaft stieß nicht bei allen auf Gegenliebe, sondern rief auch heftigen Widerstand

---

[13] Apostelgeschichte 16,30

hervor. Manche stießen sich daran, daß Miller und seine Freunde die Wiederkunft Jesu mit Datum festgelegt hatten. Andere, die sich zwar Christen nannten, es aber im Grunde ihres Herzens nicht waren, wollten ihren leichtsinnigen oder weltlichen Lebensstil nicht aufgeben. Ihnen war es zuwider, daraufhin angesprochen zu werden, daß sie einmal vor Gott Rechenschaft ablegen müßten und daß dieser Tag nahe bevorstehe. Deshalb weigerten sie sich nicht nur, den klaren Beweisen aus der Schrift zu glauben, sondern versuchten auch, die Verkündiger der Adventbotschaft lächerlich zu machen. Für Satan war das ein Triumph, konnte er doch Christus vorhalten, wie wenig sich seine angeblichen Kinder tatsächlich nach ihm und seinem Kommen sehnten.

Eine der häufigsten Entgegnungen derer, die den Adventglauben ablehnten, war die: „Von dem Tage aber und von der Stunde weiß niemand, auch die Engel nicht im Himmel, auch der Sohn nicht, sondern allein der Vater.“ [14] Dieser Satz stammt aus dem Gespräch Jesu mit seinen Jüngern auf dem Ölberg. Die Freunde hatten ihn nach einem Termin für seine Wiederkunft und das Weltende gefragt: „... wann wird das geschehen?“ – und nach Vorzeichen für diese Ereignisse: „... und was wird das Zeichen sein?“ Auf die Frage nach dem Termin antwortete Jesus mit der Feststellung, daß außer dem Vater niemand den „Tag und die Stunde“ kenne. Andererseits nannte er konkrete Vorzeichen, an denen zu erkennen sei, daß die Zeit seines Kommens „nahe vor der Tür ist“. [15] Daran wird deutlich, daß zum Verständnis biblischer Aussagen die Gesamtschau wichtig ist. Deshalb dürfen Bibelworte nicht aus dem Zusammenhang gerissen und gegeneinander ausgespielt werden. Die Tatsache, daß Jesus keinen festen Termin nannte, kann doch nicht bedeuten, daß er damit sagen wollte, daß seine Nachfolger sich keine Gedanken über sein Kommen machen sollen. Im Gegenteil, er wollte zu gespannter Wachsamkeit ermutigen, die sich noch dazu in großen Zügen an den Ereignissen der Zeit orientieren soll.

Das alles versuchten die Verkündiger der Adventbotschaft ihren Kritikern deutlich zu machen, aber die schienen nur daran interessiert zu sein, sich die Gedanken an die Wiederkunft Christi vom Leibe zu halten, um ihr Leben nicht ändern zu müssen. Sie handelten damit genauso unverantwort-

---

[14] Matthäus 24,36 [15] Matthäus 24,33

lich wie die Menschen vor der Sintflut, die auch nichts von einem kommenden Gericht Gottes hören wollten und deshalb sehenden Auges ins Verderben rannten. Schlimm nur, daß ausgerechnet die meisten Geistlichen und Theologen Augen und Ohren vor der Wahrheit verschlossen. Sie hätten es eigentlich besser wissen müssen, denn sie kannten die Heilige Schrift. Als sie sahen, daß immer mehr Menschen an die nahe Wiederkunft Jesu zu glauben begannen, widersetzten sie sich mit ihrer einseitigen und falschen Deutung des Jesuswortes vom „Tag und von der Stunde". Damit hielten sie viele Unentschlossene zurück und lieferten denen, die ihr Leben nicht ändern wollten, eine willkommene Entschuldigung. Wo sich die Menschen dagegen nicht von Geistlichen, Freunden oder Familienangehörigen beeinflussen oder von ihren Kirchen unter Druck setzen ließen, sondern selbst im Wort Gottes forschten, bestätigte ein Vergleich mit der Heiligen Schrift die Wahrheit der Adventbotschaft. Nachdem sie ihr Leben geordnet und Gott übergeben hatten, sahen diese Gläubigen der Ankunft des Erlösers mit ruhigem Ernst entgegen. Von Gegnern, die das Warten auf den Herrn lächerlich machen wollten, wurde behauptet, die Adventgläubigen hätten sich „Himmelfahrtskleider" angefertigt, in denen sie auf Jesus vergeblich gewartet hätten. Aber das ist nicht wahr. (30) Wenn überhaupt von „weißen Kleidern" die Rede sein konnte, dann symbolisch in dem Sinne, daß die Herzen der Gläubigen durch das versöhnende Blut Christi gereinigt und damit „weiß" geworden waren. Und in dieser Hinsicht wäre nur zu wünschen, daß die Gläubigen von heute mit dem gleichen Ernst prüften, ob alles Trennende zwischen ihnen und Gott weggeräumt ist.

Allerdings bewahrte diese völlige Hingabe an ihren Herrn die Adventgläubigen der ersten Stunde nicht davor, daß sie sich im Blick auf das im prophetischen Wort angekündigte Ereignis irrten. Übrigens hatten ihre Gegner auch nicht begriffen, worum es eigentlich ging. Nur, daß es nicht die Wiederkunft Christi sein würde, davon waren die Skeptiker überzeugt. (31)

Als die für das Frühjahr 1844 erwartete Ankunft des Herrn nicht erfolgte, waren die Gläubigen maßlos enttäuscht. Nun zeigte sich, daß viele von ihnen doch keine echte Bekehrung erlebt hatten, sondern sich nur aus einer Gefühlsaufwallung heraus oder gar aus Angst vor dem Gericht der Adventbewegung angeschlossen hatten. Manche warfen den „Glauben" völlig über Bord, andere behaupteten, sie hätten nie wirklich an Jesu Kommen geglaubt. Einige dieser Leute spotteten als erste über den Kummer derjenigen, die wegen des Ausbleibens ihres Herrn enttäuscht waren. Aber gerade über diese Enttäuschten und Bekümmerten hielt Gott seine Hand.

21 Widerstand darf nicht entmutigen

Bei der Verkündigung der Wiederkunft Christi hatten William Miller und seine Mitstreiter nur das eine Ziel vor Augen, Menschen auf das kommende Gericht aufmerksam zu machen und sie zur Umkehr zu bewegen. Diejenigen, die bereits gläubig waren, wollten sie zu einer tieferen christlichen Erfahrung führen. Den Unbekehrten versuchten sie die Notwendigkeit von Buße und Bekehrung verständlich zu machen. Sie riefen die Menschen zur Erneuerung ihres Lebens auf, nicht zum Eintritt in eine neue Kirche oder Gemeinschaft. Miller betonte mehrfach, er habe „nie die Absicht gehabt, irgendeine Sonderrichtung außerhalb der bestehenden Gemeinschaften zu gründen ... ich wollte allen nützen. Ich nahm an, daß sich alle Christen auf das Kommen Jesu freuten, und dachte, daß jene, die nicht meine Erkenntnis teilten, dennoch die Adventgläubigen achten würden. Niemals hätte ich geahnt, daß es notwendig wird, eigene Versammlungen abzuhalten ... Die meisten von denen, die durch mein Wirken bekehrt wurden, schlossen sich den verschiedenen Kirchen an.“ [1]

Da Millers Wirken in den Kirchen neues geistliches Leben weckte, stand man ihm eine Zeitlang wohlwollend gegenüber. Aber in dem Maße, wie die Vorbehalte der Kirchenführer gegen die Adventbotschaft wuchsen, formierte sich auch der Widerstand. Vielerorts untersagte man es den Gläubigen, Predigten über die Wiederkunft Christi zu besuchen oder sich in der Gemeinde zu diesem Thema zu äußern. Das brachte viele Adventgläubige in eine schwierige Lage. Einerseits liebten sie ihre Gemeinde und wollten sich nicht von ihr trennen, andererseits konnten sie sich das Forschen in der Schrift und das Reden über ihre Erkenntnis nicht verbieten lassen, ohne dadurch ihren Glauben zu verleugnen. Die Folge war, daß im Sommer 1844 etwa 50 000 Menschen ihre Kirchen verließen, um ihrer Überzeugung nicht untreu werden zu müssen. Das war für viele christliche Gemeinden ein verhängnisvoller „geistlicher Aderlaß“, denn fast immer waren es die aktivsten und

[1] Bliss, Memoirs of William Miller, 328

gläubigen Glieder, die sich von ihrer Kirche trennten. Der Auszug dieser Christen hatte einen religiösen Niedergang und eine zunehmende Verweltlichung zur Folge, die sowohl in den Kirchen als auch in der Öffentlichkeit registriert wurden, ohne daß man allerdings die Gründe dafür wahrhaben wollte.

Anläßlich einer Versammlung des Presbyteriums von Philadelphia stellte Pastor Barnes, Verfasser eines damals weit verbreiteten Bibelkommentars, resigniert fest, daß er seit zwanzig Jahren sein Amt ausübe, aber noch nie erlebt habe, daß es so wenig Bekehrungen in seiner Gemeinde gebe. Schlimm sei auch, daß er bei seinen Gemeindegliedern kein Wachstum in der Gnade mehr feststellen könne, ganz davon zu schweigen, daß neuerdings kaum noch jemand zu ihm komme, um sich in Glaubensfragen Rat und Zuspruch zu holen. Vielmehr sei es so, daß mit zunehmendem Wohlstand und wachsender materieller Sicherheit in allen Kirchen und Gemeinschaften eine besorgniserregende Verweltlichung zu beobachten sei.[2]

Einige Monate vorher hatte sich Professor Finney vom Oberlin-College ähnlich geäußert. Er beklagte die Tatsache, daß die protestantischen Kirchen sich fast durchweg jeder geistlichen Erneuerung widersetzten und daß dem Kirchenvolk mehr an Vergnügungen, Tanzveranstaltungen und ausgelassenen Festlichkeiten gelegen sei als am Glauben. Es sei erschreckend, zusehen zu müssen, wie das kirchliche Leben immer mehr verfalle. Zusammenfassend stellte Finney fest, daß die Kirchen weit vom Herrn abgewichen seien und daß Gott sich deshalb auch von ihnen zurückgezogen habe.

Kein Interesse an Erweckung

Wenn über einzelne Kirchen oder Völker geistliche Finsternis hereinbricht, dann nicht deshalb, weil Gott seine Gnade zurückhielte, sondern weil die Menschen die ihnen angebotene Erkenntnis verachten und zurückweisen. Ein markantes Beispiel dafür ist die Erfahrung, die das Volk Israel zur Zeit Jesu machen mußte. Weil die Gedanken und Pläne der Menschen so sehr auf das Diesseits gerichtet waren, erkannten sie in Jesus Christus nicht den von Gott gesandten Erlöser und wiesen ihn zurück. Man hielt zwar weiterhin an den alten religiösen Bräuchen und Ordnungen fest, aber was nützte das al-

---

[2] Nach: Congregational Journal, 23.5.1844

les, wenn Gott sich seinem Volk nicht mehr offenbarte? Die Weissagungen des Propheten Daniel hatten unmißverständlich auf die Ankunft des Messias hingewiesen, aber man hatte sich nicht darum gekümmert. Anderes war wichtiger gewesen. Und später hatte man für diese Prophezeiungen erst recht nichts übrig, weil sie ein schlechtes Gewissen machten und Versäumnisse aufdeckten. Das führte schließlich dazu, daß die Rabbiner vom Studium des Buches Daniel abrieten und einen Fluch über alle aussprachen, die versuchen wollten, Berechnungen über das Kommen des Messias anzustellen.

Was damals geschah, war beileibe kein Einzelfall, sondern hat sich auch in der Geschichte der Christenheit abgespielt und wiederholt sich immer wieder. Wer geistliche Erkenntnisse unterdrückt, weil sie nicht seinen Erwartungen oder Neigungen entsprechen, wird über kurz oder lang Wahrheit nicht mehr vom Irrtum unterscheiden können. Das Gewissen verhärtet sich, das Herz wird verstockt, der Glaube verkümmert, die Liebe erkaltet, Meinungsverschiedenheiten führen zu Streitigkeiten, und die Gemeinschaft mit Gott wird zerstört.

Die Botschaft des ersten Engels

Das etwa war die religiöse Situation weiter Teile der Christenheit Anfang des 19. Jahrhunderts. In diese Landschaft paßte keine andere Botschaft besser als die des ersten Engels aus Offenbarung 14. Die Menschen sollten wissen, daß Gottes Gericht nicht mehr lange auf sich warten lassen würde und daß es Zeit war, sich auf Jesu Kommen vorzubereiten. Hätte die Christenheit damals den Warnruf ernst genommen, wäre sie ihrem ursprünglichen Auftrag, Hort der Einheit, des Glaubens und der Liebe zu sein, wieder gerecht geworden.

Wie es hätte sein können, zeigte sich an denen, die für die Adventbotschaft offen waren. Sie kamen zwar aus vielen verschieden Kirchen und Gemeinschaften, wurden aber dennoch eins im Glauben, weil sie alle trennenden Schranken niederrissen. Unterschiedliche Glaubensbekenntnisse wurden durch das gemeinsame Suchen nach der Wahrheit überwunden; falsche Vorstellungen über die Zukunft dieser Erde machten der biblischen Erkenntnis von den letzten Dingen Platz; Stolz und Anpassung an die Welt hörten auf; Unrecht wurde wiedergutgemacht, und die Gläubigen begegneten einander in Ehrerbietung und Liebe. Es gibt keinen Grund anzunehmen, daß dies nicht überall in den Kirchen hätte geschehen können. Aber es geschah nicht, weil die Mehrheit derer, die eigentlich Hirten ihrer Gemeinden sein sollten, nicht an das nahe bevorstehende Kommen Christi glauben wollte.

Da sich die Erkenntnisse aus den prophetischen Zeitangaben schwer widerlegen ließen, rieten viele Geistliche ihren Gemeindegliedern, sich gar nicht erst mit dem prophetischen Wort zu befassen. Was die Leute nicht wüßten, so meinten man, könne sie auch nicht beunruhigen. Man erweckte den Eindruck, daß die biblische Weissagung kaum oder gar nicht zu verstehen sei. Und diejenigen, die sich blind auf ihre Geistlichen verließen, sahen verständlicherweise keinen Grund, die Botschaft vom wiederkommenden Christus ernst zu nehmen. Sprach nicht auch die Tatsache, daß die meisten Verkündiger der Adventbotschaft Laien waren, gegen diese Lehre? Es war ähnlich wie damals in Jerusalem, als die Späher des Hohen Rates Jesus predigen hörten und dabei den Eindruck gewannen, er könne wirklich der Messias sein. Solche Gedanken zerstreuten die Pharisäer kurzerhand mit einem Argument, das bei autoritätsgläubigen Menschen stets Wirkung zeigt: „Glaubt denn einer von den Oberen oder Pharisäern an ihn?"[3]

Die Gründe, warum sich Menschen der ersten Engelsbotschaft verschlossen, mögen unterschiedlich gewesen sein, aber am Ende lief es auf dasselbe hinaus: Weil sie sich nicht von ihrer sündigen Lebensweise und ihrer Weltliebe trennen wollten, entfernten sie sich immer weiter von Gott. Hier lagen die Ursachen der bedenklichen Verweltlichung, des Abfalls und des geistlichen Niedergangs, die das kirchliche Leben um 1844 kennzeichneten.

Die Botschaft des zweiten Engels

In Offenbarung 14 folgt der ersten Engelsbotschaft eine zweite: „Sie ist gefallen, sie ist gefallen, Babylon, die große Stadt; denn sie hat mit dem Zorneswein ihrer Unzucht getränkt alle Völker."[4] Manche Sprachforscher übersetzen „Babylon" mit „Verwirrung". In der Heiligen Schrift werden mit „Babylon" bildhaft die verschiedenen Formen falscher Religion umschrieben. In Offenbarung 17 wird „Babylon" als Frau dargestellt. Es kommt in der Bibel nicht nur einmal vor, daß

[3] Johannes 7,47.48 [4] Offenbarung 14,8

die Frau zum Symbol für Gottes Volk oder die Gemeinde wird. Wenn von der reinen, tugendhaften Frau die Rede ist, geht es um die treue Gemeinde Gottes; die lasterhafte Frau steht für die untreue, vom Glauben abgefallene Gemeinde. Wenn man das weiß, nimmt es einen nicht wunder, daß das Verhältnis Gottes zu seiner Gemeinde in der Bibel mehrfach mit einer Ehegemeinschaft verglichen wird. [5]

Geistliche Untreue

Die Untreue einer Gemeinde, die ihr Vertrauen und ihre Liebe zu Christus aufgibt und ihr Herz statt dessen der Liebe zur Welt öffnet, wird mit dem Bruch des Ehegelübdes verglichen. Im Alten Testament wird dieses Bild von der gebrochenen Ehe ebenfalls im übertragenen Sinne gebraucht: „Das Haus Israel hat mir nicht die Treue gehalten, gleichwie ein Weib wegen ihres Liebhabers nicht die Treue hält, spricht der Herr". [6] Etwas weiter gefaßt, aber durchaus mit gleicher Zielstellung, heißt es im Jakobusbrief: „Ihr Abtrünnigen, wißt ihr nicht, daß Freundschaft mit der Welt Feindschaft mit Gott ist? Wer der Welt Freund sein will, der wird Gottes Feind." [7]

„Babylon", die Frau aus Offenbarung 17, wird dargestellt als „bekleidet mit Purpur und Scharlach und übergoldet mit Gold und edlen Steinen und Perlen und hatte einen goldenen Becher in der Hand, voll Greuel und Unflat und Hurerei, und an ihrer Stirn war geschrieben ein Name, ein Geheimnis: Das große Babylon, die Mutter der Hurerei und aller Greuel auf Erden." (Verse 4.5) Weiter heißt es: „Und ich sah das Weib, trunken von dem Blut der Heiligen und von dem Blut der Zeugen Jesu." (Vers 6) Schließlich wird „Babylon" beschrieben „als die große Stadt, die die Herrschaft hat über die Könige auf Erden". (Vers 18)

Die einzige Macht, die jahrhundertelang nach Belieben über die christlichen Fürsten, Könige und Kaiser geherrscht hat, ist Rom. Und Purpur, Scharlach, Gold und Edelsteine gehören bis heute zu der Pracht, die der päpstliche Stuhl und die römische Kirche entfalten. Schließlich läßt sich von keiner anderen Macht so mit Fug und Recht sagen, daß sie trunken war vom Blut der Heiligen, wie von der mittelalterlichen Kirche, die

[5] Hosea 2,21; 2. Korinther 11,2; Epheser 5,25.26 [6] Jeremia 3,20
[7] Jakobus 4,4

Millionen von Christen verfolgt, ihrer Freiheit beraubt und umgebracht hat.

Wenn von „Babylon“ als der „Mutter der Hurerei“ gesprochen wird, dann läßt sich daraus schließen, daß sie auch Töchter hat. Darunter sind alle Kirchen, Gemeinschaften und religiösen Gruppierungen zu verstehen, die sich zwar von der Mutterkirche getrennt haben, aber an bestimmten Lehren und Überlieferungen der „Mutter“ festhalten. Sie folgen ihrem Beispiel und geben damit die Wahrheit und die Treue zu Gott preis, um sich mit der Welt zu verbünden. Die Botschaft des zweiten Engels, die den Fall „Babylons“ ankündigt, bezieht sich offensichtlich auf religiöse Gemeinschaften, die einst treu waren, sich aber dann zur Untreue verleiten ließen. Da der Fall „Babylons“ erst angekündigt wird, nachdem zuvor in der Botschaft des ersten Engels von der „Stunde des Gerichts“ die Rede war, kann sich das alles nicht allein auf die römische Kirche beziehen, deren geistlicher Abfall ja schon seit Jahrhunderten für jedermann offenkundig war. Es muß die gesamte Christenheit der letzten Zeit gemeint sein, jedenfalls soweit sie sich in den Abfall von Gott und seinem Wort hat hineinziehen lassen.

Der Bund mit der Welt

Und noch etwas ist zu bedenken. Da in Offenbarung 18,4 Gottes Volk aufgefordert wird, „Babylon“ zu verlassen, müssen sich viele wahre Gotteskinder noch in „Babylon“ befinden. Wo findet man heutzutage den größten Teil der Nachfolger Christi? Zweifellos in den Kirchen und Gemeinschaften, die sich zum protestantischen Glauben bekennen. Den Gläubigen, die sie gründeten, ging es um nicht weniger als die Wahrheit und um ein ungebrochenes Verhältnis zu Gott. Aber auch sie gerieten auf den gefährlichen Weg der Machtentfaltung oder Anpassung an die Welt. Viele der protestantischen Kirchen folgten dem Beispiel Roms und gingen fragwürdige Verbindungen mit „den Königen auf Erden“ ein – die Staatskirchen durch ihre Bindung an den Staat, und andere Gemeinschaften, indem sie die Gunst und Anerkennung der Welt suchten.

Der symbolische Ausdruck „Babylon“ (Verwirrung) kann sich also auch ganz allgemein auf die Christenheit von heute beziehen, die zwar behauptet, ihre Lehren allein auf die Bibel zu stützen, aber ungeachtet dessen in unzählige voneinander abweichende Glaubensbekenntnisse und Anschauungen zersplittert ist.

In einem römisch-katholischen Werk heißt es: „Falls die römische Kirche sich in der Verehrung der Heiligen je der Abgötterei schuldig machte, so steht ihre Tochter, die anglikanische Kirche, ihr nicht nach; denn auf zehn Kirchen, die der Jungfrau Maria gewidmet sind, hat sie nur eine, die Christus geweiht ist." [8]

Der Theologe Samuel Hopkins drückte diesen Gedanken in einer Abhandlung über das Millennium noch deutlicher aus: „Wir haben keinen Grund, den antichristlichen Geist und seine Gebräuche auf die sogenannte römische Kirche zu beschränken. Die protestantischen Kirchen tragen viel Antichristliches in sich und sind weit davon entfernt, Verderbtheit und Bosheit überwunden zu haben." [9]

Im Blick auf die Trennung der presbyterianischen Kirche von Rom bewegte den Geistlichen Thomas Guthrie die bange Frage: „Vor dreihundert Jahren verließ unsere Kirche mit einer offenen Bibel auf ihrer Fahne und dem Wahlspruch ‚Forschet in der Schrift!' auf ihrer Urkunde die Tore Roms ... Aber ist sie wirklich rein aus ‚Babylon' herausgekommen?" [10]

Wehret den Anfängen!

Wie kam es in der frühen Christenheit zu dem großen Abfall vom biblischen Evangelium? Einer der wichtigsten Gründe war der Drang, sich den Gepflogenheiten der Welt anzupassen, um den Heiden den Übertritt zum Christentum zu erleichtern. Offenbar war dieser Trend schon sehr früh zu erkennen, denn der Apostel Paulus stellte fest: „Es regt sich bereits das Geheimnis des Frevels." [11] Solange die Apostel lebten, bewahrte sich die Gemeinde verhältnismäßig rein. Doch „gegen Ende des 2. Jahrhunderts vollzog sich in den meisten Gemeinden ein Wandel. Die frühere Einfachheit schwand, und als die Jünger verstorben waren, kamen unter deren Kindern und den Neubekehrten kaum merkbar neue Formen auf." [12]

---

[8] Challoner, The Catholic Christian Instructed, 21. 22 (Vorwort)
[9] Hopkins, Works, Band II, 328 [10] Guthrie, The Gospel in Ezekiel, 237
[11] 2. Thessalonicher 2,7 [12] Robinson, Ecclesiastical Researches, Kapitel 6, Abschnitt 17

Um Anhänger zu gewinnen, nahm man es mit den Glaubensgrundsätzen nicht mehr so genau. Die Folge davon war „eine heidnische Flut, die in die Kirchen hineinströmte und ihre Gewohnheiten, Gebräuche und Götzen mitbrachte". [13] Das Christentum sicherte sich auf diese Weise das Wohlwollen und die Unterstützung der Herrschenden einerseits und den Zustrom der Massen andererseits. Die Zahl der Namenschristen wuchs, und das Heidentum feierte in christlich verbrämter Form seine Wiedergeburt.

Im Rückblick auf die jüngere Geschichte muß man sich fragen, ob sich ähnliches nicht auch in den protestantischen Kirchen abgespielt hat. Es scheint so, als entginge keine Kirche der Gefahr, daß nach dem Aussterben ihrer Gründergeneration der ursprüngliche Geist der Hingabe und Erneuerung verlorengeht oder von der Sucht nach Anerkennung, Machtentfaltung und Anpassung an die Welt verdrängt wird. Häufig kam es auch vor, daß die Kirchen blindlings an den einmal formulierten Glaubenssätzen ihrer Väter festhielten, was sie unfähig machte, Erkenntnisse, die über das Althergebrachte hinausgingen, anzunehmen. Von der ursprünglichen Demut und Selbstverleugnung, von der Einfachheit und Gottesfurcht blieb meist nicht viel übrig. Heute gehört es zum guten Ton und ist es für alle möglichen persönlichen und geschäftlichen Unternehmungen förderlich, einer Kirche anzugehören. Wohlhabende und einflußreiche Mitglieder erhöhen das Ansehen der Gemeinde. Repräsentative und verschwenderisch ausgestattete Kirchenbauten erregen die Bewunderung der Leute und bringen neuen Zulauf. Begabten Geistlichen, die das Volk durch ihre Predigten begeistern, bezahlt man hohe Gehälter. Sünden wie Eitelkeit, Verschwendungssucht, Selbstsucht oder einen fragwürdigen Lebensstil dürfen sie freilich nicht rügen, denn das wollen die Leute nicht hören. Wen wundert es da, daß die Kirchenbücher gespickt sind mit den Namen solcher Christen, die nie eine wirkliche Bekehrung erlebt haben! Von den meisten unbemerkt, haben sich die Kirchen dem Zeitgeist ergeben und ihren Gottesdienst und die Verkündigung den Wünschen der Leute angepaßt. Sie greifen zu allem, was die Religion für die Massen akzeptabel zu machen verspricht.

Im New Yorker „Independent" war über den damaligen

[13] Gavazzi, Lectures, 278

Methodismus zu lesen: „Die Trennungslinie zwischen Gottesfürchtigen und Gottlosen verblaßt zu einem Halbschatten, und auf beiden Seiten sind Männer eifrig bemüht, alle Unterschiede zwischen ihrer Handlungsweise und ihren Vergnügungen zu verwischen ... Die Volkstümlichkeit der Religion zielt weitgehend darauf ab, die Zahl derer zu mehren, die sich Vorteile zu verschaffen suchen, ohne ihren Pflichten nachzukommen." In dem Maße, wie weltliche Gesinnung, Vergnügungssucht und der Geist der Anpassung zunehmen, gehen Selbstverleugnung und Hingabe an Christus verloren.

Robert Atkins zeichnete in einer in London gehaltenen Predigt ein düsteres Bild des in England herrschenden geistlichen Verfalls: „Die wahrhaft Gerechten auf Erden werden weniger, und niemand fühlt sich dadurch beunruhigt. Die sich heute in jeder Kirche zum Glauben bekennen, lieben die Welt, passen sich ihr an, trachten nach persönlicher Bequemlichkeit und streben nach Ansehen. Sie sind berufen, mit Christus zu leiden, aber sie schrecken schon vor einem Schmähwort zurück ... Abfall, Abfall, Abfall! steht an jeder Kirchentür geschrieben! Wenn sie es wüßten und merkten, so wäre noch Hoffnung vorhanden, aber sie rufen: Wir sind reich und haben gar satt und bedürfen nichts." [14]

Die „Babylon" zur Last gelegte Sünde besteht darin, daß es mit dem „Zorneswein ihrer Hurerei" alle Völker getränkt hat. Bildhaft wird hier von dem verderblichen Einfluß der Kirchen gesprochen, die den Menschen Lehren anbieten, die deutlich im Widerspruch zu den Aussagen der Heiligen Schrift stehen. Wäre die Welt nicht so hoffnungslos trunken von dem Wein „Babylons", könnten viele von der biblischen Wahrheit überzeugt werden. Aber heutzutage erscheint den Leuten der christliche Glaube so undurchsichtig und widersprüchlich, daß kaum noch jemand weiß, was wirklich wahr ist. Und was besonders schlimm ist: Daran sind nicht zuletzt die Kirchen selber schuld.

Die Botschaft des zweiten Engels aus Offenbarung 14 wurde erstmals im Sommer 1844 gepredigt und damals durchweg auf die Kirchen in den Vereinigten Staaten bezogen. In den USA war die Warnung vor dem kommenden Gericht besonders dringlich verkündigt und auch besonders hartnäckig zurückgewiesen worden. Zwar führte diese ablehnende Hal-

[14] Atkins, Second Advent Library, Traktat 39

tung dazu, daß der geistliche Niedergang sich immer rascher vollzog, dennoch kann sich die Botschaft des zweiten Engels im Jahre 1844 damit nicht endgültig erfüllt haben. Im Text der Offenbarung heißt es: „... sie ist gefallen, Babylon, die große Stadt; denn sie hat mit dem Zorneswein ihrer Hurerei getränkt *alle Völker.*“ [15] Offensichtlich ist der Abfall bis heute noch nicht zu *allen Völkern* durchgedrungen, hat also seinen Höhepunkt bisher nicht erreicht. Aber weit sind wir davon wohl nicht mehr entfernt, denn in der Heiligen Schrift heißt es von der Zeit unmittelbar vor Jesu Wiederkunft, daß Satan versuchen wird, die Menschen der ganzen Erde „mit allerlei lügenhaften Kräften und Zeichen und Wundern und mit allerlei Verführung zur Ungerechtigkeit“ zu verführen, „daß sie glauben der Lüge“. [16] Erst wenn die Verschmelzung von Christenheit und Welt so weit fortgeschritten ist, daß kaum noch Unterschiede zu erkennen sind, wird die Prophezeiung vom Fall „Babylons“ erfüllt sein. Diese Entwicklung ist zwar abzusehen, aber die endgültige Erfüllung von Offenbarung 14,8 steht noch aus.

Aus heutiger Sicht muß aber betont werden, daß sich trotz der geistlichen Finsternis und des Abfalls von der biblischen Lehre in den Kirchen, die unter dem Symbol „Babylon“ dargestellt werden, die Mehrzahl der wahren Nachfolger Christi noch in ihren Reihen befindet. Unter ihnen sind viele Gläubige, die Gottes Warnungsbotschaft noch nicht gehört haben. Sie sind mit ihrem gegenwärtigen Zustand nicht zufrieden und sehnen sich nach mehr Erkenntnis. Aber in ihren Kirchen können sie häufig nur noch wenig von der Wahrheit und vom Geist Christi entdecken. Bald wird die Zeit kommen, in der alle, die Gott wirklich lieben, nicht mehr länger unter denen leben können, die „die Lüste mehr lieben als Gott, die da haben den Schein eines gottesfürchtigen Wesens, aber seine Kraft verleugnen sie“. [17] Sie werden den Ruf „Gehet aus von ihr, mein Volk!“ [18] hören und „Babylon“ verlassen. Diese Aufforderung wird die letzte Botschaft sein, die Gott an die Welt ergehen läßt – und sie wird ihre Wirkung nicht verfehlen.

---

[15] Offenbarung 14,8 [16] 2. Thessalonicher 2,9–11 [17] 2. Timotheus 3,4.5
[18] Offenbarung 18,4

22 Gottes Zusagen erfüllen sich

Der Frühling des Jahres 1844 verstrich, ohne daß Christus wiedergekommen war. Unsicherheit und Zweifel begannen sich unter den Adventgläubigen zu regen. Kritiker und Feinde triumphierten, Spötter machten sich über die Enttäuschten lustig. Hatten sie nicht immer gesagt, daß Miller und seine Anhänger einem Traumbild nachjagten?

Die Gläubigen selbst suchten Trost im Wort Gottes. Wieder und wieder überprüften sie die Weissagungen und versuchten den Fehler für ihre Fehldeutung zu finden. Aber was sie auch unternahmen, das prophetische Wort schien ihren Glauben an die unmittelbar bevorstehende Wiederkunft Jesu nur noch zu bestätigen. Und war nicht die Bekehrung so vieler Menschen ein offenkundiger Beweis dafür, daß die Verkündigung der Adventbotschaft unter Gottes Segen gestanden hatte? Ja, sie waren enttäuscht.

Beim Bibelstudium stießen sie auch auf Abschnitte, die erstaunlich genau auf ihre gegenwärtige Situation zutrafen. Zu diesen Texten gehörte eine Prophezeiung des Propheten Habakuk: „Hier stehe ich auf meiner Warte und stelle mich auf meinen Turm und schaue und sehe zu, was er mir sagen und antworten werde auf das, was ich ihm vorgehalten habe. Der Herr aber antwortete mir und sprach: Schreibe auf, was du geschaut hast, deutlich auf eine Tafel, daß es lesen könne, wer vorüberläuft! Die Weissagung wird ja noch erfüllt werden zu ihrer Zeit und wird endlich frei an den Tag kommen und nicht trügen. Wenn sie sich auch hinzieht, so harre ihrer; sie wird gewiß kommen und nicht ausbleiben. Siehe, wer halsstarrig ist, der wird keine Ruhe in seinem Herzen haben, der Gerechte aber wird durch seinen Glauben leben.“ [1]

Auch ein Wort des Propheten Hesekiel ließ die Gläubigen neuen Mut schöpfen: „Du Menschenkind, was habt ihr da für ein Gerede im Lande Israel? Ihr sagt: Es dauert so lange, und es wird nichts aus der Weissagung. Darum sage zu ihnen: So spricht Gott der Herr: ... Die Zeit ist nahe, und alles kommt,

---

[1] Habakuk 2,1–4

was geweissagt ist ... Denn ich bin der Herr. Was ich rede, das soll geschehen und sich nicht lange hinziehen ... Das Haus Israel spricht: Mit den Gesichten, die dieser schaut, dauert's noch lange, und er weissagt auf Zeiten, die noch ferne sind. Darum sage ihnen: So spricht Gott der Herr: Was ich rede, soll sich nicht lange hinausziehen, sondern es soll geschehen, spricht Gott der Herr." [2]

Die Enttäuschten bezogen diese Schriftworte auf sich und glaubten, daß Gott, der die Jahrtausende überschaut, ihre Zweifel vorausgesehen hatte und ihnen durch die alten Prophetenworte neue Hoffnung und Zuversicht schenken wollte. Ohne diese Ermutigung hätten sie ihren Glauben in dieser schweren Prüfungszeit wohl nicht bewahren können.

Auch Jesu Gleichnis von den zehn Jungfrauen schien genau auf ihre Situation zugeschnitten zu sein: „Dann wird das Himmelreich gleich sein zehn Jungfrauen, die ihre Lampen nahmen und gingen aus, dem Bräutigam entgegen. Aber fünf unter ihnen waren töricht, und fünf waren klug. Die törichten nahmen ihre Lampen; aber sie nahmen nicht Öl mit sich. Die klugen aber nahmen Öl in ihren Gefäßen samt den Lampen. Da nun der Bräutigam lange ausblieb, wurden sie alle schläfrig und schliefen ein. Zur Mitternacht aber ward ein Geschrei: Siehe, der Bräutigam kommt; geht aus, ihm entgegen!" [3]

Im Kommen des Bräutigams sah man Christi Wiederkunft dargestellt, wie sie durch die Botschaft des ersten Engels angekündigt wurde. Das Ausgehen der Brautjungfern deckte sich mit dem geistlichen Aufbruch, der durch die Verkündigung der Adventbotschaft bewirkt worden war. Auch die Zweiteilung der jungen Mädchen in törichte und kluge ließ sich auf die Adventbewegung deuten. Die Törichten waren mit denen zu vergleichen, deren Glaube mehr dem Gefühl oder der Angst vor Strafe entsprungen war. Sie hatten sich zu sehr auf die Meinung anderer verlassen, anstatt selber um das Verständnis der Wahrheit zu ringen. Auf schnelle Belohnung für ihre frommen Bemühungen eingestellt, erlosch ihr Licht, als ihr Herr nicht zur erwarteten Zeit kam. An Verzögerung oder Enttäuschung hatten sie nicht gedacht.

Anders die Klugen unter den Adventgläubigen. Sie hatten die „Leuchte des Wortes Gottes" ergriffen und waren dem Herrn entgegengegangen; und sie hatten darüber hinaus für

[2] Hesekiel 12,21–25.27.28 [3] Matthäus 25,1–6

Nachschub an Öl gesorgt. Ihr Glaube beruhte nicht auf Gefühlsbewegung oder Furcht, sondern stützte sich auf Gottes Wort, auf die Hingabe des Herzens und auf das Wirken des Heiligen Geistes in ihrem Leben. Sie hatten Erfahrungen mit Gott gemacht, die nicht durch Enttäuschung oder durch die scheinbare Verzögerung der Wiederkunft Jesu ausgelöscht werden konnten.

Und schließlich paßte auch die Passage des Gleichnisses, in der vom Ausbleiben des Bräutigams die Rede ist, genau zu ihrer Erfahrung. Der Glaube an die nahe bevorstehende Wiederkunft Christi war also nicht falsch, man hatte nur nicht bedacht, daß sich der berechnete Termin hinausschieben könnte. Nun kam es bloß darauf an, nicht den Mut zu verlieren – wie diejenigen, die zu zweifeln begannen oder den Glauben ganz aufgaben –, sondern mutig durchzuhalten. Jeder mußte jetzt für sich stehen oder fallen.

Schwärmerei und Fanatismus

Etwa um diese Zeit begannen sich Schwärmerei und Fanatismus unter den Adventgläubigen zu regen. Einige, die behauptet hatten, fest an die biblische Botschaft zu glauben, verwarfen Gottes Wort und verloren sich in persönlichen Gefühlen, Eindrücken und Vorstellungen. Dabei erhoben sie den Anspruch, direkt vom Geist Gottes geleitet zu sein. Sie verurteilten alle, die ihr fanatisches Verhalten und ihren blinden religiösen Eifer nicht billigten. Zwar bildeten sie nur einen verschwindend kleinen Teil der Adventgläubigen, aber es genügte, um die Wahrheit in Verruf zu bringen. Offenbar war es Satan überaus wichtig, die Adventbewegung vor aller Welt verächtlich zu machen. Dabei fand er willige Helfer, die jeden Irrtum und jedes Fehlverhalten von Adventgläubigen an die große Glocke hängten oder in den grellsten Farben ausmalten, um damit der ganzen Bewegung zu schaden.

Neu war das alles nicht. Tatsächlich hat es in der Kirchengeschichte keine Erweckungsbewegung und keine Reformation gegeben, der Satan nicht auf ähnliche Weise Schaden zugefügt hätte. Überall dort, wo der Apostel Paulus die Botschaft von Jesus Christus verkündigte, gab es nicht nur Bekehrungen, sondern auch Scheinbekehrungen. Häufig gingen gerade von denen, die den christlichen Glauben nur äußerlich oder unter falschen Voraussetzungen angenommen hatten, die ärgsten Irrlehren aus. Zur Zeit Luthers machten fromme Fanatiker und religiöse Schwarmgeister den Reformatoren das Leben schwer. Später erlebten die Gebrüder Wesley und andere Erweckungsprediger es immer wieder, daß ihr Werk durch übereifrige, unausgeglichene und ungeheiligte Menschen in Gefahr geriet.

William Miller war ein nüchtern denkender Christ, der nichts mit unausgegorenen Ideen und schwärmerischen Verhaltensweisen zu tun haben wollte. „Der Teufel", sagte Miller, „hat heute große Macht über die Gemüter mancher Menschen. Und wie sollen wir wissen, wes Geistes Kinder sie sind? ... Es sind viele Geister in die Welt hinausgegangen, und es ist uns geboten, die Geister zu prüfen. Der Geist, der uns nicht dazu treibt, in dieser Welt nüchtern, gerecht und gottesfürchtig zu leben, ist nicht der Geist Christi. Mehr und mehr bin ich davon überzeugt, daß Satan sein Werk in diesen wilden Bewegungen hat." [4]

Zur Zeit der Reformation legten deren Feinde alle fanatischen Auswüchse gerade denen zur Last, die sich bemühten, solchem Treiben Einhalt zu gebieten. Die Gegner der Adventbewegung gingen ähnlich vor. Sie zerrten Irrtümer, schwärmerisches und überspanntes Verhalten einzelner oder kleiner Randgruppen in das Licht der Öffentlichkeit und taten so, als seien solche Auswüchse typisch für die Adventbewegung. Und wenn sie nichts Ehrenrühriges finden konnten, scheuten sie sich auch nicht, Gerüchte und Lügen in Umlauf zu bringen. Warum das alles? Offenbar fühlten sich diese Menschen durch die Verkündigung der nahe bevorstehenden Wiederkunft Christi in ihrer Ruhe und Selbstzufriedenheit gestört. Sie wollten sich nicht bekehren und setzten alles daran, die mundtot oder lächerlich zu machen, die zur Umkehr aufforderten.

Es ist wahr, daß es in den Reihen der Adventgläubigen Fanatiker und Schwärmer gab, aber das ist noch lange kein Beweis dafür, daß diese Bewegung nicht von Gott war. Schwärmerei und Uneinigkeit entstanden nämlich keineswegs durch die Verkündigung der Wiederkunft Christi, sondern machten sich schon vorher bemerkbar. Die Predigt der ersten Engelsbotschaft und der „Mitternachtsruf" wirkten vielmehr schwärmerischen und fanatischen Tendenzen entgegen.

---

[4] Bliss, Memoirs of William Miller, 236. 237

Der Fehler scheint gefunden zu sein

Im Sommer 1844 wurde entsprechend den Worten im Gleichnis von den zehn Jungfrauen der Ruf verkündigt: „Siehe, der Bräutigam kommt; gehet aus, ihm entgegen!“ [5] Bei vielen wurde die Hoffnung auf das Kommen des Herrn erneut angefacht, zumal die prophetische Begründung einleuchtend war. Man hatte nämlich entdeckt, daß der Erlaß des Artaxerxes zum Wiederaufbau Jerusalems, der den Beginn der Zeitspanne der 2300 Jahre markiert, erst im Herbst des Jahres 457 v. Chr. in Kraft getreten war. Wenn man das berücksichtigte, konnte die „Weihe des Heiligtums“ erst im Herbst 1844 stattfinden, und nicht im Frühjahr des Jahres, wie bisher angenommen.

Auch die Schlußfolgerungen, die man aus den alttestamentlichen Opferhandlungen und den Weissagungen auf Jesu erstes Kommen zog, wiesen auf den Herbst hin. Diese Sinnbilder – beispielsweise das Schlachten des Passalammes – fanden ihre Erfüllung nicht nur in den vorhergesagten Ereignissen, sondern auch genau zur vorausbestimmten Zeit. Am vierzehnten Tag des ersten jüdischen Monats, dem gleichen Tag und Monat, an dem anderthalb Jahrtausende lang das Passalamm geschlachtet worden war, setzte Jesus die Abendmahlsfeier ein, die an seinen Tod als „Gottes Lamm, welches der Welt Sünde trägt“ erinnern sollte. [6] Kurz danach wurde Jesus verraten, gefangengenommen und am andern Tag ans Kreuz geschlagen.

Weil sich diese und andere alttestamentliche Symbolhandlungen wortgetreu und zur vorausgesagten Zeit erfüllt hatten, waren die Gläubigen davon überzeugt, daß es mit den Voraussagen über die Wiederkunft Christi nicht anders sein würde. Die Reinigung des israelitischen Heiligtums fand im Rahmen des großen Versöhnungstages am zehnten Tag des siebten jüdischen Monats statt. Nachdem der Hohepriester an diesem Tage die Versöhnung für ganz Israel erwirkt und damit die Sünden aus dem Heiligtum entfernt hatte, kam er heraus und segnete des Volk. Die Adventgläubigen rechneten damit, daß Christus, unser himmlischer Hoherpriester, ebenso erscheinen würde, um die Erde von der Sünde und den Sündern zu reinigen und die Seinen in sein Reich zu holen. Der zehnte Tag des jüdischen siebten Monats nach unserer Zeitrechnung

---

[5] Matthäus 25,6 [6] Johannes 1,29

fiel im Jahre 1844 auf den 22. Oktober. Da lag es nahe, die Wiederkunft Christi – analog dem alttestamentlichen Versöhnungsdienst – für eben diesen Tag zu erwarten. Diese Schlußfolgerung schien um so zwingender zu sein, weil sie durch die Tatsache gestützt wurde, daß die 2300 Jahre im Herbst 1844 abliefen.

Der Ruf um Mitternacht

Die biblischen Hinweise auf das Erscheinen des „Bräutigams" waren so eindeutig, daß Tausende von Gläubigen den „Mitternachtsruf" aufnahmen und weitergaben. Wie eine Flutwelle breitete sich erneut eine Erweckung über das Land aus und schwemmte Vorbehalte, Schwärmerei, Fanatismus und alle Zweifel kurzerhand hinweg. An Stelle von Verzagtheit und Ungewißheit beseelten Hoffnung und Zuversicht die Herzen der Gläubigen. Die Menschen stellten sich mit ihrem Leben dem Urteil Gottes, bekannten ihre Sünden und übergaben sich ganz Gott. Seit den Tagen der Apostel war wohl kein geistlicher Aufbruch so echt und rein wie jener im Herbst 1844.

Der Ruf: „Der Bräutigam kommt; gehet aus, ihm entgegen!" erfaßte weite Kreise der Bevölkerung. Nicht die Begabtesten, sondern die Demütigen und Gottergebenen waren die ersten, die den Ruf hörten und ernst nahmen. Bauern ließen ihre Ernte auf den Feldern stehen, Handwerker legten ihr Werkzeug aus der Hand, um sich denen anzuschließen, die andere auf das Kommen des Herrn aufmerksam machten. Bezeichnenderweise verschlossen sich die Kirchen auch weiterhin der Botschaft von der nahen Wiederkunft Christi. Viele Adventgläubige traten deshalb aus ihrer Kirche aus, um ihres Glaubens leben zu können. Damit begann sich zu erfüllen, was in der zweiten Engelbotschaft vorausgesagt worden war: „Sie ist gefallen, sie ist gefallen, Babylon, die große Stadt ..." [7] Die Erwartung des kommenden Herrn machte die Menschen bereit, alles aufzugeben, was sie hinderte, ganz für Gott dazusein. Sogar Leute, die nur aus Neugier oder Sensationslust zu den Versammlungen der Adventgläubigen gingen, konnten sich dem Einfluß des Heiligen Geistes nicht entziehen.

Damals war den Gläubigen Gottes Wort wichtiger als die

[7] Offenbarung 14,8

tägliche Nahrung, und das Wohlwollen Gottes bedeutete ihnen mehr als wirtschaftlicher Erfolg oder Ansehen. Bedrückte irgend etwas das Herz der Adventgläubigen, so ruhten sie nicht, bis alles wieder in Ordnung gebracht war.

Und wieder wurden sie enttäuscht

Aber wiederum sollten sie enttäuscht werden. Die Zeit verstrich, ohne daß der Herr erschien. Die Gläubigen fühlten sich wie damals Maria, als sie zum Grab Jesu ging und es leer vorfand. Weinend rief sie aus: „Sie haben meinen Herrn weggenommen, und ich weiß nicht, wo sie ihn hingelegt haben.“[8]

Eine Zeitlang hatten sich die Ungläubigen und die Kritiker zurückgehalten, als hätten sie insgeheim befürchtet, daß am Adventglauben doch etwas daran sein könnte. Als Christus aber zum vorausgesagten Termin nicht wiederkam und von einem Gottesgericht nichts zu spüren war, ergossen sich erneut Spott und Hohn über die Enttäuschten. Viele gaben ihren Glauben ganz auf, andere wechselten die Fronten und bekämpften nun ihrerseits die ehemaligen Glaubensfreunde, um von sich selber abzulenken. Die Mehrheit der Anhänger Millers war nach dem Ausbleiben des Herrn davon überzeugt, daß für die nächsten Jahrhunderte oder gar Jahrtausende weder das Ende der Welt noch der Anbruch des Reiches Gottes zu erwarten sei.

Für diejenigen, die trotz allem den Glauben nicht über Bord warfen, brach eine schwere Zeit an. Voller Sehnsucht hatten sie gebetet: „Komm, Herr Jesus, komme bald!“ Aber er war nicht gekommen. Nun mußten sie ihre Enttäuschung überwinden, hatten sich wieder den Erfordernissen des Alltags zu stellen und mußten darüber hinaus den Hohn und die Sticheleien ihrer Mitmenschen ertragen.

Botschaften zur rechten Zeit

Wenn die Adventgläubigen im voraus gewußt hätten, daß Jesus nicht zu der erwarteten Zeit kommen würde, wären sie wohl nicht in der Lage gewesen, die erste und zweite Engelsbotschaft so überzeugend zu verkündigen und die Menschen zur Umkehr zu rufen. Gott will nicht, daß die Menschheit

---

[8] Johannes 20,13

ungewarnt in die Ereignisse der letzten Zeit hineingerät. Deshalb ließ er die Millerbewegung entstehen, die seine Warnungsbotschaft in alle Welt tragen sollte. Offenbar hätte sich das ohne die konkrete Naherwartung der Wiederkunft Jesu nicht ergeben. Die Gläubigen wären zu dieser Verkündigung nicht in der Lage gewesen, wenn sie die Weissagungen völlig verstanden hätten, die auf die Enttäuschung und eine andere Botschaft hinwiesen. Denn diese sollte vor der Wiederkunft des Herrn noch allen Nationen gepredigt werden.

Die Erwartung der Kritiker, daß nach der großen Enttäuschung die gesamte Adventbewegung zusammenbrechen würde, erfüllte sich nicht. Zwar gaben Anhänger Millers den Adventglauben auf, aber es gab auch solche, die daran festhielten. Sie waren trotz allem davon überzeugt, daß diese gewaltige Erweckungsbewegung dem Wirken des Heiligen Geistes zuzuschreiben war und nicht bloßes Menschenwerk sein konnte. Im übrigen konnten sie nach wie vor in ihrer Berechnung keinen Fehler entdecken, und ihre Gegner hatten ihr Prinzip bei der Deutung des prophetischen Wortes nicht widerlegen können. Die Erkenntnisse, die sie unter Gebet und durch die Führung des Heiligen Geistes aus der Heiligen Schrift gewonnen hatten, konnten sie nicht einfach aufgeben. Freilich, das erwartete Ereignis war ausgeblieben; aber selbst das konnte ihr Vertrauen auf Gottes Wort nicht erschüttern. Sie waren davon überzeugt, daß der Herr sie bei der Verkündigung der Gerichtsbotschaft auf die gleiche Weise geführt hatte, wie das seinerzeit bei Jona der Fall war, der Ninive den Untergang ankündigen mußte.

Die Adventgläubigen erklärten: Die Botschaft „hat die Herzen aller, die sie hörten, geprüft. Sie erweckte eine Liebe für das Erscheinen des Herrn oder löste einen mehr oder weniger vorhandenen Haß gegen Christi Kommen aus. Eine Trennungslinie war gezogen, so daß die, die bereit waren, ihre Herzen zu prüfen, wissen konnten, auf welcher Seite sie gestanden hätten, wenn der Herr damals gekommen wäre ... Gott hat, so glauben wir, seine Kinder geprüft und festgestellt, ob sie bereit waren, diese Welt aufzugeben und mit unbedingtem Vertrauen auf Gottes Wort zu bauen.“ [9]

Die Empfindungen derer, die auch weiterhin an die Führung Gottes glaubten, drückte William Miller so aus: „Wenn

---

[9] The Advent Herald & Signs of the Times Reporter, Bd. VIII, Nr. 14, 1844

ich auch zweimal enttäuscht wurde, so bin ich doch nicht niedergeschlagen oder entmutigt ... Meine Hoffnung auf das Kommen Jesu ist stärker denn je. Ich habe nur das getan, was ich nach Jahren ernsten Nachdenkens für meine heilige Pflicht hielt. Habe ich mich geirrt, so geschah es aus christlicher Liebe ... Nach menschlichem Ermessen sind Tausende durch die Verkündigung des Endes der Zeit dahin gebracht worden, die Heilige Schrift zu studieren. Sie sind durch den Glauben an das vergossene Blut Christi mit Gott versöhnt worden."[10]

„Werft euer Vertrauen nicht weg ..."

Der Herr hatte zwar die Enttäuschung nicht verhindert, aber er ließ die Gläubigen in dieser Prüfung nicht allein. Sein Geist und seine Gnade waren auch weiterhin mit denen, die ihrer Überzeugung und der Adventbewegung treu blieben. Im Brief an die Hebräer fanden die Gläubigen den Trost, den sie damals brauchten: „Werfet euer Vertrauen nicht weg, welches eine große Belohnung hat. Geduld aber ist euch not, auf daß ihr den Willen Gottes tut und das Verheißene empfanget. Denn noch über eine kleine Weile, so wird kommen, der da kommen soll, und wird nicht lange ausbleiben ... Wir aber sind nicht von denen, die zurückweichen und verdammt werden, sondern von denen, die glauben und die Seele retten."[11]

Offensichtlich sind diese Worte an die Gemeinde der letzten Tage gerichtet. Aus ihnen geht auch hervor, daß sich das Kommen des Herrn verzögern kann. Traf das nicht alles auf die Erfahrungen der Adventgläubigen jener Zeit zu? Standen sie nicht in der Gefahr, den Glauben zu verlieren? Sie hatten Gottes Willen getan und waren der Führung seines Geistes und seinem Wort gefolgt. Dennoch waren ihre Hoffnungen enttäuscht worden, und die Zukunft lag dunkel vor ihnen. Kritiker und Spötter hielten ihnen vor: „Ihr seid getäuscht worden. Gebt euren Glauben auf und gebt endlich zu, daß die Adventbewegung letztlich ein Werk Satans gewesen ist!" Aber das wollten und konnten sie nicht, hätten sie doch damit all die Erfahrungen, die ihnen durch den Geist Gottes geschenkt worden waren, verleugnen müssen.

Deshalb sahen die Gläubigen damals nur einen gangbaren

---

[10] Bliss, ebd., 255ff. [11] Hebräer 10,35–39

Weg: Sie wollten das Licht hüten, das Gott ihnen geschenkt hatte, und unter Gebet und Bibelstudium geduldig darauf warten, daß Gott ihnen die noch fehlende Erkenntnis geben würde.

23 | Das Geheimnis des Heiligtums

Die Berechnung der Wiederkunft Christi durch William Miller und seine Anhänger stützte sich vor allem auf eine Bibelstelle im Buch Daniel: „Bis zweitausenddreihundert Abende und Morgen vergangen sind; dann wird das Heiligtum wieder geweiht werden.“ [1] Als der Herr zu der erwarteten Zeit nicht kam, fragten sich die Gläubigen natürlich, wo der Fehler zu suchen sei. An der Berechnung des Zeitabschnittes konnte es nicht liegen, die war wieder und wieder überprüft worden und deckte sich genau mit den prophetischen und geschichtlichen Fakten. Andererseits war man sich darin einig, daß Gottes Wort absolut zuverlässig ist. Wenn also der Fehler auch hier nicht zu suchen war, dann mußte irgend etwas anderes mißverstanden oder falsch gedeutet worden sein. Aber was?

Da sich in der Berechnung der prophetischen Zeitkette kein Irrtum entdecken ließ, blieb nur die Frage nach der Bedeutung des im Text genannten Begriffs „Heiligtum“ übrig. Bisher war man von der damals üblichen Vorstellung ausgegangen, daß die Erde das Heiligtum sei, das bei Jesu Wiederkunft von aller Sünde und Unvollkommenheit gereinigt werden sollte. Erstaunt stellten die Adventgläubigen nun fest, daß es dafür keinen biblischen Beleg gibt. Je mehr sie sich mit dem biblischen Befund über das Heiligtum befaßten, desto deutlicher erkannten sie die Bedeutung dieser Einrichtung und das damit verbundene Problem.

Im Hebräerbrief heißt es: „Es hatte zwar auch der erste Bund seine Satzungen für den Gottesdienst und sein irdisches Heiligtum. Denn es war da aufgerichtet die Stiftshütte: der vordere Teil, worin der Leuchter war und der Tisch und die Schaubrote, und der heißt das Heilige; hinter dem zweiten Vorhang aber war der Teil der Stiftshütte, der das Allerheiligste heißt. Darin waren das goldene Räuchergefäß und die Bundeslade, ganz mit Gold überzogen; in ihr waren der goldene Krug mit dem Himmelsbrot und der Stab Aarons, der gegrünt hatte, und die Tafeln des Bundes. Oben darüber aber waren

---

[1] Daniel 8,14

die Cherubim der Herrlichkeit, die überschatteten den Gnadenthron."[2]

Mit dieser Beschreibung bezog sich der Verfasser des Hebräerbriefes auf die Stiftshütte, die Mose auf Geheiß Gottes[3] als irdische Wohnstätte des Allerhöchsten hatte erbauen lassen. Da sich Israel zu dieser Zeit noch auf der Wanderung zwischen Ägypten und dem verheißenen Land befand, mußte das Heiligtum transportabel sein. Neben dem *Vorhof*, in dem der Brandopferaltar stand, gehörten zur Stiftshütte das *Heilige* und das *Allerheiligste*. Die einzelnen Bereiche waren durch Vorhänge voneinander getrennt.

Heiliges und Allerheiligstes

Im Heiligen befand sich an der Südseite ein goldener Leuchter mit sieben Lampen, die Tag und Nacht brannten; nach Norden hin stand der Schaubrottisch. Vor dem Vorhang, der das Heilige vom Allerheiligsten trennte, war der Räucheraltar zu sehen, von dem täglich Weihrauch als Sinnbild der Gebete Israels zu Gott emporstieg.

Im Allerheiligsten stand die Bundeslade, eine mit Gold überzogene hölzerne Truhe, in der die beiden Steintafeln mit den Zehn Geboten aufbewahrt wurden. Der Deckel der Truhe war mit zwei Engelgestalten aus getriebenem Gold geschmückt. Die Bundeslade war der Ort, von dem aus sich Gott seinem Volk offenbarte: „Dort will ich dir begegnen, und vom Gnadenthron aus ... zwischen den beiden Cherubim will ich mit dir alles reden, was ich dir gebieten will für die Israeliten."[4]

Später baute König Salomo dem Herrn ein massives Heiligtum, das zwar größere Ausmaße hatte, doch von der Einteilung und Ausstattung her der Stiftshütte entsprach. Bei der Einnahme Jerusalems durch die Babylonier wurde dieser Tempel zerstört, aber später wieder aufgebaut. Als die Römer die jüdische Hauptstadt im Jahre 70 n. Chr. eroberten, wurde auch der zweite Tempel für immer dem Erdboden gleichgemacht. Heute gibt es in Jerusalem nur noch ein paar Stützmauern des ehemaligen Tempelplatzes, das Heiligtum selbst existiert nicht mehr.

---

[2] Hebräer 9,1–5 [3] 2. Mose 25,8 [4] 2. Mose 25,22

Irdische und himmlische Wirklichkeit

Diesen irdischen Tempel meinte der Schreiber des Hebräerbriefes, als er vom Heiligtum des „ersten Bundes" sprach. Für die Adventgläubigen war klar, daß es auch einen „zweiten Bund" geben müsse, wenn die Bibel vom „ersten Bund" spricht. Daraus ergab sich für sie die Frage: Wenn im Zusammenhang mit dem ersten Bund ein Heiligtum erwähnt wird, müßte der neue Bund dann nicht auch ein Heiligtum haben?

Als sie weitere Texte im Hebräerbrief lasen, begriffen sie, wo der Fehler in ihrer Auslegung des prophetischen Wortes gelegen hatte. Sie entdeckten, daß die Texte tatsächlich auf ein zweites oder neutestamentliches Heiligtum hinwiesen: „Das ist nun die Hauptsache bei dem, wovon wir reden: Wir haben einen solchen Hohenpriester, der da sitzt zur Rechten des Thrones der Majestät im Himmel und ist ein Diener am Heiligtum und an der *wahren Stiftshütte*, die Gott aufgerichtet hat und nicht ein Mensch." [5]

Das Heiligtum des ersten Bundes war von Menschen erbaut worden, das Heiligtum, von dem der Hebräerbrief spricht, von Gott. Im irdischen Heiligtum waren es Menschen, die den Priesterdienst verrichteten; in der „wahren Stiftshütte" dient Christus als Hoherpriester. Der Anweisung Gottes an Mose, die irdische Stiftshütte „genau nach dem Bild, das ich dir von der Wohnung und ihrem ganzen Gerät zeige" [6] zu erbauen, läßt sich entnehmen, daß das irdische Heiligtum eine Entsprechung im Himmel haben muß. Was Mose bauen ließ, war also das sichtbare Abbild einer unsichtbaren Wirklichkeit. Deshalb heißt es im Hebräerbrief: „Denn Christus ist nicht eingegangen in das Heiligtum, das mit Händen gemacht und nur ein Abbild des wahren Heiligtums ist, sondern in den Himmel selbst, um jetzt für uns vor dem Angesicht Gottes zu erscheinen." [7]

Abbild und Original

Die Hinweise des Hebräerbriefes und der Offenbarung [8] machen deutlich, daß es bei dem Vergleich zwischen der irdischen und himmlischen „Stiftshütte" nicht so sehr um räumli-

[5] Hebräer 8,1.2 [6] 2. Mose 25,9 [7] Hebräer 9,24
[8] Offenbarung 3,21; 4,5; 8,3; 11,19

che als vielmehr um prinzipielle Gemeinsamkeiten geht. Wichtiger als die Tatsache, daß es diese beiden Heiligtümer gibt, war den biblischen Schreibern offensichtlich die Frage: Was geschieht in ihnen? Für uns heißt das: Welche Erkenntnisse vermittelt der alttestamentliche Heiligtumsdienst im Hinblick auf den Dienst Christi im Himmel?

Im himmlischen Heiligtum, wo Gott „wohnt", steht ein Thron, der auf Gerechtigkeit und Gericht gegründet ist. Im Allerheiligsten ist sein Gesetz aufbewahrt, der Maßstab des Rechts, an dem alle Menschen gemessen werden. Die Bundeslade mit den Tafeln des Gesetzes ist vom Gnadenstuhl bedeckt, vor dem Christus mit dem Hinweis auf sein vergossenes Blut für die Sünder eintritt. Auf diese Weise wird durch den Erlösungsplan die Verbindung von Gerechtigkeit und Gnade für unser menschliches Denken faßbar dargestellt.

Oder denken wir an die ehrfürchtig gebeugten Engelgestalten, die den Deckel der Bundeslade im irdischen Heiligtum schmückten. Rein stofflich gesehen, waren es zwar wertvolle, aber tote Skulpturen aus Gold. Doch das war es ja gerade: Es ging nicht um den Material- oder Kunstwert, sondern ihre wirkliche Bedeutung lag in der Symbolkraft. Sie sollten die unsichtbaren himmlischen Lebewesen darstellen, die mit gespannter Aufmerksamkeit das Erlösungswerk Gottes auf dieser Erde verfolgen. Das ganze Universum soll erkennen, welchen Weg Gott gefunden hat, um gerecht und barmherzig zugleich sein zu können. Alle sollen wissen, daß er in Christus die zerstörte Gemeinschaft zwischen Gott und Menschen neu geknüpft hat. Weil Gottes Sohn uns Sünder mit dem fleckenlosen Gewand seiner Gerechtigkeit „bekleidet", dürfen wir eines Tages gemeinsam mit den sündlosen Engeln in der Gegenwart Gottes leben.

Noch hat Christus den Thron seiner Herrlichkeit nicht eingenommen, wie es der Prophet Sacharja ankündigte: „... und wird sitzen und herrschen auf seinem Thron."[9] Das Reich der Herrlichkeit ist noch nicht aufgerichtet. Noch sitzt Christus als Priester auf dem Thron seines Vaters im Himmel[10] und tritt kraft seines Versöhnungsopfers vor Gott für uns ein. Um den Preis seines eigenen Lebens hat er uns mit Gott versöhnt und zum Frieden mit dem Vater gebracht. Erst wenn Christus seinen Mittlerdienst vollendet hat, wird Gott ihm „den Thron

[9] Sacharja 6,13 [10] Offenbarung 3,21

seines Vaters David geben ... und seines Reiches wird kein Ende sein“.[11]

Das Geheimnis ist gelüftet

Nun war klar: Der Ausdruck „Heiligtum“, wie er in der Bibel gebraucht wird, bezieht sich zum einen auf die von Mose als Abbild der himmlischen Dinge errichteten Stiftshütte und zum anderen auf die „größere und vollkommenere Stiftshütte“[12] im Himmel, auf die das irdische Heiligtum hinwies. Mit dem Tode Christi ging der irdische Versöhnungsdienst zu Ende; knapp vier Jahrzehnte später gab es auch den irdischen Tempel nicht mehr. Mit dem in der Prophezeiung Daniels[13] genannten Heiligtum muß also das himmlische Heiligtum gemeint gewesen sein.

Was bedeutet das? Was ist aus dieser Sicht unter „Reinigung des Heiligtums“ zu verstehen? Kann es im Himmel überhaupt etwas geben, was der Reinigung bedarf? Offensichtlich muß es so sein, denn der Hebräerbrief betont: „... so also mußten die Abbilder der himmlischen Dinge gereinigt werden; die himmlischen Dinge selbst aber müssen bessere Opfer haben als jene.“[14] Mit „bessere Opfer“ meinte der Schreiber zweifellos das Selbstopfer Jesu, auf das alle Tieropfer des alttestamentlichen Versöhnungsdienstes symbolisch hinweisen sollten.

Der Dienst im irdischen Heiligtum hatte zwei Schwerpunkte. Der tägliche Opferdienst zur Vergebung der Sünden wurde von den Priestern in der ersten Abteilung, dem Heiligen, vollzogen. Die einmal jährlich am großen Versöhnungstag stattfindende Reinigung des Heiligtums nahm der Hohepriester in der zweiten Abteilung, dem Allerheiligsten, vor. Wollte ein Israelit seine Schuld sühnen, so erschien er mit einem Opfertier und übertrug die Sünde sinnbildlich auf das Tier, indem er ihm eine Hand auf den Kopf legte. Dann wurde das Opfertier geschlachtet und nahm so die Stelle des Sünders ein, der eigentlich selbst hätte sterben müssen; denn die Übertretung des göttlichen Gesetzes forderte das Leben des Schuldigen. Etwas von dem Blut des Tieres – als Sinnbild für das Leben des Missetäters[15] – wurde vom Priester vor den Vorhang gespritzt, hinter dem sich die Bundeslade mit dem Gesetz befand, gegen

[11] Lukas 1,32.33 [12] Hebräer 9,11 [13] Daniel 8,14
[14] Hebräer 9,22.23 [15] 3. Mose 17,11

das der Sünder verstoßen hatte. Durch diese Handlung wurde dem Menschen die Sünde symbolisch abgenommen und auf das Heiligtum übertragen. In manchen Fällen mußten die Priester das Fleisch der Opfertiere essen, ohne daß Blut ins Heiligtum gespritzt wurde. Beide Arten von Opfer stellten die Übertragung der Sünde vom Sünder auf das Heiligtum dar.

Der Große Versöhnungstag

Einmal im Jahr mußte das Heiligtum auf Geheiß Gottes von den „angehäuften" Sünden gereinigt werden. Am Großen Versöhnungstag wurden zwei Ziegenböcke vor die Tür der Stiftshütte gebracht; dort warf man über sie das Los: „... ein Los dem Herrn und das andere dem Asasel." [16] Der Bock, auf den das Los für den Herrn fiel, mußte als Sühnopfer für das Volk geschlachtet werden. Der Hohepriester sprengte etwas von dem Blut auf den Deckel der Bundeslade im Allerheiligsten. War das geschehen, wurde der zweite Bock gebracht. „Dann", so lautete Gottes Anweisung, „soll Aaron seine beiden Hände auf dessen Kopf legen und über ihm bekennen alle Missetat der Kinder Israel und alle ihre Übertretungen, mit denen sie sich versündigt haben, und soll sie dem Bock auf den Kopf legen und ihn durch einen Mann, der bereit steht, in die Wüste bringen lassen, daß also der Bock alle ihre Missetat auf sich nehme und in die Wildnis trage." [17] Dieses Tier kam nicht wieder ins Lager zurück, und der Mann, der es weggeführt hatte, mußte sich und seine Kleidung gründlich waschen, ehe er sich wieder unter den Israeliten zeigen durfte.

Diese kultische Handlung sollte dem Volk einerseits die Heiligkeit Gottes und seine Abscheu vor der Sünde zeigen, andererseits sollten die Menschen dadurch begreifen, daß sich jeder verunreinigt, der mit der Sünde in Berührung kommt. Im übrigen waren die Israeliten gehalten, diesen Tag mit Gebet und Fasten und in gründlicher Selbstprüfung zu verbringen.

Der Dienst im himmlischen Heiligtum

Was im irdischen Heiligtum nur sinnbildlich oder vorausgreifend getan werden konnte, geschieht im Versöhnungsdienst des himmlischen Heiligtums wirklich. Nach seiner

---

[16] 3. Mose 16,8   [17] 3. Mose 16,20–22

Rückkehr in den Himmel begann Jesus Christus seinen Dienst als Hoherpriester: „Denn Christus ist nicht eingegangen in das Heiligtum, das mit Händen gemacht und nur ein Abbild des wahren Heiligtums ist, sondern in den Himmel selbst, um jetzt für uns vor dem Angesicht Gottes zu erscheinen." [18]

Was die jüdischen Priester das ganze Jahr über in der ersten Abteilung des Heiligtums taten, wies auf den Dienst hin, den Christus nach seiner Himmelfahrt begann. Während des täglichen Dienstes gehörte es zur Aufgabe des Priesters, das Blut des Sündopfers vor Gott darzubringen, ebenso den Weihrauch, der symbolisch auf die Gebete der reumütigen Israeliten hinweisen sollte. Dementsprechend macht Christus vor dem Vater sein Blut für die Sünder geltend und bringt mit dem Wohlgeruch seiner eigenen Gerechtigkeit auch die Gebete der bußfertigen Gläubigen vor Gott.

Achtzehn Jahrhunderte hindurch vollzog sich dieser Versöhnungsdienst im Himmel, der den neutestamentlichen Gläubigen täglich die Vergebung ihrer Schuld sicherte. Aber mit dem Zuspruch der Vergebung sind die Sünden noch nicht aus den himmlischen Büchern getilgt, wie ja auch die Sünde eines Israeliten durch das dargebrachte Opfer nur auf das Heiligtum übertragen, aber noch nicht endgültig beseitigt worden war. Deshalb mußte – entsprechend dem Großen Versöhnungstag am Ende des jüdischen Jahreszyklus – auch im Versöhnungsdienst Christi etwas geschehen, wodurch das „Heiligtum wieder gereinigt" wurde. Dieser Dienst begann am Ende der 2300 Jahre, indem unser himmlischer Hoherpriester in die Phase seines Versöhnungswerkes eintrat, die dem entspricht, was der irdische Hohepriester am großen Versöhnungstag im Allerheiligsten vollzog.

Alles Böse wird ausgetilgt

Wenn die Gläubigen in alttestamentlicher Zeit ihre Opfer brachten, glaubten sie daran, daß ihnen ihre Schuld abgenommen und auf das Heiligtum übertragen wurde. Im Neuen Bund werden die Sünden im Glauben auf Christus gelegt und damit auf das himmlische Heiligtum übertragen. Das irdische Heiligtum wurde symbolisch durch das Zeremoniell des Gro-

---

[18] Hebräer 9,24

ßen Versöhnungstages von der angehäuften Schuld des vergangenen Jahres gereinigt. Ebenso soll das himmlische Heiligtum durch das Auslöschen oder die Beseitigung der dort „angehäuften" Sünden gereinigt werden. Ehe dies aber vollbracht werden kann, muß anhand der Berichtsbücher im Himmel untersucht und entschieden werden, wer seine Sünden bereut hat und durch den Glauben an Christus der Gnade der Versöhnung teilhaftig werden kann. Die Reinigung des Heiligtums schließt deshalb eine Untersuchung, ein Gericht, ein. Diese Untersuchung muß stattfinden, bevor Christus wiederkommt; denn wenn er kommt, wird er seinen Lohn mitbringen, „einem jeden zu geben, wie seine Werke sind". [19]

Als die Adventgläubigen zu diesem Verständnis der biblischen Aussagen gelangt waren, begriffen sie, daß Christus, statt am Ende der 2300 Jahre auf die Erde zu kommen, im Jahre 1844 mit dem abschließenden Versöhnungswerk im himmlischen Heiligtum begonnen haben mußte.

Wenn Christus am Ende seines Dienstes durch sein eigenes Blut die Sünden seines Volkes aus dem himmlischen Heiligtum wegnimmt, wird er sie zuletzt auf Satan legen, der bei der Vollstreckung des Gerichts die endgültige Strafe dafür tragen muß. Darauf wies bereits die alttestamentliche Zeremonie mit dem Ziegenbock hin, der in die Wüste gejagt wurde. In ähnlicher Weise wird Satan für immer aus der Gegenwart Gottes und der Erlösten verbannt und bei der endgültigen Vernichtung der Sünde und der Sünder ausgelöscht werden.

---

[19] Offenbarung 22,12

24 Wir haben einen Fürsprecher

Die biblische Lehre vom Heiligtum wurde für die Adventgläubigen der Schlüssel zum Verständnis der Enttäuschung im Jahre 1844. Sie gab eine umfassende und logisch zusammenhängende Darstellung der biblischen Wahrheit. Das stärkte in den Gläubigen die Gewißheit, daß Gott sie trotz allem den richtigen Weg geführt hatte. Sie hatten nach dem Wiederkommenden ausgeschaut, aber er war nicht erschienen. Nun „sahen" sie den Herrn als ihren Hohenpriester im himmlischen Heiligtum und wußten, daß er wiederkommen wird, wenn dieser Dienst abgeschlossen ist. Das Licht, das sie aus dem Heiligtum empfingen, erleuchtete ihre leidvolle Vergangenheit und machte die Gegenwart und den Weg in die Zukunft hell. Sie begriffen, daß die ihnen von Gott aufgetragene Botschaft richtig war; sie hatten sie nur nicht richtig verstanden. Alles, was im prophetischen Wort über die 2300 Jahr-Tage gesagt worden war, hatte sich erfüllt. Nicht verwirklicht hatten sich nur ihre falschen Erwartungen. Christus war nicht wie gedacht in Macht und Herrlichkeit auf diese Erde gekommen, sondern hatte im Allerheiligsten im Himmel seinen abschließenden Mittlerdienst aufgenommen.

Darauf hatte bereits der Prophet Daniel hingewiesen: „Ich sah in diesem Gesicht in der Nacht, und siehe, es kam einer mit den Wolken des Himmels wie eines Menschen Sohn und *gelangte zu dem, der uralt war, und wurde vor ihn gebracht.*" [1] Dort hatten die Adventgläubigen ihn freilich nicht gesucht, sondern sie waren davon überzeugt gewesen, daß Christus sichtbar erscheinen würde „in Feuerflammen, Vergeltung zu üben an denen, die Gott nicht kennen wollen, und an denen, die nicht gehorsam sind dem Evangelium". [2]

Aber soweit war es noch nicht. Gottes Volk mußte erst noch auf die Begegnung mit dem wiederkommenden Herrn vorbereitet werden. Diese wichtige Aufgabe konnte nur im Blick auf den Dienst Jesu im himmlischen Heiligtum bewältigt werden.

---

[1] Daniel 7,13 [2] 2. Thessalonicher 1,8

Wer wird bestehen?

Im Buch des Propheten Maleachi heißt es: „Wer wird aber den Tag seines Kommens ertragen können, und wer wird bestehen, wenn er erscheint?“ [3] Die Antwort lautet: Bestehen wird nur, wer sich durch Christi versöhnendes Blut von aller Sünde reinigen läßt. Während das Untersuchungsgericht im Himmel läuft und die Sünden der bußfertigen Gläubigen aus dem Heiligtum entfernt werden, muß Gottes Volk auf Erden eine Reinigung erfahren und sich ganz bewußt vom Bösen abwenden. Das wird in den Botschaften von Offenbarung 14 deutlich gesagt. Wenn Christus seinen Dienst der Fürsprache und Versöhnung im himmlischen Heiligtum beendet hat, ist es für eine Umkehr zu spät. Dann werden nämlich alle Menschen vor dem heiligen Gott ohne Fürsprecher dastehen. Ohne den Beistand Jesu Christi kann aber niemand vor Gott bestehen.

Erst wenn klar ist, wer Christi Fürsprache angenommen und wer sie abgelehnt hat, wird der Herr wiederkommen, um seine Gemeinde zu sich zu nehmen. Und das wird eine Gemeinde sein, „die herrlich sei, die nicht habe einen Flecken oder Runzel oder etwas dergleichen“. [4]

Siehe, der Bräutigam kommt

Die Wiederkunft Jesu und das Kommen des Herrn „zu seinem Tempel“ [5] sind zwei völlig verschiedene Ereignisse. Das letztere findet seine Entsprechung in den Prophezeiungen Daniels von der Reinigung des Heiligtums (8,14) und vom Erscheinen des Menschensohnes vor dem „Hochbetagten“ (7,13). Auch das Erscheinen des Bräutigams kurz vor Mitternacht, von dem Jesus im Gleichnis von den zehn Jungfrauen [6] spricht, deutet in eben diese Richtung.

Im Sommer und Herbst des Jahres 1844 erging der Ruf: „Siehe, der Bräutigam kommt.“ Das hier erwähnte Kommen des Bräutigams geschieht vor der Hochzeit; es ist noch nicht die Hochzeit selbst. Viele verstehen dieses Gleichnis Jesu nicht richtig, weil sie es nicht im Gesamtzusammenhang betrachten. Daß Christus der „Bräutigam“ ist, darüber sind sich alle einig. Aber wer ist die Braut? Die Jungfrauen können es nicht

---

[3] Maleachi 3,2 [4] Epheser 5,27 [5] Maleachi 3,1 [6] Matthäus 25,6

sein, denn sie sind als Brautjungfern, also als Gäste [7], zum Hochzeitsmahl geladen. Von der Braut ist im Gleichnis merkwürdigerweise überhaupt nicht die Rede. Wer ist also die Braut? Die Antwort gibt die Offenbarung. Ein Engel sagte zu Johannes: „Komm, ich will dir die Frau zeigen, die Braut des Lammes. Und er führte mich hin im Geist auf einen großen und hohen Berg und zeigte mir die heilige Stadt Jerusalem herniederkommen aus dem Himmel von Gott ..." [8] Wenige Verse zuvor (21,2) heißt es ausdrücklich: „Und ich sah die heilige Stadt, das neue Jerusalem, von Gott aus dem Himmel herabkommen, bereitet *wie eine geschmückte Braut für ihren Mann.*"

Aus dem Vergleich der genannten Texte ergibt sich: Die Braut Christi ist die „heilige Stadt", das „neue Jerusalem"; mit den Brautjungfern, die dem Bräutigam entgegengehen, ist die Gemeinde gemeint. Was bedeutet das?

Christus wurde, wie Daniel es ausgedrückt hat, vor den gebracht, „der uralt war", und „der gab ihm Macht, Ehre und Reich, daß ihm alle Völker aus so vielen verschiedenen Sprachen dienen sollen. Seine Macht ist ewig und vergeht nicht, und sein Reich hat kein Ende." [9] Erst wenn Christus aus Gottes Hand das Reich empfangen hat – dargestellt unter dem Bild des neuen Jerusalem –, wird er in seiner Herrlichkeit als König aller Könige erscheinen.

Warten auf den Herrn

Die Verkündigung im Sommer 1844: „Siehe, der Bräutigam kommt!" veranlaßte Tausende, mit der unmittelbar bevorstehenden Wiederkunft des Herrn zu rechnen. Als Christus nicht kam, waren sie bitter enttäuscht. Diejenigen, die außer von der Erkenntnis der Wahrheit aus der Heiligen Schrift auch vom Geist und der Gnade Gottes ergriffen waren, die in der Nacht der bitteren Prüfung geduldig gewartet und in der Bibel nach klarer Erkenntnis geforscht hatten, verstanden Gottes Wahrheit über das Heiligtum im Himmel und den abschließenden Dienst Christi. Im Glauben folgten sie ihm in seinem Wirken ins himmlische Heiligtum. Jeder, der durch das Zeugnis der Heiligen Schrift diese Wahrheit annimmt, gehört zu denen, die im Gleichnis hineingehen zur Hochzeit.

---

[7] Offenbarung 19,9 [8] Offenbarung 21,9.10 [9] Daniel 7,14

Er folgt im Glauben Christus, der vor Gott den letzten Teil des neutestamentlichen Mittlerdienstes vollzieht, um abschließend das Reich zu empfangen.

Der abschließende Dienst im Heiligtum

Auch Jesu Gleichnis von der königlichen Hochzeit [10] deutet darauf hin, daß das Untersuchungsgericht vor der Wiederkunft Christi stattfinden muß. Die Gäste sind da, aber bevor die Hochzeit beginnt, geht der König „hinein", um zu prüfen, ob alle Gäste das hochzeitliche Kleid angelegt haben. Wer dieses Gewand, das ein Sinnbild für die dem Menschen angebotene Rechtfertigung durch das Blut Jesu ist, nicht trägt, wird hinausgeworfen. Wer es angezogen hat, darf an der bevorstehenden Hochzeit teilnehmen. Er darf Bürger des Reiches Gottes sein. Diese Prüfung, die Entscheidung darüber, wer bereit ist für Gottes Reich, ist das Untersuchungsgericht, das abschließende Werk im himmlischen Heiligtum.

Wenn diese Untersuchung beendet und nach sorgfältiger Prüfung eines jeden, der vorgibt, ein Nachfolger Christi zu sein, die Entscheidung getroffen worden ist, dann und nicht eher geht die Prüfungszeit zu Ende, und die Gnadentür wird geschlossen.

In alttestamentlicher Zeit war es so, daß der normale (tägliche) Versöhnungsdienst sein Ende fand, wenn der Hohepriester am Großen Versöhnungstag seinen Dienst im Allerheiligsten aufnahm. Genaugenommen gab es an dieser Schnittstelle für den einzelnen Israeliten keine Möglichkeit, Schuld durch ein Opfer zu sühnen; denn an diesem Tag wurde das Allerheiligste von den Sünden gereinigt, die sich im Laufe eines ganzen Jahres „angehäuft" hatten. Aber das war kein Problem, weil nach dem Versöhnungstag der ganze Versöhnungsritus wieder von neuem begann. Im himmlischen Versöhnungsdienst, der nur einmal und nicht jährlich wiederkehrend stattfindet, ist die Situation insofern anders, als die Tür zur persönlichen Vergebung nicht geschlossen wurde, nachdem Christus den Dienst im Allerheiligsten aufgenommen hat. Auch während des Untersuchungsgerichtes ist immer noch Vergebung möglich.

Das verstanden die Adventgläubigen im Jahre 1844 noch

[10] Matthäus 22,1–14

nicht. Sie meinten, daß die Gnadenzeit vorbei, die Tür sozusagen endgültig geschlossen sei. Erst durch das Studium der Lehre vom Heiligtum weitete sich ihr Blick, und sie begriffen, was seit Jahrhunderten im Buch der Offenbarung steht: „Das sagt der Heilige, der Wahrhaftige, der da hat den Schlüssel Davids, der auftut, und niemand schließt zu, der zuschließt, und niemand tut auf ... Siehe, ich habe vor dir *eine Tür aufgetan*, und niemand kann sie zuschließen." [11] Nun erkannten sie, daß der eine Teil des Versöhnungsdienstes Christi durch einen anderen ersetzt worden war, der immer noch jedem, der wollte, die Umkehr ermöglichte.

Wenn im irdischen Heiligtumsdienst der Hohepriester das Allerheiligste betrat, waren alle Israeliten gehalten, sich um das Heiligtum zu versammeln und sich in ernster Reue vor Gott zu demütigen, damit sie Vergebung ihrer Sünden empfingen und nicht aus der Gemeinde ausgeschlossen würden. Um so wichtiger ist es, daß wir anhand des sinnbildlichen Dienstes am Versöhnungstag das gegenwärtige Werk unseres Hohenpriesters verstehen lernen.

Gottes Warnungen können nicht ungestraft in den Wind geschlagen werden. In den Tagen Noahs sandte Gott der Welt eine Botschaft, und die Rettung der Menschen hing davon ab, ob sie diese Warnung beherzigten. Als sie die Botschaft verwarfen, zog sich Gottes Geist von jenem sündigen Geschlecht zurück, und es ging in den Wassern der Sintflut unter. In den Tagen Abrahams fand Gottes Geduld mit den schuldbeladenen Einwohnern Sodoms ihr Ende. Nur Lot mit seinen beiden Töchtern kam mit dem Leben davon, weil sie sich von Gottes Engeln aus der sündigen Stadt herausführen ließen. Im Hinblick auf die Zeit vor Christi Wiederkunft äußerte sich der Apostel Paulus: „Der Böse aber wird in der Macht des Satans auftreten mit großer Kraft und lügenhaften Zeichen und Wundern und mit jeglicher Verführung zur Ungerechtigkeit bei denen, die verloren werden, weil sie die Liebe zur Wahrheit nicht angenommen haben, daß sie gerettet würden." [12] Wo Gottes Weisungen und Warnungen mißachtet werden, da zieht Gott seinen Geist zurück und überläßt die Menschen ihren liebgewordenen Irrtümern.

Nach Ablauf des Jahres 1844 folgte für alle, die weiterhin am Adventglauben festhielten, eine Zeit schwerer Prüfungen.

[11] Offenbarung 3,7.8 [12] 2. Thessalonicher 2,9.10

Da war es überaus wichtig, zu dem beten und auf den warten zu dürfen, der für sie als Fürsprecher im himmlischen Heiligtum Dienst tat. Indem sie auf Christus, ihren Hohenpriester, schauten, erkannten die Gläubigen auch, welche Aufgabe die Gemeinde Jesu noch zu erfüllen hat, bevor der Herr wiederkommt. Die erste und zweite Engelsbotschaft wurde ihnen immer klarer, und nun waren sie vorbereitet, der Welt die ernste Warnung des dritten Engels aus Offenbarung 14 zu verkündigen.

25 | Gottes Wille – unveränderlich

Johannes, der Verfasser der Offenbarung, schreibt von einer seiner Visionen: „Und der Tempel im Himmel wurde aufgetan, und die Lade seines Bundes wurde in seinem Tempel sichtbar ...“ [1] Im israelitischen Tempel stand die Bundeslade in der zweiten Abteilung des Heiligtums, dem Allerheiligsten. Der Gnadenthron auf der Lade war der Ort, an dem sich Gott seinem Volk offenbarte. In der Bundeslade lagen die Tafeln mit den Zehn Geboten. Einmal im Jahr, am Großen Versöhnungstag, wurde der Vorhang zwischen dem Heiligen und dem Allerheiligsten geöffnet.

Nun spricht Johannes in dem oben angeführten Text aber nicht vom irdischen Heiligtum, sondern vom „Tempel im Himmel“. Die Adventgläubigen sahen diese prophetische Ankündigung im Zusammenhang mit der Prophezeiung Daniels über die Reinigung des Heiligtums. [2] Für sie war klar, daß das Allerheiligste im Himmel im Jahre 1844 „geöffnet“ worden war, als Jesus die letzte Phase seines himmlischen Mittlerdienstes begann. Was bedeutete aber der Hinweis darauf, daß beim Öffnen des Tempels die Bundeslade sichtbar wurde?

Die Antwort ließ sich aus den Gegebenheiten des israelitischen Tempels ableiten. Der wichtigste Inhalt der irdischen „Lade des Bundes“ waren die beiden Tafeln mit den Zehn Geboten. Auf diesem Gesetz beruhte der Bund Gottes mit Israel. Die Bezeichnung „Lade des Zeugnisses“ bezog sich ebenfalls auf das Gesetz als ein Zeugnis des heiligen Willens Gottes. [3] Das Sichtbarwerden der Lade im Himmel konnte also nur als Hinweis auf die unveränderliche Bedeutung des Willens Gottes verstanden werden. Das deckte sich auch mit dem, was Jesus über Gottes Willen gesagt hatte: „Denn wahrlich, ich sage euch: Bis Himmel und Erde vergehen, wird nicht vergehen der kleinste Buchstabe noch ein Tüpfelchen vom Gesetz, bis es alles geschieht.“ [4] Damit ist klar, daß Gottes Gesetz unveränderlich und unantastbar ist.

---

[1] Offenbarung 11,19 [2] Daniel 8,14 [3] 2. Mose 25,16.22 Elberfelder Bibel
[4] Matthäus 5,18

Alle Gebote sind gültig

Zu den Zehn Geboten gehört zweifellos auch das vierte Gebot, das im Laufe der Kirchengeschichte leider nicht unangetastet geblieben ist. Als die Adventgläubigen beim Studium der Bibel auf diesen Tatbestand stießen, wurde ihnen klar, daß sie das Sabbatgebot, ohne es zu wissen, mißachtet hatten. Sie spürten den Ursachen nach, warum an Stelle des vom Schöpfer eingesetzten Ruhetages der erste Tag der Woche gefeiert wurde, konnten aber keine biblische Begründung dafür finden. Nachdem sie erkannt hatten, daß das vierte Gebot nichts von seiner Gültigkeit eingebüßt haben konnte, entschlossen sich viele, hinfort anstelle des kirchlichen Sonntags den biblischen Sabbat zu heiligen. Das rief erbitterten Widerstand und Kritik an der Heiligtumslehre hervor – vor allem von denen, die lieber am Althergebrachten festhalten wollten.

Aber die Adventgläubigen sagten sich: Wenn das irdische Heiligtum ein Abbild des himmlischen war, dann mußte auch das in der irdischen Bundeslade aufbewahrte Gesetz dem durch die himmlische Lade dargestellten unveränderlichen Willen Gottes entsprechen. Die Erkenntnis über das himmlische Heiligtum schloß deshalb folgerichtig die Anerkennung der Gebote Gottes ein – einschließlich des Sabbatgebotes. Weil viele Christen nicht durch die von Gott geöffnete Tür biblischer Erkenntnis gehen wollten, war ihn daran gelegen, diese Tür wieder zu schließen. Aber der Herr hatte zugesagt: „Siehe, ich habe vor dir gegeben eine offene Tür, und niemand kann sie zuschließen.“ [5]

Christus hatte die Tür aufgetan und den Dienst im Allerheiligsten aufgenommen. Zu dem Licht, daß nun vom Heiligtum her erstrahlte, gehörte auch die Wahrheit, daß Gottes Gebote unantastbar sind – und das betraf auch das Sabbatgebot. Die Gläubigen, die die Erkenntnis über den Mittlerdienst Christi und die Unveränderlichkeit des Gesetzes Gottes angenommen hatten, stellten fest, daß auch Offenbarung 14 auf diese Wahrheit hinwies. (32) Die Botschaften Gottes in diesem Kapitel enthalten eine dreifache Warnung für die Menschheit in der Zeit vor der Wiederkunft Christi. Die Ankündigung „Die Stunde seines Gerichts ist gekommen“ deutet hin auf das abschließende Vermittlungswerk Christi zur Erlösung der

---

[5] Offenbarung 3,7.8

Menschen. Diese Botschaft muß verkündigt werden, bevor Jesu Mittlerdienst zu Ende geht und bevor er wiederkommt, um sein Volk zu sich zu nehmen. Das Gerichtsgeschehen, das 1844 seinen Anfang nahm, wird so lange dauern, bis die Entscheidung über jeden Lebenden oder Toten getroffen ist – also bis zum Ende der Gnadenzeit.

Zum Gehorsam bereit

Damit die Menschen nicht unvorbereitet in Gottes Gericht gehen müssen, werden sie aufgefordert: „Fürchtet Gott und gebet ihm die Ehre ... und betet den an, der gemacht hat Himmel und Erde und Meer und die Wasserbrunnen.“ [6] Und von denen, die diesen Ruf ernst nehmen, heißt es: „Hier sind, die da halten die Gebote Gottes und den Glauben an Jesus.“ [7]

Zur Vorbereitung auf das Gericht gehört es, Gottes Gebote zu beachten. Sie sind der Maßstab für die Urteilsfindung. Der Apostel Paulus erklärte: „Welche unter dem Gesetz gesündigt haben, die werden durchs Gesetz verurteilt werden ... am Tag, da Gott das Verborgene der Menschen durch Jesus Christus richten wird.“ Weiter sagt er: „Die das Gesetz tun, werden gerecht sein.“ [8] Daß beim Halten der Gebote nicht an Werkgerechtigkeit, sondern an Glaubensgehorsam gedacht ist, geht aus folgenden Aussagen hervor: „... denn ohne Glauben ist's unmöglich, Gott zu gefallen“ und: „Was aber nicht aus dem Glauben geht, das ist Sünde.“ [9]

Der erste Engel ruft die Menschen auf, Gott zu fürchten, ihm die Ehre zu geben und ihn als Schöpfer anzubeten. Daß Anbetung Gottes sich nicht allein auf fromme Worte beschränken kann, versteht sich von selbst. Ohne Gehorsam sind Frömmigkeit und Gottesdienst wertlos; denn „das ist die Liebe zu Gott, daß wir seine Gebote halten“. [10]

Betet den Schöpfer an

Da Gott der Schöpfer ist und alle Wesen ihm ihr Dasein verdanken, sind sie ihm Anbetung schuldig. Wo immer in der Heiligen Schrift erwähnt wird, daß Gott im Gegensatz zu allen heidnischen Götzen Ehrfurcht und Anbetung erwarten

---

[6] Offenbarung 14,7 [7] Offenbarung 14,12 [8] Römer 2,12–16
[9] Hebräer 11,6; Römer 14,23 [10] 1. Johannes 5,3

kann, wird als Beweis dafür seine Schöpfermacht genannt.[11]

Auch in Offenbarung 14 ergeht die Aufforderung, den Schöpfer anzubeten und seine Gebote zu halten. Das vierte Gebot weist eindeutig auf Gott als den Schöpfer hin: „... am siebenten Tag ist der Sabbat des Herrn, deines Gottes. Da sollst du keine Arbeit tun ... Denn in sechs Tagen hat der Herr Himmel und Erde gemacht und das Meer und alles, was darinnen ist, und ruhte am siebenten Tage. Darum segnete der Herr den Sabbattag und heiligte ihn."[12]

Der Sabbat als Gedächtnistag der Schöpfung ist deshalb so wichtig, weil er zeigt, warum Gott Anbetung gebührt. Der Sabbat bildet daher die Grundlage jeder Anbetung; mehr als alles andere ist er ein ständiger Hinweis auf Gottes Schöpfermacht. Wäre der Sabbat nicht im Laufe der Jahrtausende vergessen oder verdrängt worden, wäre es heute nicht so schlecht um die Anbetung Gottes und das Geschick unserer Welt bestellt.

Während der erste Engel in Offenbarung 14 zur Verehrung Gottes aufruft, warnt der dritte vor falscher Anbetung: „So jemand das Tier anbetet und sein Bild und nimmt das Malzeichen an seine Stirn oder an seine Hand, der soll von dem Wein des Zornes Gottes trinken."[13] Der Text verwendet Symbole, deren Bedeutung erkannt werden muß, will man die Aussage verstehen.

Was bedeuten die Symbole?

Die Weissagungen, in denen diese Sinnbilder verwendet werden, beginnen bereits in Offenbarung 12, wo von dem Drachen die Rede ist, der Jesus bei seiner Geburt zu töten versuchte. Über die Identität dieses Drachens gibt es keinen Zweifel, denn der Text sagt: „... der große Drache, die alte Schlange, die da heißt: Teufel und Satan, der die ganze Welt verführt ..."[14] Aber in der Regel greift Satan nicht selbst „zur Waffe", sondern bedient sich irgendwelcher Helfershelfer. Den Kindermord von Bethlehem, der Jesus das Leben hätte kosten sollen, hatte er zwar geplant, aber ausgeführt hat ihn der jüdische König Herodes. Satans wichtigstes Werkzeug im Kampf gegen Christus und seine Gemeinde in den ersten nachchristli-

---

[11] Psalm 95,5.6; 100,3; Jesaja 40,25.26; 45,18 [12] 2. Mose 20,10.11
[13] Offenbarung 14,9.10 [14] Offenbarung 12,9

chen Jahrhunderten war der römische Staat. Deshalb übertrug man in jener Zeit den Begriff „Drache" auch häufig auf das heidnische Rom.

In Offenbarung 13,1–10 wird ein anderes Tier beschrieben, „gleich einem Panther", dem der Drache „seine Kraft und seinen Thron und große Macht" gab. In diesem Sinnbild ist, wie auch ursprünglich die meisten Protestanten glaubten, das Papsttum zu erkennen, das die Macht, den Sitz und die Gewalt des alten Römischen Reiches einnahm. Die Schilderung des pantherähnlichen Tieres deckt sich überraschend genau mit der Beschreibung des „kleinen Horns" in Daniel 7. Die in Offenbarung 13,5 erwähnten 42 Monate der Schreckensherrschaft dieses Tieres entsprechen den dreieinhalb Jahren (Zeiten) aus Daniel 7,25, in denen das „kleine Horn" seine Macht ausübt. Dieser Zeitabschnitt begann, wie bereits früher erläutert [15], mit der Vorherrschaft des Papsttums und endete im Jahre 1798 mit der Gefangennahme des Papstes durch französische Truppen. Damals schien es so, als könne sich das Papsttum nie wieder von diesem tödlichen Schlag erholen.

Eine neue Macht tritt auf den Plan

In der symbolischen Darstellung von Offenbarung 13 begegnen wir aber noch einem weiteren Tier. Der Prophet sagt: „Und ich sah ein zweites Tier aufsteigen aus der Erde; das hatte zwei Hörner wie ein Lamm und redete wie ein Drache." [16] Die unter diesem Symbol dargestellte Macht unterscheidet sich deutlich von den vorher genannten Mächten. Die großen Weltreiche wurden Jahrhunderte zuvor dem Propheten Daniel als Raubtiere dargestellt, die sich aus dem „Völkermeer" erhoben. [17] Das lammähnliche Tier dagegen „stieg aus der Erde auf". Statt andere Mächte zu stürzen, um deren Stelle einnehmen zu können – wie das bei allen großen Weltreichen der Antike zu beobachten ist –, sollte diese Nation in einem bis dahin weitgehend unbewohnten Gebiet heranwachsen. Das war nicht unter den gedrängt lebenden und sich einander bekämpfenden Völkern der Alten Welt möglich. Deshalb liegt es nahe, hier an eine Macht in der Neuen Welt zu denken.

Gibt es solch eine Nation, die zum Ende des 18. Jahrhunderts in das Rampenlicht der Geschichte trat? Die Antwort

---

[15] Siehe Kapitel 15 [16] Offenbarung 13,11 [17] Daniel 7,2

kann nur lauten: Ja! – die Vereinigten Staaten von Amerika. Daß diese Deutung nicht aus der Luft gegriffen ist, zeigt sich daran, daß manche Schriftsteller das Emporkommen der USA nicht selten in ähnlichen Wendungen beschrieben, wie sie Jahrtausende zuvor von den Propheten benutzt worden waren. G. A. Townsend beispielsweise sprach von „dem Geheimnis ihres Emporkommens aus der Leere" und betonte: „Wie ein Same wuchsen wir zu einem Reich heran."[18] Eine europäische Zeitung sprach im Jahre 1850 von den Vereinigten Staaten als einem Reich, das „hervorbrach und unter dem Schweigen der Erde täglich Macht und Ansehen vermehrte".[19]

Im prophetischen Wort heißt es: „Und ... hatte *zwei Hörner gleichwie ein Lamm*." Das deutet in der prophetischen Symbolsprache auf Jugend, Reinheit, Friedfertigkeit und Ehrenhaftigkeit hin und stellt treffend das Wesen der Vereinigten Staaten am Anfang ihrer Entwicklung dar. Die Menschen, die wegen des staatlichen und kirchlichen Drucks in ihren Heimatländern nach Amerika ausgewandert waren, wollten auf der Grundlage von bürgerlicher und religiöser Freiheit einen neuen Staat aufbauen. Diese Absicht schrieben sie in der amerikanischen Unabhängigkeitserklärung durch die Wendung fest, daß „alle Menschen gleich geboren und mit den unveräußerlichen Rechten des Lebens, der Freiheit und des Strebens nach Glück ausgestattet" sind. Darüber hinaus wurde jedem Bürger Glaubensfreiheit und das Recht zugestanden, Gott so zu verehren und anzubeten, wie es seinem Gewissen entspricht. Republikanische Staatsform und protestantische Freiheit wurden die Grundlage der Nation und bildeten das Geheimnis ihrer Macht und ihres Wohlstandes. Unterdrückte aus allen Ländern der Erde sind zu Millionen erwartungs- und hoffnungsvoll in dieses Land geströmt und haben die Vereinigten Staaten von Amerika zu einer der mächtigsten Nationen der Neuzeit gemacht.

Ein merkwürdiger Widerspruch

Wenn wir den prophetischen Text über das lammähnliche Tier weiter verfolgen, stoßen wir auf Aussagen, die anscheinend gar nicht zu dem friedlichen Bild eines Lammes passen:

---

[18] Townsend, The New World Compared with the Old, 462
[19] The Dublin Nation

„... und redete wie ein Drache. Und es übt alle Macht des ersten Tieres aus vor seinen Augen, und es macht, daß die Erde und die darauf wohnen, das erste Tier anbeten, dessen tödliche Wunde heil geworden war ... und sagt denen, die auf Erden wohnen, daß sie ein Bild machen sollen dem Tier, das die Wunde vom Schwert hatte und lebendig geworden war."[20]

Das Aussehen wie ein Lamm und das Reden wie ein Drache passen schlecht zusammen. Offensichtlich sollte dadurch der Widerspruch beschrieben werden, der zwischen dem Bekenntnis und der Handlungsweise besteht. Das „Reden" eines Volkes sind die Beschlüsse seiner gesetzgebenden und richterlichen Gewalt. Die freien und friedlichen Grundsätze, die als Fundament der Regierungspolitik gelten sollten, werden offensichtlich durch die Wirklichkeit Lügen gestraft. Die prophetische Wendung, daß dieses Lammtier „wie ein Drache" reden und „alle Macht des ersten Tieres vor ihm" ausüben wird, sagt deutlich voraus, daß sich im Laufe der Zeit ein Klima der Unduldsamkeit und Verfolgung entwickeln wird, wie es zu beobachten war, als die Mächte die Welt beherrschten, die unter dem pantherähnlichen Tier dargestellt sind. Die Aussage, daß das Lammtier darauf hinwirken wird, „daß die Erde und die darauf wohnen, anbeten das erste Tier", muß offensichtlich so verstanden werden, daß die Vereinigten Staaten von Amerika letztlich ihre Macht nutzen werden, um eine weltweite Anerkennung des Papsttums zu erzwingen.

Das kann freilich nur im völligen Widerspruch zu den in der amerikanischen Verfassung niedergelegten Grundsätzen geschehen. Die Gründer der Nation wollten von Anfang an ausschließen, daß sich Kirchen oder religiöse Gruppen staatlicher Gewalt bedienen konnten, um ihre Ziele zu erreichen. Aus den leidvollen Erfahrungen der Vergangenheit wußten sie, daß die Verquickung von Staat und Kirche nur neue Unduldsamkeit und Verfolgung mit sich bringen würde. Deshalb erklärten sie in der Verfassung: „Der Kongreß soll kein Gesetz zur Einführung der Religion oder auch gegen ihre freie Ausübung erlassen"; auch soll die „religiöse Haltung niemals als Befähigung zu irgendeiner öffentlichen Vertrauensstellung gemacht werden". Nur durch offenkundige Verletzung dieses Schutzes der persönlichen Freiheit kann von seiten des Staates religiöser Zwang ausgeübt werden. Könnte dieses Auseinan-

[20] Offenbarung 13,11–14

derklaffen von Anspruch und Wirklichkeit deutlicher ausgedrückt werden als durch die prophetische Wendung: es sieht aus „wie ein Lamm und redete wie ein Drache"?

Was ist unter dem „Bild des Tieres" zu verstehen?

Je mehr sich die Frühkirche vom biblischen Glauben abwandte und nach Macht strebte, desto stärker suchte sie sich den Beistand des Staates zu sichern. Im Gefolge dieser verhängnisvollen Entwicklung entstand das Papsttum, ein religiöses System, das immer wieder den Staat und die Gewissen der Menschen zu beherrschen suchte und gegen alles, was sich seinen Ansprüchen nicht beugte, mit staatlicher Gewalt vorging.

In Anlehnung an diese geschichtlichen Gegebenheiten würde die prophetische Aussage „... und sagt denen, die auf Erden wohnen, daß sie ein Bild machen sollen dem Tier, das die Wunde vom Schwert hatte" [21] bedeuten, daß sich die USA entgegen dem erklärten Willen ihrer Gründerväter dazu verleiten lassen, der großen Weltkirche bei der Verwirklichung ihrer Pläne beizustehen.

Wo immer die Kirche politische Macht oder Unterstützung erlangte, setzte sie diese ein, um Abweichungen von ihrer Lehre und ihrem Kurs zu bestrafen. Das trifft nicht nur für die Papstkirche zu, sondern hat auch in anderen Kirchen häßliche Narben hinterlassen. Ein Beispiel dafür sind die Verfolgungen Andersgläubiger durch die anglikanische Kirche. [22] Während des 16. und 17. Jahrhunderts waren Tausende freikirchlicher Pastoren gezwungen, ihre Gemeinden zu verlassen. Geistliche und Gemeindeglieder mußten um ihrer Überzeugung willen Strafen, Gefängnis, Folter und Tod auf sich nehmen; denn auch hier bediente sich die Kirche der Machtmittel des Staates.

Im Blick auf die Zukunft der Gemeinde Jesu und das Kommen Christi hatte der Apostel Paulus geschrieben: „Was nun das Kommen unseres Herrn Jesus Christus angeht ... Laßt euch von niemandem verführen, in keinerlei Weise; denn zuvor muß der Abfall kommen und der Mensch der Bosheit offenbart werden, der Sohn des Verderbens." [23] Und an anderer Stelle heißt es: „Der Geist aber sagt deutlich, daß in den letzten Zeiten einige vom Glauben abfallen werden und verführerischen Geistern und teuflischen Lehren anhangen." [24]

[21] Offenbarung 13,14 [22] Siehe Kapitel 16 [23] 2. Thessalonicher 2,3

Abfall und Verführung haben die Gemeinde Jesu in frühchristlicher Zeit auf einen verhängnisvollen Weg gebracht. Abfall und Verführung sind offenbar auch die Versuchung der endzeitlichen Christenheit.

Vielen scheint die Glaubensvielfalt in der protestantischen Welt ein Beweis dafür zu sein, daß es nie wieder zu einer alles beherrschenden Weltkirche kommen wird. Aber der Schein kann trügen, vor allem wenn man bedenkt, daß im Protestantismus seit langem Bestrebungen im Gange sind, die getrennten Kirchen zusammenzuführen. Um das zu erreichen, müßte die Erörterung unterschiedlicher Lehrauffassungen unterbleiben, wie wichtig sie auch vom biblischen Standpunkt aus wäre. Von dem Wunsch, weitgehende Übereinstimmung in Glaubensfragen zu erzielen, bis zu dem Bemühen, sie auch mit allen Mitteln durchzusetzen, ist der Weg meist nicht weit. Fast zweitausend Jahre Kirchengeschichte sind dafür ein beredtes Zeugnis.

In dem Augenblick, da sich die führenden Kirchen der Vereinigten Staaten auf einen gemeinsamen Glaubensnenner einigen könnten und da es ihnen gelänge, den Staat für die Durchsetzung ihrer Ziele einzuspannen, würde das protestantische Amerika damit ein „Bild" der römischen Priesterherrschaft errichten. Wenn das geschieht, wird Gewaltanwendung gegen Andersgläubige und „religiöse Störenfriede" die unausweichliche Folge sein.

Das Tier und sein Bild

Im weiteren Verlauf der Schilderung über die Aktivitäten des Lammtieres heißt es: „Und es macht, daß sie allesamt, die Kleinen und Großen, die Reichen und Armen, die Freien und Sklaven, sich ein Zeichen machen an ihre rechte Hand oder an ihre Stirn, und daß niemand kaufen oder verkaufen kann, wenn er nicht das Zeichen hat, nämlich den Namen des Tieres oder die Zahl seines Namens."[25]

Die Botschaft des dritten Engels bezieht sich auf diese Entwicklung und warnt: „Wenn jemand das Tier anbetet und sein Bild und nimmt das Zeichen an seine Stirn oder an seine Hand, der wird von dem Wein des Zornes Gottes trinken."[26]

Unter dem „Tier", dessen Anbetung durch das Lammtier er-

---

[24] 1. Timotheus 4,1 [25] Offenbarung 13,16.17 [26] Offenbarung 14,9.10

zwungen wird, verstehen wir das von der Lehre Jesu abgefallene Papsttum. Das „Bild des Tieres" deutet hin auf protestantische Kirchen, die sich vom reformatorischen Glauben so weit entfernt haben, daß sie nicht einmal mehr davor zurückschrecken, ihre Lehren unter Zuhilfenahme staatlicher Gewalt für alle verbindlich zu machen. Bliebe noch zu klären, was der Begriff „Malzeichen des Tieres" bedeutet.

Nachdem in der dritten Engelsbotschaft vor der Anbetung des Tieres gewarnt worden war, heißt es im nächsten Vers: „Hier sind, die da halten die Gebote Gottes und den Glauben an Jesus!" [27] Den Menschen, die das Tier und sein Bild anbeten und sein Zeichen annehmen, werden diejenigen gegenübergestellt, die Gottes Gebote halten. Daraus ergibt sich, daß die Stellung des Menschen zum Willen Gottes darüber entscheidet, ob jemand ein Anbeter Gottes oder ein Verehrer des Tieres ist.

Schon der Prophet Daniel hat gewußt, daß widergöttliches Wirken überall dort erkennbar wird, wo Gottes Gebote angetastet werden. In der Prophezeiung vom „kleinen Horn" heißt es: „Er ... wird sich unterstehen, Festzeiten und Gesetz zu ändern." [28] Erfüllt hat sich das in den Veränderungen, die die römisch-katholische Kirche an den Zehn Geboten vorgenommen hat.

Paulus bezeichnete dieselbe Macht als den „Menschen der Bosheit" [29], der sich über Gott erheben würde. Hier ergänzt eine Weissagung die andere. Indem diese Macht das göttliche Gesetz veränderte, tat sie etwas, wozu allenfalls der Gesetzgeber berechtigt gewesen wäre. Wer dieses veränderte Gesetz bewußt anerkennt, zollt damit anstelle von Gott jener Macht seine Ehrerbietung, die es verändert hat.

Daß Gottes Gebote von der römischen Kirche verändert worden sind, steht außer Zweifel. Jeder, der die Katechismusversion der Zehn Gebote mit dem Wortlaut der Bibel vergleicht, wird das bestätigen. Das zweite Gebot, das die Anbetung von Bildern verbietet, wurde aus dem Dekalog entfernt. Das vierte Gebot wurde so verändert, daß es die Feier des ersten Wochentages gebietet, anstatt zur Heiligung des biblischen Sabbats aufzurufen, wie es dem ursprünglichen Wortlaut entspricht.

Die Anbeter Gottes sind daran zu erkennen, daß sie an Got-

---

[27] Offenbarung 14,12 [28] Daniel 7,25 [29] 2. Thessalonicher 2,3

tes Geboten so festhalten, wie er sie gegeben hat. Im Gegensatz dazu scheint den Anbetern des Tieres nichts wichtiger zu sein, als den Gedächtnistag des Schöpfers zu beseitigen, um damit das römische Verständnis des vierten Gebotes zu stützen.

Es ging um den Sonntag, als sich das Papsttum zum ersten Mal am Gesetz Gottes vergriff. Damals wurde nicht nur der Wortlaut des vierten Gebotes verändert, sondern die Kirche bediente sich auch der Staatsmacht, um die Feier des Sonntags als „Tag des Herrn" mit Gewalt durchzusetzen. Die so oft wiederholte Behauptung, Christus selbst habe den Sabbat verändert, wird durch seine eigenen Worte und sein Verhalten widerlegt. In der Bergpredigt sagte der Herr: „Ihr sollt nicht wähnen, daß ich gekommen bin, das Gesetz oder die Propheten aufzulösen; ich bin nicht gekommen aufzulösen, sondern zu erfüllen. Denn ich sage euch wahrlich: Bis daß Himmel und Erde vergehen, wird nicht vergehen der kleinste Buchstabe noch ein Tüpfelchen vom Gesetz ... Wer nun eines von diesen kleinsten Geboten auflöst ..., der wird der Kleinste heißen im Himmelreich; wer es aber tut und lehrt, der wird groß heißen im Himmelreich." [30]

Das Neue Testament schweigt

Protestanten geben in der Regel zu, daß die Heilige Schrift keinen Beweis für die Veränderung des Sabbats bietet. So rechnet die Augsburgische Konfession den Sonntag zu den menschlichen Satzungen, um guter Ordnung, Einigkeit und des Friedens willen erfunden. [31] Ein deutscher Theologe erklärt, daß wir den Sonntag nicht aus „dem Neuen Testament, sondern aus der kirchlichen Überlieferung" haben. [32] In einer anderen theologischen Abhandlung heißt es: „Bis zum Tode Christi war keine Veränderung des Tages vorgenommen worden"; und „soweit der Bericht zeigt, gaben sie (die Apostel) keinen ausdrücklichen Befehl zur Aufhebung des Sieben-ten-Tags-Sabbats und zu dessen Feier am ersten Wochentag". [33]

Von katholischer Seite wird offen zugestanden, daß die Veränderung des Sabbat durch die Kirche vorgenommen worden ist. Katholische Quellen führen als Zeichen der päpstlichen Autorität geradezu „die Verlegung des Sabbats auf den Sonn-

[30] Matthäus 5,17–19 [31] Apologie der Konfessionen, Artikel 15
[32] Beyerschlag, Der Altkatholizismus, 52 [33] Waffle, The Lord's Day, 186

tag an, was die Protestanten zugeben, ... da sie durch die Beachtung des Sonntags die Macht der Kirche, Feste einzusetzen und die Übertretung als Sünde zu rechnen, anerkennen".[34] Der „Katholische Katechismus der christlichen Religion" erklärt: „Unter dem alten Gesetz war der Samstag der geheiligte Tag; aber die Kirche, angewiesen durch Jesus Christus und geleitet von dem Geist Gottes, hat den Sonntag an die Stelle des Sabbats gesetzt, so daß wir nun den ersten, nicht aber den siebenten Tag heiligen. Der Sonntag bedeutet und ist jetzt der Tag des Herrn." Was ist angesichts solcher Aussagen die Veränderung des Sabbats anderes als ein Zeichen der römischen Kirche?

Das Papsttum hat seinen Anspruch auf Oberhoheit nicht aufgegeben, und wenn die Welt und die protestantischen Kirchen einen von ihm geschaffenen „Sabbat" annehmen und zugleich den biblischen Sabbat verwerfen, stimmen sie dieser Anmaßung zu. Mag sein, daß sie sich dabei auf die Tradition oder die Kirchenväter berufen; doch damit verleugnen sie gerade den Grundsatz, der sie von Rom trennt: daß die Heilige Schrift, und zwar die Heilige Schrift allein, für den Glauben maßgebend ist. Wenn die Bewegung zur Durchsetzung des Sonntags an Boden gewinnt, wächst für die katholische Kirche die Gewißheit, daß schließlich die ganze protestantische Welt dem Banner Roms folgen wird.

Wo protestantische Kirchen die Sonntagsfeier erzwingen, da wird zwangsläufig die Autorität des Papsttums durchgesetzt. Gerade dadurch, daß Kirchen mit Hilfe des Staates eine religiöse Pflicht erzwingen, wird dem „Tier" ein Bild gemacht. Folglich wird eine Durchsetzung der Sonntagsfeier in den Vereinigten Staaten ein Zwang zur Anbetung des Tieres und seines Bildes sein.

Die Christen vergangener Zeiten haben den Sonntag in der Annahme gehalten, dadurch den biblischen Sabbat zu feiern. Es gibt heute in jeder Kirche, die römisch-katholische nicht ausgenommen, wahre Christen, die aufrichtig glauben, der Sonntag sei der von Gott verordnete Ruhetag. Gott nimmt ihre Redlichkeit an. Doch wenn die Sonntagsfeier gesetzlich erzwungen wird und die Welt Kenntnis über die Verbindlichkeit des biblischen Sabbats erlangt hat, dann wird jeder, der Gottes Gebot übertritt, um einer von Rom eingeführten Ver-

---

[34] Tuberville, An Abridgement of the Christian Doctrine, 58

ordnung nachzukommen, dem Papsttum mehr Ehre geben als Gott. Wer das tut, huldigt damit letztlich Rom und zeichnet sich durch das aus, was die Bibel „Malzeichen des Tieres" nennt. Erst wenn deutlich ist, was mit dieser Entscheidung auf dem Spiel steht, wenn bewußt zwischen Gottes Willen und Menschengeboten gewählt werden muß, werden diejenigen, die in der Übertretung verharren, das „Malzeichen des Tieres" empfangen.

Der dritte Engel warnt

Die dringlichste Warnung, die je an Menschen ergangen ist, findet sich in der Botschaft des dritten Engels. Es muß dabei um eine furchtbare Sünde gehen, weil sie Gottes Zorn ohne jede Gnade nach sich zieht. Und es ist wichtig, daß alle begreifen, welcher Gefahr sie sich aussetzen, wenn sie wie bisher weiterleben. Die Warnung muß ergehen, bevor Gottes Gerichte hereinbrechen; denn jedem soll die Gelegenheit zur Umkehr gegeben werden. Wie in den beiden anderen Engelsbotschaften deutet die prophetische Symbolsprache – der Engel fliegt „mitten durch den Himmel" und „spricht mit großer Stimme" – darauf hin, daß diese Warnung an alle Welt gerichtet ist.

Wenn die Auseinandersetzung ihren Höhepunkt erreicht hat, wird die gesamte Christenheit in zwei große Lager gespalten sein. Die einen halten an den Geboten Gottes und dem Glauben an Jesus fest, die anderen verehren das Tier und sein Bild und nehmen das Malzeichen des Tieres an. Kirche und Staat werden gemeinsame Sache machen, um möglichst allen dieses Zeichen aufzuzwingen, so wie es die Offenbarung voraussagt: „... daß sie allesamt, die Kleinen und Großen, die Reichen und Armen, die Freien und Sklaven, sich ein Zeichen machen an ihre rechte Hand oder an ihre Stirn, und daß niemand kaufen oder verkaufen kann, wenn er nicht das Zeichen hat, nämlich den Namen des Tieres oder die Zahl seines Namens." [35]

Aber Gott läßt seine Kinder bei alledem nicht allein mit solch einer Schreckensvision, sondern hat ihnen verheißen, daß er sie durch diese fürchterliche Zeit hindurchbringen wird: „... und *die den Sieg behalten hatten* über das Tier und

[35] Offenbarung 13,16.17

sein Bild und über die Zahl seines Namens, die standen an dem gläsernen Meer und hatten Gottes Harfen und sangen das Lied des Mose ... und das Lied das Lammes: Groß und wunderbar sind deine Werke, Herr, allmächtiger Gott."[36]

[36] Offenbarung 15,2.3

26 | Gott schafft Neues

In den Weissagungen des Propheten Jesaja wird auf eine Erneuerung hingewiesen, die in den letzten Tagen unserer Welt zum biblischen Sabbat zurückführen wird: „So spricht der Herr: Wahret das Recht und übt Gerechtigkeit, denn mein Heil ist nahe, daß es komme, und meine Gerechtigkeit, daß sie offenbar werde. Wohl dem Menschen, der dies tut, und dem Menschenkind, das daran festhält, das den Sabbat hält und nicht entheiligt und seine Hand hütet, nichts Arges zu tun! ... Und die Fremden, die sich dem Herrn zugewandt haben, ihm zu dienen und seinen Namen zu lieben, damit sie seine Knechte seien, alle, die den Sabbat halten, daß sie ihn nicht entheiligen, und die an meinem Bund festhalten, die will ich zu meinem heiligen Berge bringen und will sie erfreuen in meinem Bethaus."[1]

Aus dem Zusammenhang läßt sich entnehmen, daß diese Worte bereits auf das christliche Zeitalter hindeuten: „Gott der Herr, der die Versprengten Israels sammelt, spricht: Ich will noch mehr zu der Zahl derer, die versammelt sind, sammeln."[2] Hier schaut der Prophet offenbar über seine Zeit und sein Volk hinaus und sieht schon das Sammeln der Heiden durch die Verkündigung des Evangeliums. Dabei wird denen, die den Sabbat ehren, Segen verheißen. Wenn wir die Weissagung des Jesaja so verstehen, wird deutlich, daß der Sabbat weit über die Kreuzigung, Auferstehung und Himmelfahrt Jesu hinaus von Bedeutung sein sollte. Das Sabbatgebot ist so etwas wie ein Siegel oder eine Unterschrift Gottes unter ein wichtiges Dokument. Nur im vierten Gebot werden sowohl der Name als auch der Titel des Gesetzgebers genannt. Gott wird als Schöpfer bezeichnet, der von seinen Geschöpfen Anbetung und Verehrung erwarten kann. Als das biblische Sabbatgebot kirchlicherseits verändert wurde, ging dieses Bezogensein auf den Schöpfer und die Schöpfung in den Zehn Geboten verloren. Deshalb sind Jesu Nachfolger dazu aufgerufen, den biblischen Sabbat wieder zu einem Gedächtnistag der

[1] Jesaja 56,1.2.6.7 [2] Jesaja 56,8

Schöpfung und zu einem Tag der Anbetung des Schöpfers zu machen.

Bereits der Prophet Jesaja wies im Auftrag Gottes auf die bleibende Bedeutung des Sabbats hin: „Und es soll durch dich wieder aufgebaut werden, was lange wüst gelegen hat, und du wirst wieder aufrichten, was vorzeiten gegründet ward; und du sollst heißen: ‚Der die Lücken zumauert und die Wege ausbessert, daß man da wohnen könne'. Wenn du deinen Fuß am Sabbat zurückhältst und nicht deinen Geschäften nachgehst an meinem heiligen Tage und den Sabbat ‚Lust' nennst und den heiligen Tag des Herrn ‚Geehrt'; wenn du ihn dadurch ehrst, daß du nicht deine Gänge machst und nicht deine Geschäfte treibst und kein leeres Geschwätz redest, dann wirst du deine Lust haben an dem Herrn ..."[3]

Was für das alttestamentliche Gottesvolk zutraf, läßt sich auch auf die neutestamentliche Zeit übertragen. Als Rom den Sabbat veränderte, wurde eine Lücke in Gottes Gesetz geschlagen. Aber nun ist die Zeit gekommen, dem göttlichen Ruhetag wieder die Geltung zu verschaffen, die er ursprünglich hatte. Vom Paradies ausgehend, ist der Sabbat durch die Jahrtausende hindurch erhalten geblieben. Zwar hat Satan immer wieder versucht, das Zeichen des Gedächtnisses an die Schöpfung und den Tag der Anbetung Gottes mit Füßen zu treten, aber es hat stets Gruppen von Gläubigen gegeben, die den Sabbat heiligten und damit bezeugten, daß Gottes Gebot von Menschen nicht außer Kraft gesetzt werden darf. In diesem Sinne ist auch die Verkündigung des „ewigen Evangeliums" zu verstehen, von dem in Offenbarung 14 die Rede ist. Die Gläubigen der Endzeit werden als Menschen beschrieben, „die da halten die Gebote Gottes und den Glauben an Jesus".[4]

Als die Adventgläubigen zu der biblischen Erkenntnis über das Heiligtum und die Unveränderlichkeit des Gesetzes Gottes gekommen waren, wurden sie von Staunen und Freude ergriffen. Und von dem, was ihnen selber den Blick geweitet hatte, wollten sie anderen erzählen. War das nicht für die gesamte Christenheit eine Botschaft, die von allen freudig begrüßt werden müßte? Aber da hatten sie sich getäuscht; denn die meisten Christen legten gar keinen Wert auf Erkenntnisse, die sie in Widerspruch zu den bisherigen religiösen Anschauungen oder zur Welt brachten. Vor allem der Gehorsam ge-

---

[3] Jesaja 58,12–14 [4] Offenbarung 14,12

genüber dem vierten Gebot forderte ein Umdenken und persönliche Opfer, zu denen nur wenige bereit waren.

Die Gegner der Sabbatheiligung argumentierten damals: „Wir haben immer den Sonntag gehalten, unsere Väter hielten ihn, und viele gute und fromme Menschen sind selig gestorben, die ebenfalls den Sonntag gefeiert haben. Was für sie richtig war, kann für uns nicht falsch sein. Die Feier dieses neuen Sabbats würde uns in Widerspruch zur Welt bringen, und wir könnten keinen Einfluß mehr auf sie ausüben. Was vermag schon eine Minderheit von Sabbathaltern gegen eine ganze Welt, die den Sonntag feiert?"

Solche „Beweisführungen" hat es zu allen Zeiten gegeben. Christus wurde von seinem eigenen Volk mit der Begründung verworfen, daß es keines neuen Heilsweges bedürfe, denn die Väter hätten ja auch durch ihre Opfer Gottes Wohlgefallen erreicht. Warum sollte das für die nachfolgenden Generationen anders sein? Zur Zeit Luthers beruhigten viele ihr Gewissen, indem sie darauf hinwiesen, daß unzählige fromme Menschen im katholischen Glauben gestorben seien und daß das zur Seligkeit gereicht habe.

Solche und ähnliche Schlußfolgerungen waren verständlicherweise ein großes Hindernis auf dem Weg zu neuer, weiterführender Erkenntnis. Vielen genügte es, daß die Sonntagsfeier eine jahrhundertealte Lehre und ein weitverbreiteter kirchlicher Brauch war. Aber wenn man sich schon auf das Althergebrachte stützt, sollte man eigentlich bedenken, daß der Sabbat eine sehr viel ältere Tradition hat. Er wurde bei der Schöpfung eingesetzt. Da es den Gegnern der Sabbatwahrheit an biblischen Argumenten fehlte, griffen sie zu so törichten Ausflüchten wie: „Warum vertreten unsere bedeutenden Gelehrten die Sache mit dem Sabbat nicht? Es kann doch wohl nicht sein, daß ausgerechnet ihr paar Außenseiter recht habt, während alle anderen im Irrtum sind!"

Wie wenig stichhaltig solche Einwände sind, zeigt der Blick in die Bibel und in die Geschichte der Christenheit. Nur selten konnte sich Gott gelehrter und angesehener Menschen bedienen, wenn es um Erweckung und geistliche Erneuerung ging. Sie stützten sich zu sehr auf ihre Dogmen, Theorien und auf ihr theologisches Wissen; und sie waren kaum geneigt, sich neue Wege führen zu lassen. Gott kann am ehesten durch Menschen wirken, die seine Stimme hören und ihr gehorchen und die nötigenfalls auch unangenehme Wahrheiten sagen, die furchtlos auf falsches Verhalten hinweisen. Immer wieder kam es vor, daß der Herr ganz einfache Leute zu Trägern seiner Wahrheit machte – nicht weil er die Ungelehrten mehr schätzte als die Gelehrten, sondern einfach weil diese Menschen sich nicht zu erhaben fühlten, um sich von Gott unterweisen zu lassen. Sie hatten in der Schule Christi gelernt, und ihre Demut und ihr Gehorsam machten sie groß.

Die Adventgläubigen im 19. Jahrhundert sammelten ähnliche Erfahrungen wie das Volk Israel in alter Zeit. So wie Gott die Kinder Israel beim Auszug aus Ägypten führte, leitete er auch die Gläubigen der Adventbewegung. Durch die große Enttäuschung wurde ihr Glaube geprüft, wie es auch bei den Hebräern der Fall war, als vor ihnen das Rote Meer lag und hinter ihnen die Heerscharen des Pharao heranstürmten. Wären alle Adventgläubigen bereit gewesen, die dritte Engelsbotschaft anzunehmen und sie in der Kraft des Heiligen Geistes zu verkündigen, dann hätte der Herr mächtig durch sie wirken können. Gottes Warnungsbotschaft wäre überall zu hören gewesen, das Schlußwerk hätte vollendet werden und Christus zur Erlösung seines Volkes kommen können.

Gott hat es anders gewollt

Gott hatte ursprünglich nicht vor, Israel vierzig Jahre in der Wüste umherziehen zu lassen. Er wollte seine Kinder direkt ins verheißene Land führen, damit sie sich dort als ein heiliges und glückliches Volk niederlassen sollten. Aber „wir sehen, daß sie nicht haben hineinkommen können um ihres Unglaubens willen“. [5] Ebenso war es nicht Gottes Wille, daß sich die Wiederkunft Christi so lange hinausziehen sollte und daß sein Volk noch so viele Jahre in dieser sünden- und sorgenbeladenen Welt bleiben mußte. Aber der Unglaube trennte die Menschen von Gott. Um den Sündern Gelegenheit zu gehen, die Warnung zu hören und nicht in den Untergang hineingerissen zu werden, verzögerte Christus in seiner Barmherzigkeit sein Kommen. Aber werden die Menschen sich wirklich warnen lassen? Botschaften, die auf Irrtümer und Sünde hinweisen, wurden zu keiner Zeit gern gehört, sondern stießen immer auf massiven Widerstand. Und gegen diejenigen, die sie verkündigten, richteten sich der Zorn und Haß der Men-

[5] Hebräer 3,19

schen. Elia wurde beschuldigt, Israel verwirrt zu haben; Jeremia galt als Verräter; Paulus beschimpfte man als Tempelschänder. So war es immer, und so wird es auch bleiben: Wer sich der Wahrheit verpflichtet fühlt, muß damit rechnen, als Störenfried, Ketzer oder Abtrünniger angesehen zu werden.

Angesichts solcher Erfahrungen ist es wichtig, daß die Angefochtenen von heute daraus lernen, wie die Gläubigen vergangener Zeiten mit dem Widerstand gegen die Wahrheit fertig geworden sind. Jeder, der die Wahrheit erkannt hat, ist in die gleiche Pflicht genommen wie der Prophet Hesekiel, dem der Herr befahl: „Du Menschenkind, ich habe dich zum Wächter gesetzt über das Haus Israel. Wenn du etwas aus meinem Munde hörst, sollst du sie in meinem Namen warnen.“[6]

Viele Menschen scheuen sich, die Wahrheit anzunehmen oder weiterzugeben, weil sie Widerstand und Unannehmlichkeiten fürchten. Und solche Befürchtungen sind ja auch nicht aus der Luft gegriffen. Wahre Nachfolger Christi lassen sich durch derartige Bedenken aber nicht abschrecken. Sie können einfach nicht erwarten, daß die Wahrheit eines Tages beliebt wird. Sie empfinden wie der Apostel Paulus, der die irdische Beschwernis als „zeitlich und leicht“ einstufte, weil sie eine „ewige und über alle Maßen gewichtige Herrlichkeit“[7] schafft. Oder sie verhalten sich wie Mose, der „die Schmach Christi für größeren Reichtum als die Schätze Ägyptens“[8] hielt.

Wer der Wahrheit dienen will, kann nicht danach fragen, ob das den Leuten gefällt, sondern er muß das tun, einfach weil es die Wahrheit ist. Nach Erfolg sollte er dabei nicht fragen, aber er darf wissen, daß Gott selber ihm zur Seite steht. Daß es in der Vergangenheit immer wieder zu geistlicher Erneuerung und zum Wachstum an Erkenntnis gekommen ist, hat die Welt den Gläubigen zu verdanken, die ihren Grundsätzen treu geblieben sind und ihre Aufgaben im Vertrauen auf Gott mutig angepackt haben. Solche Menschen werden heute mehr denn je gebraucht.

---

[6] Hesekiel 33,7 [7] 2. Korinther 4,17 [8] Hebräer 11,26

27 | Fragwürdige Erweckung

Wo Gottes Wort treu verkündigt wurde, erzielte es erstaunliche Wirkung und bewies damit, daß es tatsächlich göttlichen Ursprungs ist. Die Menschen wurden im Innersten angerührt und sahen ihr sündhaftes Wesen im Lichte der Gerechtigkeit Gottes. Kein Wunder, daß sich ihnen die Frage aufdrängte: „Wer wird mich erlösen von diesem todverfallenen Leibe?" [1] Sie begriffen, daß Rettung nur dort zu empfangen war, wo Gott sie angeboten hatte: am Kreuz von Golgatha. [2]

Viele glaubten an Jesus Christus, ließen sich taufen und begannen ein neues Leben. Sie wollten auch so leben, wie ihr Herr gelebt hatte. Das ging meist nicht ohne radikale Veränderungen ab. Was sie früher verabscheut hatten, liebten sie nun; was ihnen vorher überaus wichtig gewesen war, wurde plötzlich nebensächlich. Hochmütige und Rechthaberische wurden demütig und bescheiden, Eitle und Anmaßende schlicht und zurückhaltend. Lästerer lernten Ehrfurcht, Trunkenbolde wurden frei von ihrer Sucht, und Verkommene strebten nach Reinheit.

Erweckungen dieser Art veranlaßten die Menschen, sich Rechenschaft abzulegen über ihr bisheriges Leben. Sie begannen für die Erneuerung ihres eigenen Lebens und für die Errettung ihrer Mitmenschen zu beten. Sie schreckten nicht vor Selbstverleugnung und persönlichen Opfern zurück, sondern sahen es als Vorrecht an, um der Sache Christi willen Belastung und Leid auf sich zu nehmen.

Vieles von dem, was heute als Erweckung hingestellt wird, sieht ganz anders aus. Zwar ist nicht zu leugnen, daß es Bewegung in der Christenheit gibt und daß manche Kirchen und Gemeinschaften großen Zulauf haben. Aber das allein ist ja noch kein Beweis dafür, daß Menschen wirklich vom Heiligen Geist erweckt worden sind. Oft geschieht nicht mehr, als daß fromme Gefühle wie ein Feuer aufflackern, das bald wieder in sich zusammenfällt. Danach ist die geistliche Finsternis meist größer als zuvor.

---

[1] Römer 7,24 [2] Römer 3,25.26

Solche „Erweckungen“ werden häufig dadurch ausgelöst, daß man auf die Einbildungskraft und die Gefühle der Menschen einwirkt, um den Wunsch nach Neuem und Aufregendem zu befriedigen. Die auf diese Weise „Bekehrten“ sind allerdings kaum interessiert an der biblischen Wahrheit, sondern suchen nach aufwühlenden religiösen Erlebnissen. Wenn ein Gottesdienst in dieser Hinsicht nichts zu bieten hat, können sie ihm nichts abgewinnen.

Für jeden wahrhaft Bekehrten werden das persönliche Verhältnis zu Gott und der Glaube an die Heilszusagen der Bibel im Mittelpunkt des Lebens stehen. Doch wo findet sich das heutzutage noch in den Kirchen? Man hat sich zwar „bekehrt“, aber nach wie vor bestimmen Eigenwille, Stolz und Weltliebe das Leben. Die Leute sind genausowenig wie vor ihrer Bekehrung bereit, sich selbst zu verleugnen, ihr Kreuz auf sich zu nehmen und Jesus in Demut nachzufolgen.

Wenn auch Glaube und Frömmigkeit weithin abgenommen haben, so gibt es doch in allen Kirchen und Gemeinschaften wahre Nachfolger Jesu. Und ehe Gott die Welt zum letzten Mal durch seine Gerichte heimsucht, wird er die Seinen zu echter Frömmigkeit erwecken, wie es seit den Tagen der Apostel nicht mehr erlebt worden ist. Durch Gottes Geist bewegt, werden sich viele von den Kirchen und Gemeinschaften trennen, in denen die Liebe zu Gott und zu seinem Wort durch die Liebe zur Welt verdrängt worden ist. Nicht nur Gemeindeglieder, sondern auch Geistliche werden sich der Botschaft vom bald wiederkommenden Herrn öffnen.

Satan möchte das gern verhindern. Deshalb wird er alles einsetzen, um diese große Erweckung vorzutäuschen, noch ehe Gottes Zeit für solch eine Erneuerung gekommen ist. Dort, wo er mit seinen betrügerischen Absichten zum Zuge kommt, wird es so aussehen, als wäre der himmlische Segen in Fülle ausgegossen worden. Viele werden darüber jubeln, wie Gott eingreift und was er an Wundern geschehen läßt, aber sie merken dabei nicht, daß in Wirklichkeit ein ganz anderer die Fäden zieht. Weil er im frommen Gewand daherkommt, wird es Satan gelingen, weite Kreise der christlichen Welt unter seinen Einfluß zu bringen.

Bei vielen Erweckungen der jüngeren Vergangenheit waren mehr oder weniger die gleichen Kräfte am Wirken, die sich künftig auch im christlichen Lager tummeln werden. Leider werden dabei oft nur die Gefühle aufgeputscht, und Wahres wird so geschickt mit Falschem vermischt, daß es die wenigsten merken. Doch niemand braucht sich täuschen zu lassen. Im Lichte des Wortes Gottes wird es nicht schwer sein, das wahre Wesen dieser Bewegungen zu erkennen. Gottes Segen wird niemals dort wirksam werden, wo man das Zeugnis der Heiligen Schrift vernachlässigt und sich von der biblischen Wahrheit abwendet, die Selbstverleugnung und das Ablegen der weltlichen Art von uns verlangt. Christus selbst gab seinen Jüngern einen klaren Maßstab: „An ihren Früchten sollt ihr sie erkennen!“ [3] Daran wird deutlich werden, ob derartige Erweckungen das Werk des Geistes Gottes sind oder nicht. Allein Gottes Wort bietet uns den nötigen Schutz gegen die Täuschungsversuche Satans. Leider haben viele Christen Gottes Wort und seinen Willen aus den Augen verloren. Damit leisten sie den Mißständen, die heutzutage in der religiösen Welt um sich greifen, bewußt oder unbewußt Vorschub. Wer sich nur noch am Rande oder gar nicht mehr darum kümmert, was Gott von ihm erwartet, muß zu falschen Vorstellungen von Bekehrung und Heiligung kommen. Mangelnder Gehorsam führt schließlich dazu, daß wahre Frömmigkeit immer mehr schwindet. Das ist auch die Ursache dafür, daß vielen Erweckungsbewegungen die Kraft Gottes fehlt.

Das Gesetz der Freiheit

Viele Geistliche behaupten, Christus habe durch seinen Tod das Gesetz abgeschafft. Deshalb seien die Menschen fortan vom Gehorsam entbunden. Dem Gesetz, das sie zur unerträglichen Last herabwürdigen, stellen sie die beglückende Freiheit des Evangeliums entgegen. Die Schreiber des Alten Testamentes und die Apostel haben sich ganz anders über Gottes Gesetz geäußert. Der Psalmdichter schrieb: „Und ich wandle fröhlich; denn ich suche deine Befehle.“ [4] Der Apostel Jakobus bezeichnete die Zehn Gebote als „das vollkommene Gesetz der Freiheit“. [5] Johannes sieht die Liebe zu Gott und das Halten seiner Gebote als Einheit und kommt zu dem Schluß: „... und seine Gebote sind nicht schwer.“ [6] Diese und andere Texte der Bibel klingen nicht so, als müsse man das Gesetz als schwer zu tragende Last empfinden.

Die Behauptung, daß Christus durch seinen Tod das Gesetz

---

[3] Matthäus 7,16 [4] Psalm 119,45 [5] Jakobus 1,25 [6] 1. Johannes 5,2.3

seines Vaters abgeschafft habe, entbehrt jeder Grundlage. Wäre es möglich gewesen, das Gesetz zu ändern oder gar aufzuheben, dann hätte Christus nicht zu sterben brauchen, um den Menschen die Verurteilung zu ersparen. Der Opfertod Jesu ist eigentlich der beste Beweis dafür, daß Gottes Gesetz unveränderlich ist.

Im Blick auf das Kommen des Messias schrieb der Prophet Jesaja: „Dem Herrn hat es gefallen um seiner Gerechtigkeit willen, daß er sein Gesetz herrlich und groß mache.“ [7] Und Jesus selbst hat unmißverständlich gesagt: „Ihr sollt nicht meinen, daß ich gekommen bin, das Gesetz oder die Propheten aufzulösen; ich bin nicht gekommen aufzulösen, sondern zu erfüllen. Denn wahrlich, ich sage euch: Bis Himmel und Erde vergehen, wird nicht vergehen der kleinste Buchstabe noch ein Tüpfelchen vom Gesetz, bis es alles geschieht.“ [8]

Im Gesetz zeigen sich der Wille und das Wesen des Gesetzgebers. Aus dem Gesamtzeugnis der Heiligen Schrift geht klar hervor, daß Gott die Wahrheit, die Gerechtigkeit und die Liebe in Person ist. Dem entsprechen auch die Ordnungen, die er gegeben hat. [9] Bekehrung und Heiligung haben es damit zu tun, daß der sündige Mensch mit dem heiligen Gott versöhnt und wieder mit seinem Gesetz in Einklang gebracht wird. Am Anfang lebte der Mensch in völliger Übereinstimmung mit den Gesetzen der Natur und dem Willen Gottes. Durch die Sünde wurde dieses harmonische Verhältnis zerstört, und es entwickelte sich eine immer stärker werdende Abneigung gegen die Ordnungen Gottes. Der Apostel Paulus beschrieb diese von der Sünde geprägte Daseinsweise des Menschen mit den Worten: „Denn fleischlich gesinnt sein ist Feindschaft wider Gott, weil das Fleisch dem Gesetz Gottes nicht untertan ist; denn es vermag's auch nicht. Die aber fleischlich sind, können Gott nicht gefallen.“ [10] Diesem Dilemma ist Gott nicht entgegengetreten, indem er das Gesetz beseitigte, sondern durch die Hingabe seines Sohnes: „Denn also hat Gott die Welt geliebt, daß er seinen eingeborenen Sohn gab, damit alle, die an ihn glauben, nicht verloren werden, sondern das ewige Leben haben.“ [11] Allein durch das, was Christus zur Erlösung der Menschen getan hat, können wir wieder in Übereinstimmung mit dem Schöpfer und seiner Ordnung gebracht werden. Das

---

[7] Jesaja 42,21 [8] Matthäus 5,17.18 [9] Römer 7,12; 13,10; Psalm 119,142.172
[10] Römer 8,7.8 [11] Johannes 3,16

Herz des durch Christus erlösten Menschen wird durch Gottes Gnade erneuert, und er hat wieder Anteil am göttlichen Leben. Diese Umwandlung nennt die Bibel Wiedergeburt, ohne die niemand Eingang findet in Gottes neue Welt.[12]

Das Bewußtsein der Schuld

Der erste Schritt zur Versöhnung mit Gott besteht in der Erkenntnis der eigenen Sünde. Niemand könnte seine Schuld erkennen, wenn es nicht den Maßstab des Gesetzes gäbe. Paulus drückte das so aus: „... durch das Gesetz kommt Erkenntnis der Sünde."[13] Das Gesetz bewirkt zweierlei: Es zeigt, wie der Mensch sein müßte, und macht deutlich, wie er wirklich ist. Es ist sozusagen Maßstab und Spiegel zugleich. Aber es hat bei alledem nur eine Anzeige- und keine Heilsfunktion. Wenn jemand im Spiegel des Gesetzes seine Sünde erkennt und fragt, wie seine Schuld getilgt werden kann, dann findet er im Gesetz keine Antwort. Sünde vergeben und von Schuld befreien, das ist Gottes Sache – und er verwirklicht es durch Jesus Christus, seinen Sohn. Das ist eine frohe Botschaft für jeden Sünder. Wer die Übertretung des Willens Gottes bereut und im Glauben an Jesu versöhnendes Opfer um Vergebung bittet, dem nimmt Gott die Schuld ab und handelt an ihm wie ein liebender Vater an seinem Kind.

Vergebung der Schuld und der Freispruch von der Strafe, die auf Gesetzesübertretung steht, kann doch nicht heißen, daß die Gebote Gottes hinfort für den Erlösten keine Bedeutung mehr haben. Solchem Mißverständnis wollte der Apostel Paulus offenbar vorbeugen, als er schrieb: „Wie? Heben wir denn das Gesetz auf durch den Glauben? Das sei ferne! Sondern wir richten das Gesetz auf ... Wie sollten wir in der Sünde leben wollen, der wir doch gestorben sind?"[14]

Durch die Wiedergeburt wird das Herz des Sünders in Einklang mit Gottes Willen gebracht. Diese innere Umwandlung bringt den Menschen vom Weg des Todes auf den Weg des Lebens und von der Übertretung des Gesetzes zum Gehorsam gegenüber dem Willen Gottes. Das alte Leben der Entfremdung von Gott hat aufgehört; das neue Leben der Versöhnung, des Glaubens und der Liebe hat begonnen. Dann wird „die Gerechtigkeit, vom Gesetz gefordert, in uns erfüllt ..., die

---

[12] Johannes 3,3 [13] Römer 3,20 [14] Römer 3,31; 6,2

wir nun nicht nach dem Fleische wandeln, sondern nach dem Geist".[15] Gottes Gebote sind für den Erlösten nicht mehr unerträgliche Belastung, sondern Lebenshilfe, die den Weg absteckt und vor Schaden bewahrt. Das meinte wohl der Psalmdichter, als er schrieb: „Wie habe ich dein Gesetz so lieb! Täglich sinne ich ihm nach."[16]

Gäbe es das Gesetz nicht, hätte der Mensch kein Unrechtsbewußtsein – selbst wenn er Unrecht täte – und würde keine Reue verspüren. Solange er seine Verlorenheit nicht erkennt, ist ihm nicht bewußt, wie sehr er das versöhnende Blut Jesu Christi braucht. Wer das Gesetz beiseite schiebt, nimmt den Menschen die Möglichkeit, sich ihrer Verlorenheit bewußt zu werden. Das ist auch der Grund, weshalb es heutzutage unter Christen so viele oberflächliche Bekehrungen gibt. Man nimmt zwar das Angebot des Heils für sich in Anspruch, aber eine wirkliche Erneuerung des Herzens und die nötige Umgestaltung des Lebens hat nie stattgefunden.

Heiligung – was ist das?

Wo Gottes Gebote umgedeutet, vernachlässigt oder gar abgelehnt werden, da schießen verständlicherweise die falschen Vorstellungen von Heiligung nur so ins Kraut. Diese Lehren sind nicht nur vom biblischen Befund her falsch, sondern haben darüber hinaus fatale Auswirkungen auf das praktische Christenleben. Da sie von der Mehrheit der Christen gern gehört werden, ist es doppelt wichtig, sich darum zu kümmern, was die Bibel wirklich über Heiligung lehrt.

Gottes Wort sagt nämlich deutlich, was Heiligung ist und wie sie erlangt werden kann. Paulus betonte ausdrücklich, daß Gott unsere Heiligung will[17] und daß er sie bewirkt: „Er aber, der Gott des Friedens, heilige euch durch und durch ..."[18] Und im Brief an die Römer heißt es, daß die „Heiden" geheiligt werden „durch den heiligen Geist".[19] Auch aus anderen Schriftstellen[20] geht hervor, daß der Heilige Geist für die Heiligung von entscheidender Bedeutung ist. Durch Gottes Wort und Gottes Geist werden dem Menschen die Grundzüge der Gerechtigkeit erschlossen, die in den Geboten ihren sichtbaren Ausdruck gefunden haben. Vom Gesetz heißt es, daß es

[15] Römer 8,4 [16] Psalm 119,97 [17] 1. Thessalonicher 4,3
[18] 1. Thessalonicher 5,23 [19] Römer 15,16 [20] Johannes 16,13

„heilig, recht und gut“ [21] ist, weil es die Gerechtigkeit und Vollkommenheit Gottes widerspiegelt. Daraus ergibt sich, daß ein vom Gehorsam gegen Gottes Willen geprägter Charakter auch heilig sein wird. Bei Jesus, der von sich sagen konnte, daß er allezeit das tat, was seinem himmlischen Vater gefiel [22], zeigte sich das ganz deutlich. Für ihn war klar, daß sich die Liebe zu Gott nicht in frommen Worten erschöpfen darf, sondern sich im Tun des Richtigen äußert. Deshalb sagte er: „Wenn ihr meine Gebote haltet, so bleibt ihr in meiner Liebe, wie ich meines Vaters Gebote halte und bleibe in seiner Liebe.“ [23]

Auf die Frage „Was ist Heiligung?“ kann also geantwortet werden: Unser Wesen soll durch Gottes Gnade so verändert werden, daß es dem entspricht, was Gott will und was Jesus Christus uns vorgelebt hat.

Wie wird das möglich?

Wenn wir Heiligung so verstehen, dann ist sie nicht unser Werk, sondern kann sich nur durch den Glauben an Christus und durch die Kraft des in uns wohnenden Geistes Gottes entfalten. Paulus schrieb an die Christen in Philippi: „Denn Gott ist's, der in euch wirkt beides, das Wollen und das Vollbringen, zu seinem Wohlgefallen.“ [24] Auch der erlöste Christ spürt in sich noch die Verlockungen der Sünde, aber weil er Gott treu sein will, wird er nicht aufhören, diesen Einflüssen Widerstand zu leisten. Aus eigener Kraft wird ihm das nicht gelingen, aber er kämpft ja auch nicht allein, sondern darf sich an das halten, was Paulus so ausgedrückt hat: „Gott aber sei Dank, der uns den Sieg gibt durch unsern Herrn Jesus Christus!“ [25]

Heiligung ist ein stetig andauernder Prozeß. Wenn ein Sünder sich bekehrt und im Vertrauen auf das versöhnende Blut Christi Frieden mit Gott gefunden hat, dann hat das christliche Leben eigentlich erst begonnen. Das Ziel heißt: „Laßt uns aber wahrhaftig sein in der Liebe und wachsen in allen Stükken zu dem hin, der das Haupt ist, Christus.“ [26] Wer Heiligung erlebt, wird demütig, weil er auf dem hellen Hintergrund der Reinheit Gottes die schwarzen Flecken seiner eigenen Unwürdigkeit erkennt. Der Prophet Daniel war solch ein Mensch.

---

[21] Römer 7,12 [22] Johannes 8,29 [23] Johannes 15,10
[24] Philipper 2,13 [25] 1. Korinther 15,57 [26] Epheser 4,15

Obwohl er bei Gott und Menschen hoch geehrt war, beugte er sich in seinem Fürbittegebet persönlich unter die Schuld seines Volkes. Er stützte sich nicht auf seine oder seines Volkes Frömmigkeit, sondern bekannte: „Wir liegen vor dir mit unserm Gebet und vertrauen nicht auf unsre Gerechtigkeit, *sondern auf deine große Barmherzigkeit.*"[27]

Für Gläubige, die ihr Heil allein von dem ableiten, was Christus am Kreuz für sie getan hat, fällt jeder Anlaß zum Eigenruhm weg. Sie wissen, daß es ihre Sünde war, die den Gottessohn in den Tod getrieben hat. Deshalb wird man sie nicht prahlen hören, sie seien frei von Sünde. Je enger unsere Verbindung mit Christus ist, desto deutlicher erkennen wir die eigene Sündhaftigkeit und begreifen, wie sehr wir in allem auf den Herrn angewiesen sind.

Leider begegnet man heutzutage immer häufiger einer Art von Heiligung, die einerseits geprägt ist von Selbstüberschätzung, andererseits mit einer Geringschätzung der Gebote einhergeht. Das hat mit biblischer Heiligung wenig zu tun. Die Verfechter solcher Anschauungen lehren, Heiligung sei das Werk eines Augenblicks, in dem der Christ durch den Glauben vollkommene Heiligkeit erlange. Sie sagen: „Du brauchst nur zu glauben, und dann wirst du von Gott gesegnet sein!" Mehr brauche er nicht zu tun – schon gar nicht Gottes Gebote zu halten –, denn von den Verpflichtungen des Gesetzes sei der erlöste Mensch befreit.

Aber ist es wirklich möglich, ein geheiligtes Leben zu führen, ohne in Übereinstimmung mit Gottes Willen, der in seinen Geboten zum Ausdruck kommt, leben zu wollen? Wer das denkt, wünscht sich eine möglichst „bequeme Religion"; ein Christsein, das keine Mühe macht, weil man ohne Selbstverleugnung fromm sein kann und sich von seinem sündigen Lebensstil nicht zu trennen braucht.

Die biblische Sicht der Dinge ist ganz anders. Es ist wahr, daß niemand ohne den Glauben gerettet werden kann; aber ebenso wahr ist, daß unser Glaube sich im Tun dessen, was Gott will, äußern muß. Jakobus drückte das so aus: „Was hilft's, liebe Brüder, wenn jemand sagt, er habe Glauben und hat doch keine Werke? Kann denn der Glaube ihn selig machen? ... So ist auch der Glaube, wenn er nicht Werke hat, tot in sich selber."[28]

---

[27] Daniel 10,8.11; 9,15.18.20 [28] Jakobus 2,14.17

Niemand sollte sich der Täuschung hingeben, er könne ein geheiligtes Leben führen, ohne sich an den Willen Gottes zu halten. Wer Gottes Gebote bewußt ignoriert, bringt je länger, desto mehr die mahnende Stimme des Heiligen Geistes in sich zum Schweigen und zerstört damit seine Beziehung zu Gott. Johannes wird der „Apostel der Liebe" genannt, weil er nicht müde wurde, immer wieder die Liebe Gottes zu uns Menschen zu beschreiben.[29] Dennoch äußerte gerade er sich ganz drastisch im Blick auf eine falsche Heiligung: „Wer sagt: Ich kenne ihn, und hält seine Gebote nicht, der ist ein Lügner, und in dem ist die Wahrheit nicht. Wer aber sein Wort hält, in dem ist wahrlich die Liebe Gottes vollkommen. Daran erkennen wir, daß wir in ihm sind. Wer sagt, daß er in ihm bleibt, der soll auch leben, wie er gelebt hat."[30] Ob mein Bekenntnis zu Christus echt ist, zeigt sich daran, ob ich bereit bin, seinen Willen in meinem Leben zu verwirklichen. Niemand kann wirklich zu Gott gehören, wenn er Gottes Gesetz – und sei es nur „eins von diesen kleinsten Geboten"[31] – nicht als Maßstab für sein Leben gelten lassen will.

Wer so tut, als sei er ohne Sünde, beweist damit nur, daß er noch weit davon entfernt ist und daß er von der Heiligkeit Gottes, der Liebe Jesu und der schrecklichen Macht der Sünde keine Ahnung hat. Tatsächlich ist es so: Je weiter jemand innerlich von Christus entfernt ist, je weniger er vom Wesen und Willen Gottes weiß, desto gerechter wird er sich vorkommen. Aber mit Heiligung oder gar Heiligkeit hat das nichts zu tun.

Das biblische Verständnis von Heiligung

Heiligung, so wie die Heilige Schrift sie versteht, hat es mit dem ganzen Menschen zu tun. Paulus betete für die Christen in Thessalonich, daß ihr „Geist ganz samt Seele und Leib müsse bewahrt werden unversehrt, unsträflich auf die Ankunft unseres Herrn Jesus Christus".[32] Die Gläubigen zu Rom forderte er auf: „Ich ermahne euch nun, liebe Brüder, durch die Barmherzigkeit Gottes, daß ihr eure Leiber gebet zum Opfer, das da lebendig, heilig und Gott wohlgefällig sei."[33]

In alttestamentlicher Zeit wurde jede Gabe, die man Gott

---

[29] 1. Johannes 3,1 [30] 1. Johannes 2,4–6 [31] Matthäus 5,19
[32] 1. Thessalonicher 5,23 [33] Römer 12,1

zum Opfer brachte, sorgfältig geprüft. Fand sich ein Makel, durfte das Tier nicht geopfert werden. Diesen Gedanken griff der Apostel Paulus auf, um den Christen klarzumachen, daß ihr ganzes Leben Gott geweiht sein müsse. Sie sollten ihre Gaben und Fähigkeiten in bestmöglicher Weise erhalten und für den Herrn einsetzen. Alles, was die körperlichen und geistigen Kräfte schwächt, schmälert die Brauchbarkeit des Menschen im Dienst für den Schöpfer. Wer Gott wirklich liebt, wird ihm die besten Kräfte seines Lebens weihen. Das ist freilich nur möglich, wenn der Gläubige sein Leben in Einklang mit den Ordnungen Gottes gestaltet und nicht der Genußsucht und zerstörerischen Begierden nachgibt. Sündige Lebensgewohnheiten beeinträchtigen das geistige und geistliche Wahrnehmungsvermögen und machen den Menschen untüchtig für ein Leben mit Gott. Deshalb schrieb Paulus den Christen in Korinth: „Wir wollen uns darum von allem rein machen, was Körper oder Seele beschmutzt. Wir wollen den Willen Gottes ernst nehmen und uns bemühen, so zu werden, wie er uns haben will."[34]

Trotz dieser Aufforderung treiben auch heute viele Christen Raubbau an ihren Kräften. Sie arbeiten unmäßig, weil sie es zu etwas bringen möchten; sie lassen sich mehr von der Mode als von den tatsächlichen Bedürfnissen bestimmen; sie essen, was ihnen schmeckt, ohne danach zu fragen, ob es ihrer Gesundheit dient; sie ergeben sich dem Alkohol und pflegen einen Lebensstil, der mitunter dem, was Gott will, direkt entgegensteht. Und was besonders schlimm ist: Nicht selten sehen sie sich von ihren Kirchen darin noch bestätigt, denn die schweigen nur allzuoft, um ihre Einkünfte nicht zu gefährden.

Aber niemand, der Gottes Wort ernst nimmt, kann so leben, denn in der Bibel heißt es: „Wißt ihr denn nicht, daß euer Körper der Tempel des heiligen Geistes ist? Gott hat euch seinen Geist gegeben, der jetzt in euch wohnt. Darum gehört ihr nicht mehr euch selbst. Gott hat euch als sein Eigentum erworben. Macht ihm also Ehre durch die Art, wie ihr mit eurem Körper umgeht!"[35]

Wer in dem Bewußtsein lebt, daß Gottes Geist in ihm wohnen und regieren will, wird sich nicht zum Sklaven der eigenen Pläne, Wünsche und Begierden machen. Weil Christus

---

[34] 2. Korinther 7,1 Die Gute Nachricht
[35] 1. Korinther 6,19.20 Die Gute Nachricht

unser Herr ist, können wir das, was wir sind und was wir haben, nicht leichtfertig vergeuden. Leider lassen sich heutzutage immer weniger Christen von solchen Gedanken leiten. Die meisten wenden viel Zeit, Kraft und Geld für unnützes Zeug und schädliche Genußmittel auf, aber wenn es um die Linderung von Not oder um die Finanzierung von Evangelisationsvorhaben geht, schauen sie weg. Für die Befriedigung der eigenen Wünsche ist das Geld da, aber wenn es um Opfergaben und Zehnten geht, dann halten viele die Hand zu.

Wirklich geheiligte Menschen wollen und können nicht selbstsüchtig leben. Wer ein Leben mit Gott führen will, kommt nicht umhin, sich von Dingen und Verhaltensweisen zu trennen, die ihn daran hindern. In diesem Sinne schrieb Paulus an die Korinther: „Laßt euch nicht vor den Karren des Unglaubens spannen! Recht und Unrecht passen genauso wenig zusammen wie Licht und Dunkelheit. Sind etwa Christus und der Teufel in Einklang zu bringen? Was verbindet Glauben und Unglauben? Was haben die Götzen im Tempel Gottes zu suchen? Wir alle sind doch der Tempel des lebendigen Gottes! Gott hat gesagt: ‚Ich will bei ihnen wohnen und mitten unter ihnen leben. Ich will ihr Gott sein, und sie sollen mein Volk sein.' Deshalb sagt er auch: ‚Zieht weg von hier, trennt euch von ihnen! Berührt nichts Unreines! Dann werde ich euch meine Liebe zuwenden. Ich will euer Vater sein, und ihr sollt meine Söhne und Töchter sein. Das sagt der Herr der ganzen Welt.'" [36]

Jeder Schritt, den wir im Glauben und im Gehorsam tun, bringt uns Jesus näher, macht unser Leben heller und verleiht unserem Christsein Ausstrahlung. Es ist wie mit den Sternen am Himmel. Sie strahlen, weil der Schöpfer die Leuchtkraft in sie hineingelegt hat. Wenn im Leben der Gläubigen nichts von dem hellen Licht des Evangeliums und der Gegenwart Gottes zu sehen ist, stimmt irgend etwas nicht. Die Gnadengaben des Heiligen Geistes müssen an Jesu Nachfolgern doch irgendwie sichtbar werden.

Durch Christi Verdienst haben wir Zugang zum Thron des Allmächtigen und zu der Fülle seiner Gaben. Paulus drückte das so aus: „Der auch seinen eigenen Sohn nicht verschont hat, sondern hat ihn für uns alle dahingegeben; *wie sollte er uns mit ihm nicht alles schenken*?" [37] Der Vater schenkte dem

---

[36] 2. Korinther 6,14–18 Die Gute Nachricht [37] Römer 8,32

Sohn seinen Geist in Fülle; und an dieser Fülle dürfen wir teilhaben. Unser Vorrecht ist es, so zu leben, daß Gott ja dazu sagen und uns mit seinen guten Gaben beschenken kann. Unser Vater im Himmel möchte, daß wir uns reich beschenkt fühlen und nicht ständig mit finsteren Gedanken und der Angst vor Verdammnis umherlaufen. Christliche Demut läßt sich nicht daran ablesen, wie niedergeschlagen oder schuldbeladen jemand aussieht, sondern daran, daß der Sünder sich vor Jesus beugt und sich von ihm reinigen läßt. Wer das tut, kann trotz seines Versagens aufrecht und ohne Gewissensbisse vor dem Gesetz stehen; denn „so gibt es nun keine Verdammnis für die, die in Christus Jesus sind“.[38]

Das Leben des Christen soll ein Leben des Glaubens, des Sieges und der Freude in Gott sein. Darin zeigt sich die Frucht der Bekehrung und Heiligung – so wie die Bibel sie versteht. Weil aber die Christenheit diesem wichtigen Grundsatz der Gerechtigkeit, der in Gottes Gesetz zum Ausdruck kommt, so gleichgültig gegenübersteht, ist von dieser Frucht selten etwas zu sehen. Aus diesem Grund ist auch so wenig von jenem tiefen, bleibenden Wirken des Geistes Gottes zu spüren, das die Erweckungen früherer Jahre kennzeichnete.

Der Mensch wird von dem geprägt, was er hört, sieht und als Maßstab für sein Tun annimmt. Auch im Christenleben ist das so. Weil aber die Gebote, durch die Gott uns seine Vollkommenheit und Heiligkeit offenbart hat, so häufig als abgetan hingestellt werden, lassen sich viele von dem bestimmen, was Menschen für richtig halten und was andere tun. Da ist es kein Wunder, daß wahre, lebendige Frömmigkeit heutzutage in den Kirchen und Gemeinschaften rar geworden ist. Es ist genau das eingetreten, was Gott zu Jeremias Zeiten seinem Volk vorwarf: „Mich, die lebendige Quelle, verlassen sie und machen sich Zisternen, die doch rissig sind und kein Wasser geben.“[39]

Nur wo Gottes Wille geachtet und seinen Geboten der gebührende Platz eingeräumt wird, kann die Christenheit zu lebendigem Glauben und echter Frömmigkeit erweckt werden.

---

[38] Römer 8,1 [39] Jeremia 2,13

28 | Menschen im Urteil Gottes

Im Buch des Propheten Daniel heißt es: „Ich sah, wie Throne aufgestellt wurden, und einer, der uralt war, setzte sich. Sein Kleid war weiß wie Schnee und das Haar auf seinem Haupt rein wie Wolle; Feuerflammen waren sein Thron und dessen Räder loderndes Feuer. Und von ihm ging aus ein langer feuriger Strahl. Tausendmal Tausende dienten ihm, und zehntausendmal Zehntausende standen vor ihm. Das Gericht wurde gehalten, und die Bücher wurden aufgetan.“ [1]

In dieser visionären Schau wurde dem Propheten der Tag gezeigt, an dem das Leben der Menschen vor dem himmlischen Richter geprüft und beurteilt wird. Der „Uralte“ ist zweifellos Gott, die Quelle des Lebens und der Urheber aller Ordnungen und Gesetze. Er steht dem himmlischen Tribunal als Richter vor. Umgeben ist er von unzähligen himmlischen Wesen, die an dieser Gerichtsverhandlung als Sachverständige und Zeugen teilnehmen.

Nach der allgemeinen Orts- und Situationsbeschreibung heißt es weiter: „... und siehe, es kam einer mit den Wolken des Himmels wie eines Menschen Sohn und gelangte zu dem, der uralt war, und wurde vor ihn gebracht. Der gab ihm Macht, Ehre und Reich, daß ihm alle Völker und Leute aus so vielen verschiedenen Sprachen dienen sollten. Seine Macht ist ewig und vergeht nicht, und sein Reich hat kein Ende.“ [2]

Hier wird zwar das Kommen Christi beschrieben, aber es handelt sich dabei noch nicht um seine Rückkehr auf diese Erde. Er erscheint *vor seinem Vater*, um von ihm Macht, Ehre und Reich zu empfangen, die ihm am Ende seines himmlischen Mittlerdienstes und vor seiner Wiederkunft gegeben werden sollen. Hier wird bildhaft deutlich gemacht, daß Christus, unser himmlischer Hoherpriester, das Allerheiligste betritt und vor Gott erscheint, um den letzten Teil seines Versöhnungsdienstes, zu dem auch das Untersuchungsgericht gehört, in Angriff zu nehmen. Diese Vision bezieht sich offensichtlich auf das Ende der 2300 Jahr-Tage im Jahre 1844.

---

[1] Daniel 7,9.10 [2] Daniel 7,13.14

Im alten Volk Israel durften nur diejenigen am Großen Versöhnungstag teilnehmen, die ihre Verfehlungen bekannt hatten und deren Schuld durch das stellvertretende Sündopfer auf das Heiligtum übertragen worden war. Entsprechend betreffen auch der abschließende Versöhnungsdienst und das Untersuchungsgericht nur die Gläubigen. Der Apostel Petrus hat das so ausgedrückt: „Denn es ist Zeit, daß anfange das Gericht an dem Hause Gottes. Wenn aber zuerst an uns, was will's für ein Ende werden mit denen, die dem Evangelium Gottes nicht glauben?“ [3] Das Gericht über die Ungläubigen und die Urteilsvollstreckung finden zu einem späteren Zeitpunkt statt.

Grundlage für die Entscheidungsfindung in der himmlischen Gerichtsverhandlung sind „Bücher“, in denen die Namen und Taten der Menschen verzeichnet stehen. In der Vision sah der Prophet Daniel, wie „die Bücher aufgetan“ wurden. [4] Was ist mit diesen Büchern gemeint?

Das sogenannte Buch des Lebens [5] enthält offenbar die Namen aller, die Kinder Gottes geworden sind. Jesus ermutigte seine Jünger einmal mit den Worten: „Freuet euch aber, daß eure Namen im Himmel geschrieben sind.“ [6] Paulus sprach im Blick auf seine Mitarbeiter dankbar davon, daß deren Namen im Buch des Lebens stehen. [7] Dem Propheten Daniel wurde im Blick auf die zu erwartende große Trübsalszeit versichert, daß „alle, die im Buch des Lebens geschrieben stehen“ [8], errettet würden. Und zu guter Letzt weist die Offenbarung darauf hin, daß nur die in Gottes neue Stadt einziehen dürfen, deren Namen „geschrieben sind in dem Lebensbuch des Lammes“.[9]

Der alttestamentliche Prophet Maleachi erwähnt darüber hinaus ein „Gedenkbuch“, in dem die guten Taten derer verzeichnet sind, die „den Herrn fürchten und an seinen Namen gedenken“. [10] Was immer unter diesem Gedenkbuch zu verstehen ist, eins ist klar: Jede bestandene Versuchung, jede überwundene Sünde, jedes mitfühlende Wort und jede Tat der Liebe ist irgendwo und irgendwie im Himmel verzeichnet.

Nichts bleibt verborgen

Und was ist mit denen, die nicht zu Gott gehören? Die Bibel sagt eindeutig, daß auch über ihr Leben „Buch geführt“

---

[3] 1. Petrus 4,17 [4] Daniel 7,10 [5] Offenbarung 20,12 [6] Lukas 10,20
[7] Philipper 4,3 [8] Daniel 12,1 [9] Offenbarung 21,27 [10] Maleachi 3,16

wird. „Denn Gott wird alle Werke vor Gericht bringen, alles, was verborgen ist, es sei gut oder böse.“ [11] Und Jesus betonte: „Die Menschen müssen Rechenschaft geben am Tage des Gerichts von einem jeglichen nichtsnutzigen Wort, das sie geredet haben. Aus deinen Worten wirst du gerechtfertigt werden, und aus deinen Worten wirst du verdammt werden.“ [12] Sogar die verborgenen Absichten und Beweggründe der Menschen sind dem himmlischen Richter bekannt; denn Gott „wird ans Licht bringen, auch was im Finstern verborgen ist, und wird das Trachten der Herzen offenbaren“. [13]

Was hier bildhaft ausgedrückt wird, bedeutet in der Wirklichkeit: Gott weiß *alles* über *jeden* Menschen. Kein böses Wort, keine selbstsüchtige Tat, keine vernachlässigte Pflicht, keine verborgene Sünde, buchstäblich nichts fällt unter den Tisch, wenn Gott Gericht hält. Sogar für seinen Einfluß auf andere, ob zum Guten oder Bösen, muß der Mensch eines Tages geradestehen.

Der Maßstab

Das Gesetz Gottes ist der Maßstab, an dem das Leben des Menschen im Gericht gemessen wird. In der Heiligen Schrift heißt es: „Fürchte Gott und halte seine Gebote; denn das gilt für alle Menschen. Denn Gott wird alle Werke vor Gericht bringen ...“ [14] Und der Apostel Jakobus ermahnte seine Mitchristen: „Redet so und handelt so wie Leute, die dereinst durchs Gesetz der Freiheit gerichtet werden.“ [15]

Wer im Gericht für „würdig erfunden“ ist, wird an der Auferstehung der Gerechten teilhaben, wie Jesus es verheißen hat: „Welche aber gewürdigt werden, jene Welt zu erlangen und die Auferstehung von den Toten ... sie sind den Engeln gleich und Gottes Kinder, weil sie Kinder sind der Auferstehung.“ [16] Diesen Äußerungen läßt sich entnehmen, daß die gerechten Toten erst nach einem „Gerichtsverfahren“ auferweckt werden, in dem sie für würdig befunden worden sind, an der „Auferstehung zum Leben“ teilzuhaben. Sie werden also nicht persönlich zugegen sein, wenn ihr Leben zur Verhandlung ansteht. Aber sie haben einen, der dann für sie vor Gott eintritt: den Fürsprecher Jesus Christus. [17]

---

[11] Sprüche 12,14 [12] Matthäus 12,36.37 [13] 1. Korinther 4,5
[14] Sprüche 12,13 [15] Jakobus 2,12 [16] Lukas 20,35.36

Wenn die himmlischen Aufzeichnungen durchgesehen werden, kommt das Leben jedes gläubigen Menschen vor Gott zur Sprache. Das beginnt mit denen, die am Anfang der Menschheitsgeschichte gelebt haben, und es setzt sich über die vielen Generationen hinweg bis zu den jetzt Lebenden fort. Bei jedem Namen wird entschieden, ob der Mensch angenommen oder verworfen wird.

Finden sich in den Büchern Sünden, die nicht bereut und vergeben worden sind, wird der Name aus dem Buch des Lebens getilgt. Selbst das Gute, das jemand in seinem Leben getan hat, kann den Mangel nicht ausgleichen, sondern bleibt dann unberücksichtigt. Darauf deutet wohl auch das Wort des Propheten Hesekiel hin: „Wenn sich der Gerechte abkehrt von seiner Gerechtigkeit und tut Unrecht ..., sollte der am Leben bleiben? An alle seine Gerechtigkeit, die er getan hat, soll nicht gedacht werden.“ [18]

Bei den Namen derer, die ihre Sünde bereut und Jesu Opfer für sich in Anspruch genommen haben, wird in den himmlischen Büchern die empfangene Vergebung vermerkt. Da sie Teilhaber der Gerechtigkeit Christi geworden sind und ihr Wesen dadurch in Einklang mit den Geboten Gottes steht, werden ihre Sünden ausgetilgt und sie selbst des ewigen Lebens für würdig befunden. Für alle, die zu Gott gehören und ihm vertrauen, gilt Jesu Zusage: „Wer überwindet, der soll mit weißen Kleidern angetan werden, und ich werde seinen Namen nicht austilgen aus dem Buch des Lebens, und ich will seinen Namen bekennen vor meinem Vater und vor seinen Engeln.“ [19]

Wenn Satan Anklage erhebt

Während Jesus Fürbitte einlegt für alle, die zu ihm gehören, beschuldigt Satan sie vor Gott als Übeltäter. Dabei verweist er auf ihre Mängel, ihre Charakterschwächen und auf all die Sünden, zu denen er sie verleitet hat und die ja auch in den himmlischen Büchern verzeichnet stehen. Er wird sich sogar anmaßen, diese Menschen für sich zu beanspruchen, weil ihr Leben nicht ohne Fehl und Tadel war.

Dann wird Jesus für die Seinen eintreten. Er wird ihre Sün-

---

[17] 1. Johannes 2,1; Hebräer 7,25; 9,24 [18] Hesekiel 18,24
[19] Offenbarung 3,5

den weder vertuschen noch entschuldigen, sondern auf ihre Reue und ihren Glauben hinweisen. Er wird vor dem Vater und den versammelten Engeln seine durchbohrten Hände erheben und sagen: Ich kenne sie beim Namen, ich habe sie in meine Hände gezeichnet, ich habe ihre Sünde selbst ans Kreuz getragen, deshalb trete ich jetzt für sie ein. Und dem Ankläger wird er zurufen: „Der Herr schelte dich, du Satan! Ja, der Herr, der Jerusalem erwählt hat, schelte dich! Ist dieser nicht ein Brandscheit, das aus dem Feuer gerettet ist?“ [20] Christus wird seine Getreuen mit seiner eigenen Gerechtigkeit kleiden und sie so fleckenlos und rein [21] vor seinen Vater stellen. Dann wird sich erfüllen, was bereits durch den Propheten Jeremia angekündigt worden war: „Zur selben Zeit und in jenen Tagen wird man die Missetat Israels suchen, spricht der Herr, aber es wird keine da sein, und die Sünden Judas, aber es wird keine gefunden werden.“ [22]

Die Schuld ist getilgt

Wenn der Hohepriester in alttestamentlicher Zeit die Versöhnung für Israel vollbracht hatte, trat er aus dem Heiligtum heraus und segnete das Volk. Dieser symbolischen Handlung entsprechend wird auch Christus nach dem Abschluß seines himmlischen Versöhnungsdienstes erscheinen. Dann aber nicht mehr „um der Sünde willen, sondern denen, die auf ihn warten, zum Heil“. [23] Das heißt: Wenn Jesus sichtbar wiederkommt, geht es nicht mehr um Sündenvergebung, sondern um das Heimholen seiner Nachfolger in die ewige Gemeinschaft mit Gott.

Für die Gläubigen wird das ein Tag des Glücks sein, für Satan und seine Helfershelfer dagegen ein Tag des Entsetzens. Wie der Hohepriester Israels früher die Sünden aus dem Heiligtum „heraustrug“ und dem Bock für Asasel [24] aufbürdete, so wird auch Satan die Strafe für alle Sünden zu tragen haben, zu denen er die Kinder Gottes verführt hat. Tausend Jahre wird er auf der menschenleeren Erde zubringen müssen, bevor er am Ende in dem großen Feuersturm untergeht, in dem Gott das Böse für immer aus dem Universum tilgt.

---

[20] Sacharja 3,2 [21] Epheser 5,27 [22] Jeremia 50,20 [23] Hebräer 9,28
[24] 3. Mose 16,20–22

Gott hat die Zeit festgelegt

Zu der von Gott für das Gericht festgesetzten Zeit, nach Ablauf der 2300 Jahr-Tage im Jahre 1844, begann die Untersuchung und das Austilgen der Sünden. Sünden, die nicht bereut und aufgegeben wurden, können nicht aus den Büchern getilgt werden. Am Tage des Gerichts werden sie gegen den Sünder zeugen. Vor Menschen mag man die Sünde verbergen können, aber Gott läßt sich nicht täuschen, er weiß auch um die geheimste Schuld. Muß uns der Gedanke nicht beunruhigen, daß kein Tag in unserem Leben vergeht, ohne daß unser Denken, Reden und Handeln Spuren in den „himmlischen Büchern" hinterläßt? Selbst wenn uns hier auf Erden alle Macht zur Verfügung stünde, würde das nicht ausreichen, um die Aufzeichnungen auch nur eines einzigen Tages auszulöschen.

Wenn Gott unser Leben in Augenschein nimmt, wird er danach fragen, wie wir mit unseren Gaben und Fähigkeiten umgegangen sind, was wir mit unserem Einfluß, unserem Körper, unserer Zeit und unserem Geld gemacht haben. Er wird auch wissen wollen, was wir für ihn getan haben – vor allem dann, wenn er uns in Gestalt von Menschen begegnet ist, die Mitgefühl und tätige Hilfe brauchten. Wie sind wir mit der Erkenntnis umgegangen, die er uns geschenkt hat? Was haben wir aus der Wahrheit gemacht, die er uns anvertraut hat? Wenn er dann nicht mehr als nur Lippenbekenntnisse findet, wird es schlecht um uns bestellt sein. Glaube, dem die Liebe und das Tun fehlen, ist wertlos. Allein die Liebe macht unsere Taten in den Augen des Himmels wertvoll. Was aus Liebe geschieht, wie gering es auch in den Augen der Menschen scheinen mag, wird Gott annehmen und belohnen.

Was wirklich wichtig ist

Das Wissen um Jesu Eintreten für uns sollte uns anspornen, in der Heiligung zu wachsen. Statt kostbare Zeit mit zweifelhaften Vergnügungen zu vergeuden, sollten wir uns lieber mit Gottes Wort befassen. Und wer sein Leben bis zum Rand mit der Jagd nach Anerkennung und irdischen Gütern füllt, schlägt einen gefährlich Weg ein. Wichtiger als das, was wir in dieser Welt erreichen und was andere über uns sagen, ist das Urteil Gottes über unser Leben. Das begreifen wir freilich erst richtig, wenn wir Jesu Heiligtumsdienst und die Botschaft vom Untersuchungsgericht verstehen lernen. Das himmlische Heiligtum ist wahrhaftig der Mittelpunkt des Werkes Christi für uns. Was er tut, um zwischen Gott und Mensch zu vermitteln, geht jeden auf dieser Erde etwas an. Hier wird uns der Blick für den Erlösungsplan geöffnet, der bis ans Ende der Zeiten reicht und uns schon im voraus die Gewißheit vermittelt, daß schließlich das Gute siegen wird. Wie aber können wir andere zu dieser Gewißheit führen, wenn wir sie selber nicht wirklich in uns tragen?

Christi Mittlerdienst für uns im himmlischen Heiligtum ist ebenso ein Teil des Erlösungsplanes wie sein Tod am Kreuz. Mit seinem Opfertod auf dieser Erde begann das Werk der Erlösung; mit seinem Versöhnungsdienst im Himmel wurde es fortgesetzt; mit seiner Wiederkunft wird es zu Ende gebracht werden. Die Israeliten in alter Zeit konnten ihren Hohenpriester sehen, wenn er am Großen Versöhnungstag in das Heiligtum ging und wieder herauskam. Unseren himmlischen Fürsprecher sehen wir mit unseren natürlichen Augen nicht, aber im Hebräerbrief heißt es, daß unser Glaube „hineinreicht bis in das Innere hinter dem Vorhang". [25] Vom Heiligtum her erhalten wir einen tiefen Einblick in die Geheimnisse des Erlösungsplanes.

Bereit zum Bekennen der Schuld?

Gottes Wort erklärt unmißverständlich: „Wer seine Sünde leugnet, dem wird's nicht gelingen; wer sie aber läßt, der wird Barmherzigkeit erlangen." [26] Wollten doch alle, die ihre Sünde verbergen oder entschuldigen, erkennen, wie sehr Satan darüber triumphiert; und wenn sie doch begriffen, wie bekümmert Christus und die Engel darüber sind! Sie würden keinen Augenblick zögern, davon abzulassen. Alle sollten wissen, daß sich Satan unserer Charakterschwächen bedient, um in unser Leben einzudringen und am Ende unsere ganze Existenz zu beherrschen. Weil er sich einen Weg in die Seele der Gläubigen freihalten will, macht er sie glauben, daß es unmöglich sei, sündige Gewohnheiten zu überwinden. Aber das ist nicht wahr, weil Jesus gesagt hat: „Laß dir an meiner Gnade genügen, denn *meine Kraft ist in den Schwachen mächtig*." [27] Es gibt keine Verhaltensweisen, die nicht in der Kraft Christi zu über-

[25] Hebräer 6,19 [26] Sprüche 28,13 [27] 1. Korinther 12,9

winden wären. Gott will und kann uns den Glauben und die Gnade schenken, mit allem fertig zu werden, was seinem Willen entgegensteht.

Wir leben in der Zeit des Großen Versöhnungstages. Im sinnbildlichen Dienst wurden alle zu aufrichtiger Buße gerufen, während der Hohepriester die Versöhnung für Israel vollzog. Die Gläubigen bekannten ihre Sünden, um nicht aus dem Volk Gottes ausgeschlossen zu werden. Sollten wir, die wir am Ende der Gnadenzeit leben, es den Israeliten nicht gleichtun? Unser Name wird nur dann im Lebensbuch verzeichnet bleiben, wenn wir tatsächlich Leid tragen über unsere Sünde und uns Gott in Reue zuwenden. Oberflächliches Christsein, das leichtfertig über die Sünde hinweggeht, mag zwar attraktiv sein, aber es ist keine Hilfe auf dem Weg ins Reich Gottes. Das Überwinden sündiger Neigungen geht nicht ohne Kampf ab. Und diesen Kampf hat jeder für sich auszufechten. Heiligung gibt es nicht zum Schleuderpreis oder mit Gruppenrabatt. Vor Gott stehen wir als einzelne. Es ist wohl wahr, daß „alle Völker" vor dem Gericht Gottes erscheinen müssen, aber der Herr wird das Leben jedes Menschen in Augenschein nehmen, als gäbe es keinen anderen auf der Erde. Dann wird nur der bestehen können, der seine Schuld zu Christus gebracht und von ihm Vergebung empfangen hat.

Eines Tages ist alles entschieden

Wenn das Untersuchungsgericht abgeschlossen wird, ist das Schicksal aller Menschen entweder zum Leben oder zum Tode entschieden. Die Gnadenzeit endet kurz vor dem Kommen des Herrn in den Wolken des Himmels. Dazu heißt es in der Offenbarung: „Wer Böses tut, der tue weiterhin Böses, und wer unrein ist, der sei weiterhin unrein; aber wer gerecht ist, der übe weiterhin Gerechtigkeit, und wer heilig ist, der sei weiterhin heilig. Siehe, ich komme bald und mein Lohn mit mir, einem jeden zu geben, wie seine Werke sind." [28]

Wann dieser Zeitpunkt da ist, kann niemand sagen. Die Menschen werden weiterleben wie bisher, ohne zu wissen, daß die letzte, endgültige Entscheidung über ihr Leben bereits gefallen ist. Es wird ähnlich sein wie vor der Sintflut. Jedem, der Gottes Warnung vor der kommenden Katastrophe glau-

---

[28] Offenbarung 22,11.12

ben wollte, stand die rettende Arche offen. Aber nachdem Noah und seine Familie hineingegangen waren, schloß der Herr die Tür hinter ihnen zu. Es dauerte noch sieben Tage, bis die Sintflut tatsächlich hereinbrach. Während dieser Zeit lebten die Leute nicht anders als zuvor: ichbezogen, leichtfertig, vergnügungssüchtig, des angekündigten Gerichtes spottend.

In seiner großen Endzeitrede kommt Jesus auch auf diese Vorgänge zu sprechen und verknüpft sie mit dem Ende der Welt: „Denn wie es in den Tagen Noahs war, so wird auch sein das Kommen des Menschensohns. Denn wie sie waren in den Tagen vor der Sintflut – sie aßen, sie tranken, sie heirateten und ließen sich heiraten bis an den Tag, an dem Noah in die Arche hineinging; und sie beachteten es nicht, bis die Sintflut kam und raffte sie alle dahin –, so wird es auch sein beim Kommen des Menschensohns."[29]

Damals sahen die Menschen, daß die rettende Tür geschlossen wurde, aber das bedeutete ihnen nichts. Wenn Gott die himmlische Tür der Gnade schließt, wird das niemand sehen. Die Menschen werden weiterhin dem Erfolg, dem Gewinn, ihren Vergnügungen und all den Eitelkeiten nachjagen, die ihr Leben ausmachen. Und bei alledem wissen sie nicht, daß der Richter der Welt über sie längst das Urteil gesprochen hat und daß für sie gilt: „Man hat dich auf der Waage gewogen und zu leicht befunden."[30]

[29] Matthäus 24,37–39 [30] Daniel 5,27

29 | Der Ursprung des Bösen

Viele Menschen fragen sich, wie das Böse in der Welt mit der Existenz eines liebenden, gerechten und allmächtigen Gottes zu vereinbaren ist. Manche zweifeln am Dasein Gottes, weil sie auf diese Frage keine plausible Antwort finden. Andere ergehen sich in spitzfindigen Erklärungsversuchen und wollen sogar das ergründen, worüber Gott in seinem Wort nie etwas mitgeteilt hat. Und dann sind da noch diejenigen, die mit dem Hinweis auf das Böse in der Welt ihre Zweifel und ihren Unglauben zu entschuldigen versuchen.

Tatsache ist, daß die Bibel keine erschöpfende Erklärung der Entstehung und des Wesens der Sünde oder des Bösen gibt. Andererseits sind ihre Hinweise zu diesem Thema auch wieder nicht so spärlich, daß Zweifel an Gottes Güte und Gerechtigkeit oder an seiner Macht gerechtfertigt wären. Grundsätzlich gilt, daß Gott das Böse nicht gewollt hat und für die Entstehung der Sünde nicht verantwortlich gemacht werden kann. Seine Herrschaft im Universum hat keinen Anlaß dazu gegeben, daß sich irgend jemand hätte gegen ihn auflehnen müssen. Deshalb bleiben die letzten Gründe für die Existenz des Bösen für uns im Dunkeln. Die Bibel erklärt nicht, woher die Sünde kommt, aber sie sagt sehr wohl, was Sünde ist: Übertretung des Gesetzes. Von Anfang an läßt Gottes Wort keinen Zweifel daran, daß das Böse als eine Macht gesehen werden muß, die Gott und seiner Liebesabsicht feindlich gegenübersteht.

Ehe das Böse eindrang, herrschten Friede und Harmonie im Universum. Alles lebte in Übereinstimmung mit dem Willen Gottes. Das Leben wurde bestimmt von der Liebe zu Gott und der Liebe zueinander. Von dieser Liebe und von der Übereinstimmung der Geschöpfe mit dem Willen des Schöpfers hing das Glück ab. Gott erwartete von allen, daß sie ihn anbeteten und ihm gehorchten, weil sie ihn liebten und begriffen hatten, daß er nur das Gute für sie wollte. Da ihm nichts an erzwungenem Gehorsam liegt, billigte er allen vernunftbegabten Wesen die Möglichkeit freier Willensentscheidung zu.

An dieser Stelle nahm das Verhängnis seinen Lauf, denn es

fand sich einer, der diese Freiheit mißbrauchte. Bei dem, der nächst Christus von Gott am meisten geehrt worden war, hatte die Sünde ihren Anfang. Vor seinem Fall nahm Luzifer offenbar die höchste Stelle in der Engelwelt ein und wirkte in unmittelbarer Nähe Gottes: „So spricht Gott der Herr: Du warst das Abbild der Vollkommenheit, voller Weisheit und über die Maßen schön ... Du warst ein glänzender, schirmender Cherub, und auf den heiligen Berg hatte ich dich gesetzt; ein Gott warst du und wandeltest inmitten der feurigen Steine. Du warst ohne Tadel in deinem Tun von dem Tag an, als du geschaffen wurdest, bis an dir Missetat gefunden wurde."[1]

Dieser Engelfürst hätte eine Stütze des Guten sein können, wenn er seinen Einfluß, seine Intelligenz und seine Macht im Sinne Gottes eingesetzt hätte. Aber es kam anders: „Du aber gedachtest in deinem Herzen: ‚Ich will in den Himmel steigen und meinen Thron über die Sterne Gottes erhöhen, ich will mich setzen auf den Berg der Versammlung im fernsten Norden. Ich will auffahren über die hohen Wolken und gleich sein dem Allerhöchsten.'"[2]

Offenbar war Luzifer mit der Stellung, die Gott ihm zugewiesen hatte, nicht zufrieden. Ihn verlangte nach der Ehre, die Gott der Vater seinem Sohn gegeben hatte, und er wollte auch die Macht, die allein Christus zustand. Auf diese Weise brachte das ichsüchtige Streben eines Engelfürsten die ersten schrillen Mißtöne in die Harmonie des Universums. Gottes Sohn stellte ihm die Größe, Güte und Gerechtigkeit des Schöpfers und die Bedeutung und Unantastbarkeit seiner Ordnungen vor Augen, um ihn vor dem Absturz ins Verderben zu bewahren, aber es war vergeblich. Alle aus Liebe und Barmherzigkeit erteilten Ermahnungen erregten nur noch mehr Widerstand. Die Eifersucht und der Haß auf Christus wuchsen ins unermeßliche und machten Luzifer die Umkehr unmöglich.

Sein Einfluß machte ihn überheblich und ließ ihn nach immer mehr Macht streben. Die Wertschätzung, die er bei Gott und in der Engelwelt genoß, sah er nicht mehr als Geschenk des Schöpfers an, sondern als sein eigenes Verdienst. Weil er Gott gleich sein wollte, sah er auch in seiner augenblicklichen Stellung keinen Grund, seinem Schöpfer dankbar zu sein. Die Verehrung, die ihm von der gesamten Engelwelt zuteil wurde, tat ihm zwar wohl, aber er litt darunter, daß es außer Gott

---

[1] Hesekiel 28,12–15 [2] Jesaja 14,13.14

noch einen gab, der über ihm stand: Christus. Er konnte es offensichtlich nicht ertragen, daß Gott seinen Sohn an allen Entscheidungen teilhaben ließ, während er selbst nicht bei allem zu Rate gezogen wurde.

Die Unzufriedenheit zieht Kreise

Luzifer verließ seinen Platz in der unmittelbaren Nähe Gottes und säte Unzufriedenheit in der Engelwelt. Dabei hütete er sich zunächst, offen gegen Gott aufzutreten. Bei allem, was er äußerte, erweckte er den Anschein, als ginge es ihm allein um die Wahrheit und um die Ehre Gottes. Vor allem lag ihm daran, die himmlischen Wesen in bezug auf Gottes Gesetz zu verunsichern. Er redete ihnen ein, daß der Schöpfer ihnen eigentlich unnötige Einschränkungen auferlege. Schließlich seien sie doch heilige Wesen und hätten deshalb das Recht, auch den Eingebungen ihres eigenen Willens zu folgen. Außerdem sei es nicht zu verstehen, daß Christus größere Macht zustünde als ihm. Im übrigen sollten alle wissen, daß er nicht etwa für sich selbst nach mehr Einfluß strebe, sondern daß es ihm einzig und allein um mehr Gerechtigkeit und um das Wohl und die Freiheit aller gehe.

Natürlich blieben diese Aktivitäten Luzifers in der himmlischen Welt nicht verborgen. Aber Gott schlug nicht mit Gewalt zu, indem er den aufrührerischen Engelfürsten beseitigte oder wenigstens seiner Stellung enthob, sondern er trug ihn lange Zeit mit unendlicher Geduld. Er unternahm alles, um ihn davon zu überzeugen, daß die vorgebrachten Anschuldigungen jeder Grundlage entbehrten; und er hoffte, daß Luzifer seinen Fehler erkennen und bereuen würde. Offenbar war sich der Engelfürst anfangs gar nicht bewußt, wohin ihn seine selbstsüchtigen Gefühle am Ende treiben würden. Als ihm durch Gottes Bemühungen klar wurde, wie unbegründet seine Unzufriedenheit war, mußte er zugeben, daß er unrecht hatte und daß die Forderungen Gottes über jeden Zweifel erhaben sind. Hätte er daraus die Konsequenzen gezogen und sich Gott wieder bedingungslos zugewandt, dann wäre der verhängnisvolle Bruch im Universum vermieden worden. Zwar hatte Luzifer seine Stellung als Thronengel verlassen, aber er hätte wieder in diese Aufgabe eingesetzt werden können, wenn er bereit gewesen wäre, die Weisheit und Herrschaft des Schöpfers uneingeschränkt anzuerkennen. Das ließ wohl sein

Stolz nicht zu. Hartnäckig verteidigte er sein Verhalten und behauptete, keiner Buße zu bedürfen. Das stürzte ihn immer tiefer in die Auseinandersetzung mit seinem Schöpfer.

Hinfort benutzte er seine überragende Intelligenz und seinen Einfluß, um möglichst viele Engel auf seine Seite zu ziehen. Er behauptete, von Gott ungerecht behandelt und in seiner Freiheit beschnitten worden zu sein. Selbst die Tatsache, daß Christus alles versucht hatte, ihn zum Vertrauen auf Gott zurückzuführen, verdrehte er so, daß es am Ende aussah, als habe Gottes Sohn ihn in Wirklichkeit nur vor den Bewohnern des Himmels demütigen wollen. Allen, die sich nicht auf seine Seite ziehen ließen, unterstellte er, sie wären sklavisch von Gott abhängig und hätten nur ihr eigenes Wohl im Auge. Ausgerechnet das, was ihn zur Feindschaft gegen Gott trieb, legte er ihnen zur Last. Wo immer sich die Möglichkeit bot, stellte er Gottes Absichten falsch dar und versuchte, die Wahrheit mit spitzfindigen Argumenten fragwürdig zu machen. Da er nach wie vor eine führende Stellung im Himmel einnahm, unterlagen viele Engel seinem Einfluß.

Aus Neid wird Rebellion

Gott gestattete es Luzifer, seine Aktivitäten fortzusetzen, bis der Geist der Unzufriedenheit zum offenen Aufruhr heranreifte. Das ist nur zu verstehen, wenn man dahinter Gottes Absicht erkennt, an diesem exemplarischen Beispiel für alle Zeiten deutlich werden zu lassen, wohin die innere Entfremdung von Gott und die Rebellion gegen den Schöpfer letztlich führen.

Indem Satan die Engel unter seine Kontrolle zu bringen versuchte, hoffte er, sich schließlich alle von Gott geschaffenen Welten untertan machen zu können. Er ging dabei so geschickt vor, daß selbst die treuen Engel das Geflecht von Täuschung, Halbwahrheiten, Verdrehungen und Lügen kaum noch durchschauen konnten. Solange sich die Sünde nicht voll entfaltet hatte, war nicht zu erkennen, welche verheerenden Folgen sie nach sich ziehen würde. Bisher hatte es das Böse im Universum nicht gegeben, deshalb vermochte auch niemand abschätzen, wohin Auflehnung gegen Gottes Gebote führen würde.

Gott konnte der Sünde nur mit Gerechtigkeit und Wahrheit entgegentreten, während Satan seine Ziele mit Mitteln zu erreichen suchte, deren Gott sich niemals bedienen wird: Schmeichelei, Irreführung und Betrug. Geschickt eingefädelte Täuschung läßt sich fast nie auf Anhieb erkennen, sondern verrät sich meist erst nach längerer Zeit. Satan hatte behauptet, die von Gott eingeführten Ordnungen und Gesetze dienten in Wirklichkeit gar nicht seinen Geschöpfen, sondern wären nur dazu da, seine eigene Herrschaft um jeden Preis zu sichern. Wie sollte Gott solchen Verdächtigungen entgegentreten? Wie sollte er das Gegenteil beweisen?

Er wählte einen Weg, der bis heute vielen unverständlich ist: Er ließ Satan für eine bestimmte Zeit freie Hand. Hatte dieser Engelfürst nicht immer wieder behauptet, daß es um das Universum besser bestellt wäre, wenn er zu bestimmen hätte und wenn Gottes Gebote außer Kraft gesetzt würden? Welche tragischen Folgen das nach sich ziehen mußte, konnte vor aller Welt nur dadurch offenbar werden, daß Gott seinen Widersacher befristet und innerhalb bestimmter Grenzen gewähren ließ. Denn auf die Dauer entlarvt sich das Böse stets selbst.

Als schließlich feststand, daß Satan mit seiner Anhängerschaft nicht länger im Himmel bleiben konnte, vernichtete Gott ihn trotz allem nicht. Solange nicht für alle erkennbar war, wie böse das Böse wirklich ist, bestand offenbar die Gefahr, daß andere Geschöpfe Gott in Zukunft nicht aus Liebe, sondern aus Angst dienen würden. Gott möchte aber, daß ihm die Treue gehalten wird, weil man von seiner Liebe, Güte und Gerechtigkeit überzeugt ist. Satans Empörung soll dem Weltall für alle Zeiten eine Lehre sein, ein Beweis für die schrecklichen Folgen der Sünde. Offenbar war das der Weg, um für immer jeder weiteren Rebellion gegen Gott den Boden zu entziehen.

Aus der Nähe Gottes verstoßen

Im Rahmen dieser kosmischen Auseinandersetzung hat sich der Widersacher Gottes bis zuletzt und mit allen Mitteln zu rechtfertigen versucht. Er und seine Anhänger machten Christus für alles verantwortlich, indem sie behaupteten, sie hätten sich niemals gegen Gott aufgelehnt, wenn sie nicht wegen ihres berechtigten Strebens nach Freiheit von ihm getadelt worden wären. Obwohl alles, was sie unternommen hatten, auf den Sturz der Herrschaft Gottes hinauslief, stellten sie sich als unschuldige Opfer der Willkür Gottes hin. Deshalb mußten sie auch schließlich aus dem Himmel ausgestoßen werden.[3]

Damit wurden der Empörung zwar engere Grenzen gesetzt, aber sie war nicht aus der Welt geschafft. So wie Satan versucht hatte, Gottes Ordnungen im Himmel zu zerstören, tat er es nun auf der Erde mit Hilfe von Menschen, die sich dem Einfluß Gottes entzogen. Dabei ist immer die gleiche Strategie zu erkennen. Satan und seine Helfershelfer versprechen den Menschen die Freiheit, wenn sie sich endlich von den Einschränkungen lösten, die ihnen Gottes Gebote auferlegten. Und wehe dem, der ihnen das Verwerfliche ihres Tuns vor Augen hält, den verfolgen sie gnadenlos, um ihn möglichst schnell zum Schweigen zu bringen. Treffen Gottes Warnungsbotschaften ihr Gewissen, so verleitet Satan die Menschen, ihr Tun zu rechtfertigen und die Schuld stets bei anderen zu suchen und sie für das Dilemma verantwortlich zu machen.

Wie schon im Himmel, so stellt Satan Gott auch hier auf Erden als machtgierigen Gewaltherrscher hin. Damit hat er bei allen Erfolg, denen es zuwider ist, sich dem Willen Gottes zu beugen. Er wird nicht müde, den Leuten einzureden, daß der eigentliche Fall des Menschen darin bestehe, daß Gott sie mit Hilfe des Gesetzes ständig unter seinen Willen zwingen wolle. So sei das auch bei ihm gewesen, und dagegen habe er sich einfach auflehnen müssen. Aber diese Darstellung Gottes ist von Grund auf falsch; denn die Bibel zeichnet ein ganz anderes Bild von Gott: „Herr, Herr, Gott, barmherzig und gnädig und geduldig und von großer Gnade und Treue, der da Tausenden Gnade bewahrt und vergibt Missetat, Übertretung und Sünde, aber ungestraft läßt er niemand ..."[4]

Als Gott den aufrührerischen Engelfürsten aus seiner Gegenwart entfernte, bewies er seine Macht über das Böse und seine Gerechtigkeit, die nicht tatenlos zuschauen konnte, daß seine Herrschaft in Frage gestellt wurde. Seine Liebe und Barmherzigkeit aber wurden sichtbar, als der Mensch auf die Täuschungen Satans hereinfiel und in Sünde und Schuld geriet. Da opferte er um der Sünder willen seinen Sohn. Am Kreuz von Golgatha wurde für jedermann erkennbar, wozu der Schöpfer bereit ist, um seine Geschöpfe vor dem Verderben zu bewahren.

In der Auseinandersetzung zwischen Christus und Satan während des Erdenlebens Jesu zeigte sich, wes Geistes Kind

---

[3] Offenbarung 12,7–9 [4] 2. Mose 34,6.7

der Widersacher Gottes wirklich ist. Nichts war so sehr geeignet, den Bewohnern des Universums die Augen über das wahre Wesen Satans zu öffnen, wie sein unbarmherziger Kampf gegen den Erlöser der Welt. Die heimtückische Verfolgung des Neugeborenen, die unverschämte Forderung, vor Satan niederzufallen und ihn anzubeten, der Haß gegen Jesus, in den er die jüdische Priesterschaft und das Volk trieb, und nicht zuletzt der Ruf „Kreuzige ihn! Kreuzige ihn!" erregten in der Engelwelt Bestürzung und Entrüstung. Alle konnten sehen, daß Satan die Menschen auf der Erde mit den gleichen hinterhältigen Methoden gegen Gott aufzuwiegeln versuchte, wie er sie schon im Himmel benutzt hatte, um die Engel gegen den Schöpfer einzunehmen. Entsetzt blickte das gesamte Universum auf das Inferno von Haß, Rachsucht und Bosheit, das auf Golgatha über dem unschuldigen Gottessohn aufloderte. Nun stand außer Zweifel, daß es für Satans Vergehen keine Entschuldigung gab. Er hatte sich selbst als Lügner und Mörder entlarvt. Der gleiche Geist, mit dem er die Menschen beherrschte, hätte sich auch im Himmel ausgebreitet, wenn es ihm gelungen wäre, Gottes Herrschaft an sich zu reißen. Jetzt war klar, daß Auflehnung nicht Freiheit bringt, sondern in eine Knechtschaft führt, die alles zerstört.

Satan hatte immer wieder behauptet, daß Gott zwar von seinen Geschöpfen Liebe und Selbstverleugnung verlange, selbst aber nur an sich dächte und zu keinem Opfer bereit wäre. Nachdem Gott aus Liebe zu den Menschen mit dem Tod seines Sohnes das größte Opfer, das überhaupt vorstellbar ist, gebracht hatte, zeigte sich, wie unverschämt Satans Anschuldigungen waren. Denn: „Gott versöhnte in Christus die Welt mit ihm selber und rechnete ihnen ihre Sünden nicht zu und hat unter uns aufgerichtet das Wort von der Versöhnung." [5] Und Christus erniedrigte sich selbst und wurde gehorsam bis zum Tod, um die in Sünde gefallenen Menschen zu retten und gleichzeitig das Böse in dieser Welt zu besiegen.

Der Beweis ist erbracht

Sowohl in der Verdammung Satans als auch in der Erlösung des Menschen erkannte der ganze Himmel eine Offenbarung der Gerechtigkeit Gottes. Luzifer hatte erklärt, daß jeder

---

[5] 2. Korinther 5,19 (vgl. Philipper 2,5–8)

Übertreter der Gebote Gottes auf ewig vom Wohlwollen des Schöpfers ausgeschlossen bleiben müsse, wenn Gottes Gesetz unveränderlich und seine Strafe unerläßlich sei. Aus der Behauptung, daß es für die in Sünde gefallene Menschheit keine Erlösung geben könne, leitete er den Anspruch ab, daß alle Menschen nun rechtmäßig seiner Herrschaft unterstünden. Aber der Tod Christi zeigte unwiderlegbar, daß Satans Behauptung eine Lüge ist. Gott selbst hatte durch Christus die Strafe für die Übertretung des Gesetzes auf sich genommen. Deshalb hat jeder Mensch die Möglichkeit, die Gerechtigkeit Christi und seinen Sieg anzunehmen und durch ein bußfertiges, Gott zugewandtes Leben Satan zu überwinden. Die wichtigste Botschaft des Neuen Testamentes heißt: Gott ist gerecht und macht gerecht alle, die an Jesus glauben.

Christus kam allerdings nicht nur auf die Erde, um durch sein Leiden und Sterben die Erlösung der Menschen zu vollbringen; er kam auch, um das „Gesetz herrlich und groß“ zu machen. Nicht nur die Bewohner unserer Welt sollten Gottes Willen gebührend achten, sondern allen Welten der Schöpfung sollte gezeigt werden, daß Gottes Gesetz unveränderlich ist. Wäre es aufgehoben worden, so hätte Gottes Sohn nicht sein Leben zur Sühne der Übertretung des Gesetzes opfern müssen. So beweist der Tod Jesu, daß Gerechtigkeit und Barmherzigkeit die Grundlagen der Herrschaft Gottes sind und auch bleiben werden.

Bei der Vollstreckung des Urteils über Satan und seine Anhänger wird sich herausstellen, daß die Sünde keineswegs zwangsläufig in die vollkommene Schöpfung einbrechen mußte. Wenn Gott seinen Widersacher an jenem Tage fragen wird, warum er sich gegen ihn erhoben hat, dann wird er nicht wissen, was er antworten soll. Und mit ihm müssen alle schweigen, die sich jetzt noch so lautstark und selbstsicher gegen Gott erheben.

Das haben wir dem zu verdanken, der an unserer Stelle die Strafe auf sich nahm und am Kreuz ausrief: „Es ist vollbracht!“ In diesen drei Worten ist zusammengefaßt, was Satan die Herrschaft genommen hat, die er an sich gerissen hatte. Mit diesem einen Satz ist sein Schicksal für immer besiegelt. Der lang anhaltende Kampf zwischen Gut und Böse war entschieden, und die endgültige Vernichtung der Sünde steht nun außer Zweifel. „Denn siehe, es kommt ein Tag, der brennen soll wie ein Ofen. Da werden die Verächter und Gottlosen

Stroh sein, und der kommende Tag wird sie anzünden, spricht der Herr Zebaoth, und er wird ihnen weder Wurzel noch Zweig lassen."[6]

Nie wieder wird Böses aufkommen können. Gottes Wort sagt: „Es wird das Unglück nicht zweimal kommen."[7] Das Gesetz, von Satan als Joch der Knechtschaft hingestellt, wird als das erkannt werden, was es in Wirklichkeit ist: ein Gesetz der Freiheit. Dann hat die Schöpfung Gottes die Zerreißprobe zwischen Gut und Böse bestanden und wird für immer dem gehören, der seine Liebe so deutlich und unwiderlegbar bewiesen hat.

---

[6] Maleachi 3,19 [7] Nahum 1,9

30 „Ich will Feindschaft setzen ..."

Nachdem die ersten Menschen in Sünde geraten waren, erklärte Gott: „Ich will Feindschaft setzen zwischen dir und dem Weibe und zwischen deinem Nachkommen und ihrem Nachkommen; der soll dir den Kopf zertreten, und du wirst ihn in die Ferse stechen." [1] Als Adam und Eva Gottes Willen mißachteten, versprachen sie sich davon neue Erkenntnisse und ungeahntes Glück. Aber als sie aus diesem Traum erwachten, fanden sie sich als Partner des Bösen an der Seite Satans wieder. Seit dieser Zeit besteht eigentlich Übereinstimmung zwischen dem Urheber der Sünde und den in Sünde gefallenen Menschen – nicht Feindschaft. Es gehört einfach zum Wesen des Widersachers Gottes, daß er sein Aktionsfeld ständig zu erweitern und andere in den Aufruhr hineinzuziehen versucht. Hätte Gott dem nicht von Anfang an einen Riegel vorgeschoben, wären Satan und seine Engel mit den in Sünde geratenen Menschen über kurz oder lang eine nicht mehr zu lösende Kampfgemeinschaft gegen den Schöpfer eingegangen.

Als Satan hörte, daß zwischen ihm und der Menschheit Feindschaft bestehen sollte, wußte er, daß er die Menschen nie völlig unter seine Kontrolle bringen würde. Irgendwie wollte Gott dafür sorgen, daß die Sünder den Machenschaften des Bösen nicht rettungslos ausgeliefert wären. Dieses Aufbegehren gegen Satan konnte allerdings nicht aus dem Menschen selbst kommen, sondern wurde durch Gott in sein Herz gepflanzt. Ohne die umwandelnde Gnade Christi bliebe der Mensch für immer ein Gefangener Satans. Nur mit Gottes Kraft kann es uns gelingen, dem Einfluß des Bösen zu widerstehen. Wer die Sünde verabscheut, anstatt sich ihr zu ergeben, wer den Leidenschaften widersteht, die ihn versklaven wollen, ist ein Beweis dafür, daß in ihm Gottes Kraft wirkt.

Als Jesus auf diese Erde kam, war der Gegensatz zwischen dem Geist Christi und dem Geist Satans mit Händen zu greifen. Die Reinheit und Lauterkeit Christi erweckte den Haß der Gottlosen. Seine Einfachheit, Selbstverleugnung und Hin-

[1] 1. Mose 3,15

gabe waren für diejenigen, die nach Geltung, Einfluß und Macht strebten, ein ständiger Vorwurf. Deshalb vereinigten sich satanische und irdische Mächte im Kampf gegen den Erlöser, um ihn aus der Welt zu schaffen.

Jesu Nachfolger stießen auf die gleiche Feindschaft wie ihr Meister. Wer Sünde erkennt, sie beim Namen nennt und gegen sie anzugehen versucht, wird es immer mit der geballten Macht des Bösen zu tun bekommen. Kinder Gottes und Anhänger des Satans passen einfach nicht zusammen. Deshalb wird es immer so bleiben, wie es der Apostel Paulus vorausgesagt hat: „Alle, die gottesfürchtig leben wollen in Christus Jesus, müssen Verfolgung leiden.“ [2]

Satans Heerscharen sind ständig darauf aus, die Macht ihres Herrn zu festigen. Je nach Lage der Dinge versuchen sie ihre Ziele mit Gewalt oder Irreführung zu erreichen. Wie ihr Lehrmeister selbst verdrehen sie die Aussagen der Heiligen Schrift, um die Menschen zu täuschen. Wo das nicht gelingt, versucht Satan, Jesu Nachfolger mit Gewalt unter seinen Willen zu zwingen oder sie zu vernichten. All das steckte bereits andeutungsweise in der Ankündigung Gottes, als er sagte: „Ich will Feindschaft setzen zwischen dir und dem Weibe und zwischen deinem Nachkommen und ihrem Nachkommen.“ Diese Feindschaft wird fortbestehen bis zum Ende der Zeiten.

Allerdings muß man sich manchmal fragen, warum der Widerstand der Gemeinde Jesu gegen das Böse nicht stärker ist. Sind wir als Streiter für Christus zu gleichgültig oder zu sehr mit uns selber beschäftigt? Hören wir zuwenig auf seinen Geist? Haben wir uns vielleicht sogar mit der Sünde arrangiert? Offenbar ist bei vielen Gläubigen die Verbindung zu Jesus Christus nicht so eng, wie es sein könnte und sein sollte. Da ist oft nur noch wenig „Feindschaft“ gegen Satan und seine Machenschaften anzutreffen, weil das Wissen um die Werke Satans und um den Kampf Christi gegen die Mächte des Bösen immer mehr abnimmt. Wem ist heute noch bewußt, daß Satan ein Heer abgefallener Engel befehligt, denen nichts wichtiger ist, als Menschen vom Glauben abzubringen und sie ins Verderben zu reißen? Viele glauben heutzutage nicht einmal mehr, daß es überhaupt einen Teufel gibt.

---

[2] 2. Timotheus 3,12

Der Feind schläft nicht

Aber dadurch, daß die Menschen ihre Augen vor dem Bösen verschließen, ist der Satan nicht aus der Welt geschafft. Ganz im Gegenteil! Je sicherer wir uns fühlen, desto leichter fällt es ihm, sich in unsere Häuser und Familien, in Staat und Kirche, in Wirtschaft und Politik – kurz: in alle Lebensbereiche einzuschleichen. Er stiftet Verwirrung, sät Haß und Streit, zerrüttet Ehen und Familien, macht die Menschen unbarmherzig und neidisch und bereitet den Boden für Empörung und Mord. Oft denken sogar gläubige Christen, das gehöre nun einmal zum Lauf der Welt, dagegen könne man nichts unternehmen, sondern müsse sich damit abfinden.

Fortwährend versucht Satan Gottes Volk zu überwinden, indem er die Schranken niederreißt, die es von der Welt trennen. Die Israeliten des Alten Bundes wurden zur Sünde verleitet, als sie verbotene Bindungen mit den Heiden eingingen. Und es spricht alles dafür, daß Satan im Blick auf die neutestamentliche Gemeinde mit der gleichen Strategie Erfolg hat. Wenn Christen die Gemeinschaft mit denen, die Gott und seinen Willen verachten, vorziehen, setzen sie sich Versuchungen aus, die ihnen zum Verhängnis werden können. Wir müssen einfach wissen, daß Satan nie mit offenen Karten spielt und daß er überall Helfershelfer hat, die uns Sand in die Augen streuen möchten. Am erfolgreichsten ist der Versucher oft durch diejenigen, die am wenigsten vermuten lassen, daß sie unter seiner Herrschaft stehen. Ist jemand begabt und gebildet, so wird er bewundert und geachtet, als könnten diese Eigenschaften den Mangel an Gottesfurcht aufwiegen. Zweifellos sind Geistesbildung und Begabung Geschenke Gottes; wenn sie aber an die Stelle der Frömmigkeit gesetzt werden, führen sie eher von Gott weg als zu ihm hin. Mancher Gebildete mit geschliffenen Umgangsformen, der niemals etwas tun würde, was gegen die Regeln des Anstands verstößt, hat sich bei näherem Hinsehen als ein auf „Hochglanz poliertes" Werkzeug in der Hand Satans erwiesen.

Wir sollten niemals die Warnung des Apostels Petrus außer acht lassen, die bis heute nichts von ihrer Gültigkeit eingebüßt hat: „Seid nüchtern und wacht; denn euer Widersacher, der Teufel, geht umher wie ein brüllender Löwe und sucht, wen er

---

[3] 1. Petrus 5,8

verschlinge.“[3] In unseren Tagen bereitet sich Satan auf den letzten großen Schlag gegen die Gemeinde Gottes vor. Jeder Nachfolger Jesu wird das am eigenen Leibe zu verspüren bekommen. Sicherheit gibt es da nur in der Nähe Jesu. Unser Schicksal hängt also davon ab, wie eng unsere Gemeinschaft mit Christus ist. Von ihm allein kommt die Kraft, das Böse zu besiegen. Und wenn wir ihn um die Kraft zum Widerstand gegen das Böse bitten, dann schenkt er sie uns auch. Satan kann keinen unter seine Herrschaft zwingen, der ihm nicht dienen will. Die Tatsache, daß Christus das Böse bereits besiegt hat, sollte uns Mut machen, den Kampf gegen den Feind Gottes nicht aufzugeben.

31 | Zwei Welten – zwei Herrscher

Die Verbindung der sichtbaren mit der unsichtbaren Welt, der Dienst der Engel Gottes und das Wirken der bösen Geister werden in der Bibel eindeutig bezeugt und sind untrennbar mit der menschlichen Geschichte verknüpft. Heute glauben allerdings nur noch wenige, daß es wirklich Dämonen gibt. Und wenn von Engeln [1] die Rede ist, dann denken viele Christen, es handle sich um die körperlosen Seelen Verstorbener. Die Bibel stützt solche Vorstellungen freilich nicht.

Längst bevor es überhaupt Menschen gab, existierten himmlische Wesen, die in der Bibel als Gottessöhne oder Engel bezeichnet werden. Im Blick auf die Erschaffung der Welt heißt es, daß „die Morgensterne miteinander lobten und jauchzten die *Gottessöhne*". [2] Und als die ersten Menschen in Sünde fielen, waren es mächtige Engelwesen, die ihnen den Weg zum Baum des Lebens versperrten. [3] Das geschah, noch ehe überhaupt ein Mensch gestorben war, dessen Seele zum Engel hätte werden können.

In der Bibel werden die Engel immer als mächtige, von Gott geschaffene himmlische Wesen beschrieben. Offenbar stehen sie auf einer höheren Daseinsstufe als Menschen, denn in den Psalmen heißt es, der Mensch sei „ein wenig unter die Engel erniedrigt". [4] Die Bibel weist an vielen Stellen auf die Zahl, die Macht und die Herrlichkeit der Engel hin und spricht über ihr Verhältnis zur Herrschaft Gottes und zum Erlösungswerk. [5]

Im übrigen geht aus der Heiligen Schrift hervor, daß Engel immer wieder aus der unsichtbaren Gotteswelt in unsere sichtbare Menschenwelt überwechselten, um gläubigen Menschen beizustehen. Zu Abraham kamen sie mit der Verheißung eines Nachkommen; nach Sodom waren sie geschickt worden, um Lot und seine Familie vor dem Feuerregen aus der Stadt herauszuholen. Den Propheten Elia versorgten sie

---

[1] Hebräer 1,14 [2] Hiob 38,7 Elberfelder [3] 1. Mose 3,24 [4] Psalm 8,6 Elberfelder [5] 2. Könige 19,35; 2. Chronik 32,21; Psalm 103,19; Hesekiel 1,14; Matthäus 28,3.4; Hebräer 12,22; Offenbarung 5,11

mit Essen und Trinken; seinen Nachfolger Elisa schützten sie vor dem Zugriff der Syrer, indem sie um die Stadt einen Schutzring aus „feurigen Wagen und Rossen" legten. Über Daniel hielten Engel ihre Hand, als er von Neidern und Verleumdern in den Löwenzwinger geworfen wurde. Petrus holten sie auf unerklärliche Weise aus dem geschlossenen Gefängnis, und dem römischen Legionär Kornelius erschien ein Engel, um ihm die Augen für den Glauben an Jesus zu öffnen.

Von Engeln beschützt

Offenbar hat jeder Gläubige einen Engel, der für ihn verantwortlich ist. [6] Wie sollte es sonst zu verstehen sein, daß Jesus von den Kindern sagte: „Ihre Engel im Himmel sehen allezeit das Angesicht meines Vaters im Himmel." [7] In der Auseinandersetzung mit den Mächten der Finsternis, die zielstrebig und gnadenlos gegen die Menschen vorgehen, brauchen Gottes Kinder die Gewißheit, daß ihr Leben unter dem Schutz des Himmels steht.

Die bösen Engel oder Dämonen waren nicht von Anfang an böse. Wie die guten Engel waren sie als sündlose, vollkommene Wesen erschaffen worden und mit Macht und Herrlichkeit ausgestattet. Aber nachdem sie sich der Rebellion Satans angeschlossen hatten, änderten sich ihre Situation und ihre Absichten. Sie bildeten gemeinsam mit dem aufrührerischen Engelfürsten Luzifer die Gruppe himmlischer Wesen, die wegen ihrer antigöttlichen Umtriebe aus dem Himmel ausgestoßen wurde. In der Heiligen Schrift wird von ihrer Verschwörung und Gewaltherrschaft, von ihrer Klugheit und Verschlagenheit berichtet sowie von ihren unaufhörlichen Anschlägen gegen den Frieden und das Glück der Menschen.

Auch in der alttestamentlichen Geschichte ist das Dasein und Wirken von Dämonen gelegentlich erwähnt. Aber im vollen Ausmaß zeigte es sich erst, als Christus auf diese Erde kam. Der Gottessohn war gekommen, um die Menschheit von der Herrschaft des Bösen zu befreien. Satan wollte sich die angemaßte Herrschaft über die Erde aber nicht kampflos entreißen lassen. Tatsächlich war es ihm ja auch gelungen, fast die ganze Menschheit in Unglauben oder Götzendienst zu verstricken. Nur Israel hatte er nie ganz in seine Gewalt brin-

[6] Psalm 34,8 [7] Matthäus 18,10

gen können. In diesem Volk wurde der Gottessohn Mensch, um mit der Rettung der Menschheit zu beginnen. Satan und seinen Helfershelfern war klar, daß ihr Spiel aus sein würde, wenn es Christus gelänge, seine Absicht zu verwirklichen. Das wollten sie mit allen Mitteln verhindern.

Auch in neutestamentlicher Zeit begegnet uns das Wirken dämonischer Mächte. Das Neue Testament erwähnt Menschen, die regelrecht von bösen Geistern besessen waren. Jesus begegnete damals vielen Kranken, deren Leiden nicht durch natürliche Ursachen ausgelöst worden waren, sondern auf dämonische Einflüsse zurückgingen. Wenn er sich solchen Menschen zuwandte, stieß er unmittelbar mit satanischen Mächten zusammen. Ein anschauliches Beispiel dieser Art ist die Heilung eines Besessenen in der Nähe des Sees Genezareth.[8] Der Mann war völlig enthemmt und verwahrlost, schlug wild um sich und stieß irre Schreie aus. Er tat sich selbst Gewalt an und war eine Gefahr für jeden, der ihm zu nahe kam. Niemand konnte ihn bändigen.

Als Jesus diesem Unglücklichen begegnete, erkannte er sofort, daß er in der Gewalt dämonischer Mächte war. Deshalb wandte er sich direkt an den Dämon und fragte: „Wie heißt du?“ Die Antwort war schrecklich: „Legion heiße ich; denn wir sind viele.“[9] Auf Jesu Befehl hin mußten die Dämonen ihr Opfer verlassen. Zurück blieb ein vernünftiger, friedlicher und dankbarer Mensch.

Dieses Geschehnis sollte den Jüngern Jesu zeigen, welche zerstörerischen Auswirkungen es haben kann, wenn Menschen in die Fänge Satans geraten. Gleichzeitig sollten die Bewohner jener Gegend sehen, daß die Macht der Finsternis dort zu Ende ist, wo Jesus in das Leben eines Menschen eingreift. Als Christus weiterzog, ließ er den Geheilten als ein unübersehbares Zeugnis für die Barmherzigkeit und Macht Gottes zurück.

Das Neue Testament berichtet noch an vielen anderen Stellen[10] von Menschen, die unter die Herrschaft von Dämonen geraten waren. Wenn Jesus diese Unglücklichen heilte, sprach er die Dämonen als persönliche und intelligente Wesen an und befahl ihnen, die Menschen nicht länger zu quälen. Meist reagierten die Augenzeugen dann ähnlich wie die Gottesdienstbe-

---

[8] Markus 5,1–20 [9] Zu einer römischen Legion gehörten damals 3000–5000 Soldaten [10] Markus 7,26–30; 9,17–27; Lukas 4,33–36 u. a.

sucher in Kapernaum: „Und es kam eine Furcht über sie alle, und sie redeten miteinander und sprachen: Was ist das für ein Wort? Er gebietet mit Vollmacht und Gewalt den unreinen Geistern, und sie fahren aus.“ [11]

Dämonische Einflüsse äußern sich allerdings nicht immer und überall in so drastischer Weise. Vielen Menschen sieht man es nicht an, daß sie unter der Herrschaft Satans stehen. Manche öffnen sich freiwillig und bewußt dem Einfluß Satans, um übernatürliche Kräfte zu erlangen. Sie erscheinen dann natürlich nicht als Opfer dämonischer Mächte, sondern sind vielmehr deren Werkzeuge. Zu dieser Kategorie gehörten beispielsweise Simon Magus, der Zauberer Elymas und die wahrsagende Sklavin, von denen die Apostelgeschichte berichtet. [12]

Niemand ist vor den Machenschaften Satans sicher, denn er versucht jeden unter seine Herrschaft zu bringen. Besonders gefährdet sind allerdings Menschen, die ungeachtet der eindeutigen Aussagen der Heiligen Schrift das Dasein und Wirken Satans und seiner Engel leugnen. Viele stehen heutzutage unter dem Einfluß Satans, ohne es zu wissen. Würde man sie daraufhin ansprechen, wären sie empört und würden solche Gedanken weit von sich weisen. Je mehr wir uns dem Ende der Weltgeschichte nähern, desto mehr wird Satan versuchen, die Menschen zu täuschen und in die Irre zu führen. Das gelingt ihm um so besser, je mehr er im verborgenen arbeiten und die Menschen glauben machen kann, daß es ihn gar nicht gibt.

Deshalb gefällt es ihm, wenn er als Witzfigur mit Hörnern, Pferdefuß und Schwanz oder als Kinderschreck dargestellt wird. Er hat auch nichts dagegen, wenn man mit seinem Namen Scherze macht. Worüber man lacht, das fürchtet man nicht – und nimmt es auch nicht ernst. Aber wir sollten Satan ernst nehmen, denn er ist ein gefährlicher Feind. Wie stark sein geheimer Einfluß ist, zeigt sich daran, daß er im Laufe der Jahrhunderte eine Fülle von Anschauungen in die Christenheit einschleusen konnte, die in krassem Widerspruch zur Heiligen Schrift stehen. Das ist ein Teil seiner Strategie der Verführung. Er möchte die Autorität der Heiligen Schrift untergraben, denn sie allein kann seine geheimen Machenschaften enthüllen. Und nichts fürchtet er mehr, als daß

---

[11] Lukas 4,36 [12] Apostelgeschichte 8,9–13; 13,8–11; 16,16–18

seine dämonischen Pläne durchschaut und vereitelt werden könnten.

Die Macht und Bosheit Satans und seiner Helfershelfer müßten uns tatsächlich beunruhigen, wenn wir nicht wüßten, daß Christi Macht größer ist als alles, was uns bedrohen kann. Wenn wir nur immer bei unserem Erlöser Zuflucht suchen würden! Um unser Eigentum und unser Leben zu bewahren, sichern wir unsere Häuser mit Riegeln und Schlössern. Wie wenig tun wir dagegen, um uns vor dem Eindringen dämonischer Mächte zu sichern! Denken wir daran, daß sie unseren Geist beherrschen, Leib und Seele zerrütten und unser Leben zerstören wollen? Ist uns klar, daß wir dem Angriff dieser Mächte nichts anderes entgegenzusetzen haben als unseren Glauben an die bewahrende Kraft unseres Herrn Jesus Christus? Nur wer sich zu ihm flüchtet, ist in Sicherheit. Gottes Engel werden eine Schutzwehr um ihn errichten, die selbst Satan nicht zu durchbrechen vermag.

32 „… schütze uns vor der Macht des Bösen“

Der Kampf zwischen Gut und Böse wird bald zu Ende sein. Niemand weiß das besser als Satan. Deshalb mobilisiert er alle Kräfte, um die Vollendung des Erlösungswerkes zu verhindern. Vor allem liegt ihm daran, die Menschen so lange an der Umkehr zu hindern, bis Jesu Versöhnungsdienst im Himmel beendet ist. Er hat nichts gegen Christen, die selbstzufrieden und fromm für sich hin leben, denn die werden seine Kreise nicht stören. Aber wenn Menschen aufwachen und fragen: „Was muß ich tun, daß ich gerettet werde?“ [1], ist er sofort da, um dem Einfluß des Heiligen Geistes entgegenzuwirken.

Im Buch Hiob wird davon erzählt, daß Satan eines Tages in einer himmlischen Ratsversammlung erschien. [2] Allerdings kam er nicht, um Gott zu ehren, sondern um einen rechtschaffenen Mann, dessen Glaube ihm seit langem ein Dorn im Auge war, an höchster Stelle zu verklagen.

Angesichts solcher Unverfrorenheit braucht es uns nicht zu wundern, daß Satan sich auch nicht scheut, unsere Gottesdienste zu besuchen, um die Gedanken der Anwesenden mit Dingen zu beschäftigen, die sie die Botschaften Gottes überhören lassen. Wenn er Gläubige sieht, denen die Gleichgültigkeit und Trägheit in der Gemeinde Sorge macht, versucht er sie auf jede erdenkliche Weise davon abzulenken. Er weiß sehr wohl, daß er mit ihnen leichtes Spiel hat, wenn er sie dazu verleiten kann, Gebet und Bibelstudium zu vernachlässigen. Deshalb erfindet er tausend wichtige Dinge, um sie anderweitig zu beschäftigen.

Es gibt immer Menschen, die sich zwar fromm geben, aber eigentlich nur darauf aus sind, bei anderen Schwachstellen und angebliche Abweichungen vom Glauben zu entdecken, anstatt sich auf das eigene geistliche Wachstum zu konzentrieren. Das sind erfahrungsgemäß Satans wichtigste Gehilfen – Verkläger der Brüder. Wenn sich Gläubige selbstlos für Gottes Sache einsetzen, wittern solche Leute gleich unedle Beweggründe und versuchen alles in ein falsches Licht zu rücken. Hinter der

---

[1] Apostelgeschichte 16,30 [2] Hiob 1,6

Maske besonderer Frömmigkeit arbeiten sie mit Verdrehungen, wecken Argwohn und bringen Gerüchte in Umlauf. Aber auf die Dauer können sie ihre wahre Gesinnung nicht verbergen, denn auch hier gilt: „An ihren Früchten sollt ihr sie erkennen.“[3]

Die Wahrheit führt zu Gott

Satan verfügt über einen schier unerschöpflichen Vorrat an Irrtümern. Seine Verführungen sind nicht pauschal zugeschnitten, sondern für jeden einzelnen „maßgeschneidert“. Er beobachtet die Menschen und weiß, wo und wie er sie am besten packen kann.

Eine seiner beliebtesten Methoden ist es, unbekehrte und unaufrichtige Leute in die Gemeinde einzuschleusen. Weil sie bestimmten Grundsätzen der Wahrheit zustimmen, gelten sie als vertrauenswürdig. Dabei bleibt meist unbemerkt, daß sie unter der Hand irrige Meinungen unter die Leute bringen und damit besonders denen Hindernisse in den Weg legen, die sich für ein gesundes Wachstum des Werkes Gottes einsetzen.

Tatsache ist, daß die Wahrheit den Menschen näher zu Gott bringt und das Leben des Gläubigen heiligt. Das weiß auch Satan. Deshalb versucht er ständig, die Wahrheit zu verfälschen oder gar „neue Wahrheiten“ anzubieten. Seit jeher haben sich Gottes Diener mit Irrlehrern auseinandersetzen müssen. Dabei waren das durchaus nicht immer bösartige oder verabscheuungswürdige Leute, aber ihre Anschauungen und ihr Einfluß trugen dazu bei, andere ins Verderben zu stürzen. Deshalb kämpften zum Beispiel Elia, Jeremia oder Paulus ganz entschieden gegen alle, die Gottes Wort verdrehten oder verfälschten. Christliche Freiheit, die den auf die Bibel gegründeten Glauben als nebensächlich ansieht, ist für den, der die Wahrheit wirklich liebt, nicht annehmbar.

Hinter den vielen verschwommenen Schriftauslegungen und den unzähligen sich widersprechenden Ansichten über den Glauben, die man heutzutage in der christlichen Welt antrifft, steckt letztlich immer irgendwie der große „Durcheinanderbringer“. Er sorgt überall für Verwirrung und freut sich, wenn die Menschen nicht mehr zwischen Irrtum und Wahrheit unterscheiden können. Die meisten Spaltungen in der

---

[3] Matthäus 7,16

Christenheit sind darauf zurückzuführen, daß Leute ihre Meinungen in die Bibel hineingelesen haben, anstatt demütigen Herzens das aus ihr herauszulesen, was Gott wirklich sagt und will.

Um ihre irrigen Anschauungen biblisch zu untermauern, berufen sich manche auf völlig aus dem Zusammenhang gerissene Schriftstellen. Nicht selten kommt es vor, daß sich ihre Lehren auf nichts weiter als einen halben Bibelvers gründen. Und wenn man genau hinschaut, entdeckt man gar noch, daß der andere Teil des Verses genau das Gegenteil von dem aussagt, was sie zu beweisen suchen. Trotzdem gibt es immer Leute, die solchen „Beweisführungen" glauben. Wahrscheinlich liegt das daran, daß die Irrlehrer ihre fadenscheinigen „biblischen Belege" so lange drehen und wenden, bis sie scheinbar mit ihren Ideen übereinstimmen.

Manche verdrehen Gottes Wort absichtlich, weil sie bestimmte Ziele erreichen wollen. Andere lassen ihrer Phantasie freien Lauf, wenn es darum geht, symbolische Darstellungen oder Zahlenangaben der Bibel zu deuten. Meist sind die Ergebnisse keine wirkliche Schriftauslegung, sondern eher ein Produkt der regen Einbildungskraft solcher Leute.

Die Bibel als Ganzes beachten

Da die Schrift sich selbst auslegt, müssen beim Bibelstudium immer der Textzusammenhang und die Gesamtaussage des Wortes Gottes beachtet werden. Geschieht das nicht, besteht die Gefahr, daß man seine eigenen Gedanken in die Heilige Schrift hineinliest und dann als biblische Lehre verkauft. Außerdem sollte man die Bibel nur unter Gebet und mit der Bereitschaft zum Lernen studieren. Wenn es daran fehlt, können selbst einfach zu verstehende Schriftstellen zur Fallgrube werden – ganz zu schweigen von schwierigen Texten.

Gott hat den Menschen sein Wort gegeben, um ihnen begreiflich zu machen, was er ihnen vermitteln will und zu welchem Ziel er sie führen möchte. Wenn es um unsere Erlösung geht, spricht Gott nicht verschlüsselt oder in geheimnisvollen Andeutungen, sondern so, daß es jeder verstehen kann – wenn er nur will. Wer also die Wahrheit wirklich sucht, wird sie in dem Rahmen finden, den Gottes Wort absteckt. Wo allerdings darüber hinaus ständig nach Unabhängigkeit gerufen wird, werden die Menschen blind gegenüber den Täuschungsversuchen Satans. Wenn es ihm gelingt, Gottes Wort durch menschliche Spekulationen zu verdrängen und Gottes Willen beiseite zu schieben, dann verstrickt sich die Christenheit immer tiefer in Satans Machenschaften – mag sie auch noch so sehr von christlicher Freiheit reden.

Viele sind auch durch bestimmte Ergebnisse von Forschung und Wissenschaft verunsichert worden. Unbestreitbar hat Gott die Menschheit zu großen Leistungen im Bereich von Kultur, Wissenschaft und Wirtschaft befähigt; aber es hat sich auch gezeigt, daß selbst die klügsten Köpfe keine wirkliche Antwort auf die Frage nach den Zusammenhängen zwischen Wissenschaft und göttlicher Offenbarung haben. Es sei denn, sie lassen sich vom Geist Gottes leiten.

Menschliches Wissen ist lückenhaft und unvollkommen; sowohl in allgemeiner wie in geistlicher Hinsicht. Deshalb gelingt es vielen nicht, wissenschaftliche Erkenntnisse mit den Aussagen der Bibel in Einklang zu bringen. Manche sind so wissenschaftshörig, daß sie bereits Theorien und Denkmodelle als gesicherte Forschungsergebnisse hinnehmen, an denen letztlich auch die Aussagen des Wortes Gottes gemessen werden müßten. Sie vergessen dabei, daß sich weder der Schöpfer noch seine Schöpfung in den begrenzten Rahmen von Naturgesetzen einfangen lassen. Deshalb erscheinen ihnen auch viele Aussagen der Bibel unglaubwürdig. Manche, die diesen Weg konsequent weitergehen, kommen schließlich dahin, daß sie die Existenz Gottes völlig verneinen und unsere Welt als Produkt des Zufalls und der Naturgesetze hinstellen. Viele, die den Glauben losgelassen haben, finden sich unversehens im Unglauben wieder.

Es ist ein Meisterwerk satanischer Täuschung, daß er uns Menschen dazu verleitet, stets das ergründen zu wollen, was Gott nicht mitgeteilt hat und wohl auch nicht zur Kenntnis geben will. Das war eine der Ursachen, weshalb Luzifer seinen Platz im Himmel verlor. Es kränkte ihn maßlos, daß der Schöpfer ihn nicht in all seine Absichten eingeweiht hatte. Plötzlich war ihm nicht mehr wichtig, was er wußte und wozu er von Gott bestimmt worden war; nein, er wollte das wissen, was der Schöpfer ihm nicht offenbart hatte, und wollte das sein, wozu er sich selber befähigt fühlte. Diesen Geist des „Immer-mehr-wissen-Wollens" und „Immer-mehr-haben-Wollens" hat er leider auch einem Teil der Engelwelt und den Menschen einflößen können.

Die Wahrheit ist unbequem

Wer nicht willens ist, die Wahrheit der Bibel anzunehmen, wird ständig nach Botschaften und Lehren Ausschau halten, die sein Gewissen beruhigen. Je weniger Demut, Selbstverleugnung und Gehorsam sie fordern, desto bereitwilliger nimmt man sie an. Satan ist stets bereit, unseren selbstsüchtigen Wünschen entgegenzukommen, vor allem, wenn er dabei seine Irrtümer als Wahrheit an den Mann bringen kann. Auf diese Weise konnte er einst das Papsttum unter seinen Einfluß bringen; und nun gehen protestantische Kirchen einen ähnlichen Weg, indem sie den Menschen nicht mehr die Wahrheit zumuten, sondern möglichst alle unbequemen und anstrengenden Forderungen Gottes aus dem Weg räumen.

Wer nach Annehmlichkeiten und persönlichen Vorteilen strebt und sich um keinen Preis von der Welt unterscheiden möchte, wird nicht danach fragen, ob eine Lehre wahr ist, sondern ob sie ihm das bringt, was er sich wünscht. Wo es nicht mehr um die Wahrheit geht, stehen dem Irrtum alle Türen offen. Und wer vor der einen Täuschung noch zurückschreckt, für den hat Satan gleich eine Handvoll anderer bereit. Das meinte der Apostel Paulus wohl, als er an die Christen in Thessalonich schrieb: „Das ist die Strafe dafür, daß sie ihr Herz nicht der Liebe zur Wahrheit geöffnet haben, die sie retten könnte. Darum liefert Gott sie dem Irrtum aus, so daß sie der Lüge Glauben schenken.“ [4]

Gefährliche Irrtümer

Satan wirft seine Netze an Stellen aus, wo es am wenigsten erwartet wird. Zu seinen erfolgreichsten Mitteln gehören die trügerischen Lehren und lügenhaften Wunder des Spiritismus. Und weil das alles unter frommer Flagge segelt, fallen viele darauf herein. [5]

Eine andere Irreführung besteht darin, die Göttlichkeit Christi zu leugnen und zu lehren, daß er vor seiner Geburt in Bethlehem nicht existiert habe. Es sind durchaus nicht nur Atheisten, die so etwas behaupten, sondern auch Christen. Diese Lehre widerspricht ganz eindeutig den Aussagen der Heiligen Schrift über das Wesen Christi und seine Beziehung

---

[4] 2. Thessalonicher 2,10.11 Die Gute Nachricht [5] Siehe Kapitel 34

zu Gott. Wer solche Anschauungen vertritt, schmälert nicht nur das Erlösungswerk Jesu, sondern untergräbt auch das Vertrauen in die Bibel als Offenbarungsquelle Gottes. Da solche Irrlehrer alle Aussagen über die Gottheit Christi ignorieren oder umdeuten, sind sie mit biblischen Argumenten nicht zu überzeugen. Auseinandersetzungen mit ihnen sind deshalb fast immer zwecklos.

Ein weiterer unheilvoller Irrtum ist die Auffassung, Satan sei kein persönliches Wesen. Die Bezeichnung „Satan", so heißt es, werde nur benutzt, um ein negatives Prinzip oder die bösen Gedanken und Begierden der Menschen zu umschreiben.

Auch Zweifel an Jesu Wiederkunft oder die Umdeutung dieses Ereignisses müssen zu den gefährlichen Irrtümern gerechnet werden. Häufig hört man von kirchlichen Kanzeln, die Aussagen der Bibel über die Wiederkunft könnten nicht als persönliches Erscheinen Christi in den Wolken des Himmels verstanden werden, sondern meinten, daß Jesus zu jedem einzelnen bei dessen Tod komme. Viele werden verlorengehen, weil sie der Täuschung „Siehe, er ist drinnen im Haus" geglaubt haben.[6]

Auch das Gebet nimmt Satan ständig unter Beschuß. Dabei bedient er sich sogar wissenschaftlicher Argumente. Mitunter wird von Wissenschaftlern behauptet, eine wirkliche Antwort auf Gebete um Gottes Hilfe könne es gar nicht geben, weil das Wunder voraussetze. Wunder seien aber schlechterdings unmöglich, weil sie gegen bestehende Gesetzmäßigkeiten verstoßen. Man sagt, das Universum werde von unveränderlichen Gesetzen beherrscht, denen selbst Gott sich nicht entziehen könne. Der gravierende Irrtum dieser Sichtweise besteht darin, daß Gott so dargestellt wird, als sei er ein Gefangener der Naturgesetze und nicht ihr Herr. Gottes Wort bezeugt nachdrücklich, daß Gott allmächtig und in seinen Entscheidungen völlig frei ist. Im übrigen: Haben nicht Jesus und seine Jünger eine Fülle von Wundern gewirkt und dabei immer wieder betont, daß Gott der Handelnde war? Gott will, daß wir im Glauben zu ihm beten – und er wird antworten. Und wenn er unsere Gebete erhört, dann zeigt er damit, daß es eine direkte Verbindung von der sichtbaren Welt in die unsichtbare gibt.

---

[6] Matthäus 24,26

Die Grenzen sind markiert

Gottes Wort steckt die Grenzen ab, innerhalb derer sich der Mensch bewegen soll. Irrlehren wollen entweder bestimmte Markierungen ganz beseitigen oder die Grenzpfähle verrükken. Das ist überaus gefährlich, denn niemand weiß, wohin es führt, wenn man einmal damit angefangen hat. Meist wird nämlich ein Glaubensgrundsatz nach dem anderen aufgegeben, und zuletzt steht der Mensch ohne Gott und ohne Glauben da. Leider werden heute in der Theologie so erhebliche Abstriche am Wort Gottes und an der biblischen Lehre gemacht, daß viele, die eigentlich gläubig hätten werden können, geradeswegs dem Zweifel oder Unglauben in die Arme getrieben werden. Genau das ist Satans Ziel. Ihm ist nämlich nichts wichtiger, als das Vertrauen zum Wort Gottes zu zerstören. Und das aus gutem Grund. Wer den Aussagen der Bibel mißtraut, braucht sich nicht angesprochen zu fühlen, wenn Gottes Wort seine Sünden rügt oder ihn zurechtweist. Solche Zweifel sind heutzutage auch in christlichen Kreisen salonfähig geworden. Nicht zuletzt deshalb, weil man sich mit ihrer Hilfe um die oft unbequemen Forderungen Gottes drücken und an dem eigenwilligen oder fragwürdigen Lebensstil festhalten will.

Es gibt keine Entschuldigung

Gott hat in der Heiligen Schrift genügend Beweise dafür geliefert, daß sein Wort göttlichen Ursprungs ist. Wenn wir bestimmte Aussagen der Bibel nicht verstehen, dann liegt es an unserem mangelnden Erkenntnisvermögen. Wir müssen es einfach akzeptieren, daß uns vieles an seinem Wesen und seinen Absichten rätselhaft bleibt. Der Apostel Paulus hat diese Erkenntnis in wenigen Sätzen zusammengefaßt: „Wie unerschöpflich ist Gottes Reichtum! Wie unergründlich tief ist seine Weisheit! Wie unerforschlich ist alles, was er tut! Ob er verurteilt oder Gnade erweist – in beidem ist er gleich unbegreiflich.“ [7]

Andererseits läßt Gott uns so viel von seinem Wesen und Tun erkennen, wie das für unser Heil und unseren Glauben nötig ist. Wir haben keinen Grund, unzufrieden oder miß-

[7] Römer 11,33 Die Gute Nachricht

trauisch zu sein, sondern dürfen seiner Allmacht und Liebe vertrauen.

Wenn Gott dem Gläubigen auch genügend Beweise gibt, wird er doch nicht alles beseitigen, was als Entschuldigung für den Unglauben dienen könnte. Wer nach Vorwänden für seine Zweifel sucht, wird sie irgendwo finden. Wer sich weigert, Gottes Wort anzunehmen und zu befolgen, bis alle Einwände ausgeräumt sind, wird nie zum Glauben kommen.

Mißtrauen gegen Gott ist die natürliche Folge davon, daß das Herz des Menschen nicht erneuert und zum Frieden mit Gott gekommen ist. Glaube ist ein Geschenk des Heiligen Geistes, das gehütet werden muß, um wachsen zu können. Wo das nicht geschieht, wird der Glaube verkümmern, und an seiner Stelle werden sich Zweifel, Kritiksucht und Unglaube breitmachen.

Gott wird entehrt, wenn wir seinen Verheißungen und den Zusicherungen seiner Gnade nicht vertrauen. Und das hat nicht nur Auswirkungen auf uns selbst, sondern beeinträchtigt meist auch den Glauben anderer Menschen. Christen, die dem Unglauben Raum geben, gleichen Bäumen, deren wild wuchernde Zweige anderen Pflanzen das Licht wegnehmen.

Es gibt nur einen Weg, von Zweifeln und vom Mißtrauen frei zu werden. Wir müssen uns an die bereits gewonnenen Erkenntnisse halten und sie in unserem Leben verwirklichen, anstatt uns an dem aufzureiben, was wir noch nicht verstehen können. Wer das tut, dem werden neue Einsichten geschenkt.

Fälschungen erkennen

Wenn Satan Menschen täuschen will, dann versucht er das nie mit plumpen Fälschungen, sondern fast immer so, daß die Wahrheit kaum vom Irrtum zu unterscheiden ist. Wer nicht bereit ist, Gottes Wort ernst zu nehmen und sein Leben dem Anspruch Gottes unterzuordnen, wird den dämonischen Verführungskünsten zwangsläufig erliegen. Andererseits ist es Satan unmöglich, auch nur einen Menschen in seine Gewalt zu bekommen, der aufrichtig nach Wahrheit sucht und für Gott dasein möchte. Jesus sagte nicht von ungefähr: „Wer bereit ist, Gott zu gehorchen, wird merken, ob meine Lehre von Gott ist oder ob ich meine eigenen Gedanken vortrage.“ [8]

---

[8] Johannes 7,17 Die Gute Nachricht

Das schließt freilich nicht aus, daß auch Kinder Gottes in Versuchung und Anfechtung geraten. Wenn so etwas geschieht, dann nicht deshalb, weil Gott Freude am Leid seiner Kinder hätte, sondern weil solche Erfahrungen für das Wachstum im Glauben unerläßlich sind. Gott kann die Seinen um ihretwillen nicht vor jeder Versuchung bewahren; denn die Kraft, dem Bösen zu widerstehen, wächst nur im Kampf gegen die Sünde. Aber der Herr läßt dabei keinen allein, sondern bietet jedem seine Hilfe an. Deshalb schrieb der Apostel Petrus: „Denn die Augen des Herrn sehen auf die Gerechten, und seine Ohren hören auf ihr Gebet; das Angesicht des Herrn aber steht wider die, die Böses tun. Und wer ist's, der euch schaden könnte, wenn ihr dem Guten nacheifert?"[9]

Satan weiß sehr wohl, daß er Menschen, die in innerer Gemeinschaft mit Christus leben, in „offener Feldschlacht" nicht überwinden kann. Deshalb versucht er die Gläubigen aus ihrer sicheren Stellung herauszulocken, während er mit seinen Kampftruppen im Hinterhalt liegt und sofort zuschlägt, wenn sich jemand auf sein Gebiet wagt. Wir sind in der täglichen Auseinandersetzung mit dem Bösen nur dann sicher, wenn wir Gott vertrauen und uns an seine Weisungen halten.

Ohne die ständige Verbindung mit Gott im Gebet könnten wir dem Bösen keinen Tag, ja nicht einmal eine Stunde widerstehen. Vor allem ist es wichtig, Gott um das richtige Verständnis seines Wortes zu bitten, denn die Heilige Schrift deckt alle Machenschaften Satans auf. Gleichzeitig zeigt sie, wie wir den Angriffen des Bösen entgegentreten können. Die Kenntnis des Wortes Gottes ist schon deshalb unerläßlich, weil auch Satan ein hervorragender Bibelkenner ist.[10] Wenn es darum geht, die Heilige Schrift für seine Zwecke zu mißbrauchen, kennt er keine Hemmungen. Davor kann der Gläubige sich nur schützen, indem er die Bibel demütigen Herzens studiert und seine Abhängigkeit von Gott nie aus den Augen verliert. Deshalb sollte unsere tägliche Bitte sein: „Laß uns nicht in die Gefahr kommen, dir untreu zu werden, sondern schütze uns vor der Macht des Bösen."[11]

---

[9] 1. Petrus 3,12.13 [10] Vgl. Matthäus 4,1–11
[11] Matthäus 6,13 Die Gute Nachricht

33 „... auf keinen Fall werdet ihr sterben“

Nachdem Satan im Himmel Aufruhr gestiftet hatte, wollte er auch die Bewohner der Erde dazu bringen, sich mit ihm im Streit gegen Gottes Herrschaft zu verbünden. Ursprünglich lebten Adam und Eva in Übereinstimmung mit Gottes Willen. Und sie waren dabei glücklich. Das paßte nicht in das Bild, das Satan von dem herrschsüchtigen Gott, der angeblich alle Geschöpfe mit Hilfe seiner Gesetze in sklavischer Abhängigkeit hielt, entworfen hatte. Deshalb war er entschlossen, die Menschen zu Fall zu bringen, die Macht auf der Erde an sich zu reißen und den Schöpfer von hier aus zu bekämpfen.

Da Gott Adam und Eva vor dem gefährlichen Feind gewarnt hatte, konnte Satan nicht mit offenem Visier kämpfen, sondern mußte mit List und Tücke versuchen, die Menschen in seine Gewalt zu bekommen. Dabei bediente er sich der Schlange als „Mittelsperson“ und sprach Eva durch sie an: „Ja, sollte Gott gesagt haben: ihr sollt nicht essen von allen Bäumen im Garten?“ [1] Hätte Eva sich nicht auf ein Gespräch mit der Schlange eingelassen, wäre sie dem Versucher nicht ins Garn gegangen. Aber anstatt Gott zu gehorchen, begann sie, über seinen Willen zu diskutieren. „Da sprach das Weib zu der Schlange: Wir essen von allen Früchten der Bäume im Garten; aber von den Früchten des Baumes mitten im Garten hat Gott gesagt: Esset nicht davon, rühret sie auch nicht an, daß ihr nicht sterbet! Da sprach die Schlange zum Weibe: Ihr werdet keineswegs des Todes sterben, sondern Gott weiß: an dem Tage, da ihr davon esset, werden eure Augen aufgetan, und ihr werdet sein wie Gott und wissen, was gut und böse ist.“ [2]

Geschickt lockte Satan die ersten Menschen in die Falle, indem er ihnen vorgaukelte, sie würden ungeahnte Erkenntnisse gewinnen, eine höhere Daseinsebene erreichen und am Ende gar sein wie Gott. Nur zugreifen müßten sie und sich selbst aneignen, was der Schöpfer ihnen vorenthalten wolle. Eva glaubte der Schlange, gab der Versuchung nach und brachte auch Adam dazu, sich auf den Ungehorsam einzulassen. Aber

---

[1] 1. Mose 3,1 [2] 1. Mose 3,2–5

fast nichts von dem, was Satan ihnen angekündigt hatte, traf ein. Sie fanden sich keineswegs auf einer höheren Daseinsstufe wieder, sondern steckten mitten in der Sünde. Und was das Sterben betraf, so stellte sich heraus, daß Gott wirklich meinte, was er gesagt hatte: „Denn du bist Erde und sollst zu Erde werden.“ [3] Das Versprechen „So werden eure Augen aufgetan“ erfüllte sich zwar, aber in einer Weise, die den Menschen nicht lieb sein konnte. Ihnen gingen die Augen auf über ihre Torheit. Sie wußten nun aus Erfahrung, was böse war, und mußten ihr Leben lang die bittere Frucht der Übertretung essen.

In der Mitte des Gartens Eden wuchs der Baum des Lebens, dessen Frucht die Kraft enthielt, das Leben für immer zu erhalten. Wären die ersten Menschen gehorsam geblieben, hätte ihnen der Zugang zu diesem Baum für alle Zeit offengestanden. Durch ihren Ungehorsam schlugen sie sich diese Tür selbst zu. Gott hatte das unvergängliche Leben an die Bedingung des Gehorsams geknüpft. Ihr Ungehorsam stürzte die Menschen in das Verhängnis der Vergänglichkeit, dem niemand entkommen könnte, wenn Gott nicht einen Weg gefunden hätte, um die Tür zum ewigen Leben wieder aufzustoßen. Während „der Tod zu allen Menschen durchgedrungen“ ist, „weil sie alle gesündigt haben“, hat Christus „dem Tode die Macht genommen und das Leben und ein unvergängliches Wesen ans Licht gebracht“. [4] Allein Christus ist es zu verdanken, daß uns wieder ein Leben zugänglich geworden ist, das nicht im Tod endet. Er selbst hat gesagt: „Wer an den Sohn glaubt, der hat das ewige Leben. Wer dem Sohn nicht glaubt, der wird das Leben nicht sehen.“ [5]

Der große Betrug

Satan hatte den ersten Menschen vorgemacht, daß sie unvergängliches Leben in sich trügen, unabhängig davon, ob sie Gott gehorchten oder nicht. Wie hätten sie die Behauptung „Ihr werdet keineswegs des Todes sterben“ anders verstehen sollen? Genaugenommen war das die erste Predigt über die Unsterblichkeit der Seele – und leider nicht die letzte. Bis heute glauben die Menschen lieber dem Wort: „Ihr werdet keineswegs sterben“, als daß sie sich von Gott sagen lassen: „Wer sündigt, der soll sterben.“ [6]

---

[3] 1. Mose 3,19 [4] Römer 5,12; 2. Timotheus 1,10 [5] Johannes 3,36

Hätte Gott im Garten Eden den Weg zu dem Baum des Lebens nicht versperrt, dann hätten die Menschen mit Sicherheit ihre Hand auch nach dieser Frucht ausgestreckt, so wie sie es beim Baum der Erkenntnis getan hatten. Damit sich die Sünde auf diese Weise nicht verewigen konnte, ließ der Schöpfer den Baum des Lebens durch „Cherubim mit dem flammenden, blitzenden Schwert" vor jedem unerlaubten Zugriff sichern.

Da sich im Laufe der Zeit zeigte, daß Satan mit seinem „Ihr werdet keineswegs des Todes sterben" nicht recht behalten hatte, wies er seine Engel an, diese Aussage so umzudeuten, daß sie die Menschen auch weiterhin in ihrem Bann hielt. Nun stellte er seinen einstigen Gebieter, Gott, als einen rachsüchtigen Tyrannen dar, der dem Sünder das leibliche Leben nimmt und seine unsterbliche Seele in die Hölle verstößt, um sie dort für alle Ewigkeit grausam zu quälen. Damit übertrug er seine eigenen satanischen Eigenschaften und Absichten auf Gott und verschleierte die Tatsache, daß ganz allein er es gewesen ist, der die Menschheit mit List und Tücke ins Verderben gerissen hat.

Die Lehre, daß die gottlosen Sünder für die Verfehlungen ihres relativ kurzen Erdenlebens ewig büßen müssen, ist satanischen Ursprungs. Sie läßt sich weder mit unseren Vorstellungen von Gerechtigkeit noch mit der Liebe Gottes vereinbaren. Und doch ist sie Jahrhunderte hindurch vertreten worden und gehört bis heute zum „Glaubensgut" vieler Christen. In der Heiligen Schrift sucht man diese zutiefst menschenfeindliche Lehre vergebens. Gottes Wort äußert sich ganz anders: „So wahr ich lebe, spricht Gott der Herr: ich habe kein Gefallen am Tode des Gottlosen, sondern daß der Gottlose umkehre von seinem Wege und lebe. So kehrt nun um von euren bösen Wegen. Warum wollt ihr sterben?"[7]

Was wäre das für ein Gott, der sich am Anblick unaufhörlicher Qualen ergötzt und an dem Stöhnen und dem Geschrei seiner leidenden Geschöpfe erquickt? Könnten solche entsetzlichen Laute in seinen Ohren wirklich wie Musik klingen? Wer so etwas behauptet, der lästert Gott – selbst wenn er das damit begründet, daß all das den Abscheu Gottes gegen die Sünde zeige, die den Frieden im Universum zerstört hat. Es ist wahr, daß Gott die Sünde verabscheut, aber nirgendwo steht

---

[6] Hesekiel 18,20 [7] Hesekiel 33,11

geschrieben, daß er sie in Form von ewigen Höllenqualen auch noch verewigen wird.

Eine verhängnisvolle Irrlehre

Niemand kann ermessen, wieviel Unheil die Irrlehre von der ewigen Höllenqual angerichtet hat. Die Bibel hat eine Botschaft der Liebe und des Erbarmens anzubieten, aber Satan verdreht ihre Aussagen zu abergläubischen Vorstellungen und Bildern des Schreckens. Indem er Gott als rachsüchtig und unbarmherzig hinstellte, hat er unzählige Menschen zu Zweiflern und Ungläubigen gemacht. Wie sollte man auch einen Gott achten und lieben können, der Freude am Verderben und an der Qual seiner Geschöpfe hat?

Die Lehre von der ewigen Höllenqual gehört zu den falschen Lehren, aus denen der „Wein der Unzucht"[8] zusammengesetzt ist, mit dem das geistliche Babylon die Völker berauscht, so daß die Menschen nicht mehr zwischen Wahrheit und Irrtum unterscheiden können. Wie den falschen Ruhetag, so haben viele Christen auch diese Lehre von Rom übernommen, ohne danach zu fragen, was die Bibel wirklich lehrt. Es ist richtig, daß bedeutende und fromme Menschen früherer Jahrhunderte diese Überzeugungen vertreten haben, aber sie hatten noch nicht die Erkenntnis, die uns heute zugänglich ist. Sie waren damals nur für das verantwortlich, was sie zu ihrer Zeit erkennen konnten. Wir müssen Rechenschaft ablegen über die Erkenntnis, die uns heute zuteil geworden ist. Wenn wir klare Aussagen des Wortes Gottes ignorieren und bei falschen Lehren bleiben, nur weil unsere Väter sie so verkündigt haben, fallen wir unter die Verurteilung, die Gott über Babylon ausgesprochen hat.

Die Lehre von der Unsterblichkeit der Seele treibt ihre Blüten aber noch in eine andere Richtung. Manche Christen sind genau in das entgegengesetzte Extrem gefallen und behaupten, weil Gottes Liebe so umfassend und groß ist, könne überhaupt niemand verlorengehen, sondern am Ende würden alle gerettet. Bibelstellen, die vom Gericht Gottes sprechen, verstehen sie als göttliches Druckmittel, um die Menschen durch Furcht zum Gehorsam zu bewegen. Da der gütige Gott seine Drohungen aber niemals wahr machen würde, könnten die

---

[8] Offenbarung 14,8; 17,2

Menschen auf Gottes Gnade rechnen, auch wenn sie nicht seinen Weisungen gemäß leben. Eine Lehre, die auf Gottes Gnade pocht, seine Gerechtigkeit aber außer acht läßt, kommt den Neigungen unseres selbstsüchtigen Herzens sehr entgegen. Sie verlangt keinen wirklichen Gehorsam. Die Vertreter der Allversöhnungslehre verdrehen Gottes Wort nicht weniger als diejenigen, die von den ewigen Höllenqualen sprechen. Beide Lehren scheinen auf den ersten Blick nichts miteinander zu tun zu haben, aber am Ende kommen sie zu demselben Ergebnis: „Ihr werdet keineswegs des Todes sterben!"

Gott hat in seinem Wort klare Hinweise dafür gegeben, daß er die Übertreter seines Gesetzes strafen wird. Wer sich einredet, Gott sei zu barmherzig, um an dem Sünder Gerechtigkeit zu üben, braucht nur auf das Kreuz von Golgatha zu blicken. Der Tod des Gottessohnes bezeugt, daß Gott unsere Sünde sehr ernst nimmt. Christus, der ohne Sünde war, mußte sterben, damit unsere Schuld getilgt werden konnte. Wenn es einen leichteren Weg gegeben hätte, wäre Gott ihn mit Sicherheit gegangen. Aber offensichtlich gab es nur diesen einen. Wir haben zwei Möglichkeiten, auf Gottes Versöhnungsangebot zu reagieren. Entweder nehmen wir es an und sind gerettet, weil Christus unsere Sünde ans Kreuz getragen hat. Oder wir lehnen es ab und müssen am Ende unsere Schuld und die Strafe für unseren Ungehorsam selbst tragen.

In der Offenbarung heißt es: „Ich will dem Durstigen geben von dem Brunnen des lebendigen Wassers umsonst." Wem gilt diese Zusage? Dem Durstigen! Nur wer nach dem Wasser des Lebens verlangt und es unter allen Umständen sucht, wird es empfangen. Und weiter heißt es: „Wer überwindet, der wird es alles ererben, und ich werde sein Gott sein, und er wird mein Sohn sein." [9] Hier werden ebenfalls konkrete Bedingungen genannt. Um alles zu ererben, müssen wir der Sünde widerstehen und sie überwinden. Und der Apostel Paulus schrieb in seinem Brief an die Römer, daß der Gottlose sich selbst häufe „Zorn auf den Tag des Zorns und der Offenbarung des gerechten Gerichtes Gottes, welcher geben wird einem jeglichen nach seinen Werken – denen, die da zänkisch sind und der Wahrheit nicht gehorchen, gehorchen aber der Ungerechtigkeit". [10] Noch konkreter wurde Paulus in seinem Brief an die Epheser: „Denn das sollt ihr wissen, daß kein Unzüchtiger

[9] Offenbarung 21,6.7 [10] Römer 2,5.6.8

oder Unreiner oder Habsüchtiger ... Erbe hat an dem Reich Christi und Gottes. Lasset euch von niemand verführen mit nichtigen Worten; denn um dieser Dinge willen kommt der Zorn Gottes über die Kinder des Ungehorsams.“ [11]

Wir haben die Wahl

Gott zwingt keinen zum Gehorsam. Er will nicht, daß jemand nur deshalb zu ihm hält, weil er nicht anders kann. Er erwartet von seinen Geschöpfen, daß sie ihn lieben, weil er der Liebe wert ist. Er möchte, daß sie seinen Willen tun, weil sie ihm vertrauen und von seiner Weisheit und Gerechtigkeit überzeugt sind. Die Freundlichkeit, Barmherzigkeit und Liebe, wie Jesus sie lehrte und lebte, sind ein Spiegelbild des Willens und Wesens Gottes. Indem Christus sogar seine Feinde liebte und uns zur Feindesliebe aufforderte, [12] offenbarte er gleichzeitig ein charakteristisches Merkmal seines himmlischen Vaters.

Wenn Gott am Ende ein Urteil über die Ungläubigen fällen muß, dann wird es gerecht und zum Besten des ganzen Universums sein. Er möchte gern jeden glücklich und als Erlösten in seinem Reich sehen. Deshalb umgibt er alle mit seiner Liebe, macht sie mit seinen Gesetzen bekannt und geht ihnen mit dem Angebot seiner Gnade nach. Aber es gibt viele, die seine Liebe verachten, seine Ordnungen für nicht verbindlich erklären und seine Gnade zurückweisen. Obwohl sie ständig von seinen Gaben leben, beleidigen sie den Geber. Sie hassen Gott, weil sie wissen, daß er ihre Sünden verabscheut. Der Herr hat Geduld mit ihrer Bosheit; aber schließlich wird die Stunde kommen, da ihr Schicksal entschieden werden muß. Und er wird es entscheiden. Allerdings nicht so, daß er sie gegen ihren Willen zum Gehorsam zwingt, sondern indem er sie schweren Herzens dem Verderben preisgibt.

Nicht bereit für den Himmel

Wer sein Leben lang Satan gedient hat, ist nicht darauf eingestellt, in der Nähe Gottes zu sein. Stolz, Betrug, Ausschweifung und Grausamkeit haben sich in seinem Herzen breitgemacht. Wie soll solch ein Mensch in Gottes Reich mit denen

---

[11] Epheser 5,5.6 [12] Matthäus 5,44

zusammenleben, die er auf Erden verachtete und haßte? Die Wahrheit wird einem Lügner immer unangenehm sein; Sanftmut und Bescheidenheit können den nicht zufriedenstellen, der seit jeher von Eigendünkel und Stolz beherrscht wurde; Reinheit wird dem sittlich Verwahrlosten fade erscheinen, und zu selbstloser Liebe ist einer, der immer nur an sich gedacht hat, nicht fähig. Welche Freude könnte der Himmel denen bieten, die ganz in ihren irdischen und eigensüchtigen Interessen aufgehen? Könnten Menschen, deren Herzen von Haß gegen Gott und seine Wahrheit erfüllt sind, in den Lobgesang der himmlischen Heerscharen einstimmen? Könnten sie die Herrlichkeit Gottes und des Lammes überhaupt ertragen? Ganz bestimmt nicht! Gott hat ihnen die Gnadentür lange Zeit offengehalten, aber sie waren nie darum bemüht, nach Reinheit zu streben und die Sprache des Himmels zu lernen. Nun ist es zu spät. Wer bewußt und absichtlich im Widerstand gegen Gott verharrt, macht sich selbst untauglich für ein Leben in Gottes neuer Welt.

Der Lohn des Bösen

Wenn Gott diejenigen, die seine Gnade vorsätzlich abgewiesen haben, am Ende austilgen muß, dann entspricht das auch seiner Gerechtigkeit und ist ein Stück der Verantwortung, die er für das gesamte Universum trägt. Im Brief an die Römer schrieb der Apostel Paulus: „Der Sünde Sold ist Tod; Gottes Gabe aber ist ewiges Leben in Christus Jesus, unserm Herrn.“ [13] Da alle Menschen sterben müssen, ob gut oder böse, muß der Apostel hier mehr meinen als nur den leiblichen Tod. Offensichtlich geht es hier um das, was die Bibel den „zweiten Tod“ [14] nennt – um den Tod, der die Existenz des Menschen für immer auslöscht und als Gegenstück zum ewigen Leben verstanden werden muß.

Durch die Sünde Adams kam der Tod über die gesamte Menschheit. Ohne Unterschied müssen Gläubige und Nichtgläubige in das Dunkel des Sterbens hinein. Keinem bleibt dieser Weg erspart, ob er nun zu Gott gehört oder nicht. Aber aus diesem Tod gibt es auch für alle eine Wiederkehr; denn „alle, die in den Gräbern sind, werden seine Stimme hören, und werden hervorgehen, die da Gutes getan haben, zur Auf-

[13] Römer 6,23 [14] Offenbarung 20,6.14

erstehung des Lebens, die aber Übles getan haben, zur Auferstehung des Gerichts".[15]

Die erste Auferstehung

Darin, daß alle auferstehen werden, unterscheiden sich die Menschen nicht, wohl aber in dem, was die Auferstehung bewirkt. Für alle, die zu Gott gehören, wird es ein Auferstehen zum Leben sein. Über sie hat der „zweite Tod" keine Macht. Wer aber nicht durch Buße und Glauben Vergebung erlangt hat, wird den „Preis für seine Sünden" bezahlen müssen. Darum geht es, wenn in der Heiligen Schrift vom „Sold der Sünde" gesprochen wird. Urteil und Strafe richten sich nach den Werken des Sünders und enden schließlich mit dem „zweiten Tod". Gott kann zwar jeden Menschen *von seinen Sünden* retten, nicht aber *in und mit seinen Sünden*. Wer sich also in diesem Leben nicht retten lassen will, der schließt sich damit selbst vom Leben in Gottes neuer Welt aus. Er versinkt am Ende in hoffnungsloser, ewiger Vergessenheit. In einem Psalm Davids heißt es: „Noch eine kleine Zeit, so ist der Gottlose nicht mehr da; und wenn du nach seiner Stätte suchst, ist er weg."[16] Und der Prophet Obadja weissagte: „Denn der Tag des Herrn ist nahe ... Wie du getan hast, soll dir wieder geschehen, und wie du verdient hast, so soll es auf deinen Kopf kommen ... und sollen sein, als wären sie nie gewesen."[17]

Auf diese Weise wird der Sünde mit all dem Leid und Elend, das sie hervorgebracht hat, ein Ende gemacht. Dem Apostel Johannes wurde in einer Vision diese Zeit gezeigt. Er hörte einen gewaltigen Lobgesang zu Ehren Gottes, in dem es keinen Mißklang mehr gibt: „Und jedes Geschöpf, das im Himmel ist und auf Erden ... hörte ich sagen: Dem, der auf dem Thron sitzt, und dem Lamm sei Lob und Ehre und Preis und Gewalt von Ewigkeit zu Ewigkeit!"[18] Wo sich alle Geschöpfe Gottes in einem gemeinsamen Lobpreis vereinen, gibt es keinen Platz für verlorene Seelen, die sich unter höllischen Qualen krümmen und deren Haß- und Schmerzensschreie sich mit den Gesängen der Erlösten vermischen könnten.

Die Lehre, daß die Verstorbenen irgendwo und irgendwie in einem bewußten Zustand existieren, hängt mit dem Irrglauben zusammen, daß jedem Menschen eine natürliche Unsterb-

---

[15] Johannes 5,28.29 [16] Psalm 37,10 [17] Obadja 15 [18] Offenbarung 5,13

lichkeit eigen sei. Aber diese Auffassung steht ebenso im Widerspruch zu den Aussagen der Bibel wie die Lehre von den ewigen Höllenqualen. Viele Christen glauben, daß erlöste Menschen bei ihrem Tode direkt in den Himmel aufgenommen werden und dort in ewiger Glückseligkeit leben. Und man sagt auch, daß die Erlösten von dort aus regen Anteil nehmen am Geschick ihrer Verwandten und Freunde auf Erden. Angesichts solcher Vorstellungen muß man sich freilich fragen: Wie könnten die Verstorbenen glücklich sein, wenn sie vom Himmel aus mit ansehen müßten, wie ihre Lieben auf Erden sorglos dahinleben, gedankenlos oder bewußt sündigen oder wie sie mit Leid, Not und Krankheit zu kämpfen haben?

Und die Lehre, daß die Seele des Sünders nach seinem Tod direkt in die Hölle fährt, um dort gequält zu werden, ist nicht nur unbiblisch, sondern auch überaus abstoßend. In welche Verzweiflung müssen Menschen geraten, deren Angehörige oder Freunde sterben, ohne daß sie zum Glauben an Gott gefunden hätten!

Was sagt die Bibel zu solchen „christlichen" Lehren? David erklärt, daß der Mensch im Tode kein Bewußtsein hat: „Denn des Menschen Geist muß davon, und er muß wieder zu Erde werden; dann sind verloren alle seine Pläne." [19] Und der Prediger Salomo bezeugt: „Die Lebendigen wissen, daß sie sterben werden; die Toten aber wissen nichts; sie haben auch keinen Lohn mehr, denn ihr Andenken ist vergessen. Ihr Lieben und ihr Hassen und ihr Eifern ist längst dahin; sie haben kein Teil mehr auf der Welt an allem, was unter der Sonne geschieht ... Denn bei den Toten, zu denen du fährst, gibt es weder Tun noch Denken, weder Erkenntnis noch Weisheit." [20]

Petrus nahm in seiner Pfingstpredigt in Jerusalem auf den König David Bezug und sagte: „Ihr Männer, liebe Brüder, laßt mich freimütig zu euch reden von unserem Erzvater David. Er ist gestorben und begraben, und sein Grab ist bei uns bis auf diesen Tag ... Denn David ist nicht gen Himmel gefahren." [21] Hätte Petrus sich so geäußert, wenn er davon überzeugt gewesen wäre, daß ein gläubiger Mensch nach seinem Tode direkt in den Himmel aufgenommen wird? Doch wohl nicht!

Paulus argumentierte in seinem Brief an die Korinther: „Wenn aber Christus gepredigt wird, daß er von den Toten auferstanden ist, wie sagen dann einige unter euch: Es gibt

---

[19] Psalm 146,4 [20] Prediger 9,5.6.10 [21] Apostelgeschichte 2,29.34

keine Auferstehung der Toten? ... Wenn die Toten nicht auferstehen, so ist Christus auch nicht auferstanden. Ist Christus aber nicht auferstanden, so ist euer Glaube nichtig, so seid ihr noch in euren Sünden; *so sind auch die, die in Christus entschlafen sind, verloren.*"[22]

Wären in den Jahrtausenden vor der Auferstehung Jesu die verstorbenen Gläubigen direkt in den Himmel aufgenommen worden, wie hätte Paulus dann davon sprechen können, daß sie verloren sind, falls es gar keine Auferstehung gäbe? Für Erlöste, die bereits im Himmel sind, wäre eine Auferstehung ja überhaupt nicht nötig!

Als Jesus sich anschickte, in Gottes unsichtbare Welt zurückzukehren, tröstete er seine Jünger nicht damit, daß sie ja bald zu ihm kommen würden; sondern er sagte: „Ich gehe hin, euch die Stätte zu bereiten. Und wenn ich hingehe, euch die Stätte zu bereiten, *so will ich wiederkommen und euch zu mir nehmen.*"[23] Und Paulus schrieb, daß „er selbst, der Herr, wird mit der Stimme des Erzengels und mit der Posaune Gottes herniederkommen vom Himmel, *und die Toten in Christus werden auferstehen zuerst.* Danach wir, die wir leben und übrigbleiben, werden zugleich mit ihnen hingerückt werden in den Wolken, dem Herrn entgegen in die Luft, und werden so bei dem Herrn sein allezeit. So tröstet euch nun mit diesen Worten untereinander."[24]

Erst wenn Christus wiederkommt, wird dem Tod die Macht genommen. Dann werden sich alle dem Urteil Gottes stellen müssen. Gott sitzt nicht schon beim Tod über den Menschen zu Gericht, denn es heißt unmißverständlich: „... er hat einen Tag festgesetzt, an dem er den Erdkreis richten will mit Gerechtigkeit."[25] Wozu sollte solch ein Gericht wohl dienen, wenn die Verstorbenen längst die „Freuden des Himmels genießen" oder „in der Hölle schmoren"?

Die Lehre von der Unsterblichkeit der Seele gehört zu jenen Irrtümern, die aus dem Heidentum stammen und die über die katholische Kirche Eingang ins Christentum gefunden haben. Martin Luther reihte sie „den zahllosen Ausgeburten des römischen Misthaufens der Dekretalen an".[26]

Wenn es um den Tod der Gläubigen geht, dann ist in der Bi-

---

[22] 1. Korinther 15,12.16–18 [23] Johannes 14,2.3
[24] 1. Thessalonicher 4,16–18 [25] Apostelgeschichte 17,31
[26] Petavel, The Problem of Immortality, 255

bel nirgendwo vom Weiterleben in irgendeiner Form die Rede, sondern das Stichwort heißt: Ausruhen. „Und ich hörte eine Stimme vom Himmel zu mir sagen: Schreibe: Selig sind die Toten, die in dem Herrn sterben von nun an. Ja, spricht der Geist, sie sollen ruhen von ihrer Mühsal; denn ihre Werke folgen ihnen nach.“ [27] Ob die Zeit der Ruhe im Tod kurz oder lang war, wissen sie nicht. Sie schlafen, bis Gottes Ruf sie zur herrlichen Unsterblichkeit auferweckt. Dann wird es ihnen vorkommen, als hätten sie eben erst die Augen geschlossen. Und wenn sie die Augen wieder öffnen, werden sie einstimmen in den Jubelruf der Erlösten: „Der Tod ist verschlungen vom Sieg. Tod, wo ist dein Sieg? Tod, wo ist dein Stachel?“ [28]

---

[27] Offenbarung 14,13 [28] 1. Korinther 15,54.55

34 | Tote antworten nicht!

Die Lehre von der Unsterblichkeit der Seele stammt nicht aus der Bibel, sondern hat einen heidnischen Hintergrund. Im dritten Jahrhundert drang die Platonische Unsterblichkeitsidee in die katholische Kirche ein, verschmolz mit dem christlichen Auferstehungsglauben und wurde im Jahre 1515 zum kirchlichen Dogma erhoben. Im Laufe der Jahrhunderte verdrängte der Glaube an die Unsterblichkeit der Seele fast völlig die biblische Sicht über den Zustand der Menschen nach dem Tode. Die Lehre vom Weiterleben der Verstorbenen im Jenseits und die Ansicht, daß die Geister der Toten auf die Erde zurückkehren und den Lebenden erscheinen können, haben schließlich dem Spiritismus* den Weg bereitet.

Wenn es wirklich so wäre, daß die verstorbenen Gläubigen nach ihrem Tode in Gottes unsichtbarer Welt weiterleben, dann müßte man tatsächlich damit rechnen, daß sie versuchen, auf das Geschick ihrer Lieben auf Erden einzuwirken. Und wenn die Geister der Toten, wie vielfach von Theologen behauptet wird, ihre noch lebenden Freunde unsichtbar begleiten, warum sollte es ihnen dann nicht möglich sein, sie vor der Sünde zu warnen oder sie im Kummer zu trösten? Wer an ein Weiterleben der Seele nach dem Tode glaubt, für den ist es nur folgerichtig, auch daran zu glauben, daß die Geister Verstorbener sich auf irgendeine Weise äußern können.

Mit der Bibel lassen sich solche Behauptungen allerdings nicht belegen. In Wirklichkeit handelt es sich hier wieder einmal um einen geschickten Schachzug Satans, mit dem er Menschen zu täuschen versucht. Und da das alles geheimnisvoll und fromm daherkommt, fallen viele darauf herein. In Wahrheit erscheinen und reden da nicht Verstorbene, sondern dämonische Engel, die lediglich vorgeben, sie seien die Geister der Verstorbenen. Menschen, die sich auf solche Machenschaften einlassen, tut es natürlich wohl, wenn sie hören, daß es ih-

---

* Spiritismus [lat. spiritus = Geist]: Lehre und Praxis der Beschwörung von Geistern, die sich in Materialisationen zeigen und sich in schriftlicher Form oder in Tranceäußerungen von Medien mitteilen würden.

ren Angehörigen im Jenseits angeblich gut geht. Dabei merken sie nicht, auf welch gefährliches Spiel sie sich eingelassen haben. Nicht von ungefähr hat schon Paulus davor gewarnt, sich dämonischen Einflüssen auszusetzen: „Der Geist aber sagt deutlich, daß in den letzten Zeiten einige von dem Glauben abfallen werden und verführerischen Geistern und teuflischen Lehren anhängen.“ [1]

Wenn Menschen erst einmal Vertrauen gefaßt haben zu sogenannten Botschaften aus dem Jenseits, dauert es nicht mehr lange, bis Satan sie ganz unter seinem Einfluß hat. Wenn Leute hören, daß Verstorbene, die bis an ihr Lebensende in Sünde gelebt haben, nun die himmlische Glückseligkeit genießen, müssen sie zu dem Schluß kommen, daß letztlich zwischen Gerechten und Ungerechten kein Unterschied besteht.

Der angebliche Kontakt mit Verstorbenen ist deshalb so verführerisch, weil sich vieles von dem, was die „Stimmen aus dem Jenseits“ sagen, als richtig erweist. Das mag verblüffend sein, aber es sagt gar nichts aus über die Identität dieser Geister. Es zeigt nur, daß Satan kein Schwachkopf ist, sondern ein geschickter Taktiker. Er weiß eine Menge über uns Menschen, auch über die Verstorbenen; und er nutzt dieses Wissen skrupellos. Indem sie ihre Kenntnis einsetzen, erschleichen sich die Dämonen das Vertrauen der Leute und ziehen sie mehr und mehr in ihren Bann. Schließlich merkt kaum noch jemand, daß Abstriche an den Aussagen der Bibel gemacht werden, daß Gottes Gesetz beiseite geschoben und die Gottheit Christi geleugnet wird.

Viele denken heutzutage auch, spiritistische Erscheinungen seien nichts weiter als Hokuspokus zum Zeitvertreib oder ein geschickter Trick, um den Leuten das Geld aus der Tasche zu ziehen. Zum Teil trifft das wirklich zu, aber es gibt eben auch die tatsächlichen Bekundungen übernatürlicher Mächte. Das geheimnisvolle Klopfen, mit dem der moderne Spiritismus begann, war kein betrügerisches Spiel, sondern wirklich das Werk von Dämonen.

Bereits im Alten Testament wird bezeugt, daß es Satan und seinen Engeln möglich ist, Wunder zu tun. So konnten zum Beispiel die ägyptischen Magier die meisten der Wundertaten nachmachen, die Mose und Aaron in Gottes Auftrag vor dem Pharao vollbracht hatten. [2] Und Paulus schreibt im Neuen Te-

---

[1] 1. Timotheus 4,1 [2] 2. Mose 6–8

stament, daß es vor Jesu Wiederkunft verstärkt zu übernatürlichen Erscheinungen kommen wird, die nicht von Gott, sondern von Satan gewirkt sind. „Der Böse aber wird in der Macht des Satans auftreten mit großer Kraft und lügenhaften Zeichen und Wundern und mit jeglicher Verführung zur Ungerechtigkeit bei denen, die verloren werden, weil sie die Liebe zur Wahrheit nicht angenommen haben, daß sie gerettet würden."[3]

Satan paßt sich an

Satan ist äußerst anpassungsfähig. Er stellt sich in seiner Taktik auf jeden ein, den er verführen will. Den Gebildeten kommt er nicht plump und ungeschlacht, sondern hochgeistig und exklusiv. Ihnen serviert er einen verfeinerten, mehr auf den Verstand abgestimmten Spiritismus. Neben dem Reiz des Geheimnisvollen, dem irgendwie alle zugänglich sind, wirft er für die Geistreichen interessante Fragen auf, regt ihre Phantasie an, weckt in ihnen hochfliegende Ideen, mit denen sie angeblich die Mitmenschlichkeit in der Welt fördern können, und verspricht ihnen neue Einsichten. All das ist nicht neu, denn schon im Paradies hat Satan die Menschen dadurch verführt, daß er in ihnen das Verlangen nach verbotenen Erkenntnissen weckte.

Wie sehr der Spiritismus der biblischen Lehre widerspricht, läßt sich an Äußerungen von Spiritisten zeigen: „Der Mensch ist ein Geschöpf des Fortschritts; von Geburt an ist seine Bestimmung, sich zur Gottheit hinzuentwickeln bis in die Ewigkeit." „Jeder Geist wird sich selbst richten, und nicht ein anderer ... Das Gericht wird kein richtiges sein, denn es ist ein Selbstgericht ... Der Thron ist in dir selber." Ein spiritistischer Lehrer sagte von der Zeit, als das „geistige Bewußtsein" in ihm erwachte: „Meine Mitmenschen waren alle nichtgefallene Halbgötter." Und ein anderer Spiritist behauptete: „Jedes gerechte und vollkommene Wesen ist Christus."

Offensichtlich kommt es Satan darauf an, Gott und seinen Willen an den Rand zu drängen. Um das zu erreichen, verleitet er die Menschen dazu, ihr Ich in den Mittelpunkt zu rükken und selbst zu bestimmen, was gut oder böse ist. Aber bisher ist nie etwas Gutes dabei herausgekommen, wenn der

---

[3] 2. Thessalonicher 2,9.10

Mensch sich selbst zur letzten Instanz gemacht hat. Dieser Weg führte nicht aufwärts, sondern endete stets in schrecklichen Abgründen. Genau das ist es, was Satan beabsichtigt – nur sagt er das natürlich nicht.

Denen, die zügellos, vergnügungssüchtig oder hemmungslos leben, bietet er nicht den auf die Gebildeten zugeschnittenen Spiritismus an, sondern eine eher gewöhnliche Version, die den Neigungen der breiten Masse entgegenkommt. Satan ist ein guter Beobachter und deshalb über die Schwächen der Menschen ziemlich genau im Bilde. Er weiß, an welcher Stelle er am besten zupacken muß. Deshalb sorgt er dafür, daß es den Leuten nie an Gelegenheiten fehlt, ihre sündigen Neigungen und Leidenschaften zu befriedigen.

Oft besteht seine Taktik auch einfach darin, jemanden dazu zu bringen, das an sich Richtige so zu übertreiben, daß er dadurch seine körperlichen, geistigen und sittlichen Kräfte untergräbt.

Wenn Menschen dazu verleitet werden, ihre Wünsche als oberstes Gesetz anzusehen und Freiheit als Zügellosigkeit zu verstehen, und wenn die Leute meinen, sie hätten nicht Gott, sondern nur sich selbst Rechenschaft abzulegen, dann muß sich niemand über Entartungserscheinungen und sittlichen Verfall wundern. Natürlich greifen die Leute zu, wenn ihnen eine Freiheit angeboten wird, die buchstäblich alles erlaubt. Und darunter sind auch viele, die von sich behaupten, sie seien Christen.

Niemand ist hilflos ausgeliefert

Grundsätzlich gilt: Die Verführung durch den Spiritismus ist überaus gefährlich, aber niemand ist ihr hilflos ausgeliefert. Gott hat in seinem Wort genügend Hinweise gegeben, die uns die verborgenen Fallen Satans erkennen lassen. Wie bereits ausgeführt, steht die Lehre von der Unsterblichkeit der Seele, die den Spiritismus erst möglich gemacht hat, im Widerspruch zur Lehre der Bibel. Nicht umsonst hatte Gott es in alter Zeit strikt verboten, Kontakt zur Geisterwelt zu suchen. Dieses Verlangen scheint schon in frühester Zeit vorhanden gewesen zu sein. Nicht nur in heidnischen Religionen hat es Leute gegeben, die vorgaben, Kontakt mit Verstorbenen herstellen zu können, sondern auch im Volk Israel. Aber die Bibel bezeichnet diese „Wahrsagegeister“ ganz eindeutig als „Teufelsgeister". [4] Der Umgang mit ihnen galt in Israel als schlimmes Vergehen und wurde mit dem Tode bestraft. [5]

Heutzutage zählt der Spiritismus seine Anhängerschaft nach Millionen. Er ist bei wissenschaftlich Gebildeten Mode geworden, hat Eingang in christliche Kirchen gefunden, kann sich bis in die Regierungen hinein prominenter Vertreter rühmen und fasziniert die Massen. Aber all das ändert nichts an der Tatsache, daß er eine satanische Irreführung ist, eine Neuauflage der schon vor alters verbotenen Totenbefragung und Zauberei. Und wenn es kein anderes Kennzeichen für das wahre Wesen des Spiritismus gäbe, sollte es für Christen genügen, daß die angeblichen Geister der Verstorbenen keinen Unterschied machen zwischen Gerechtigkeit und Sünde. Wenn Satan behauptet, daß selbst den unbußfertigen Sündern ein Platz in Gottes neuer Welt sicher sei, dann heißt das: Gleichviel, wie gottlos ihr auch seid, ob ihr Gott und der Bibel glaubt oder nicht – lebt, wie es euch gefällt; der Himmel ist auf jeden Fall euer!

Gottes Wort aber sagt: „Weh denen, die Böses gut und Gutes böse nennen, die aus Finsternis Licht und aus Licht Finsternis machen!" [6]

Angriff auf Gottes Wort

Weil die Heilige Schrift Satans Absichten und Machenschaften bloßstellt, ist sie ihm seit jeher ein Dorn im Auge gewesen. Da es ihm nicht gelang, die Bibel mit Gewalt auszurotten, bedient er sich heute anderer Methoden. Die einen macht er glauben, die Heilige Schrift sei nicht wirklich von Gott, sondern rein menschlichen Ursprungs; anderen flößt er die Überzeugung ein, die Bibel sei zwar für die Menschen früherer Zeiten wichtig gewesen, hätte aber für unsere Zeit kaum noch Bedeutung. Anstelle des Wortes Gottes bietet er den Menschen spiritistische Botschaften und Offenbarungen an. Und um seine wahren Absichten zu verschleiern, hängt er dem allen ein frommes Mäntelchen um. Aber was besagt es schon, wenn der Spiritismus sich zwar in der Form geändert hat, vom Inhalt und den Absichten her aber gleichgeblieben ist? Verfeinerte Methoden machen ihn nur noch gefährlicher. Heute kann

---

[4] 4. Mose 25,1–3; Psalm 106,28; 1. Korinther 10,20; Offenbarung 16,14
[5] 3. Mose 19,31; 20,47 [6] Jesaja 5,20

man beispielsweise von Spiritisten hören, daß sie die Bibel schätzen und an Christus glauben. So etwas wäre früher kaum denkbar gewesen. Wer aber genau hinhört, merkt sehr schnell, daß die Bibel nach Gutdünken ausgelegt wird, gerade wie es dem unbußfertigen Herzen gefällt. Der Unterschied zwischen Gut und Böse wird verwischt. Jesus läßt man zwar als geschichtliche Gestalt gelten, aber seine Gottheit wird nach wie vor geleugnet. Aus der Liebe Gottes macht man ein rührseliges Gefühl; die Zehn Gebote stellt man als überholte Forderungen oder tote Buchstaben dar; die klare Botschaft der Bibel ersetzt man durch märchenhafte Geschichten und Wundererzählungen. Und die Leute merken es nicht einmal!

Nur wenige haben eine klare Vorstellung von der verheerenden Macht des Spiritismus. Viele beschäftigen sich aus purer Neugierde mit ihm oder weil sie ständig auf der Suche nach neuen prickelnden Erlebnissen sind. Wenn sie wüßten, daß sie sich damit dämonischen Geistern ausliefern, würden sie es mit der Angst zu tun kriegen. Aber daran denken sie nicht. Und wenn sie merken, worauf sie sich eingelassen haben, stecken sie meist so tief drin, daß sie aus eigener Kraft nicht mehr aus dem Sumpf des Okkulten herausfinden. Gott allein kann solche Menschen aus Satans Knechtschaft befreien.

Wer in seinem Leben der sündhaften Neigung nachgibt oder wissentlich an der Sünde festhält, macht es Gott und seinen Engeln schwer, sich schützend vor ihn zu stellen und ihn vor Versuchungen zu bewahren.

Die Bibel mahnt: „Wenn sie aber zu euch sagen: Ihr müßt die Totengeister und Beschwörer befragen, die da flüstern und murmeln, so sprecht: Soll nicht ein Volk seinen Gott befragen? Oder soll man für Lebendige die Toten befragen? Hin zur Weisung und hin zur Offenbarung! Werden sie das nicht sagen, so wird ihnen kein Morgenrot scheinen.“ [7] Hätte die Christenheit die Aussagen der Heiligen Schrift über die Natur des Menschen und den Zustand der Toten angenommen, so wäre auch klar geworden, daß hinter den spiritistischen Phänomenen und trügerischen Wundern niemand anderes steckt als Satan.

---

[7] Jesaja 8,19.20

Den Kampf aufnehmen

Wer sich den Lehren des Spiritismus widersetzt, greift nicht nur Menschen an, sondern auch den Teufel und seine Engel. Und Satan ist ein hartnäckiger und listenreicher Gegner, der keinen Fußbreit Boden hergibt, es sei denn, daß Gottes Engel ihn zum Rückzug zwingen. Wenn wir in diesem Kampf überhaupt eine Chance haben, dann nur die, daß wir uns ganz auf Christus und sein Wort stützen. Wenn Satan Gottes Wort verfälscht oder verdreht, dann bleibt uns nur das Argument, mit dem auch Jesus den Versucher in die Flucht schlug: „Es steht geschrieben!“ [8] Nur wer wirklich mit dem Wort Gottes lebt, kann den Täuschungsversuchen Satans widerstehen.

In der letzten Zeit werden viele Menschen damit zu tun bekommen, daß ihnen angebliche Geister von verstorbenen Freunden oder Verwandten Botschaften übermitteln wollen. Dabei werden sogar Wunder geschehen, um den Anschein zu erwecken, als wäre das alles Gottes Werk. Dieser Verführung wird nur widerstehen können, wer sich an die klare Aussage der Bibel hält, daß die Toten erst ins Leben zurückgerufen werden, wenn Jesus wiederkommt. Wer ernsthaft nach der Erkenntnis der Wahrheit sucht, sich im Gehorsam übt und alles tut, was in seinen Kräften steht, um dem Bösen zu widerstehen, wird in Gott sicher geborgen sein. Jesus selbst hat verheißen: „Weil du bewahrt hast das Wort von meiner Geduld, will ich auch dich bewahren vor der Stunde der Versuchung, die kommen wird über den ganzen Weltkreis.“ [9] Eher würde er alle Engel im Himmel mobilisieren, als daß er einen einzigen, der ihm vertraut, der Gewalt Satans preisgibt.

Wer allerdings die biblische Wahrheit verwirft, wird den satanischen Täuschungen schutzlos ausgeliefert sein. Als der Widersacher unseren Ureltern einredete, daß sie „keineswegs des Todes sterben“ würden, hat er die Grundlage geschaffen für das Meisterstück seines Betrugs: den Spiritismus. Noch hat er sein Ziel nicht ganz erreicht, aber ein Blick in unsere Welt zeigt, daß der Weg dorthin nicht mehr weit ist. In der Offenbarung heißt es: „Und ich sah aus dem Rachen des Drachen und aus dem Rachen des Tieres und aus dem Munde des falschen Propheten drei unreine Geister kommen, gleich Fröschen; es sind Geister von Teufeln, die tun Zeichen und gehen

[8] Matthäus 4,4.5.10 [9] Offenbarung 3,10

aus zu den Königen der ganzen Welt, sie zu versammeln zum Kampf am großen Tag Gottes, des Allmächtigen.“ [10]

Mit Ausnahme derer, die durch die Macht Gottes und im Glauben an sein Wort bewahrt bleiben, wird die ganze Welt diesem Irrtum in die Arme getrieben werden, ohne es zu merken. Die Menschheit wird sich in einer gefährlichen Sicherheit wiegen und erst aufwachen, wenn Gottes Zorn über die Welt hereinbricht. Aber dann ist es zu spät!

---

[10] Offenbarung 16,13.14

35 | Gewissensfreiheit in Gefahr

Die protestantische Welt steht gegenwärtig der römisch-katholischen Kirche sehr viel wohlwollender gegenüber als in früheren Jahren. Vor allem in Ländern, in denen die Katholiken in der Minderheit sind und wo die Kirche einen eher versöhnlichen Kurs steuert, scheinen die Lehren, die den Protestantismus vom Katholizismus trennen, immer mehr an Bedeutung zu verlieren. Viele meinen, daß man in den wirklich wichtigen Lehrfragen gar nicht so weit voneinander entfernt sei und daß ein paar Zugeständnisse von evangelischer Seite das Verhältnis zu Rom noch erheblich verbessern könnten. Das war nicht immer so. Einst legten die Protestanten großen Wert auf ihre Gewissensfreiheit, die sie Rom unter unsäglichen Opfern abgerungen hatten. Sie lehrten ihre Kinder, das Papsttum abzulehnen, und waren der Auffassung, daß es Abfall von Gott sei, wenn man wieder nach Übereinstimmung mit Rom strebte. Davon ist kaum noch etwas zu spüren.

Von katholischer Seite wird argumentiert, daß die Kirche in einem ganz falschen Licht dargestellt worden sei; und viele Protestanten sind nicht abgeneigt, das zu glauben. Vor allem sei es ungerecht, die katholische Kirche von heute nach den Greueln und Verirrungen zu beurteilen, die ihre Herrschaft in früherer Zeit kennzeichneten. Im übrigen müsse man in Rechnung stellen, daß damals die Mächtigen allgemein grausam und unmenschlich mit ihren Gegnern umgegangen seien. Es wäre in alter Zeit eben alles ganz anders gewesen; und was früher geschehen sei, könne man schließlich der Kirche von heute nicht mehr anlasten.

Hat man vergessen, daß Rom seit mehr als 800 Jahren den Anspruch auf Unfehlbarkeit erhebt? Und davon ist die Kirche bis heute nicht einen Fingerbreit abgerückt. Ganz im Gegenteil. Im 19. Jahrhundert wurde dieses Dogma stärker als je zuvor betont. Wenn Rom behauptet, daß die Kirche „nie geirrt" habe und auf Grund der Heiligen Schrift auch „nie irren werde"[1], klingt das nicht so, als sei ein Umdenken in Sicht.

[1] Mosheim, Institutiones historiae ecclesiasticae, 3. Buch, 2. Abschn., Sek. 9

Es sieht nicht so aus, als würde Rom jemals auf den Anspruch verzichten, unfehlbar und alleinseligmachend zu sein. Nach wie vor sind zahlreiche Vertreter der Amtskirche davon überzeugt, daß es unumgänglich gewesen sei, mit Gewalt gegen die Ketzer vorzugehen. Und wenn Rom heute ähnliche Macht in die Hand bekäme wie im Mittelalter, müßten vermutlich viele Christen um ihre Gewissensfreiheit fürchten. (33)

Wenn hier von der römisch-katholischen Kirche die Rede ist, dann geht es um die Institution an sich, nicht um die einzelnen Gläubigen. Es steht außer Frage, daß viele Katholiken aufrichtige Christen sind, die Gott von Herzen lieben und ihm nach bestem Wissen dienen wollen. Daß ihnen das nur im Rahmen ihrer Erkenntnis möglich ist, versteht sich von selbst. Gott liebt diese Gläubigen sehr, und er tut alles, um ihnen die Augen für die biblische Wahrheit, wie sie uns in Jesus Christus offenbart worden ist, aufzutun. Viele von ihnen werden sich für Jesus und seine Gemeinde entscheiden.

Das kann aber nicht darüber hinwegtäuschen, daß eine Reihe von Dogmen und das päpstlich-hierarchische System heute ebensowenig mit dem Evangelium übereinstimmen wie in früheren Zeiten. Wir dürfen einfach nicht die Augen davor verschließen, daß Rom jede Möglichkeit nutzt, seine Macht und seinen Einfluß auszuweiten. Das könnte in naher Zukunft vieles von dem zunichte machen, wofür die protestantische Welt seit Jahrhunderten gekämpft hat. Tatsache ist, daß der Katholizismus überall im Vormarsch ist. Das zeigt sich an der wachsenden Zahl seiner Kirchen und Verkündigungsstätten in protestantischen Ländern und an dem Zulauf zu seinen Hochschulen und Seminaren, vor allem in Amerika. Auch das Wachstum des Anglokatholizismus [2] und die zunehmenden Übertritte zur katholischen Kirche in England deuten in diese Richtung.

Gefährliche Zugeständnisse

Die Protestanten haben sich mit dem Papsttum eingelassen und Zugeständnisse gemacht, über die selbst Katholiken überrascht sind. Viele Menschen verschließen die Augen davor, daß die bürgerliche und religiöse Freiheit in Gefahr wäre,

[2] Eine katholisierende Richtung in der Anglikanischen Kirche Englands

wenn die römische Kirche wieder unumschränkt herrschen könnte. Manche meinen, der Katholizismus sei heutzutage nicht mehr anziehend für die Menschen. Das ist ein fataler Irrtum. Es ist vielmehr so, daß viele Leute von der Prachtentfaltung und den feierlichen Handlungen in den katholischen Gottesdiensten beeindruckt sind. Da wird sowohl dem Gefühl als auch dem Auge etwas geboten. Prachtvolle Kirchen, großartige Prozessionen, goldene Kirchengeräte, mit Juwelen verzierte Reliquienschreine, auserlesene Gemälde und kostbare Skulpturen sprechen den Schönheitssinn der Gläubigen an. Und wenn die vollen Klänge der Orgel gemeinsam mit dem Gesang vieler Stimmen die säulengeschmückten Kirchenschiffe durchbeben, dann erfüllen Ehrfurcht und heilige Scheu die Hörer.

Was der sündige Mensch viel dringender braucht als äußeren Glanz und beeindruckende Zeremonien, ist eine wirkliche Begegnung mit dem gnädigen Gott und die Vergebung der Schuld. Die Botschaft vom Opfertod Jesu am Kreuz ist so einfach und zugleich bewegend, daß sie auf Prachtentfaltung und Sinne betörendes Beiwerk verzichten kann. Satan hat Freude daran, wenn Menschen sich vom Äußeren so gefangennehmen lassen, daß sie die eigentliche Botschaft des Wortes Gottes gar nicht mehr wahrnehmen. Menschen, die keine wirkliche Beziehung zu Christus haben, geraten leicht in die Gefahr, sich mit einer Scheinfrömmigkeit zufriedenzugeben. Eine Religiosität, die das Gefühl und die Sinne anspricht, ist den Leuten allemal lieber als ein Glaube, der das Leben verändert.

Da die römische Kirche die Vollmacht für sich in Anspruch nimmt, Sünde vergeben zu können, liegt für viele Gläubige die Gefahr nahe, Unrecht auf die leichte Schulter zu nehmen. Der Gedanke, daß man seine Schuld einfach dadurch loswerden könne, indem man sie anonym einem Priester beichtet, ist keine wirkliche Hilfe im Kampf gegen die Sünde. Das verleitet eher zur Leichtfertigkeit. Von dieser Art der „Sündenvergebung“ ist im Verlauf der Kirchengeschichte nicht viel Gutes ausgegangen. Sie hat unvollkommenen, irrenden Menschen eine Macht über andere eingeräumt, die nur Gott zusteht. Denn in der Heiligen Schrift heißt es: „Wenn wir aber unsere Sünden bekennen, so ist er treu und gerecht, daß er uns die Sünden vergibt und reinigt uns von aller Ungerechtigkeit.“[3]

---

[3] 1. Johannes 1,9 (vgl. Psalm 130,4; Jesaja 55,7; Epheser 1,7)

Auch an dieser Stelle liegt der Verdacht nahe, daß die Kirche der Versuchung nicht widerstanden hat, den Menschen den Weg zur Sündenvergebung so leicht wie möglich zu machen. In der Tat scheint vielen Christen ein Sündenbekenntnis im Beichtstuhl leichter zu fallen, als direkt mit Gott über ihre Schuld zu reden. Und das Abbüßen von Sünden ist am Ende wohl auch weniger aufwendig, als daß man sein Leben ändert. So ist es nun einmal mit uns Menschen, daß wir lieber ab und zu in Sack und Asche gehen als unsere sündigen Verhaltensweisen ändern.

Ähnlichkeiten sind nicht zufällig

Zwischen bestimmten Entwicklungen im Judentum zur Zeit Jesu und manchen Erscheinungsformen des Katholizismus lassen sich verblüffende Parallelen erkennen. Auf der einen Seite gab es für die damalige jüdische Geistlichkeit nichts Heiligeres als das Gesetz Gottes, andererseits traten sie Gottes Willen mit Füßen, indem sie seine Gebote unter einem Wust von menschlichen Verordnungen begruben oder durch spitzfindige Auslegungen geschickt umgingen. Biblische Berichte belegen das.

Im Katholizismus sind in gewissem Sinne ähnliche Tendenzen zu beobachten. Einerseits heißt es, der gekreuzigte und auferstandene Christus sei der Herr der Kirche, aber andererseits wurde im Laufe der Jahrhunderte seine Lehre immer mehr verkürzt, verfälscht und durch menschliche Überlieferungen bis zur Unkenntlichkeit verzerrt. Damals wie heute ist wahr, was Jesus sagte: „Sie binden schwere und unerträgliche Bürden und legen sie den Menschen auf den Hals; aber sie selbst wollen sie nicht mit einem Finger anrühren.“ [4] Wie oft ist es vorgekommen, daß die einfachen Gläubigen mit dem Hinweis auf Gottes Gesetz in Angst und Schrecken gejagt wurden, während sich die Geistlichkeit selber keinen Deut um Gottes Willen scherte.

Durch den Bilder- und Reliquienkult, die Anrufung der Mutter Maria und der Heiligen sowie durch eine geradezu gottähnliche Verehrung des Papstes wird vielen Menschen der Blick für die Bedeutung des Glaubens an Christus getrübt. Wenn es darum geht, die Gläubigen an der Nachfolge Jesu zu

---

[4] Matthäus 23,4

hindern, ist Satan jedes Mittel recht – auch jedes „fromme". Und wenn er den Menschen das Verlangen nach Gott nicht austreiben kann, dann ist er bemüht, ihre Gottesvorstellung so zu verfälschen, daß sie Gott nicht aus Liebe, sondern aus Angst oder Berechnung dienen.

Eine unheilvolle Verbindung

In der römisch-katholischen Kirche verschmolzen im Laufe der Jahrhunderte viele heidnische Gedanken und Bräuche mit dem Christentum. Wen wundert es da, daß es bald auch in der Kirche ebenso grausam und unduldsam zuging wie im Heidentum? Wer sich dem Anspruch Roms nicht beugen wollte, wurde verfolgt, gefoltert oder verbrannt. Das Blutvergießen im Namen Gottes nahm unbegreifliche Ausmaße an. Um Aussagen oder Schuldbekenntnisse zu erzwingen, wurden Gegner Roms so schrecklich gequält, daß ihnen der Tod schließlich als Erlösung erschien. Und das alles „zur Ehre Gottes".

Aber auch seine Anhänger versuchte Rom durch Strenge und Härte im Griff zu behalten. Man lehrte die Gläubigen, Gott und der Kirche könne man nur gefallen, indem man sich ihr Wohlwollen durch Leistung und Verzicht verdiene. Die Mittel, das zu erreichen, seien: Kasteiung, Hunger, Opfer, bedingungsloser Gehorsam, Armut und gute Werke. Die Zahl der Menschen, die auf diese Weise zugrunde gerichtet wurden, geht in die Millionen. Wem das unwahrscheinlich oder übertrieben vorkommt, der braucht sich nur einmal etwas genauer mit der Geschichte des Papsttums zu befassen.

Die Päpste behaupteten zwar, Stellvertreter und Sachwalter Christi auf Erden zu sein, aber über weite Strecken in der Kirchengeschichte hatten ihr Leben und ihre Herrschaft nichts mit der Art Christi gemein. Christus hat nie Menschen ins Gefängnis gebracht oder sie der Folter ausgeliefert, nur weil sie ihn nicht als König des Himmels ehrten! Er hat auch keinen zum Tode verdammt, der ihm nicht glauben wollte! Christus war es auch nicht, der Menschen empfahl, sich in Klöster zurückzuziehen, um sich auf den Himmel vorzubereiten. Er zwang niemanden zur Ehelosigkeit und hat niemals befohlen, Liebe und Mitgefühl zu unterdrücken. Man muß schon mutwillig die Augen verschließen, um nicht zu sehen, wie wenig das Verhalten der „Stellvertreter Christi" mit dem übereinstimmt, was Jesus gelehrt und gelebt hat.

Heute bemüht sich die römische Kirche, der Welt ein makelloses Äußeres zu zeigen. Über die Grausamkeiten und Verirrungen vergangener Zeiten wird möglichst der Mantel des Schweigens ausgebreitet. Wo das nicht geht, versucht man zu beschönigen oder zu entschuldigen. Aber wenn das Papsttum heutzutage einen moderaten Eindruck vermittelt, bedeutet das noch lange nicht, daß es sich wirklich gewandelt hat. Die Prinzipien und Grundsätze, nach denen gehandelt wird, sind die gleichen wie vor Jahrhunderten. Und von den im Mittelalter entwickelten unbiblischen Dogmen ist bisher kein einziges zurückgenommen worden. Das Papstum als System, dem weite Kreise im Protestantismus heute so wohlwollend gegenüberstehen, unterscheidet sich von dem der Reformationszeit offensichtlich nur im äußeren Erscheinungsbild, nicht aber prinzipiell. Es erhebt die gleichen Machtansprüche, verlangt die gleichen Privilegien, und dort, wo es die Macht hat, ist es nicht weniger unduldsam, als das in vergangenen Zeiten der Fall war.

Nicht wenige sind der Meinung, daß sich im Papsttum genau das widerspiegelt, was die Prophezeiung mit den Begriffen „Abfall", „Mensch der Bosheit", „Sohn des Verderbens" und „Widersacher" umschreibt.[5] Das mag heute nicht mehr so offen zutage treten wie vor Jahrhunderten, aber das gehörte ja schon immer zur Taktik Roms, daß es nach außen den besten Eindruck erweckte, um bestimmte Ziele zu erreichen. Kann man einer Institution vertrauen, die ihre Geschichte durch mehr als ein Jahrtausend hindurch mit dem Blut der Heiligen geschrieben hat? Entspricht die Papstkirche wirklich dem Bild, das Jesus von seiner Gemeinde entworfen hat?

Wandel durch Annäherung

Nicht ohne Grund meint man weltweit in protestantischen Kreisen, der Katholizismus unterscheide sich heute weit weniger vom Protestantismus als in früherer Zeit. Das ist wahr, aber nicht etwa deshalb, weil sich der Katholizismus geändert hätte, sondern die Kirchen der Reformation sind nicht mehr das, was sie einmal waren. Das Streben nach Geltung und Einfluß in der Gesellschaft und der Welt hat den Protestantismus dazu verführt, sich Rom wieder zu nähern. Wenn es um ein

[5] 2. Thessalonicher 2,3.4

partnerschaftliches Miteinander zwischen den Konfessionen geht, scheinen vielen Leuten reformatorische Grundsätze, die eine Übereinstimmung mit Rom eigentlich unmöglich machen, nicht mehr so wichtig zu sein. Daß der evangelische Glaube verteidigt und Irrlehren beim Namen genannt werden, hört man heute nur selten. Hingegen entschuldigen sich immer mehr Protestanten dafür, daß Rom in der Vergangenheit so lieblos beurteilt worden sei, und sie bitten um Verzeihung für diesen blinden Eifer.

Andere machen geltend, daß das mittelalterliche Papsttum nur ein Kind seiner Zeit gewesen sei. Die abergläubischen Vorstellungen jener Epoche, die Unduldsamkeit und der Machtmißbrauch hätten eben auch auf die Kirche abgefärbt. In unserer aufgeklärten Welt könne so etwas nicht mehr geschehen, und deshalb gehe vom Papsttum auch keine Gefahr mehr aus. Würden solche Leute sich eingehender mit den prophetischen Hinweisen für die Endzeit befassen, kämen sie zu einer anderen Einschätzung. Im übrigen muß man im Blick auf die Schrecknisse des „finsteren Mittelalters" fragen: Hat tatsächlich die damalige Welt einen so unheilvollen Einfluß auf die Kirche ausgeübt oder war es vielleicht gerade umgekehrt?

Ohne Zweifel haben sich Zeiten der Unwissenheit und geistlicher Finsternis für den Erfolg des Papsttums als günstig erwiesen. Die Zukunft wird zeigen, daß intellektuelle Erkenntnis ihm aber nicht weniger dienlich ist. Satan spannt überall und in jeder Zeit seine Netze aus, um die Menschen einzufangen. Und er paßt sich den jeweiligen Gegebenheiten so geschickt an, daß man diese Netze nicht sieht. Gott hat den Menschen Verstand und Einsicht gegeben, damit sie die Wahrheit erkennen und sich für sie einsetzen können. Wo der Mensch aber in ehrgeizigem Stolz seine eigene Meinung über Gottes Wort stellt, da kann Wissen noch schlimmeren Schaden anrichten als Unwissenheit. Sogenanntes wissenschaftliches Denken, das den Glauben an die Heilige Schrift untergräbt, kann der Annahme römischer Dogmen ebenso den Weg bereiten wie früher das Vorenthalten von Kenntnissen.

Der Sonntag – ein Zeichen der Macht?

Ein markantes Beispiel dafür, wie das Papsttum ein Gebot Gottes durch menschliche Überlieferungen ersetzte, ist die Einführung der Sonntagsfeier. Damals meinte man, zwischen

Heidentum und Christentum eine Brücke schlagen zu können, indem man den heidnischen Sonntag und den Auferstehungstag Jesu anstelle des biblischen Sabbats zum gemeinsamen Feiertag machte. Dieser Geist der Anpassung an die Gepflogenheiten der Welt ist heute auch in der protestantischen Welt zu spüren und läßt befürchten, daß sie für die Durchsetzung der Sonntagsfeier das gleiche tun wird wie zuvor das Papsttum.

Will man verstehen, welche Kräfte in dem bald anbrechenden Kampf wirksam werden, so braucht man nur die Methoden zu betrachten, deren Rom sich in der Vergangenheit zur Erreichung seiner Ziele bedient hat. Und wenn katholische und evangelische Kreise gemeinsam darangehen werden, die Heiligung des Sonntags für alle Christen verbindlich zu machen, dann haben alle, die sich dem widersetzen, nichts Gutes zu erwarten.

Kaiserliche Erlasse, Konzilbeschlüsse und Kirchenverordnungen zusammen mit staatlicher Gewalt – das waren die Stufen, die der heidnische Festtag bis hin zu seiner Stellung als christlicher Ruhetag zu erklimmen hatte. Die erste öffentliche Maßnahme, mit der die Sonntagsfeier durchgesetzt wurde, war ein von Kaiser Konstantin erlassenes Gesetz, in dem die Bevölkerung aufgefordert wurde, am „ehrwürdigen Tag der Sonne" zu ruhen. Aber diese kaiserliche Verordnung erwies sich als nicht durchschlagskräftig genug. Deshalb behauptete bald darauf Bischof Eusebius, der die Gunst der Fürsten suchte und ein Freund Konstantins war, Christus selbst habe den Sabbat auf den Sonntag verlegt. Ein biblischer Beweis konnte er dafür freilich nicht beibringen; und in seiner Begründung der Sonntagsfeier strafte er sich auch gleich selber Lügen: „Alles, was man am Sabbat zu tun verpflichtet war, haben wir auf den Tag des Herrn übertragen."[6]

Mit dem Aufkommen des Papsttums festigte sich auch die Stellung des Sonntags in der Christenheit. Eine Weile existierte der Sabbat noch neben dem Sonntag, aber das verlor sich mehr und mehr, zumal die Priesterschaft gehalten war, alle zu ermahnen oder zu bedrohen, die nicht den Sonntag heiligen wollten. Wo das nicht half, nahm man die Macht des Staates in Anspruch. Anläßlich einer in Rom abgehaltenen Synode

---

[6] Cox, Sabbath Laws and Sabbath Duties, 538; Conradi, Geschichte des Sabbats, 366

wurden alle früher getroffenen Entscheidungen nachdrücklich bestätigt. Sie wurden dem Kirchengesetz hinzugefügt und von den staatlichen Behörden fast überall in der Christenheit durchgesetzt.[7]

Trotz all dieser Bemühungen gab es noch viele Christen, die sich fragten, mit welchem Recht die Kirche die Heiligung des Sonntags erzwinge, wo doch Gott geboten hatte: „Aber am siebenten Tag ist der Sabbat des Herrn, deines Gottes. Da sollst du keine Arbeit tun ...“[8] Als religiöser und staatlicher Druck nicht schnell genug den gewünschten Erfolg brachten, verlegte sich die Kirche darauf, gefälschte Schriftstücke in Umlauf zu bringen, die die Sonntagsfeier rechtfertigen sollten. Außerdem machte man sich die Beeinflußbarkeit der abergläubischen Massen zunutze, indem man die unwahrscheinlichsten Geschichten unter die Leute brachte, wie Menschen angeblich auf übernatürliche Weise bestraft worden seien, weil sie den Sonntag nicht geheiligt hatten.[9]

Ungeachtet all dieser Bemühungen, die Heiligkeit des Sonntags zu begründen, mußte kirchlicherseits immer wieder die göttliche Autorität des Sabbats eingestanden werden. Im 16. Jahrhundert wurde von einem Konzil erklärt: „Alle Christen sollten bedenken, daß der siebte Tag von Gott geheiligt und nicht nur von den Juden angenommen und beachtet wurde, sondern auch von allen anderen, die angeblich Gott verehren, obwohl wir Christen ihren Sabbat in den Tag des Herrn umgewandelt haben.“[10] Offenbar waren diejenigen, die Gottes Gesetz verändert hatten, sich ihres Tuns durchaus bewußt.

Die lange blutige Verfolgung der Waldenser, von denen einige den Sabbat hielten, zeigt nur zu deutlich, wie Rom mit denen umging, die sich seinem geistlichen Diktat nicht beugen wollten. Der äthiopischen Kirche erging es ähnlich. (34) Jahrhundertelang hatte man die Christen in Afrika aus den Augen verloren, so daß sie unbehelligt ihrer biblischen Glaubensüberzeugung gemäß leben konnten. Als Rom von der Existenz dieser afrikanischen Kirche erfuhr, zwang man den abessinischen Kaiser, den Papst als geistliches Oberhaupt der äthiopischen Kirche anzuerkennen. Ein päpstlicher Erlaß ver-

[7] Heylyn, History of the Sabbath, 2. Teil, Kapitel 5, 7. Abschnitt
[8] 2. Mose 20 [9] Einzelheiten in Hoveden, Annals, Band II, 528–530
[10] Morer, Discourse in Six Dialogues on the Name, Notion, and Observation of the Lord's Day, 281. 282

bot schließlich unter Androhung härtester Strafen die Sabbatfeier. [11] Später wurde den Äthiopiern das römische Joch zu schwer, so daß sie es abschüttelten und sie zu ihrer ursprünglichen Glaubenspraxis zurückkehrten.

Gefahr für die Zukunft?

Solche Beispiele zeigen, daß die römische Kirche in der Wahl ihrer Mittel nie zimperlich war, wenn es darum ging, ihre Ziele zu erreichen. Das wirft natürlich die Frage auf: Wie wird es sein, wenn sie in Zukunft in Sachen Sonntagsheiligung auch noch Schützenhilfe von protestantischer Seite bekommt?

Das in Offenbarung 13 erwähnte „Lammtier" wird versuchen, weltweit die Anbetung des „Tieres", das seine Macht vom Drachen hat, durchzusetzen. Wie bereits dargestellt [12], deutet diese Weissagung auf die Bemühungen der Vereinigten Staaten von Amerika hin, den Einfluß des Papsttums zu stärken und seine Machtansprüche zu sichern. Erfüllen wird sich diese Prophezeiung, wenn das ursprünglich protestantische Amerika versuchen wird, die Sonntagsheiligung mit Gewalt durchzusetzen. Aber dann werden es durchaus nicht nur die Vereinigten Staaten sein, die dem Papsttum huldigen. Die ganze Welt wird sich wundern, wie eine Institution, die längst totgesagt worden ist und die zeitweise keine Bedeutung mehr für das Weltgeschehen zu haben schien, wieder so mächtig werden konnte. Im prophetischen Wort wird das bildhaft so angekündigt: „Und ich sah eines seiner Häupter, als wäre es tödlich verwundet, und seine tödliche Wunde wurde heil. Und die ganze Erde wunderte sich über das Tier, und sie beteten den Drachen an, weil er dem Tier die Macht gab, und beteten das Tier an und sprachen: Wer ist dem Tier gleich, und wer kann mit ihm streiten?" [13]

Durch die Jahrtausende hindurch hat sich immer wieder gezeigt, daß Rom sich überaus geschickt verhält und auf seine große Stunde warten kann. Schließlich steht der Kirche ja auch ein weltweites Heer von Gläubigen zur Verfügung, die dem Papst treu ergeben sind. Und dieses Machtpotential weiß Rom zu seinem Vorteil und zur Durchsetzung seiner Ziele zu

[11] Geddes, Church History of Ethiopia, 311. 312 [12] Siehe Kapitel 25
[13] Offenbarung 13,3.4

nutzen. Wir sollten uns nicht darüber hinwegtäuschen, daß Rom unnachgiebig an seinen bisherigen Lehren und Positionen festhalten wird. Und wenn es die Macht hätte, sie so durchzusetzen, wie das in vergangenen Jahrhunderten möglich war, dann würde es das wohl auch tun. Die protestantischen Kreise, die sich mit der römisch-katholischen Kirche zusammentun werden, um mit ihr gemeinsam die Sonntagsheiligung für alle verbindlich zu machen, ahnen wahrscheinlich nicht, worauf sie sich da in Wirklichkeit einlassen. Sollte es in den Vereinigten Staaten irgendwann möglich werden, daß die Kirche auf den Staat Einfluß nehmen und sich seiner Machtmittel bedienen kann, dann wird Roms Triumph groß sein in einem Land, das sich als Hort der Freiheit versteht.

Das prophetische Wort der Bibel warnt eindringlich vor solch einer Entwicklung. Bleiben diese Warnungen allerdings unberücksichtigt, dann werden die Protestanten eines Tages erschrocken feststellen, welche Ziele Rom wirklich verfolgt. Allerdings wird es dann zu spät sein, um noch etwas zu ändern. Roms Einfluß nimmt unaufhaltsam zu: in der Gesellschaft, in der Justiz, in Regierungskreisen und in den Herzen der Menschen. Wohin das führt, werden wir erleben, wenn das Papsttum die Zeit für gekommen hält, seine Ziele offen durchzusetzen. Wer dann zu Gott und seinem unverfälschten Wort stehen will, muß mit allem rechnen.

36 | Ein Konflikt bahnt sich an

Seit Beginn der Auseinandersetzungen im Himmel kämpft Satan gegen das Gesetz Gottes. Ob es ihm nun gelingt, das Gesetz als Ganzes in Mißkredit zu bringen oder einzelne Gebote herauszureißen, ist im Blick auf die Folgen unerheblich. Im Jakobusbrief heißt es: „Denn wenn jemand das ganze Gesetz hält und sündigt gegen ein einziges Gebot, der ist am ganzen Gesetz schuldig." [1]

Indem Satan die Ordnungen Gottes verächtlich machte und die Lehren der Bibel verfälschte, gelang es ihm, unzählige Menschen in die Irre zu führen. Auch der letzte große Kampf zwischen Wahrheit und Irrtum wird es mit dem Willen Gottes zu tun haben. Die Menschen müssen sich entscheiden, ob sie sich an Gottes Gebote oder an die von Menschen gemachten Ordnungen halten wollen. Die Bibel ist zwar heutzutage allen zugänglich, aber nur wenige benutzen sie als Wegweiser für ihr Leben. Der Unglaube hat erschreckende Ausmaße angenommen – nicht nur in der Gesellschaft, sondern auch in christlichen Kreisen. Biblische Lehren, die eigentlich zum unaufgebbaren Bestand des Christentums gehören, werden abgeschwächt, bezweifelt oder ganz über Bord geworfen: die Sechs-Tage-Schöpfung, der Sündenfall des Menschen, Jesu Tod zur Versöhnung der Menschen, die Auferstehung von den Toten, die Verbindlichkeit des Gesetzes Gottes und vieles andere mehr. Auch das Vertrauen in die Zuverlässigkeit der Heiligen Schrift ist bei vielen ins Wanken geraten. Selbst unter Christen wird es zunehmend mehr als Zeichen geistiger Unabhängigkeit gewertet, wenn man Kritik an der Bibel übt, ihre Aussagen vergeistigt oder umdeutet. Wer heutzutage noch glaubt, daß Gottes Forderungen unverändert gültig und so zu verstehen sind, wie der Herr sie in seinem Wort niedergelegt hat, wird entweder als rückständig belächelt oder als unbelehrbar abgetan.

In früherer Zeit haben sich die Menschen Ersatzgötter aus Stein, Holz oder Metall gemacht, um nicht dem „lebendigen

---

[1] Jakobus 2,10

Gott“ dienen zu müssen. Man kann aber auch falsche Lehren und Theorien zu Götzen machen. Der Gott, zu dem sich viele Philosophen, Dichter und Staatsmänner bekennen, der Gott, den man in vornehmen Kreisen verehrt und in Hochschulen und theologischen Ausbildungsstätten lehrt, ist nicht viel besser als Baal, der Fruchtbarkeitsgott der Phönizier, dem zur Zeit Elias der größte Teil Israels nachlief. Die Folgen sind in jedem Fall verheerend.

Keine Irrlehre hat in der Christenheit so zersetzend gewirkt wie die Behauptung, Gottes Wille sei nur noch bedingt maßgebend. Kein Staat kann ohne Gesetze bestehen, die für alle verbindlich sind. Kein vernünftiger Mensch würde auf den Gedanken kommen, staatliche Ordnungen, die für das Zusammenleben und den Schutz der Bürger nötig sind, als überflüssig abzutun oder gar zu bekämpfen. Das würde letztlich die Freiheit und Sicherheit jedes einzelnen gefährden. Wie kann man sich da anmaßen, Gottes Ordnungen anzugreifen oder für ungültig zu erklären? Es ist, als hätten die Menschen der Neuzeit nichts aus dem „Experiment Französische Revolution“ gelernt. Damals begann man damit, Gott, sein Wort und seinen Willen in den Schmutz zu ziehen und verächtlich zu machen. Aber was man erreichte, waren nicht Freiheit, Gleichheit und Brüderlichkeit, sondern Chaos, Mord und Totschlag in ganz Europa. Und das alles war nur ein Anfang.

Wo Gottes Weisungen verworfen werden, hört die Sünde auf, sündhaft zu sein; und die Gerechtigkeit erscheint nicht mehr erstrebenswert. Wer sich weigert, Gott zu gehorchen, ist auch nicht in der Lage, sich selbst zu regieren. Die Folgen sind immer dieselben: Unfreiheit, Ungerechtigkeit, Zügellosigkeit und Selbstzerstörung.

Gottes Gebote aufheben?

Wer die Menschen lehrt, Gottes Gebote auf die leichte Schulter zu nehmen, sät Ungehorsam und wird Ungehorsam ernten. Wer sich durch Gottes Ordnungen eingeschränkt fühlt, wird sich auch bald nicht mehr an menschliche Ordnungen halten wollen. Weil Gott unlauteres Verhalten, Habgier, Lüge und Betrug untersagt, sind manche Leute schnell dabei, seine Forderungen als Hindernis für ihr persönliches Glück abzutun. Doch die Folgen, die sich daraus für die Allgemeinheit – schließlich auch für sie selbst! – ergeben, möchten sie natürlich nicht auf sich nehmen. Wären Gottes Gebote nicht für alle verbindlich, gäbe es keine Sicherheit mehr auf Erden. Unser Eigentum wäre ständig in Gefahr, denn die Stärksten würden sich nehmen, was ihnen gefällt; es gäbe keine Ehrfurcht vor dem Leben mehr; die Ehe würde nicht mehr als Schutz der Familie gesehen; Kinder würden nicht mehr davor zurückschrecken, ihren Eltern zu schaden, wenn sie sich davon Vorteile versprächen. Kurz: Die gesamte zivilisierte Welt würde sich in eine Horde von Räubern und Mördern verwandeln. Friede, Gerechtigkeit und Glück würden für immer von der Erde verbannt sein.

Stecken wir nicht genaugenommen schon mitten in dieser Entwicklung drin? Sind nicht die Schleusen der Ungerechtigkeit und Bosheit längst geöffnet und überschwemmen die Welt mit Zügellosigkeit, Verschwendung und Verdorbenheit? Überall begegnet man den Feldzeichen Satans. Die Menschen – und beileibe nicht nur Ungläubige – begegnen sich mit Argwohn, Neid und Heuchelei. Wohin man schaut: Entfremdung, Zwietracht, Streit, Vertrauensbruch und die Sucht nach Triebbefriedigung. Verbrecher rückt man ins Licht der Öffentlichkeit, indem ihre Untaten medienwirksam ausgeschlachtet werden. Lasterhafte Verhaltensweisen werden entschuldigt oder als normal hingestellt; recht haben und recht bekommen ist zweierlei; Korruption, Betrug und Gewalt sind in allen Schichten der Gesellschaft und des Staates an der Tagesordnung. Es ist, als erfülle sich das uralte Wort des Propheten Jesaja vor unseren Augen: „Von Recht und Gerechtigkeit ist nichts mehr zu finden. Ehrlichkeit und Redlichkeit sind auf dem Marktplatz nicht mehr gefragt. Zuverlässigkeit gibt es nicht mehr. Wer sich vom Unrecht fernhält, dem spielen die anderen übel mit.“ [2]

Wo liegen die Ursachen?

Wie bereits früher dargelegt [3], hatte der Kampf der römischen Kirche gegen die Verbreitung der Bibel dazu geführt, daß die Menschen immer weniger über das wußten, was Gott von ihnen erwartete. Die Folge davon waren ein unerhörter religiöser Niedergang und ein fataler Verfall der Sitten, die das bittere Wort vom „finsteren Mittelalter“ aufkommen ließen.

---

[2] Jesaja 59,14.15 Die Gute Nachricht [3] Siehe Kapitel 15

Das legt den Schluß nahe, daß die schrecklichen Zustände, mit denen wir es zu tun haben und die sich in der Zukunft noch verschlimmern werden, ähnliche Ursachen haben. Da es Satan heute nicht mehr möglich ist, den Menschen die Bibel vorzuenthalten, bedient er sich anderer Mittel, um dasselbe Ziel zu erreichen. Er untergräbt die Glaubwürdigkeit des Wortes Gottes und stellt Gottes Gebote als nicht mehr verbindlich oder als unzeitgemäß hin. Ob die Menschen Gottes Willen aus Unkenntnis oder aus Leichtfertigkeit übertreten, ist im Blick auf die Folgen unerheblich. Und das Schlimme daran ist, daß Satan sich dabei wie in früheren Zeiten der Kirchen bedient. Wie häufig kommt es gerade in den religiösen Gemeinschaften vor, daß die Wahrheit nicht gehört wird, wenn sie unbequem wird oder der Kirchentradition widerspricht. Viele akzeptieren lieber menschliche Auslegungen oder gar heidnische Anschauungen, als daß sie die biblische Wahrheit annehmen. An die Folgen denken sie dabei nicht. Christen, die an der falschen Lehre von der Unsterblichkeit der Seele und dem Weiterleben des Menschen nach dem Tode festhalten, geben damit den einzigen Schutz vor dem Betrug des Spiritismus auf.

Wenn jemand erkennt, daß das vierte Gebot eigentlich zur Heiligung des Sabbattages auffordert, dann sind die meisten Theologen schnell mit der Erklärung bei der Hand, daß der Sabbat eine alttestamentliche Einrichtung und für Christen nicht mehr verbindlich sei. Aber solche und andere Argumentationen sind nicht wirklich biblisch begründet, sondern erwecken eher den Eindruck, daß man sich einer Pflicht entziehen möchte, die man nicht erfüllen will. Erkennen die Verfechter solcher Ideen wirklich nicht, wie gefährlich es ist, einer Forderung Gottes dadurch ausweichen zu wollen, daß man das Gebot den Gegebenheiten anpaßt oder es am liebsten gleich ganz streicht? Wahrscheinlich ahnen sie nicht einmal, welche Verantwortung sie damit auf sich laden.

Wenn sie daraufhin angesprochen werden, drehen viele sogar den Spieß um, indem sie behaupten, die moralische Verderbnis hinge damit zusammen, daß der sogenannte „christliche Sabbat" nicht mehr geheiligt wird. Deshalb propagieren sie eine strenge Durchsetzung der Sonntagsfeier. Daß, so wird vor allem in Amerika argumentiert, würde das moralische Niveau der Gesellschaft wieder erhöhen; nicht aber eine Rückkehr zur jüdischen Sabbatfeier. Es ist eine bewährte Taktik Satans, der Irrlehre gerade so viel Wahrheit beizumischen, daß sie noch glaubhaft wirkt. So vertreten beispielsweise die führenden Köpfe der Sonntagsbewegung in Amerika eine Reihe von Grundsätzen, die durchaus mit der Bibel übereinstimmen; aber selbst darin ist ein Zusammengehen mit ihnen nicht möglich, weil sie an entscheidender Stelle dem Willen Gottes widerstreben.

Durch zwei große Irrlehren werden die Menschen unserer Zeit getäuscht: durch die Lehre von der Unsterblichkeit der Seele und durch die Sonntagsheiligung. Im Gefolge der Unsterblichkeitsidee dringt der Spiritismus unaufhaltsam in die Christenheit ein. Die Sorge um die Heiligkeit des Sonntags wird Evangelische und Katholiken zu einer Interessengemeinschaft zusammenführen. Die Protestanten der USA werden die ersten sein, die dem Spiritismus und dem Papsttum gleichermaßen die Hand reichen. Und unter dem Einfluß dieser Dreierverbindung – Protestantismus, Spiritismus, Katholizismus – wird die gesamte christliche Welt Roms Spuren folgen. Herauskommen werden dabei: Gewissenszwang und Verfolgung.

Perfekte Täuschung

Je mehr sich der Spiritismus dem heutigen Namenschristentum anzupassen versteht, desto leichter kann er die Leute täuschen. Wieder einmal wird deutlich werden, wie anpassungsfähig Satan ist. Er, der Fürst der Finsternis, wird als Engel des Lichts erscheinen. Er wird dafür sorgen, daß Wunder geschehen, Kranke geheilt und die Leute mit übersinnlichen Erfahrungen geködert werden. Menschen, die in Wundertaten stets und überall die Hand Gottes sehen, werden leicht zu täuschen sein – vor allem dann, wenn die dämonischen Geister, die hinter solchen Wundern stecken, ihren Glauben an die Bibel und die Kirche beteuern. Die Mehrheit der Christen und viele Nichtchristen werden von dem allen so beeindruckt sein, daß sie meinen, nun sei es endlich soweit, daß die Welt bekehrt und die erwartete tausendjährige Herrschaft Christi auf Erden anbrechen wird.

Durch seine spiritistischen Machenschaften und durch Scheinwunder stellt sich Satan als Wohltäter und Heiland der Welt dar. Auf diese Weise geblendet, werden die meisten Menschen glauben, nun endlich die wahre Religion gefunden zu haben. Aber das, was auf den ersten Blick als Wohltat für die

Menschen erscheint, entpuppt sich bei näherem Hinschauen als überaus zerstörerisch für Leib, Seele und Geist. Es bewirkt nicht Frieden und Heil, sondern Unfreiheit, Zügellosigkeit, Streit und Blutvergießen. Wir brauchen nur zurückzuschauen auf die Welt- und Kirchengeschichte, um zu erkennen, daß Satan nichts lieber ist als Streit und Krieg in jeder Form. Krieg macht die Menschen brutal und treibt dem Tod die Beute hunderttausendfach in die Arme. Deshalb läßt der Teufel nichts unversucht, um Menschen und Völker unentwegt gegeneinander aufzuhetzen und von der Wiederkunft Jesu abzulenken.

Dem allen hat Gott durch die Jahrtausende hindurch immer wieder Grenzen gesetzt und Einhalt geboten. Aber eines Tages wird er seine Hand von denen zurückziehen, die seinen Willen mißachten und andere dazu verleiten, es ihnen gleichzutun. Dann werden diese Menschen ganz der Willkür Satans ausgesetzt sein; und er wird seine Macht nutzen. Das wird eine Zeit sein, in der ungeahnte Schrecknisse über die Menschheit hereinbrechen: Wirbelstürme, Überschwemmungen, Erdbeben, Klimaveränderungen, Vergiftung der Umwelt, verheerende Seuchen und vieles andere.

Für diejenigen, die Gott vertrauen, wird das alles nicht unvorbereitet kommen, denn sie wissen: „Die Erde verdorrt und zerfällt, die Welt vergeht und zerfällt, und mit der Erde vergeht auch der Himmel. Die Menschen haben die Erde entweiht, sie haben Gottes Gebote übertreten, sein Gesetz mißachtet und den Bund gebrochen, den er für immer mit ihnen geschlossen hatte." [4]

In jener Zeit wird es sein wie immer, wenn Katastrophen oder Unglück über die Welt kommen: Man wird nach Sündenböcken suchen, und die werden schnell gefunden sein. Wer anders als diejenigen, die sich an Gottes Ordnungen halten, könnte an all den Schrecknissen schuld sein? Man wird ihnen vorwerfen, daß ihre Mißachtung des Sonntags Gott beleidigt und das Elend herbeigeführt habe, das nicht aufhören werde, bis die Heiligung des kirchlichen Ruhetages streng durchgesetzt ist.

Die wunderwirkende Macht, die sich im Spiritismus zeigt, wird sich gegen alle richten, die Gott mehr gehorchen als den Menschen. Geister werden in ihren Botschaften erklären, daß

---

[4] Jesaja 24,4.5 Die Gute Nachricht

Gott sie gesandt habe, um die Verächter des Sonntags von ihrem Irrtum zu überzeugen und zu bestätigen, daß die staatlichen Sonntagsgesetze mit Gottes Willen übereinstimmen. Sie werden den Unglauben in der Welt beklagen und die Aussagen kirchlicher Repräsentanten unterstützen, daß am moralischen Niedergang der Menschheit vor allem die Entheiligung des Sonntags schuld sei. Um sich derer zu entledigen, die an Gottes Geboten festhalten, wird Satan sie als Störenfriede und Unheilbringer hinstellen und in aller Welt verhaßt machen. Wer den biblischen Sabbat ehrt, wird als Feind des Gesetzes und der öffentlichen Ordnung verschrien werden. Gewissensbedenken werden als Starrsinn, Opposition oder Mißachtung der Obrigkeit angesehen werden. Und die Reaktionen werden dementsprechend ausfallen. Kirchliche und staatliche Gremien werden zusammenwirken, wenn es darum geht, alle Menschen zur Anerkennung des Sonntags zu bewegen – wenn nötig mit Gewalt. Selbst im sogenannten freien Amerika wird die Gewissensfreiheit, die unter so großen Opfern errungen wurde, nicht mehr viel gelten, wenn es darum geht, die Sonntagsheiligung durchzudrücken. In der bevorstehenden Auseinandersetzung werden die Worte des Propheten erfüllt: „Und der Drache ward zornig über das Weib und ging hin, zu streiten wider die übrigen von ihrem Geschlecht, die da Gottes Gebote halten und haben das Zeugnis Jesu.“ [5]

[5] Offenbarung 12,17

37 „Ich verlasse mich auf dein Wort!"

Gegen Irrlehren und den betrügerischen Einfluß dämonischer Mächte gibt es nur einen wirksamen Schutz: Gottes Wort. Deshalb ist Satan nichts wichtiger, als die Menschen daran zu hindern, sich mit der Heiligen Schrift zu befassen. Bald werden seine Täuschungsversuche ihren Höhepunkt erreichen. Wenn der Antichrist seine erstaunlichen Wundertaten vollbringt, werden sie so echt aussehen, als kämen sie direkt von Gott. Das Dämonische wird vom Göttlichen nur anhand der Heiligen Schrift zu unterscheiden sein. Darum ist es unerläßlich, jede religiöse Aussage und jedes Wunder am Zeugnis der Schrift zu prüfen. Nichts darf ungeprüft hingenommen werden.

Wer in dieser Zeit sein Leben am Willen Gottes orientiert, wird den Leuten ein Dorn im Auge sein, und er muß mit Spott oder Feindschaft rechnen. Diesem Druck wird nur derjenige standhalten können, der wirklich mit Gott verbunden ist. Das ist freilich nur möglich, wenn der Mensch sich um eine richtige Vorstellung vom Wesen Gottes bemüht und nach dem Willen des Herrn fragt. In der letzten großen Auseinandersetzung heißt es für jeden: Will ich Gott gehorchen oder Menschen?

Obwohl Jesus seine Jünger mehrfach darauf hingewiesen hatte, daß er sterben und wieder auferstehen würde, waren sie innerlich nicht auf seinen Tod vorbereitet. Sie hatten zwar gehört, was Jesus sagte, aber es war nicht wirklich in ihr Bewußtsein gedrungen, weil sie ganz andere Vorstellungen von der Sendung Christi hatten. Mit den prophetischen Voraussagen für die Zukunft geht es heute vielen Christen ähnlich. Obwohl Gottes Wort eindeutige Hinweise bezüglich der bevorstehenden Trübsal und des Endes der Gnadenzeit gibt, verhalten sich viele so, als stünde davon überhaupt nichts in der Bibel. Satan kann es nur recht sein, wenn selbst gläubige Menschen unvorbereitet von den kommenden Ereignissen überrascht werden.

Wenn Gott Warnungsbotschaften sendet, dann will er nicht drohen, sondern zurechthelfen. Die Ankündigung des Strafgerichtes über die Anbeter des Tieres[1] soll den Menschen nicht Angst einjagen, sondern sie bewegen, danach zu fragen, was mit dem Malzeichen des Tieres gemeint sein könnte und wie falsche Anbetung zu vermeiden ist. Aber die Masse der Menschen möchte in Ruhe gelassen werden, weil sich Gottes Forderungen nicht mit ihren selbstsüchtigen Plänen und Erwartungen decken. Satan hat da weit mehr Erfolg, denn er verspricht den Leuten immer das, wonach sie verlangen.

Aber trotz alledem wird Gott in der letzten Zeit Menschen haben, für die in Sachen Glaube und Lebensführung allein die Heilige Schrift maßgebend ist. Sie werden sich nicht davon abhängig machen, was Fachleute sagen, was kirchliche Gremien für verbindlich erklären oder was die Masse glaubt. Sie stimmen einer Glaubensaussage erst dann zu, wenn es dafür ein eindeutiges „So spricht der Herr" gibt. Satan wird das nicht gefallen, denn er ist immer darauf aus, daß die Menschen sich von Kirchenführern, Theologen oder anderen Autoritäten abhängig machen. Nichts ist ihm so zuwider, als wenn jemand Gottes Wort selbst zur Hand nimmt.

So war es schon zur Zeit Jesu. Das einfache Volk war beeindruckt von Jesu Predigten und von seiner Lehre. Die Mehrheit der geistlichen Führer Israels lehnte ihn jedoch ab, obwohl es unübersehbare Beweise dafür gab, daß er der Gottgesandte war. Diese ablehnende Haltung veranlaßte damals viele zu der Frage: Wie kommt es, daß unsere Geistlichkeit nicht an diesen Jesus von Nazareth glaubt? Kann er dann überhaupt der Messias sein? Das blieb nicht ohne Folgen. Der Evangelist Johannes schrieb später: „Er kam in sein Eigentum; und die Seinen nahmen ihn nicht auf."[2]

Herrschaft über die Gewissen

Jesus wußte, welch unheilvolle Folgen es hat, wenn Menschen sich anmaßen, die Gewissen anderer zu beherrschen. Deshalb warnte er auch im Blick auf die neutestamentliche Gemeinde immer wieder vor dieser Gefahr. Leider mit wenig Erfolg, wie die Kirchengeschichte zeigt. Schon sehr früh gestand die römische Kirche nur dem Klerus das Recht zu, die Heilige Schrift auszulegen. Damit wurde dem einfachen Volk der direkte Zugang zum Wort Gottes versperrt. Theoretisch

---

[1] Offenbarung 14,9–11 [2] Johannes 1,11

gilt dieser Grundsatz für die protestantische Christenheit nicht, aber in der Praxis ist es häufig so, daß viele Gläubige sich scheuen, eine Erkenntnis anzunehmen, die im Widerspruch zu den Glaubenslehren der Kirche steht – mag sie auch unzweifelhaft biblisch begründet sein. Trotz der Warnungen der Bibel vor falschen Lehrern sind die meisten eher bereit, ihr Seelenheil in die Hände von Geistlichen zu legen, als selbst in der Bibel danach zu forschen, was zu ihrem Heil dient. Das ist insofern höchst fragwürdig, weil kein Mensch unfehlbar ist – selbst Geistliche nicht, welche Stellung sie auch bekleiden mögen. Wie könnten wir uns da ihrer Führung anvertrauen, solange wir aus Gottes Wort nicht die Gewißheit haben, daß diese Lehrer wirklich Träger des göttlichen Lichtes sind? Leider fehlt vielen Gläubigen der Mut, um der Wahrheit willen aus den Traditionen ihrer Kirche auszubrechen, wenn Gottes Wort oder der Heilige Geist ihnen neue Erkenntnisse vermitteln. Obwohl sie erkannt haben, was richtig und was falsch ist, wagen sie es nicht, anders zu denken als ihre geistlichen Führer.

Satan versucht immer wieder, Menschen dadurch von der Wahrheit abzuhalten, daß sie sich von anderen beeinflussen lassen. Besonders deutlich wird das, wenn Gläubige so enge Beziehungen mit Ungläubigen pflegen, daß ihr Glaube darunter leidet. Manche behaupten, es sei nicht so wichtig, was ein Mensch glaubt, es käme mehr darauf an, daß sein Leben in Ordnung ist. Wer so argumentiert, vergißt, daß es gerade der Glaube ist, der das Leben des Menschen prägt und bestimmt. Wenn Gott uns die Wahrheit anbietet, wir sie aber aus Eigennutz oder Rücksichtnahme auf andere beiseite schieben, ziehen wir ganz bewußt die Finsternis dem Licht vor. Selbst Unwissenheit ist keine Entschuldigung für Irrtum oder Sünde, wenn man die Gelegenheit hatte, Gottes Willen zu erkennen.

„Eins aber ist not ...“

Wer an einer Weggabelung die falsche Richtung einschlägt, weil er die Hinweise des Wegweisers nicht beachtet, wird das Ziel nicht erreichen, wie sehr er sich das auch wünscht und wie rüstig er auch ausschreitet. Aktivität und guter Wille führen im Christenleben nicht zum Ziel, wenn man nicht immer wieder nach Gottes Willen fragt und sich von ihm die Richtung weisen läßt. Es genügt einfach nicht, das zu glauben, was die Fachleute in Sachen Religion für richtig halten. Gott hat uns mit der Bibel eine „Wanderkarte" für den Glaubensweg in die Hand gegeben, die uns den Weg zum Reich Gottes zeigt. Wir müssen sie nur benutzen. Wer das versäumt, weil er sich auf die Hinweise von Menschen verläßt, handelt töricht und unverantwortlich. Es steht einfach zuviel auf dem Spiel: unsere Seligkeit!

Gott erwartet von seinen Kindern, daß sie in der Heiligen Schrift nach der Wahrheit forschen, den Weg des Glaubens gehen und andere zum Mitgehen einladen. Das ist ohne den täglichen Umgang mit Gottes Wort nicht möglich. Wir haben uns mit Gottes Hilfe eine eigene Meinung zu bilden, denn am Ende müssen wir auch für uns selbst vor Gott Rechenschaft ablegen.

Heutzutage verbreiten manche Theologen die These, der einfache Kirchenchrist könne die Aussagen der Bibel ohne die Hilfe von Fachleuten gar nicht verstehen, da sich hinter den Worten der Heiligen Schrift oft ein mystischer, geheimnisvoller Sinn verberge. Auf solche Leute trifft Jesu Wort zu: „Ihr irret darum, daß ihr die Schrift nicht kennt noch die Kraft Gottes." [3] In der Regel wird im Wortlaut der biblischen Texte genau das ausgedrückt, was gemeint ist; es sei denn, daß Sachverhalte symbolisch oder in bildhafter Rede dargestellt werden. Wenn die Menschen die Heilige Schrift so annähmen, wie sie ihnen vorliegt, gäbe es sehr viel weniger falsche Lehren zu beklagen. Im übrigen hängt das Verständnis des Wortes Gottes nicht in erster Linie von der Intelligenz des Bibellesers ab, sondern von der Bereitschaft, die Wahrheit zu erkennen und im persönlichen Leben anzuwenden. Die Tatsache, daß viele Christen kein besseres Verständnis des Wortes Gottes haben, liegt darin begründet, daß sie ihre Augen bewußt oder unbewußt vor einer Wahrheit verschließen, die sie nicht ausleben wollen.

Gebet und Bibelstudium

Nie sollten wir ohne Gebet an die Bibel herangehen, denn nur Gottes Geist kann das Verständnis für das Wort Gottes öffnen. Bei Texten, die leicht verständlich sind, hilft er uns, nicht am Vordergründigen hängenzubleiben; bei schwer ver-

[3] Markus 12,24

ständlichen Aussagen bewahrt er uns davor, sie falsch zu verstehen oder zu verdrehen. Wenn wir Gottes Wort zur Hand nehmen, sollten wir mit dem Psalmdichter beten: „Öffne mir die Augen, daß ich sehe die Wunder an deinem Gesetz.“ [4]

Den satanischen Versuchungen können wir nur mit der „Waffe des Wortes Gottes“ entgegentreten. Diese Waffe haben wir allerdings nur so lange zur Hand, wie wir durch Gebet und Bibelstudium mit unserem Herrn verbunden sind. Jesus hat einmal gesagt: „Aber der Tröster, der heilige Geist, welchen mein Vater senden wird in meinem Namen, der wird euch alles lehren und euch erinnern alles des, was ich euch gesagt habe.“ [5] „Lehren“ heißt in diesem Zusammenhang, daß er uns die Bedeutung der biblischen Aussagen erkennen läßt und die Wahrheit erschließt. „Erinnern“ heißt: Christi Worte müssen uns bekannt sein, damit Gottes Geist sie uns in Zeiten der Anfechtung ins Gedächtnis zurückrufen kann.

Wir leben in einem bedeutenden Abschnitt der Weltgeschichte. Bald wird das Schicksal aller Menschen entschieden sein. Deshalb muß jeder von uns fragen: Herr, was willst du, daß ich tun soll? Viele täuschen sich über ihre wahre Lage. Sie sind damit zufrieden, daß sie mit einer Reihe von Sünden fertig geworden sind, vergessen dabei aber, daß der Mensch nicht nur Schuld auf sich lädt, indem er Böses tut, sondern auch dadurch, daß er das Gute unterläßt. Im Bilde gesprochen: Es reicht nicht aus, nur ein Baum im Garten Gottes zu sein; Gott erwartet auch Frucht. Wenn unser Leben keine Glaubensfrucht bringt, könnte es einst heißen: „Siehe, ich bin ... gekommen und habe Frucht gesucht an diesem Feigenbaum, und finde keine. So hau ihn ab! Was nimmt er dem Boden die Kraft?“ Aus dem Zusammenhang gerissen könnte dieses Wort uns Angst machen, aber das ist nicht Gottes Absicht. Er möchte uns aufrütteln, damit wir nicht an unserer eigentlichen Bestimmung vorbeigehen. Wie barmherzig Jesus in Wirklichkeit ist, geht aus dem letzten Satz des Gleichnisses vom Feigenbaum hervor: „Er aber antwortete und sprach: Herr, laß ihn noch dies Jahr, bis ich um ihn grabe und ihn dünge; vielleicht bringt er doch noch Frucht; wenn aber nicht, so hau ihn ab.“ [6]

Ob einer wirklich zu Gott gehört, zeigt sich in schwierigen Zeiten. Um noch einmal ein Bild zu verwenden: Im Sommer

---

[4] Psalm 119,18 [5] Johannes 14,26 [6] Lukas 13,7.8

sind alle Bäume grün. Welche Bäume ihre Blätter verlieren und welche grün bleiben, zeigt sich erst zur Zeit der Herbststürme und im Winter. Mit dem Christsein ist es ähnlich. In Zeiten des Friedens und der Sicherheit ist es mitunter kaum möglich, echte Christen von Scheinchristen zu unterscheiden. Aber wenn sich Widerstand erhebt und der Sturm der Unduldsamkeit oder des Unglaubens über die Gemeinde fegt, dann werden die Halbherzigen und die Heuchler sehr schnell ihre „Blätter verlieren“ oder gar entwurzelt werden. Von den wirklichen Nachfolgern Jesu heißt es dagegen: „Der ist wie ein Baum, am Wasser gepflanzt, der seine Wurzeln zum Bach hin streckt. Denn obgleich die Hitze kommt, fürchtet er sich doch nicht, sondern bringt ohne Aufhören Früchte.“[7]

[7] Jeremia 17,8

38 | Gott warnt zum letzten Mal

„Danach sah ich einen andern Engel herniederfahren vom Himmel, der hatte große Macht, und die Erde wurde erleuchtet von seinem Glanz. Und er rief mit mächtiger Stimme: Sie ist gefallen, Babylon, die Große, und ist eine Behausung der Teufel geworden und ein Gefängnis aller unreinen Geister und ein Gefängnis aller unreinen Vögel ... Und ich hörte eine andere Stimme vom Himmel, die sprach: Geht hinaus aus ihr, mein Volk, daß ihr nicht teilhabt an ihren Sünden und nichts empfangt von ihren Plagen!“ [1]

Diese Schriftstelle weist in die Zukunft und ergänzt die Botschaft des zweiten Engels, die bereits zuvor den Fall Babylons angekündigte hatte. [2] Seit im Sommer 1844 zum ersten Mal der bevorstehende Fall des geistlichen Babylons gepredigt wurde, scheint die Verderbnis noch zugenommen zu haben. Die religiöse Welt befindet sich zu dieser Zeit in einem erbarmungswürdigen Zustand. Gottes Wille wird geringgeachtet. Sein Wort wird immer mehr abgewertet. Spiritistische Lehren sind in vielen Kirchen im Vormarsch. Für viele ist Religion nur noch Formsache oder ein Mittel, den äußeren Schein zu wahren. Wohin man schaut, wird in dieser Zeit der Einfluß dämonischer Mächte spürbar – nicht zuletzt in Kirchen und religiösen Gruppierungen.

Offensichtlich ist das Maß an Schuld für das endzeitliche Babylon voll und die Bestrafung längst überfällig. Aber da gibt es etwas, was Gott aufhält, konsequent und hart durchzugreifen: In Babylon leben noch Menschen, die gerettet werden können und sollen. Der Herr möchte nicht, daß diese Getreuen in sein Strafgericht über die „babylonische Christenheit“ hineingeraten. Deshalb läßt er eine letzte Warnung ergehen. Dargestellt wird diese Rettungsaktion in bildhafter Weise: Ein Engel kommt vom Himmel herab, erleuchtet die Erde mit überirdischer Herrlichkeit und ruft alle, die es mit Gott ernst meinen, auf, sich von Babylon zu trennen. Wie bei den drei Engelsbotschaften aus Offenbarung 14 ist auch hier an eine re-

---

[1] Offenbarung 18,1.2.4 [2] Offenbarung 14,8

ligiöse Bewegung zu denken, die den Menschen Gottes letzte Warnungsbotschaft bringt.

Das alles wird in einer Zeit geschehen, in der sich der Kampf zwischen Satan und Christus gefährlich zuspitzt. Auf der einen Seite werden die religiösen Mächte, die in der Offenbarung unter dem Symbol „Babylon" dargestellt sind, alles versuchen, die Menschen unter ihre Kontrolle zu bringen und sie zur bedingungslosen Anerkennung der kirchlichen Ordnungen, vor allem der Heiligung des Sonntags, zu zwingen. Gott dagegen fordert von den Menschen, daß sie seine Gebote – einschließlich der Heiligung des biblischen Ruhetages – halten; und er warnt alle, die sein Gesetz mißachten, vor seinem richtenden Zorn.

Wenn für jeden erkennbar geworden ist, was hier auf dem Spiel steht, werden alle, die wider besseres Wissen den Menschen mehr gehorchen als Gott, das Malzeichen des Tieres empfangen. Das wird für sie schlimme Folgen haben: „Wenn jemand das Tier anbetet und sein Bild und nimmt das Zeichen an seine Stirn oder an seine Hand, der wird von dem Wein des Zornes Gottes trinken, der unvermischt eingeschenkt ist in den Kelch seines Zorns."[3]

Der Prüfstein der Treue

Nach Lage der Dinge wird sich vor allem am Verhalten zum Sabbatgebot zeigen, ob jemand Gott gehorchen will oder nicht. Das Heilighalten des Sonntags entgegen der Weisung des vierten Gebotes kann nicht nur als Loyalität gegenüber bürgerlichen Gesetzen gesehen werden, sondern hat auch eine religiöse Dimension und ist letztlich ein Bekenntnis zu einer Macht, die Gott feindlich gegenübersteht. Dementsprechend ist das Halten des biblischen Sabbats im Gehorsam gegenüber Gottes Gesetz ein Beweis der Treue zum Schöpfer. Während die einen als Folge ihrer Ergebenheit gegenüber irdischen Mächten das Mahlzeichen des Tieres annehmen, werden die anderen das Siegel Gottes empfangen, als Zeichen dafür, daß sie sich für die Treue zu Gott entschieden haben.

Früher sah man die Verkündiger der dritten Engelsbotschaft oft als Unheilspropheten an. Als sie beispielsweise voraussagten, daß es in den USA zu religiöser Unduldsamkeit kommen

---

[3] Offenbarung 14, 9.10

und Kirche und Staat gemeinsam gegen die vorgehen würden, die sich an Gottes Gebote halten, erklärte man sie für verrückt oder stempelte sie als religiöse Wirrköpfe ab. Kaum jemand wollte glauben, daß die Vereinigten Staaten von Amerika jemals vom Prinzip der religiösen Freiheit abrücken würden. Nachdem allerdings die Diskussion über staatliche Gesetze, die die Sonntagsheiligung vorschreiben sollen, in Gang gekommen ist, sind sich einige ihrer Sache nicht mehr so sicher. Das wird dazu beitragen, daß viele Menschen der dritten Engelsbotschaft mehr Aufmerksamkeit schenken werden, als das sonst der Fall wäre – daß sie ihre Ohren vor der Botschaft Gottes nicht mehr verschließen.

Wie Gott zu jeder Zeit Menschen hatte, denen er seine Botschaften für die Welt anvertrauen konnte, so wird das auch in der letzten Zeit sein. Dabei wird es nicht darauf ankommen, wie begabt oder gelehrt jemand ist, sondern ob er sich ganz Gott zur Verfügung stellt. Gott braucht in dieser Zeit Menschen, die Babylons Sünden beim Namen nennen und die Leute wachrütteln. Dann wird es vielen wie Schuppen von den Augen fallen, und sie werden erkennen, wie weit ihre Kirche von der biblischen Wahrheit abgewichen ist. Sie werden ihren Geistlichen unbequeme Fragen stellen und sich nicht mit oberflächlichen Antworten zufriedengeben. Viele wollen dann nicht mehr hören, was menschliche Autoritäten sagen, sondern sie verlangen nach einem „So spricht der Herr". Derart in die Enge getrieben, werden die religiösen Führer ähnlich reagieren wie damals die Pharisäer und behaupten, die Botschaft der drei Engel sei eine Irrlehre. Und weil Menschen, die allein die Autorität des Wortes Gottes anerkennen, schon immer gefährlich gewesen sind, wird man nach Mitteln und Wegen suchen, sie mundtot zu machen. Wenn nötig, wird man sich dazu der Machtmittel des Staates bedienen. Was das bedeutet, wird sich besonders dann zeigen, wenn es um die Frage geht: Sabbat oder Sonntag? Denen, die am biblischen Sabbat festhalten, wird man einerseits mit strengen Strafen drohen, andererseits wird man ihnen verlockende Versprechungen machen, wenn sie ihre Überzeugung aufgeben. Die Antwort der Getreuen wird dann lauten: Beweist uns unseren Irrtum aus dem Wort Gottes. Und wenn diese Menschen vor Gericht gestellt werden, wird ihr Glaubenszeugnis dazu beitragen, daß sich mancher Zuhörer entschließt, sein Leben auch nach Gottes Willen zu führen. Auf diese Weise werden Tausende von

Menschen, die sonst nichts von der Wahrheit gehört hätten, mit ihr bekannt werden.

Aufs Ganze gesehen, wird das eine Zeit der Entscheidung sein. Eltern werden ihre Kinder verstoßen, weil sie deren an der Bibel orientierten Glauben als Auflehnung empfinden; Arbeitgeber werden ihre Angestellten unter Druck setzen; Eheleute werden sich entzweien und Familien auseinanderbrechen, weil sich die einen der biblischen Wahrheit verpflichtet fühlen, die anderen aber an kirchlichen Überlieferungen festhalten. Viele Gläubige werden dann erfahren müssen, wie wahr die Worte des Apostels Paulus sind: „Jeder, der in der Verbindung mit Jesus Christus ein Leben führen will, das Gott gefällt, muß Verfolgungen erleiden.“[4]

Viele mögen es für unmöglich, zumindest aber für unwahrscheinlich halten, daß in unserer Zeit Christen von Christen verfolgt werden, aber das ist es ganz und gar nicht. Es gibt in der Kirchengeschichte genügend Beweise dafür, wozu „fromme“ Menschen fähig sind, wenn Gottes Geist sich von ihnen zurückzieht und ihr Handeln nicht mehr vom Respekt vor der Gewissensentscheidung anderer bestimmt wird.

Der Sturm zieht auf

Wenn die Zeit der Prüfung kommt, werden viele vom biblischen Glauben abfallen, weil ihnen die Wahrheit weniger wert ist als die eigene Sicherheit. Manche von ihnen werden ihre Gaben und Fähigkeiten sogar den Gegnern des Evangeliums zur Verfügung stellen und zu den ärgsten Feinden derer werden, die es mit der Nachfolge Jesu und dem Gehorsam ernst meinen. In dieser Zeit der Verfolgung wird der Glaube der Diener Gottes auf eine harte Probe gestellt werden. Dennoch werden die meisten ihrer Überzeugung treu bleiben. Weil der Heilige Geist sie bewegt, werden sie Gottes Warnungsbotschaft weitergeben, ohne danach zu fragen, welche Folgen das für sie haben könnte. Das heißt nicht, daß sie frei sind von Ängsten und Zweifeln oder von dem Gefühl des Ausgeliefertseins. Aber ihre Ohnmacht wird sie nur um so mehr in die Nähe Gottes treiben, von dem sie Hilfe und die Kraft zum Durchhalten erbitten – und empfangen! Sie werden ähnliche Erfahrungen machen wie die Glaubenszeugen vergangener

---

[4] 2. Timotheus 3,12 Die Gute Nachricht

Jahrhunderte, die ihrer biblisch begründeten Überzeugung treu bleiben wollten.

Gott hat zu allen Zeiten Menschen gehabt, denen er die Botschaften anvertrauen konnte, die für die jeweilige Epoche nötig waren. Aber da das, was Gott zu sagen hatte, der Christenheit meist nicht willkommen war, stießen diese Gottesboten immer auf heftigen Widerstand. Das ist nichts Neues, denn die Wahrheit hatte es seit jeher schwer sich durchzusetzen. Und wer sie verkündigt, darf nicht mit dem Dank und dem Wohlwollen der Menschen rechnen.

Je heftiger der Widerstand wird, desto mehr werden die Gläubigen in die Gefahr geraten, den Mut zu verlieren und sich zu fragen, ob sie die Auseinandersetzungen durch ihre Glaubenshaltung vielleicht selber hervorgerufen haben. Aber dann werden ihnen Gottes Wort und ihr Gewissen das Bewußtsein stärken, daß sie richtig gehandelt haben. In jener Zeit wird Gott selbst dafür sorgen, daß seine Kinder die Glaubenskraft erhalten, die sie brauchen, um den Kampf siegreich zu bestehen. Die Überzeugung, daß Christus der Herr ist, der den Sieg über die Welt bereits errungen hat, wird den Gläubigen immer wieder neue Kraft geben.

Wer Gott treu sein will, muß einfach damit rechnen, daß er von Satan und seinen Werkzeugen angegriffen wird. Der Widersacher kann es nicht ertragen, daß sich Menschen auf die Seite Gottes stellen. Und wer sein Leben in Übereinstimmung mit dem Willen Gottes zu führen versucht, wird denen, die das nicht wollen, ein ständiger Stein des Anstoßes sein. Deshalb ist es nicht verwunderlich, daß sich dämonische Mächte und menschliche Werkzeuge Satans im Kampf gegen die Kinder Gottes zusammentun. Wenn es ihnen nicht gelingt, die Gläubigen durch Täuschung und Verführung zu Fall zu bringen, dann greifen sie zur Gewalt.

Aber das alles wird nur innerhalb gewisser Grenzen möglich sein. Solange Christus noch als Fürsprecher im himmlischen Heiligtum wirkt, wird auf dieser Erde auch noch die bewahrende Kraft des Heiligen Geistes zu spüren sein. Wäre das nicht so, würde die Welt wahrscheinlich längst im Chaos versunken sein. Satan hat seine Werkzeuge in allen Schichten der Bevölkerung bis hin in die Kreise, in denen die wirtschaftlichen, gesellschaftlichen und politischen Entscheidungen fallen. Und er wird diesen Einfluß besonders in der letzten Zeit nutzen, um dem Werk Gottes zu schaden. Aber in den Entscheidungsgremien dieser Welt gibt es auch immer noch Menschen, die sich Gott verpflichtet fühlen und dem Einfluß des Bösen Widerstand leisten. Ihnen wird es zu verdanken sein, daß Satan die Verkündigung der letzten Warnungsbotschaft Gottes nicht verhindern kann. Und manche von ihnen werden in dieser Zeit selbst zur Erkenntnis der biblischen Wahrheit kommen und sie annehmen.

Der „Spätregen" und der „laute Ruf"

Erinnern wir uns noch einmal an den eingangs zitierten Text aus Offenbarung 18. Da wurde von einem „anderen Engel" gesprochen, dessen machtvolles Auftreten die ganze Erde erleuchtet. Mit seiner Botschaft vom Fall des geistlichen Babylons und dem Aufruf, diese „Stadt" zu verlassen, griff er die Botschaft der drei Engel, speziell des dritten Engels, aus Offenbarung 14 auf und führte sie weiter. Diese symbolische Darstellung läßt darauf schließen, daß Gott hier eine außergewöhnliche, weltumspannende Entwicklung darstellen wollte. In der Tat hat es seit der Reformation des 16. Jahrhunderts keine solche geistliche Erneuerungsbewegung mehr gegeben wie die Erweckungsbewegung der Jahre 1840 bis 1844. Aber selbst das wird noch übertroffen werden von dem, was die Verkündigung der dritten Engelsbotschaft ganz zum Ende der Weltgeschichte hin auslösen wird. Der Schluß der Geschichte der Gemeinde Jesu wird ihrem Anfang ähnlich sein. Als der Geist Gottes zu Pfingsten in vorher nicht gekannter Fülle auf die Jüngergemeinde ausgegossen wurde, ereignete sich das, was die Bibel mit dem Begriff „Frühregen" umschreibt. Der Frühregen war in Palästina die Voraussetzung dafür, daß die ausgestreute Saat keimte und wuchs. Aber eine Ernte gab es nur dann, wenn der Spätregen dafür sorgte, daß die herangewachsene Saat auch zur reifen Frucht wurde. Wie abhängig die Menschen von diesen jahreszeitlichen Zyklen waren, läßt sich an biblischen Texten wie diesem ablesen: „Und ihr, Kinder Zions, freuet euch und seid fröhlich im Herrn, eurem Gott, der euch gnädig Regen gibt und euch herabsendet Frühregen und Spätregen wie zuvor."[5]

Häufig wurden die Begriffe Frühregen und Spätregen in der Bibel auch im übertragenen Sinne gebraucht: „Laßt uns darauf

---

[5] Joel 2,23

achthaben und danach trachten, den Herrn zu erkennen; denn er wird hervorbrechen wie die schöne Morgenröte und wird zu uns kommen wie ein Regen, wie ein Spätregen, der das Land feuchtet.“ [6] Wenn wir den geistlichen Aufbruch zu Pfingsten als „Frühregen“ verstehen, dann ist vor dem Ende dieser Weltzeit noch mit dem „Spätregen“ zu rechnen. Das große Werk der Evangeliumsverkündigung wird mit keiner geringeren Bekundung der Macht Gottes schließen, als sie einst für den Anfang kennzeichnend war. Die Weissagungen, die in der Ausgießung des Heiligen Geistes in der frühchristlichen Zeit ihre teilweise Erfüllung fanden, werden sich zuletzt noch einmal im geistlichen „Spätregen“ erfüllen. Das wird eine „Zeit der Erquickung“ sein, wie sich Petrus in seiner Pfingstrede ausdrückte: „So tut nun Buße und bekehrt euch, daß eure Sünden getilgt werden, damit die Zeit der Erquikkung komme von dem Angesicht des Herrn und er den sende, der euch zuvor zum Christus bestimmt ist: Jesus.“ [7]

Wenn es soweit ist, wird sich die Welt entscheiden müssen. Auf der einen Seite werden sich Tausende von Gläubigen aufmachen, um Gottes letzte Warnungsbotschaft bis in den entferntesten Winkel der Erde zu tragen. Gott wird ihren Dienst segnen und durch Zeichen, Wunder und Krankenheilungen bestätigen. Andererseits wird auch Satan nicht untätig sein. Den gottgewirkten Wundern wird er seine lügenhaften Wundertaten entgegensetzen: „Und es [das zweite Tier] tut große Zeichen und Wunder, so daß es auch Feuer vom Himmel auf die Erde fallen läßt vor den Augen der Menschen; und es verführt, die auf Erden wohnen, durch die Zeichen ...“ [8] Dann wird sich jeder entscheiden müssen, wem er glauben will: Gott und den Seinen oder Satan und den Seinen.

Wenn diese Zeit da ist, wird es weniger auf theologische Beweisführungen ankommen – die sind längst alle vorgetragen, sondern die Leute müssen die tiefe geistliche Überzeugung spüren, aus der heraus die Nachfolger Jesu reden und handeln. Vieles von dem, was irgendwann einmal als Same gestreut worden ist, wird dann Frucht bringen. Viele Menschen, die bisher gezögert haben, sich für die Wahrheit zu entscheiden, werden nun ernst machen mit Gott. Sie werden sich weder durch familiäre noch durch religiöse Bindungen von einer klaren Entscheidung abhalten lassen. Ungeachtet aller Kräfte, die

---

[6] Hosea 6,3 [7] Apostelgeschichte 3,19.20 [8] Offenbarung 13,13.14

sich gegen die Wahrheit verschworen haben, wird es in der letzten Zeit eine unübersehbare Schar von Menschen geben, denen nichts wichtiger ist als Gottes Wort und sein Wille.

39 | Sie kommen aus großer Trübsal

„Zu jener Zeit wird Michael, der große Engelfürst, der für dein Volk eintritt, sich aufmachen. Denn es wird eine Zeit so großer Trübsal sein, wie sie nie gewesen ist, seitdem es Menschen gibt, bis zu jener Zeit. Aber zu jener Zeit wird dein Volk errettet werden, alle, die im Buch geschrieben stehen."[1]

Wenn die Verkündigung der dritten Engelsbotschaft beendet ist, tritt kein Fürsprecher mehr für die sündige Menschheit ein. Auch Gottes Volk hat seine Aufgabe erfüllt. Die letzte Prüfung ist über die Erde gegangen. Alle, die Gottes Weisungen treu beachtet haben, empfangen „das Siegel des lebendigen Gottes". Wenn Jesus seinen himmlischen Mittlerdienst beendet, wird es heißen: „Wer böse ist, der sei fernerhin böse, und wer unrein ist, der sei fernerhin unrein; aber wer fromm ist, der sei fernerhin fromm, und wer heilig ist, der sei fernerhin heilig."[2] Die Entscheidung über jeden einzelnen ist gefallen – entweder zum Leben oder zum Tode. Christus hat die Schuld seines Volkes getilgt. Nun steht endgültig fest, wer zu ihm gehört und Bürger seines Reiches sein wird – und wer nicht!

In dieser Zeit wird es finster werden über der Menschheit. Gottes Geduld ist zu Ende, das Böse hat freien Lauf. Die Welt hat Gottes Liebe verachtet und seinen Willen mit Füßen getreten. Sie hat sich seinem Geist hartnäckig widersetzt; nun ist er ihr entzogen worden. Ohne die bewahrende Gnade Gottes ist die Menschheit dem Satan schutzlos ausgeliefert. Wenn die Engel Gottes die Leidenschaften und die Bosheit der Menschen nicht mehr im Zaum halten, werden alle gesellschaftlichen und sittlichen Ordnungen zusammenbrechen; es kommt zu einem Kampf aller gegen alle, der von dämonischen Mächten immer wieder neu angefacht wird, um die ganze Menschheit ins Verderben zu stürzen. Natürlich wird man für diese schrecklichen Zustände nicht Satan verantwortlich machen, sondern denen die Schuld in die Schuhe schieben, die sich zu Gott halten. Ihr Glaubenszeugnis sollte die Menschen zur

[1] Daniel 12,1 [2] Offenbarung 22,11

Umkehr bewegen, aber bei den meisten hat es nur maßlose Wut und Haß ausgelöst, die sich in immer neuer Gewalt austoben.

Vieles von dem, was sich dann abspielt, wird unter dem Deckmantel der Religion geschehen und sogar sehr fromm aussehen. Da die Menschheit nicht weiß, wann Jesus seinen himmlischen Mittlerdienst beendet und damit die Entscheidung über das Schicksal dieser Welt gefällt hat, wird man die äußeren Formen des Christentums weiterhin beachten, obwohl Gottes Geist sich längst zurückgezogen hat.

Einer der wichtigsten Streitpunkte wird zu jener Zeit der Sabbat sein. Die Kirchen werden mit staatlicher Unterstützung die Feier des Sonntags zu erzwingen suchen. Wer sich dem widersetzt, muß mit dem Schlimmsten rechnen. Man wird argumentieren, daß bei der Festigung christlicher Traditionen nicht auf Randgruppen und Außenseiter Rücksicht genommen werden könne. Und wenn es um das Wohl der Menschheit gehe, müsse man religiöse Störenfriede gegebenenfalls mit Gewalt ausschalten. Solche Töne sind nicht neu. Als die Geistlichkeit in Jerusalem damals Jesus beseitigen wollte, äußerte sich der Hohepriester Kaiphas ähnlich: „Seht ihr nicht, daß es günstiger für euch ist, wenn einer für alle stirbt, als wenn das ganze Volk vernichtet wird?“ [3]

Solche Argumentation wird den Menschen der Endzeit einleuchten, und sie werden es für selbstverständlich halten, daß gegen alle, die sich der kirchlichen Ordnung nicht beugen wollen, mit äußerster Härte vorgegangen wird. Der Katholizismus in der Alten Welt und der abgefallene Protestantismus in der Neuen werden sich gegen alle zusammentun, die an Gottes Willen festhalten. Für Gottes Kinder wird das eine Zeit sein, die dem entspricht, was der Prophet Jeremia einmal mit dem Begriff „Angst für Jakob“ umschrieben hat. [4]

Sind meine Sünden vergeben?

Jakobs Nacht der Angst, als er im Gebet darum rang, vor der Gewalt seines rachsüchtigen Bruders Esau bewahrt zu werden [5], ist ein Bild für die Erfahrungen des Volkes Gottes in der Endzeit. Wie Satan einst Esau veranlaßte, gegen Jakob zu zie-

---

[3] Johannes 11,50 Die Gute Nachricht [4] Jeremia 30,5–7
[5] 1. Mose 32,25–31

hen, so wird er in der Zeit der Trübsal die Menschen aufwiegeln, sich gegen die Kinder Gottes zu erheben. Und wie er Jakob wegen seiner Sünde verklagte, so wird er in der letzten Zeit auch seine Klagen gegen Gottes Volk vorbringen. Satan beansprucht die Erde als sein Herrschaftsgebiet und versucht alles, die zu vernichten, die sich diesem Anspruch entgegenstellen. Er sieht zwar, daß Gottes Engel die Gläubigen schützen, und schließt daraus, daß ihnen ihre Sünden vergeben sind, aber das hält ihn nicht davon ab, Gottes Kindern ihre Schuld immer wieder vor Augen zu halten. Das wird eine der schlimmsten Anfechtungen für sie sein. Sie werden keine Angst um Leib und Leben haben, nur eins werden sie fürchten: nicht jede Sünde bereut zu haben und deshalb Gefahr zu laufen, daß Gott sie nicht bewahren kann vor der „Stunde der Versuchung, die kommen wird über den ganzen Weltkreis“.[6]

Aber trotz aller äußeren und inneren Not werden sich die Gläubigen jener Zeit nicht von der Angst überwältigen lassen. Betend halten sie an Gottes Zusagen fest und stützen sich auf seine Kraft, so wie sich damals Jakob an den Engel klammerte und ausrief: „Ich lasse dich erst los, wenn du mich gesegnet hast!“ Das Erleben Jakobs läßt sich in doppelter Hinsicht auf die Situation der Gläubigen der Endzeit übertragen. Einerseits werden sie eine Zeit der Angst durchzumachen haben, andererseits wird sich aber gerade dann zeigen, daß Gott zu seinen Kindern steht und sie in seiner Hand geborgen sind.

Unser Glaube ist der Sieg

Die bevorstehende Zeit der Trübsal erfordert einen Glauben, der trotz aller Belastungen nicht wankt. Solch ein Glaube wächst nur aus dem unbedingten Vertrauen zu Gott und aus anhaltendem Gebet. Wer sich jetzt nicht im Glauben übt, steht in der großen Gefahr, der satanischen Täuschung und dem Gewissenszwang zu erliegen. Wir sollten Gott mehr vertrauen und seine Verheißungen öfter in Anspruch nehmen, um nicht später unter Druck lernen zu müssen, was wir heute versäumen. Wir müssen uns immer wieder neu bewußt machen, daß Armut und Selbstverleugnung in der Gemeinschaft mit Gott besser sind als Reichtum, Ehre und Erfolg ohne ihn. Und wir müssen uns mehr Zeit zum Gebet nehmen. Muß der

---

[6] Offenbarung 3,10

Herr uns denn erst alles nehmen, ehe wir merken, daß die Dinge dieser Welt nicht so wichtig sind wie das Gespräch mit Gott?

Bald wird eine trübselige Zeit über uns kommen, wie die Welt sie noch nicht erlebt hat. Deshalb sollte uns nichts wichtiger sein, als jetzt, da Jesus noch als unser Hoherpriester wirkt, alle Schuld durch sein versöhnendes Blut tilgen zu lassen. Christus lädt uns ein, unsere Ohnmacht durch seine Kraft, unsere Unwissenheit durch seine Weisheit und unsere Unwürdigkeit durch seine Vollkommenheit ausgleichen zu lassen. Es liegt an uns, ob er unser Wesen dem göttlichen Vorbild entsprechend prägen kann.

Der Gipfel der Täuschung

Auf dem Höhepunkt der endzeitlichen Krise wird Satan sich dazu versteigen, sich als der wiedergekommene Christus auszugeben. In verschiedenen Teilen der Erde wird er sich unter den Menschen als majestätisches Wesen zeigen und den Eindruck erwecken, als sei nun der Erlöser, auf den die Christenheit seit langem wartet, endlich gekommen. Diese Erscheinungen werden dem, was die Offenbarung über den Gottessohn schreibt [7], so ähnlich sein, daß sich die meisten Menschen täuschen lassen. Dann werden die Massen jubeln: „Christus ist gekommen!"; und sie werden sich anbetend vor ihm niederwerfen. Er wird Wunder tun, Kranke heilen und schließlich erklären, es sei sein Wille gewesen, daß die Kirche den Sabbat durch den Sonntag ersetzt hat. Dann wird er befehlen, daß jeder diese Veränderung anzuerkennen habe; wo nicht, mache er sich der Gotteslästerung schuldig.

Obwohl die Täuschung fast perfekt ist, wird sich Gottes Volk nicht von ihr blenden lassen. Die wahrhaft Gläubigen kennen die Heilige Schrift und wissen, daß die Lehren des falschen Christus nicht mit dem Wort Gottes übereinstimmen. Zwar wird Satan erstaunliche Wunder vollbringen, aber es wird ihm nicht erlaubt sein, die Wiederkunft Christi so vorzutäuschen, wie sie in der Heiligen Schrift beschrieben wird. Deshalb muß er versuchen, den Menschen andere Vorstellungen vom Kommen Jesu unterzuschieben. Davor hat Jesus in seiner Endzeitpredigt nachdrücklich gewarnt: „Denn es wer-

[7] Offenbarung 1,13–15

den falsche Christusse und falsche Propheten aufstehen und große Zeichen und Wunder tun, so daß sie, wenn es möglich wäre, auch die Auserwählten verführten ... Wenn sie also zu euch sagen werden: Siehe, er ist in der Wüste!, so geht nicht hinaus; siehe, er ist drinnen im Haus!, so glaubt es nicht. Denn wie der Blitz ausgeht vom Osten und leuchtet bis zum Westen, so wird auch sein das Kommen des Menschensohnes."[8]

Das weltumspannende Ereignis der Wiederkunft Christi kann Satan nicht vortäuschen. Dennoch werden die meisten Menschen auf seine Machenschaften hereinfallen, denn sie kennen Gottes Wort nicht. Nur wer die Bibel gründlich erforscht und die Wahrheit liebt, wird den satanischen Betrug entdecken und sich davor schützen können. Deshalb müssen wir uns fragen: Sind wir so vertraut mit der Heiligen Schrift, daß wir Täuschung und Wahrheit unterscheiden können? Werden wir uns in der Stunde der Entscheidung vom bloßen Augenschein leiten lassen oder dem Wort Gottes vertrauen?

Der Herr vergißt die Seinen nicht

Für alle, die Gott in dieser Zeit entgegen den staatlichen und kirchlichen Weisungen treu bleiben wollen, wird das Leben schwer werden. Viele müssen fliehen, manche verlieren ihre Freiheit oder werden gar zum Tode verurteilt. Dann werden sie sich fragen: Hat der Herr uns vergessen? Die Antwort der Bibel lautet: Nein! Im Buch des Propheten Jesaja heißt es: „Zion aber sprach: Der Herr hat mich verlassen, der Herr hat meiner vergessen. Kann auch ein Weib ihres Kindleins vergessen, daß sie sich nicht erbarme über den Sohn ihres Leibes? Und ob sie seiner vergäße, so will ich doch deiner nicht vergessen."[9]

Mögen Gottes Kinder in der Zukunft auch von ihren Feinden verfolgt und ins Gefängnis geworfen werden, so kann sie das doch nicht von Christus trennen. Engel Gottes werden die Getreuen umgeben und ihnen sogar in der Gefangenschaft Trost und Frieden vermitteln. Ohne Zweifel wird Satans Einfluß groß sein, aber die Macht unseres Gottes ist größer. Christus wird am Ende der Sieger sein! Das sieht zwar manchmal

---

[8] Matthäus 24,24–27.31 (vgl. Offenbarung 1,7; 1. Thessalonicher 4,16.17)
[9] Jesaja 49,14.15

nicht so aus, und deshalb fühlen sich die Ungläubigen so sicher und werden je länger desto dreister, aber Gottes Gericht wird über sie kommen. Wenn Christus seinen Mittlerdienst im Himmel abgeschlossen hat, wird sich Gottes Zorn über das Tier und seine Anbeter ergießen – und dem wird keiner entrinnen.

Der Auszug des Volkes Israel ging mit einer Reihe von Plagen einher, durch die Gott den Ägyptern und ihrem König zeigte, wer der Herr ist. Wenn Gott sich anschickt, die Gläubigen der Endzeit in sein Reich zu holen, wird Gott der Welt noch einmal durch sieben Plagen [10] zeigen, daß er im Regiment sitzt. Diese Plagen werden nicht überall und zur gleichen Zeit über die Menschen kommen, aber sie werden zum Schrecklichsten gehören, was die Erde je erlebt hat. Und das Schlimmste daran ist, daß Menschen zwar noch zur Erkenntnis der Wahrheit kommen können, daß es für sie aber keine Möglichkeit der Umkehr mehr gibt. „Siehe, es kommt die Zeit, spricht Gott der Herr, daß ich einen Hunger ins Land schicken werde, nicht einen Hunger nach Brot oder Durst nach Wasser, sondern nach dem Wort des Herrn, es zu hören; daß sie hin und her von einem Meer zum andern, von Norden nach Osten laufen und des Herrn Wort suchen *und doch nicht finden werden.*" [11]

Unter Gottes persönlichem Schutz

Gottes Volk wird von dem allen nicht unberührt bleiben, aber es wird nicht in diese Strafgerichte hineingezogen werden. Mächtige Engelwesen halten ihre Hand über die Gläubigen. Manchmal wird es so aussehen, als ginge es mit der Gemeinde Jesu zu Ende, aber der Schein trügt. Wenn den Menschen die Augen geöffnet würden, könnten sie die Scharen von Engeln sehen, die Gott zum Schutz der Seinen aufbietet. Die Feinde Gottes werden durch Verordnung einen Termin festlegen, an dem alle, die sich den Forderungen von Staat und Kirche widersetzen, beseitigt werden sollen, aber niemand wird an den himmlischen Wächtern vorbeikommen, in deren Hände Gott die Sicherheit seiner Kinder gelegt hat.

Gottes Kinder warten sehnsuchtsvoll auf das Kommen des Herrn. Gleich den Gefangenen in der Fremde werden sie sich

---

[10] Offenbarung 16 [11] Amos 8,11.12

fürchten vor dem Tod durch Hunger oder Gewalt. Aber der heilige Gott, der einst das Rote Meer teilte, um Israel dem Zugriff der Ägypter zu entziehen, wird sich vor die Seinen stellen und sie durch alle Gefahren der Gerichtszeit hindurchbringen. Er hat verheißen: „An dem Tag, an dem ich eingreife, wird es sich erweisen, daß sie mein persönliches Eigentum sind. Ich werde sie verschonen wie ein Vater seinen gehorsamen Sohn. Dann wird man wieder den Unterschied sehen zwischen Bösen und Guten, und ihr werdet erleben, was es ausmacht, ob einer Gott gehorcht oder nicht. Der Tag kommt, an dem mein Zorn wie loderndes Feuer brennt. Dann werden alle, die mich voll Übermut verachten, dahingerafft wie Stroh, das vom Feuer verzehrt wird; sie werden alle in Flammen aufgehen, nichts bleibt von ihnen übrig. Ich, der Herr der ganzen Welt, sage es. Für euch aber, die ihr mir treu gewesen seid, wird an diesem Tag die Sonne aufgehen." [12]

[12] Maleachi 3,17–20 Die Gute Nachricht

40 | Gott kommt zum Ziel

Es wird die Zeit kommen, in der es sich bestimmte Gruppen zur Aufgabe machen, alle zu beseitigen, die sich an Gottes Willen halten. Sie werden den Termin festsetzen, an dem der entscheidende Schlag geführt werden soll. Während Gottes Kinder den Herrn um Schutz bitten, treiben dämonische Mächte deren Feinde dazu an, die unbequemen Kritiker zum Schweigen zu bringen. In dieser Stunde der Gefahr wird Gott eingreifen, um die Seinen zu erretten: „Der Herr läßt seine gewaltige Stimme hören, er läßt sehen, wie sein starker Arm zuschlägt. Voller Zorn greift er ein, mit verzehrendem Feuer ...“ [1]

In dem Augenblick, da sich die Feinde Jesu anschicken, gegen die Gläubigen loszuschlagen, wird dichte Finsternis über sie fallen. Gleichzeitig sieht es so aus, als würde sich ein Regenbogen über die Beter spannen. Das Triumphgeschrei der Angreifer wird verstummen, und sie werden mit schrecklichen Vorahnungen auf das Symbol des göttlichen Bundes starren. Auch die Gläubigen werden den Bogen der Verheißung sehen und wissen, daß sie unter Gottes Schutz stehen. Die Finsternis wird sich zerteilen und ihnen den Blick öffnen für die Herrlichkeit Gottes und des Menschensohnes, so wie es Stephanus, der erste christliche Märtyrer, zwei Jahrtausende zuvor erlebt hat. [2] Und aus dem Munde Christi werden sie die Bitte hören: „Vater, du hast sie mir gegeben, und ich will, daß sie dort sind, wo ich bin, damit sie meine Herrlichkeit sehen können.“ [3]

Mitten in der schwärzesten Nacht wird Gott sein Volk befreien. Plötzlich wird die Sonne in voller Kraft aufleuchten; Zeichen und Wunder werden geschehen; die Ordnungen der Natur werden durcheinandergeraten. Gottes Feinde werden erschrocken und bestürzt sein; für die Gläubigen dagegen sind das die Vorzeichen ihrer Errettung. Und dann wird am Himmel eine Stelle von unbeschreiblicher Herrlichkeit zu sehen sein, aus der die Worte zu hören sind: „Es ist geschehen!“ [4]

---

[1] Jesaja 30,30 Die Gute Nachricht [2] Apostelgeschichte 7,55.56
[3] Johannes 17,24 Die Gute Nachricht [4] Offenbarung 16,17.18

Diese Stimme erschüttert Himmel und Erde. Ungeahnte Katastrophen – Erdbeben, Orkane, Flutwellen – werden an den Grundfesten unseres Planeten rütteln. Die Erde wird aufbrechen, Gebirge stürzen zusammen, große Städte werden völlig zerstört, Inseln verschwinden im Ozean. „Und Babylon, der großen, wurde gedacht vor Gott, daß ihr gegeben werde der Kelch mit dem Wein seines grimmigen Zorns.“ [5]

Dann werden Kerkermauern die gefangenen Gläubigen nicht mehr halten können. Selbst der Tod muß seine Beute herausgeben, denn „viele, die unter der Erde schlafen, werden aufwachen, die einen zum ewigen Leben, die andern zu ewiger Schmach und Schande“. [6] Auch „die ihn durchbohrt haben“ [7] und die Christus in seinem Todesschmerz verspotteten und verlachten, die erbitterten Widersacher seiner Wahrheit und seines Volkes, werden auferweckt, um den Herrn in seiner Herrlichkeit zu schauen. Sie werden miterleben müssen, wie Christus sich zu denen bekennt und die ehrt, die ihm die Treue gehalten haben. Alle, die kurz zuvor noch so selbstsicher die Vernichtung der Gemeinde Jesu betrieben haben, beben nun vor Furcht. Ihr Angstgeschrei übertönt selbst den Aufruhr der Elemente. Dämonen erkennen die Gottheit Christi an und zittern vor seiner Macht; unzählige Menschen werfen sich zu Boden und flehen den Gottessohn um Gnade an.

Der Tag des Herrn

Das wird ein Tag sein, wie ihn der Prophet Jesaja bildhaft beschrieben hat: „An jenem Tag wird jedermann wegwerfen seine silbernen und goldenen Götzen, die er sich hatte machen lassen, um sie anzubeten, zu den Maulwürfen und Fledermäusen, damit er sich verkriechen kann in die Felsspalten und Steinklüfte vor dem Schrecken des Herrn und vor seiner herrlichen Majestät, wenn er sich aufmachen wird, zu schrekken die Erde.“ [8]

Alle, die Christus jeder Gefahr zum Trotz treu geblieben sind, begreifen nun, daß sie in Sicherheit sind. Die Wut ihrer Feinde und die Angriffe der Dämonen können ihnen nichts mehr anhaben. Eben noch der Vernichtung preisgegeben,

[5] Offenbarung 16,19 [6] Daniel 12,2 [7] Offenbarung 1,7
[8] Jesaja 2,20.21

können sie nun dankbar in die Worte des Psalmdichters einstimmen: „Gott ist unsere Zuversicht und Stärke, eine Hilfe in den großen Nöten, die uns getroffen haben. Darum fürchten wir uns nicht, wenngleich die Welt unterginge und die Berge mitten ins Meer sänken, wenngleich das Meer wütete und wallte und von seinem Ungestüm die Berge einfielen."[9]

Der Himmel wird vom Abglanz der ewigen Stadt Gottes erstrahlen, und eine Hand mit den Tafeln des Gesetzes wird für alle sichtbar werden. Das Entsetzen und die Verzweiflung derer, die Gottes Gebote mit Füßen getreten haben, werden unbeschreiblich sein. Um das Wohlwollen der Welt zu gewinnen, hatten sie die Gebote für ungültig erklärt und damit unzählige Menschen zum Ungehorsam verführt. Nun wird ihnen an Hand eben dieses Gesetzes das Urteil gesprochen. Gottes Volk hatten sie mit allen Mitteln dazu zwingen wollen, die Heiligung des Sabbats aufzugeben. Zu spät werden die Feinde Gottes erkennen, daß der Sabbat, den sie für aufgehoben erklärt hatten, in Wirklichkeit das Siegel Gottes ist. Verzweifelt werden sie nach Entschuldigungen suchen, um ihre schwere Verantwortung loszuwerden, aber sie werden keine finden.

Der König der Könige erscheint

Vom Himmel wird Gottes Stimme erschallen und verkündigen, daß der Tag und die Stunde der Wiederkunft Christi gekommen sind. Die Gläubigen werden jubeln, wenn sie hören, daß ihr Herr kommt. Und wenn am Himmel eine kleine Wolke erscheint, die immer näher kommt, dann wissen sie, daß dies das Zeichen des Menschensohnes ist. Nun trägt Jesus nicht mehr die Dornenkrone der Erniedrigung, sondern das königliche Diadem der Herrschaft. Er ist nicht mehr der Schmerzensmann von Golgatha, sondern der König aller Könige.[10]

Für die Gläubigen wird das ein Augenblick unbeschreiblicher Freude sein; für die Feinde Gottes eine Stunde unüberbietbarer Verzweiflung: „Und die Könige auf Erden und die Großen und die Obersten und die Reichen und die Gewaltigen und alle Sklaven und alle Freien verbargen sich in den Klüften und Felsen der Berge und sprachen zu den Bergen und Felsen: Fallt über uns und verbergt uns vor dem Angesicht

[9] Psalm 46,2–4 [10] Offenbarung 19,16

dessen, der auf dem Thron sitzt, und vor dem Zorn des Lammes! Denn es ist gekommen der große Tag ihres Zorns, und wer kann bestehen?“ [11]

Unzählige Menschen, die nicht auf Jesus hören wollten, als er sie zur Umkehr ermahnte, werden nun seine Stimme hören müssen, die ihnen das Urteil spricht. Unter denen, die Christus als den Herrn der Welt kommen sehen, werden auch diejenigen sein, die ihn verspottet, verurteilt, ausgepeitscht und ans Kreuz geschlagen haben. Und sie werden sich daran erinnern, daß sie dieselbe Stimme schon einmal mit den Worten gehört haben: „Von nun an wird's geschehen, daß ihr sehen werdet des Menschen Sohn sitzen zur Rechten der Kraft und kommen in den Wolken des Himmels.“ [12]

Auch im Leben der Menschen, die Gottes Wahrheit mit Füßen getreten haben, gab es Augenblicke, da ihnen das Gewissen schlug und da sie sich ihres falschen Weges bewußt wurden. Aber das wird nichts sein im Vergleich zu den Gewissensqualen, denen sie sich beim Kommen Jesu ausgesetzt sehen. Wenn sie die Gläubigen jubeln hören: „Siehe, das ist unser Gott, auf den wir hofften, daß er uns helfe“ [13], dann werden sie in grenzenlose Verzweiflung geraten.

Aber die Stimme Christi verkündet nicht nur Gericht und Strafe, sondern ruft auch ins Leben zurück. Überall auf der Erde werden sich die Gräber öffnen, und die Verstorbenen werden das Gefängnis des Todes verlassen. Die Stimmen der lebenden Gerechten und die der auferstandenen Heiligen werden sich in dem Jubelruf vereinigen: „Tod, wo ist dein Stachel? Tod, wo ist dein Sieg?“ [14] Am Anfang wurde der Mensch nach dem Bilde Gottes geschaffen. Doch die Sünde hat das göttliche Bild entstellt und nahezu verwischt. Christus aber kam, um wiederherzustellen, was verlorengegangen war. Er wird unseren irdischen Leib verwandeln und seinem himmlischen Leib ähnlich machen. Die vergängliche, von Sünde befleckte Gestalt wird vollkommen, schön und unsterblich sein. Alle Mängel und Gebrechen bleiben im Grabe. Die letzten noch verbliebenen Spuren des Fluches der Sünde werden beseitigt, und die Getreuen Christi erscheinen in der Herrlichkeit des Herrn. An Leib, Seele und Geist werden sie das Bild ihres Herrn widerspiegeln.

---

[11] Offenbarung 6,15–17 [12] Matthäus 26,64 [13] Jesaja 25,9
[14] 1. Korinther 15,55

Die lebenden Gerechten werden „plötzlich, in einem Augenblick“ [15] verwandelt. Wenn die Stimme Gottes ertönt, empfangen sie die Unsterblichkeit; gleichzeitig und gemeinsam mit den auferstandenen Gläubigen werden sie dem Herrn entgegengerückt.

Die heilige Stadt

Ehe Jesu Nachfolger in die Gottesstadt einziehen, werden ihnen die Zeichen des Sieges und des königlichen Standes verliehen. Auf ihrer Krone tragen sie den „neuen Namen“ [16] und die Inschrift „Heilig dem Herrn“. Vor ihnen liegt die heilige Stadt. Christus öffnet die Tore und begrüßt sie mit den Worten: „Kommt her, ihr Gesegneten meines Vaters, ererbt das Reich, das euch bereitet ist von Anbeginn der Welt.“ [17] Mit herzlicher Liebe heißt er seine Getreuen willkommen. Er wird überglücklich sein, daß nun endlich alle bei ihm sind, für die er sein Leben geopfert hat. Und die Gläubigen werden sich freuen, wenn sie unter den Erlösten Menschen entdecken, für die sie gebetet und die sie zu Christus geführt haben. Wohin man auch schaut an jenem Tag, überall wird unbeschreibliche Freude herrschen.

Wenn die Erlösten die Stadt Gottes betreten, hallt die Luft wider vom Jubelruf der Anbetung. Der erste und zweite Adam werden einander begegnen. Mit ausgestreckten Armen erwartet der Sohn Gottes den Urvater des Menschengeschlechts, wegen dessen Ungehorsam er Mensch wurde, um der Macht des Bösen Einhalt zu gebieten und einen Rückweg in das verlorene Paradies zu öffnen. Angesichts der Kreuzigungsmale wird Adam vor Jesus niederfallen und ausrufen: „Würdig ist das Lamm, das erwürgt ist!“ Liebevoll wird Christus ihn aufrichten und in das Paradies führen, das er vor so langer Zeit verlassen mußte. Nachdem Adam aus dem Garten in Eden vertrieben worden war, hatte er ein Leben der Sorge, des täglichen Überlebenskampfes und des Kummers führen müssen. Weil er sich seiner eigenen Schuld bewußt war, ertrug er die Folgen der Sünde, hoffte auf die Versöhnung durch das Opfer des verheißenen Erretters und starb im festen Glauben an die Auferstehung. Nun darf er erleben, was er sein Leben lang erhofft und geglaubt hatte. Wenn Adam dann von Jesus

---

[15] 1. Korinther 15,52 [16] Offenbarung 2,17 [17] Matthäus 25,34

zum Baum des Lebens geführt und aufgefordert wird, von der Frucht zu essen, schließt sich der Kreis der Erlösung.

Die Herrlichkeit der Erlösten

Im Blick auf die Erlösten schrieb Johannes: „Und ich sah, und es war wie ein gläsernes Meer, mit Feuer vermengt; und die den Sieg behalten hatten über das Tier und sein Bild und über die Zahl seines Namens, die standen an dem gläsernen Meer und hatten Gottes Harfen und sangen das Lied des Mose, des Knechtes Gottes, und das Lied des Lammes: Groß und wunderbar sind deine Werke, Herr, allmächtiger Gott! Gerecht und wahrhaftig sind deine Wege, du König der Völker." [18]

Mit Christus, dem Lamm, steht auf dem Berg Zion die auserwählte Schar der 144 000. Da sie aus den Lebenden der Endzeit verwandelt worden sind, werden sie als „Erstlinge Gottes und des Lammes" [19] bezeichnet. Sie sind durch die trübselige Zeit des Endes gegangen und haben die „Angst für Jakob" erlebt, in der sie ohne einen Fürsprecher im Himmel auskommen mußten. Nun sind sie errettet; denn sie „haben ihre Kleider gewaschen und haben ihre Kleider hell gemacht im Blut des Lammes", und „in ihrem Mund ist kein Falsch gefunden; sie sind unsträflich." [20]

Zu allen Zeiten hat der Herr die große Schar seiner Auserwählten in der Schule der Prüfung erzogen und zugerüstet. Sie gingen auf Erden den schmalen Weg; sie wurden im Feuerofen der Trübsal geläutert. Um Jesu willen ertrugen sie Widerstand, Haß, Verleumdung und Enttäuschung. Aus ihren eigenen schmerzvollen Erfahrungen lernten sie die Macht der Sünde und die Folgen, die sich daraus ergeben, kennen. Und weil sie erkannt hatten, daß nur die Opfertat Jesu sie aus der Verlorenheit retten konnte, wurden sie demütig und dankbar. Wer die Macht der Sünde nicht am eigenen Leib kennengelernt hat, kann das nicht nachempfinden. Sie haben viel geliebt, weil ihnen viel vergeben worden ist. Und weil sie Teilhaber der Leiden Christi geworden sind, dürfen sie nun auch an seiner Herrlichkeit teilhaben.

Aus elenden Hütten, Gefängniszellen und Höhlen, aus einsamen Bergtälern, Wüsten und Wäldern sind sie gekommen,

---

[18] Offenbarung 15,2.3 [19] Offenbarung 14,4 [20] Offenbarung 7,14; 14,5

die Gott nun zu Erben seiner Herrlichkeit macht. Man hat die Gläubigen verachtet, verfolgt, getötet und in unbekannten Gräbern verscharrt, weil sie sich weigerten, ihrem Glauben untreu zu werden. Nun wird Gott selbst über die zu Gericht sitzen, die sich an den Seinen vergriffen haben. Von ihren Feinden wurden sie als Verbrecher, Ketzer, Störenfriede und Abschaum der Menschheit hingestellt, nun sind sie Gottes „heiliges Volk“ und die „Erlösten des Herrn“.[21] Von nun an werden sie immer beim Herrn sein. Der König der Herrlichkeit hat die Tränen von ihren Angesichtern gewischt. Ein Danklied wird angestimmt, und die Erlösten nehmen den Lobgesang auf: „Das Heil ist bei dem, der auf dem Thron sitzt, unserm Gott und dem Lamm!“ Und alle Bewohner des Himmels antworten: „Amen, Lob und Ehre und Weisheit und Dank und Preis und Kraft und Stärke sei unserm Gott von Ewigkeit zu Ewigkeit!“[22]

Unser menschlicher Verstand ist zu begrenzt, um das Wunder der Erlösung zu erfassen. In alle Ewigkeit werden sich unserem staunenden Geist neue Einsichten auftun. Deshalb werden die erlösten Gläubigen immer wieder neu von der Kreuzestat ihres Herrn reden und singen. Das gesamte Universum wird erkennen, wie groß die Liebe Gottes ist, der sich um seiner in Sünde gefallenen Kinder willen so tief erniedrigt hat. Und wenn die Geretteten auf ihren Erlöser blicken und sehen, wie sich die Herrlichkeit des Vaters auf seinem Angesicht widerspiegelt, wenn sie seinen ewigen Thron schauen und wissen, daß seine Herrschaft kein Ende nehmen wird, dann stimmen sie den Lobgesang an: „Würdig, würdig ist das Lamm, das erwürgt wurde und uns mit Gott versöhnt hat durch sein köstliches Blut.“

In dem Licht, das vom Kreuz auf Golgatha ausgeht, wird all das hell und durchsichtig werden, was uns hier auf Erden so dunkel und unverständlich erschienen ist. Dann wird sich die Spannung auflösen, die zwischen Gottes Gnade, Freundlichkeit und väterlicher Liebe einerseits und seiner Heiligkeit, Gerechtigkeit und strafenden Macht auf der anderen Seite bestand. Und wenn die Erlösten ihn anschauen, dann blicken sie in das Gesicht eines Vaters, der nichts unversucht gelassen hat, seine Kinder aus der Verlorenheit zu sich zurückzuholen.

---

[21] Jesaja 25,8; 62,12 [22] Offenbarung 7,10.12

41 | Die Vergangenheit wird abgeschlossen

Wenn Gott eingreift und das Geschick seines Volkes wendet, wird es für alle, die sich nur um ihr irdisches Wohlergehen gekümmert haben, ein böses Erwachen geben. Als es noch Zeit war umzukehren, haben sie sich von Satan so sehr in einen ichbezogenen, sündigen Lebenswandel treiben lassen, daß sie für Gottes Warnungen nur Spott und Hohn übrig hatten. Den Reichen in dieser Welt kam es nur darauf an, etwas zu haben und etwas zu sein. Und wenn es darum ging, dieses Ziel zu erreichen, fragten sie nicht nach Recht und Gesetz – schon gar nicht nach Gottes Willen. Sie lebten in Saus und Braus, und es war ihnen völlig gleichgültig, daß andere Menschen im Elend verkamen. Begriffe wie Gerechtigkeit und Barmherzigkeit hatten sie aus ihrem Wortschatz gestrichen. Liebe kannten sie nicht – außer zu sich selbst.

Aber am Ende nimmt Gott ihnen alles weg, worauf sie ihr Dasein und ihr Vertrauen gegründet haben. Plötzlich begreifen die Heilsverächter, daß sie ihre Seele für vergänglichen Besitz und zweifelhaftes Wohlleben verkauft haben. Entsetzt müssen sie erkennen, daß alles, was sie für Erfolg und Glück gehalten haben, ja ihr ganzes Leben, ein schrecklicher Fehlschlag war. Dann wird tiefe Niedergeschlagenheit über sie hereinbrechen; aber sie bereuen nicht ihre Sünden, sondern nur deren Folgen. Wenn es ihnen möglich wäre, würden sie erneut gegen Gott und die Seinen losschlagen.

Auch die religiösen Führer, denen alles andere wichtiger war als die Wahrheit, werden erkennen müssen, welch verheerenden Einfluß ihre Lehren und ihr Verhalten ausgeübt haben. Dann wird wahr, was der Prophet Jeremia Jahrtausende zuvor angekündigt hat: „Weh euch Hirten, die ihr die Herde meiner Weide umkommen laßt und zerstreut! ... Siehe, ich will euch heimsuchen um eures bösen Tuns willen.“ [1] Und an anderer Stelle schrieb der Prophet: „Heulet, ihr Hirten, und schreit, wälzt euch in der Asche, ihr Herren der Herde; denn die Zeit ist erfüllt, daß ihr geschlachtet und zerstreut werdet.“ [2]

---

[1] Jeremia 23,1.2 [2] Jeremia 25,34

Viele Geistliche werden entsetzt sein, wenn ihnen bewußt wird, daß ihre Mißachtung des Willens Gottes dazu beigetragen hat, die Flut der Sünde, der Ungerechtigkeit und des Hasses in der Welt ins unermeßliche anwachsen zu lassen. Und die Menschen, denen sie durch ihre Irrlehren zum Verhängnis geworden sind, werden sie für all das verantwortlich machen. Dann wird man die Sünder schreien hören: „Wir sind für immer verloren, aber ihr seid schuld daran!" Der Zorn der Massen wird sich gegen die religiösen Verführer wenden, und ihnen wird das widerfahren, was sie der Gemeinde Jesu zugedacht hatten. Es wird ein Kampf aller gegen alle sein.

Jahrtausendelang haben Christus und seine himmlischen Boten alles getan, um dem Bösen Einhalt zu gebieten und die Menschen aus der Herrschaft Satans zu befreien. Nun ist der Kampf für immer zu Ende. Jeder hat seine Entscheidung getroffen. Die Ungerechten haben sich auf die Seite Satans gestellt, die Gläubigen stehen zu Jesus Christus. Endlich ist es soweit, daß Gott dem Bösen ein Ende bereiten kann. Dieses letzte große Ringen wird sich nicht nur in der unsichtbaren Welt abspielen, sondern erreicht seinen Höhepunkt auf unserer Erde. Es reißt die ganze Menschheit in den Strudel der Vernichtung.

Der Tod geht um

Das wird eine Zeit sein, wie sie der Prophet Hesekiel mit schrecklichen Bildern lange zuvor beschrieben hat: „Erschlagt Alte, Jünglinge, Jungfrauen, Kinder und Frauen, schlagt alle tot; aber die das Zeichen an sich haben, von denen sollt ihr keinen anrühren. Fangt aber an bei meinem Heiligtum! Und sie fingen an bei den Ältesten, die vor dem Tempel waren." [3] Dieses Prophetenwort deutet an, daß die Engel des Gerichts sich zuerst gegen die angeblichen geistlichen Hüter wenden werden, die die Menschen nicht zu Gott hingeführt, sondern von ihm abgebracht haben. Keiner von ihnen wird dem Zorn Gottes entrinnen. Aber auch alle, die sich haben verführen lassen, werden dem Untergang preisgegeben sein. Die Wut der Menschen wird sich gegeneinander richten, so daß am Ende keiner übrigbleibt, denn „zu der Zeit wird der Herr eine große Verwirrung unter ihnen anrichten, so daß einer den andern

[3] Hesekiel 9,6

bei der Hand packen und seine Hand wider des andern Hand erheben wird."[4]

Wenn Christus wiederkommt, wird er die Gläubigen in die Stadt Gottes führen, alle Heilsverächter werden dagegen vom Erdboden vertilgt. „Siehe, der Herr macht die Erde leer und wüst und wirft um, was auf ihr ist, und zerstreut ihre Bewohner ... Die Erde wird leer und beraubt sein; denn der Herr hat solches geredet ...; denn sie übertreten das Gesetz und ändern die Gebote und brechen den ewigen Bund. Darum frißt der Fluch die Erde, und büßen müssen's, die darauf wohnen. Darum nehmen die Bewohner der Erde ab."[5] Wenn sich diese letzten Ereignisse vollziehen, wird unser Planet nur noch ein menschenleerer, wüster Trümmerhaufen sein.

Das Böse wird beseitigt

Damit ist allerdings das Böse an sich noch nicht aus der Welt geschafft, da Satan und seine Dämonen immer noch existieren. Deshalb muß sich nun das vollziehen, was in der jährlichen Kulthandlung des alttestamentlichen Versöhnungstages bereits symbolisch vorweggenommen wurde. Nachdem die Schuld Israels durch das Blut des „Bocks für den Herrn" aus dem Heiligtum getilgt worden war, wurde der „Bock für Asasel" vor den Herrn gebracht. Vor allem Volk bekannte der Hohepriester „alle Missetat der Kinder Israel und alle ihre Übertretungen, mit denen sie sich versündigt haben"[6] und übertrug sie symbolisch durch Handauflegung auf das lebende Tier.

Wenn das Versöhnungswerk im himmlischen Heiligtum vollendet ist, werden in ähnlicher Weise vor Gott, den heiligen Engeln und den erlösten Menschen die Sünden des Volkes Gottes auf Satan gelegt. Er wird all des Bösen für schuldig erklärt, das er begangen und zu dem er andere verführt hat. Und wie der „Bock für Asasel" in eine wüste, unbewohnte Gegend gejagt wurde, so wird Satan auf die verwüstete, menschenleere Erde verbannt werden.

In der Offenbarung werden diese Ereignisse bildhaft so dargestellt: „Ich sah einen Engel vom Himmel fahren, der hatte den Schlüssel zum Abgrund und eine große Kette in seiner Hand. Und er ergriff den Drachen, die alte Schlange, das ist

[4] Sacharja 14,13 [5] Jesaja 24,1.3.5.6 [6] 3. Mose 16,21

der Teufel und Satan, und band ihn tausend Jahre, und warf ihn in den Abgrund und verschloß ihn und tat ein Siegel oben darauf, daß er nicht mehr verführen sollte die Völker, bis daß vollendet würden tausend Jahre. Danach muß er los werden für eine kleine Zeit."[7]

Mit dem Ausdruck „Abgrund" wird die Erde in ihrer heillosen Unordnung und Finsternis bezeichnet. So bezeugen es auch andere Schriftstellen. Im Schöpfungsbericht heißt es beispielsweise: „Die Erde war wüst und leer, und es war finster auf der Tiefe."[8] Aus dem prophetischen Wort geht hervor, daß sich die Erde nach der Wiederkunft Jesu zumindest teilweise in diesem Zustand befinden wird. Im Hinblick auf den großen Tag Gottes erklärt der Prophet Jeremia: „Ich schaute das Land[9] an, siehe, es war wüst und öde, und den Himmel, und er war finster. Ich sah die Berge an, und siehe, sie bebten, und alle Hügel wankten. Ich sah, und siehe, da war kein Mensch, und alle Vögel unter dem Himmel waren weggeflogen. Ich sah, und siehe, das Fruchtland war eine Wüste, und alle seine Städte waren zerstört."[10]

Tausend Jahre lang wird diese Einöde der Aufenthaltsort Satans und seiner „Engel" sein. Auf die Erde verbannt, wird er keinen Zugang zu anderen Welten mehr haben, um die zu versuchen und zu belästigen, die nie in Sünde gefallen sind. In seinem Triumphlied über den König von Babylon beschrieb der Prophet Jesaja, wie es dereinst dem Widersacher Gottes ergehen würde: „Wie bist du vom Himmel gefallen, du schöner Morgenstern! Wie wurdest du zu Boden geschlagen, der du alle Völker niederschlugst! Du aber gedachtest in deinem Herzen: ‚Ich will in den Himmel steigen und meinen Thron über die Sterne Gottes erheben, ich will ... gleich sein dem Allerhöchsten.' Ja, hinunter zu den Toten fuhrest du, zur tiefsten Grube! Wer dich sieht, wird auf dich schauen, wird dich ansehen und sagen: ‚Ist das der Mann, der die Welt zittern und die Königreiche beben machte, der den Erdkreis zur Wüste machte und die Städte zerstörte und seine Gefangenen nicht nach Hause entließ?'"[11]

---

[7] Offenbarung 20,1–3 [8] 1. Mose 1,2; das hier mit „Tiefe" übersetzte Wort ist in der Septuaginta (griechische Übersetzung des AT) dasselbe wie das in Offenbarung 20,3 mit „Abgrund" wiedergegebene.
[9] Im hebräischen Text steht hier: die Erde [10] Jeremia 4,23–26
[11] Jesaja 14,16.17

Jahrtausendelang hat Satan durch sein aufrührerisches Verhalten „die Welt zittern" lassen und dafür gesorgt, daß die Erde mehr und mehr zu einer unbewohnbaren Wüste geworden ist. In all dieser Zeit hat er die Menschheit in der Gefangenschaft der Sünde gehalten. Und wenn die Fesseln nicht von Jesus gesprengt worden wären, hätte es keine Möglichkeit der Befreiung gegeben. Nun sind Satan und seinen Engeln selber Fesseln angelegt worden. Tausend Jahre völliger Untätigkeit werden ihnen Zeit geben, darüber nachzudenken, was sie mit ihrer Empörung gegen Gott ausgelöst und schließlich erreicht haben. Mit Grauen werden sie die Strafe für ihr abgrundböses Tun und für alle Sünden, die sie verursacht haben, erwarten.

Während der 1000 Jahre zwischen der ersten und der zweiten Auferstehung findet die Gerichtsverhandlung über alle Ungläubigen statt. Die Geretteten werden während dieser Zeit an dem Gericht über die Welt beteiligt sein: „Und ich sah Throne, und sie setzten sich darauf, und ihnen ward gegeben das Gericht ... Sie werden Priester Gottes und Christi sein und mit ihm regieren tausend Jahre." [12] Die Gerichtsverhandlung wird sich auf die „Lebensprotokolle" stützen, die über jeden Menschen vorliegen. Das Urteil wird den Taten jedes einzelnen entsprechend gefällt werden. Auch Satan und seine Engel werden von Christus und den erlösten Gläubigen gerichtet. Im Neuen Testament heißt es: „Wisset ihr nicht, daß wir über Engel richten werden?"; „Die Engel, die ihren himmlischen Stand nicht bewahrten, sondern ihre Behausung verließen, hat er behalten zum Gericht des großen Tages mit ewigen Banden in der Finsternis." [14]

Am Ende der 1000 Jahre wird die zweite Auferstehung [15] stattfinden, in der alle, die nicht zu Christus gehören, aus dem Tode zurückgerufen werden. Nun müssen sie vor Gottes Angesicht erscheinen, um ihr Urteil entgegenzunehmen und auf dessen Vollstreckung zu warten.

[12] Offenbarung 20,4.6 [13] 1. Korinther 6,3 [14] Judas 6
[15] Offenbarung 20,5; Jesaja 24,22

42 Gottes Liebe hat gesiegt

Am Ende der 1000 Jahre kommt Christus noch einmal zurück auf die Erde. Die Erlösten und ein Gefolge von Engeln begleiten ihn. Dann wird er die „anderen Toten" zur Urteilsverkündung aus dem Tod zurückholen. Ihre Zahl wird sein wie der Sand am Meer. Aber welch ein Unterschied wird das sein zu denen, die bei der ersten Auferstehung dabei waren! Während die Gläubigen mit einer erneuerten, unsterblichen Leiblichkeit auferstanden sind, werden die Ungerechten unübersehbar die Spuren der Krankheit und des Todes an sich tragen.

Aller Augen werden sich auf Christus richten, und sogar die Ungläubigen werden rufen: „Gesegnet ist, der da kommt im Namen des Herrn!" Dieses Bekenntnis ist allerdings kein Ausdruck von Verehrung oder gar Liebe, sondern die Macht der Wahrheit wird sie dazu nötigen. Als sie starben, waren sie Feinde Gottes; jetzt, da sie ins Leben zurückgerufen werden, sind sie es immer noch. Wenn es möglich wäre, würden sie sofort wieder gegen Gott und die Seinen losschlagen. Selbst wenn ihnen noch einmal eine Gnadenzeit gewährt würde, könnte ihr hartes Herz nicht umgewandelt werden. Sie würden sich wieder gegen Gott empören und seine Gebote mißachten.

Mit Jesus und den Erlösten wird zugleich die Stadt Gottes, das neue Jerusalem, auf die Erde herniederkommen. Christus und die Seinen werden unter unvorstellbarem Jubel in die heilige Stadt einziehen. Für Satan wird das der Anlaß sein, sich in einer letzten großen Anstrengung gegen Gott aufzubäumen. Er wird den auferstandenen Ungläubigen vormachen, seine Kraft sei es gewesen, die sie aus dem Tod zurückgerufen habe, und er könne sie doch noch zum Sieg über Christus und die Seinen führen. Um seinen Worten Nachdruck zu verleihen, wird Satan Wunder wirken, und wieder werden die Massen ihm glauben.

Das letzte Gefecht

Unter den Auferstandenen sind berühmte Herrscher, die zu ihrer Zeit weite Teile der Welt beherrschten, und große Feldherren, die nie eine Schlacht verloren haben. Dem Grab entstiegen, werden sie dort fortsetzen wollen, wo sie einst abbrechen mußten. Satan wird sich ihre Gier nach Macht und ihre Feindschaft gegen Gott zunutze machen und sie für seine letzte Schlacht gegen Christus gewinnen. An Zahl werden sie den Erlösten in der heiligen Stadt weit überlegen sein. Das wird sie in der Annahme bestärken, sie könnten den Kampf gewinnen.

Wenn die satanische Heeresmacht gegen das neue Jerusalem vorrücken wird, gibt Christus den Befehl, die Tore der Stadt zu schließen. Und dann erscheint er selbst in seiner göttlichen Herrlichkeit vor den Augen seiner Feinde. Hoch über der Stadt wird der Gottessohn auf seinem Königsthron sitzen, umgeben von den Seinen. Zu ihnen werden Menschen gehören, die einst Satan gedient haben, aber dann mit ganzem Herzen Jesus nachgefolgt sind, der sie wie Brandscheite aus dem Feuer gerettet hat. Und andere werden ihm zur Seite stehen, die inmitten von Falschheit und Ungerechtigkeit ihren Glauben nicht verleugnet haben. Millionen von Menschen werden um ihn sein, die lieber ihr Leben dahingegeben haben, als Jesus untreu zu werden. Und unter ihnen wird nicht ein einziger sein, der sich die Erlösung selbst zuschreibt, als hätte er Gottes Reich durch eigene Kraft und Rechtschaffenheit erreichen können. Die Erlösten reden nicht von dem, was sie geleistet oder gelitten haben, sondern sie stimmen ein in das Lied der Überwinder: Heil sei unserm Gott und dem Lamm!

Das Urteil wird gefällt

Dann wird Christus in Gegenwart aller Bewohner der Erde und des Himmels gekrönt werden. Angetan mit den Zeichen der Herrschaft und der Macht verkündet der König aller Könige das Urteil über alle, die sich gegen den Willen Gottes aufgelehnt haben. Im letzten Buch der Bibel heißt es: „Und ich sah einen großen, weißen Thron und den, der darauf saß; und vor seinem Angesicht floh die Erde und der Himmel, und ihnen ward keine Stätte gefunden. Und ich sah die Toten, beide, groß und klein, stehen vor dem Thron, und Bücher wurden aufgetan. Und ein andres Buch ward aufgetan, welches ist das

Buch des Lebens. Und die Toten wurden gerichtet nach dem, was geschrieben steht in den Büchern, nach ihren Werken." [1]

Wenn Jesu Blick auf die versammelte Menge der Ungläubigen fällt, dann wird sich jeder seiner Schuld bewußt werden. Die Menschen werden genau wissen, wo sie vom Weg Gottes abgewichen sind, was sie hätten tun und was sie hätten unterlassen sollen. Sie werden erkennen, wie oft Gott sie zur Umkehr gerufen und ihnen die Chance zum Neuanfang gegeben hat, aber sie haben nicht gewollt. Ihre Schuld wird ihnen wie mit Flammenschrift geschrieben vor Augen stehen, und die Last ihrer unvergebenen Sünden wird sie schier erdrücken. Wenn dann über dem Thron das Zeichen des Kreuzes erscheint, wird das Leben Jesu und alles, was er für die Menschheit getan hat, wie in einer Panoramaschau vor den Augen der Menschen ablaufen. Keiner – selbst Satan nicht – wird sich diesem gewaltigen Schauspiel entziehen können. Besonders betroffen werden diejenigen sein, die direkt für das Leiden und Sterben des Gottessohnes verantwortlich waren: Herodes, Pilatus, die damalige Geistlichkeit, die römischen Legionäre, der Verräter Judas. Gern würden sie sich verbergen vor den Augen dessen, den sie gepeinigt und verurteilt haben, aber es wird keinen Ort geben, wohin sie fliehen könnten.

In der heiligen Stadt werden die Gläubigen dem Erlöser ihre Kronen als Zeichen der Ergebenheit zu Füßen legen. Draußen werden alle, die Gottes Kinder verfolgt, gedemütigt und getötet haben, schaudernd auf ihre gerechte Strafe warten: römische Kaiser, heidnische Fürsten, Päpste, Priester sowie kirchliche und weltliche Machthaber jeder Art. Sie alle haben vor Gott Rechenschaft abzulegen und müssen erkennen, daß er keinen ungestraft läßt, der sein Gesetz mit Füßen getreten hat. Die Frevler und Heilsverächter aller Zeiten stehen vor den Schranken des göttlichen Gerichts unter der Anklage des Hochverrats. Weil sie bei Lebzeiten die Fürsprache Jesu abgelehnt haben, ist jetzt niemand da, der sie verteidigen könnte. Deshalb wird die Strafe des ewigen Todes über sie verhängt.

Jetzt ist für das ganze Universum zu erkennen, daß die Auflehnung gegen Gott nicht Unabhängigkeit, Freiheit und unbegrenztes Leben mit sich bringt – wie Satan das immer behauptet hatte –, sondern Knechtschaft, Unglück und Tod. Es wird furchtbar sein, wenn die Menschen begreifen, daß sie

[1] Offenbarung 20,11.12

Frieden und Glück eingetauscht haben gegen Elend und Verzweiflung. Aber für Korrekturen ist es nun zu spät!

Gottes Feind ist besiegt

Völlig verstört haben die Verlorenen die Krönung des Gottessohnes miterlebt. Sie sehen in seinen Händen die Tafeln des göttlichen Gesetzes, dessen Ordnungen sie mißachtet haben. Auch Satan ist beim Anblick der Hoheit Christi wie gelähmt. Ihm, der einst einer der höchsten Engelfürsten war, wird plötzlich bewußt, wie tief er durch eigene Schuld gefallen ist. Ein anderer Engelfürst steht an Gottes Seite, und Satan weiß, daß er dort stehen würde, wenn er sich nicht gegen Gott aufgelehnt hätte. Da wird die Erinnerung wach, wie auch er einst in Unschuld und Reinheit, in Frieden und Glück gelebt hat, bis er gegen Gott rebellierte und Neid und Haß gegen den Gottessohn sich in seinem Herzen einnisteten. Und er blickt zurück auf sein Werk auf Erden und die Folgen, die sich daraus ergeben haben: Feindschaft, Mord und Totschlag, Machtmißbrauch, Aufruhr, Krieg, Empörung, Ungerechtigkeit und Ströme von Blut und Tränen!

Stets war der große Empörer bemüht, sich selbst zu rechtfertigen und andere – nicht zuletzt Gott – für seine Auflehnung verantwortlich zu machen. Lange Zeit hat er damit scheinbar Erfolg gehabt, aber nun ist die Zeit gekommen, daß das wahre Wesen Satans vor aller Welt enthüllt wird. Seine Anklagen gegen die Gnade und Gerechtigkeit Gottes müssen verstummen. Der Vorwurf, den er dem Allmächtigen gemacht hat, fällt auf ihn selbst zurück. Jetzt muß sich sogar Satan vor dem Schöpfer beugen und bekennen, daß Gottes Urteil gerecht ist.

Endlich haben alle Fragen über Wahrheit und Irrtum in dem jahrtausendelangen Kampf zwischen Gut und Böse eine Antwort gefunden. Vor dem ganzen Universum ist offenbar geworden, wie sich Satans Herrschaft im Gegensatz zur Herrschaft Gottes ausgewirkt hat. Die Geschichte der Sünde wird für alle Ewigkeit der Beweis dafür sein, daß es Glück und Wohlergehen ohne Gehorsam und Liebe zu Gott nicht geben kann. Angesichts dieser unwiderlegbaren Tatsache werden alle Geschöpfe, ob sie Gott treu geblieben sind oder nicht, einstimmig erklären: „Gerecht und wahrhaftig sind deine Wege, o König der Heiligen!“

Nun ist die Stunde gekommen, da Jesus endgültig die Herrschaft übernimmt und alle, die er durch seinen Tod retten konnte, für immer bei sich hat. Es wird eine unzählbare Schar sein, die in den Ruf einstimmt: „Das Lamm, das erwürgt ist, ist würdig, zu nehmen Kraft und Reichtum und Weisheit und Stärke und Ehre und Preis und Lob."[2]

Das Ende der Gottesfeinde

Obwohl Satan sich gezwungen sieht, Gottes Gerechtigkeit anzuerkennen, ändert sich an seiner aufrührerischen Gesinnung nichts. Ein Gemisch aus Haß und Trotz veranlaßt ihn, wider jede bessere Einsicht den Kampf gegen Christus und die Seinen fortzuführen. Aber die gottlosen Massen gehorchen ihm nicht mehr. Zwar hegen auch sie weiterhin Haß gegen Gott, aber sie haben erkannt, daß Satan sie mißbraucht hat und daß jeder Widerstand zwecklos wäre. Nun wenden sie sich in ihrer Wut gegen Satan und seine Helfershelfer. Wieder wird es einen Kampf aller gegen alle geben, der mit der völligen Vernichtung endet. Alle Gottesfeinde erhalten schließlich, was sie verdient haben. Sie werden „Stroh sein, und der kommende Tag wird sie anzünden, spricht der Herr Zebaoth".[3] Feuer fällt vom Himmel; die Erde bricht auf und speit ebenfalls Feuer. Selbst die Felsen scheinen in Flammen zu stehen. Die Strafe für die Sünder wird unterschiedlich schwer sein, aber schließlich werden alle für immer vom Erdboden vertilgt. Die härteste Strafe trifft Satan, denn er ist nicht nur für seine eigenen Sünden verantwortlich, sondern auch für die, zu denen er die Gläubigen verführt hat. Deshalb ist er der Letzte, der ausgelöscht wird. Verzehrendes Feuer wird die Sünde mit Stumpf und Stiel ausrotten. Damit ist dem jahrtausendelangen Zerstörungswerk Satans für immer ein Ende bereitet. Die ganze Welt hat unter seiner dämonischen Herrschaft gelitten, nun hat sie endlich wieder „Ruhe und Frieden ... und jubelt fröhlich".[4]

Während dieses schrecklichen Gerichtes über die Feinde Gottes sind die Gläubigen in der heiligen Stadt in Sicherheit. Über alle, die an der ersten Auferstehung teilhatten, hat der zweite Tod, der die Heilsverächter endgültig auslöscht, keine Macht. Das Feuer, das die Gottlosen verschlingt, reinigt zu-

---

[2] Offenbarung 5,12 [3] Maleachi 3,19 [4] Jesaja 14,7

gleich die Erde für das Neue, das Gott verheißen hat: „Und ich sah einen neuen Himmel und eine neue Erde; denn der erste Himmel und die erste Erde vergingen.“ [5]

Das Alte ist vergangen

Jede Spur der Sünde wird ausgetilgt; nichts wird mehr an die schreckliche Geschichte der Sünde erinnern – schon gar nicht eine ewig brennende Hölle. Nur die Narben der Geißelung und Kreuzigung werden am Körper des Gottessohnes für immer zu sehen sein. Sie sind ein ewiges Zeichen dafür, wie tief sich Christus aus Liebe zu uns erniedrigt hat.

Bevor Jesus seine Jünger verließ und in die Nähe Gottes zurückkehrte, hatte er ihnen zugesagt, daß er in Gottes Welt Wohnungen für sie vorbereiten würde. Immer wieder haben die Gläubigen sich gefragt, wie diese himmlische Wohnstätte wohl aussehen mag; aber selbst die kühnsten Vorstellungen mußten an der Wirklichkeit vorbeigehen, denn: „Was kein Auge gesehen hat und kein Ohr gehört hat und in keines Menschen Herz gekommen ist“, das hat Gott denen bereitet, die ihn lieben. [6]

Was ein Leben in Gottes Reich und in seiner Nähe bedeutet, läßt sich mit Worten nicht beschreiben – ja es läßt sich nicht einmal denken: Man muß es erleben! An verschiedenen Stellen spricht die Bibel in Bildern und Vergleichen von der ewigen Heimat der Erlösten, aber diese Bilder sind ja nicht die Wirklichkeit, sondern nur der Versuch, mit menschlichen Worten das anschaulich zu machen, was alle Vorstellungen sprengt. [7] Auf der neuen Erde werden die Bewohner ein gesichertes Leben führen. Ungerechtigkeit, Unfrieden, Gefahr, Feindschaft zwischen den Geschöpfen Gottes, Schmerzen, Tränen und Vergänglichkeit wird es nicht mehr geben. Mittelpunkt des Reiches Gottes ist dann das neue Jerusalem. Es wird keinen Tempel mehr geben, denn Gott selbst ist gegenwärtig; es wird keine Finsternis mehr geben, weil Gott das Licht der Welt ist. Das aber, was für die Kinder Gottes zweifellos am wichtigsten ist, drückt Johannes so aus: „Siehe da, die Hütte Gottes bei den Menschen! Und er wird bei ihnen wohnen, und sie werden sein Volk sein, und er selbst, Gott, wird mit

---

[5] Offenbarung 21,1 [6] 1. Korinther 2,9 [7] Jesaja 11,6.9; 32,18; 35,1ff.; 55,13; 60,18; 65,21.22; Offenbarung 21,22; 22,5

ihnen sein." [8] Die Trennung zwischen Gott und Mensch wird aufgehoben sein; die Kinder werden den Vater wieder von Angesicht zu Angesicht sehen und jederzeit Zugang zu ihm haben.

Das Leben auf der neuen Erde wird eine völlig neue Qualität haben. Die Menschen werden über unbegrenzte schöpferische Kraft verfügen, ihr Geist wird sich immer neuen Erkenntnissen öffnen, sie werden tätig sein und doch nicht ermüden. Die Kräfte von Leib, Seele und Geist werden sich zu nie gekannten Höhen entfalten. Den Erlösten wird das ganze Universum offenstehen. Nicht mehr an Zeit und Raum gebunden, werden sie ferne Welten besuchen können, deren Bewohner Anteil genommen haben an dem, was auf unserer Erde geschehen ist und von denen sie lernen können, was Leben in einer von Sünde unberührten Welt bedeutet. In Ewigkeit werden ihnen reichere und herrlichere Offenbarungen Gottes und Christi zuteil werden. Mit wachsender Erkenntnis werden auch Liebe, Ehrfurcht und Glück zunehmen. Je mehr die Menschen von Gott lernen, desto mehr werden sie ihn bewundern. Und wenn Jesus ihnen den Reichtum der Erlösung und die Zusammenhänge des erbitterten Kampfes gegen Satan erschließt, werden ihm die Herzen der Erlösten in immer stärkerer Liebe entgegenschlagen.

Der große Kampf ist beendet. Sünde und Sünder sind nicht mehr. Das Weltall ist wieder frei von Auflehnung und Haß. Eintracht und Freude bestimmen das Zusammenleben. Von Gott, der alles erschaffen hat, gehen Leben, Licht und Freude aus. Vom kleinsten Atom bis zum größten Weltenkörper bezeugt die Schöpfung in ungetrübter Schönheit und Harmonie: Gott ist Liebe!

---

[8] Offenbarung 21,3

Anmerkungen

(1) **Titel der Päpste** – In einem Abschnitt des bis 1918 gültigen römischen kanonischen Gesetzes, des Corpus Iuris Canonici, erklärt Papst Innozenz III. (1198–1216): Der römische Papst ist „der Vizeregent auf Erden, nicht nur eines Menschen, sondern des wahren Gottes". In einer Randbemerkung zu diesem Abschnitt wird ausgeführt, dies sei der Fall, weil er Christi Stellvertreter und Christus tatsächlich Gott und Mensch ist.
Quellen: Decretales Domini Gregorii Papae IX., liber 1, de translatione Episcoporum, Titel 7, Kap. 3; Corpus Iuris Canonici, 2. Aufl., Leipzig, 1881, Sp. 99; Paris, 1612, Bd. Il, „Decretales", Sp. 205
Der Titel „der Herr Gott Papst" ist zu finden in einer Anmerkung zu den „Extravagantes" Papst Johanns XXII. im 14. Abschnitt des vierten Kapitels, das die Überschrift „Declaramus" trägt. Die zwei Sammlungen der Extravaganten Johannes XXII. und der Extravagantes communes wurden von Jean Chappuis, 1500 in Paris herausgegeben. In der Antwerpener Ausgabe der „Extravagantes" vom Jahre 1584 stehen die Worte: „Dominum Deum nostrum Papam" in der 153. Spalte. In der Pariser Ausgabe vom Jahre 1612 kommen sie in der 140. Spalte vor. In verschiedenen späteren Ausgaben fehlt das Wort „Deum" (Gott).

(2) **Unfehlbarkeit** – Die Unfehlbarkeit ist nur mit dem Amte des Papstes verknüpft, nicht mit der Person ohne das Amt. Nach Algermissen (Konfessionskunde, 1950, S. 221) ist der Papst, wenn er eine derartige Lehrentscheidung ex cathedra fällt, nicht nur unfehlbar und irrtumslos, sondern irrtumsunfähig!
Die Unfehlbarkeitserklärung hat in den entscheidenden Sätzen folgenden Wortlaut: „Uns also der vom Anfange des christlichen Glaubens an erhaltenen Überlieferung getreulich anschließend, zur Ehre Gottes, unseres Heilandes, zur Erhöhung der katholischen Religion und zum Heile der Völker, lehren Wir unter Zustimmung des heiligen Konziles und erklären endgültig, daß es ein von Gott geoffenbarter Glaubenssatz sei: Wenn der römische Papst ex cathedra spricht, d. i., wenn er des Amtes als Hirte und Lehrer aller Christen waltet und kraft seiner höchsten Apostolischen Autorität endgültig entscheidet (definit), eine Lehre über Glauben oder Sitten sei von der ganzen Kirche festzuhalten, erfreut er sich auf Grund des göttlichen Beistandes, der ihm im heiligen Petrus verheißen ist, jener Unfehlbarkeit, mit welcher der göttliche Erlöser seine Kirche bei endgültiger Festsetzung einer Lehre über Glauben oder Sitten ausgerüstet haben wollte; deshalb sind derartige endgültige Festsetzungen (definitiones) des römischen Papstes

durch sich selber, nicht aber durch die Zustimmung der Kirche unabänderlich (ex sese, non autem ex consensu ecclesiae irreformabiles)." (Wortlaut bei Denzinger, „Enchiridion symbolorum", 1839, herausgegeben von Karl Rahner, 1953, zitiert nach der 16./17. Aufl., 1928)

(3) **Bibelverbot** – In der alten Kirche wurde den Laien das Bibellesen sehr empfohlen. Die Kirchenväter haben sich, wie ihre Zeugnisse zeigen, eindeutig für das Lesen und Forschen in der Heiligen Schrift ausgesprochen.
Clemens von Rom (um 100) sagte: „Leset fleißig die heiligen Schriften, die wahren Aussprüche des Heiligen Geistes!" „Ihr kennet, Geliebte, recht gut die heiligen Schriften, ihr habt gute Einsicht in die Aussprüche Gottes, behaltet sie, um euch daran zu erinnern."
Tertullian von Karthago (160–220): „Gott gab uns die Schrift, damit wir vollkommener und nachdrücklicher sowohl ihn selbst, als seinen Willen kennenlernen."
Clemens von Alexandria (150–215): „Das göttliche Wort ist ja keinem verheimlicht, dieses Licht ist allen gemein; eilet denn zu eurem Heil."
Origenes (185–254): „Wollte Gott, wir erfüllten alle, was geschrieben steht: ‚Forschet in der Heiligen Schrift!'" – „Toren und Blinde müßten ja alle sein, die nicht erkennen, daß Bibellesen große und würdige Begriffe erweckt." – „Wir wünschen, daß ihr euch ernstlich bemühet, nicht allein in der Kirche das Wort Gottes zu hören, sondern euch auch in euren Häusern darin übet und das Gesetz des Herrn Tag und Nacht betrachtet; denn da ist Christus, und allenthalben ist er dem nahe, der ihn suchet."
Athanasius der Große (295–373): „Wir haben zu unserem Heil die göttlichen Schriften ... Diese Bücher sind die Quellen des Heils, auf daß, wer Durst hat, ihn stille an den Offenbarungen, die sie enthalten; denn nur in diesen Büchern ist die Unterweisung in der Gottseligkeit dargelegt. Niemand wage es, etwas hinzu oder davon zu tun!"
Chrysostomus (354–407): „Ihr glaubt, das Lesen der Heiligen Schrift gehöre nur für die Mönche, da es doch vielmehr euch noch mehr nötig ist als ihnen. Denn die in freier Welt leben und denen es an täglichen Wunden nicht fehlt, bedürfen am meisten der Heilung; desto schlimmer und unverantwortlicher ist es zu glauben, die heiligen Schriften seien unnütz ... denn so etwas kann nur vom Bösen ersonnen werden."
Hieronymus (347–420): „Du sollst sehr fleißig die heiligen Schriften lesen, ja, sie sollen fast niemals aus deinen Händen kommen."
Augustin (354–430): „Es wäre gottlos von uns, wenn wir das nicht lesen wollten, was um unsertwillen geschrieben ist." – „Trachtet unter Gottes Beistand aus allen Kräften danach, daß die Heilige Schrift in euren Haushaltungen fleißig gelesen werde."
Gregor der Große (um 600): „Was ist die Heilige Schrift anderes als ein Sendschreiben des allmächtigen Gottes an seine Geschöpfe? Wenn ein irdischer König an euch schriebe, so würdet ihr nicht ruhen und euch

keinen Schlaf gönnen, bis ihr sein Schreiben gelesen. Nun hat der Herr des Himmels und der Erde einen für dein Leben wichtigen Brief geschrieben, und du solltest nicht begierig sein, denselben zu lesen?"
Trotz dieser Zeugnisse war das Lesen der Heiligen Schrift in der Landessprache lange Jahrhunderte verboten. Noch in den letzten zwei Jahrhunderten haben sich Päpste scharf gegen die Verbreitung und das Lesen der Bibel ausgesprochen. Gregor XIV. forderte 1844 in einer Bulle die Geistlichen auf, den Gläubigen die in die Volkssprache übersetzten Bibeln aus den Händen zu reißen!
Eine gewisse Wendung wurde erst unter Leo XIII. wahrnehmbar. Approbierte Bibelausgaben des Urtextes und der alten katholischen Übersetzung wurden jedem gestattet.
Trotz aller Hemmnisse und Widerstände kann man in der katholischen Kirche der letzten Jahrzehnte eine starke Bewegung zur Bibel hin beobachten. 1933 wurde eine katholische Bibelbewegung gegründet, und Pius XII. hat sich 1943 in seiner Enzyklika „Divino afflante spiritu" zu den Bestrebungen der Bibelbewegung bekannt. Ziel der Bewegung ist die Verbreitung der Bibel und die Förderung ihres Verständnisses.

(4) **Bilderdienst** – „Die Bilderanbetung war eine von jenen Verfälschungen des Christentums, die sich heimlich und fast ohne Aufsehen in die Kirche einschlichen. Diese verderbliche Gepflogenheit entfaltete sich nicht, wie andere Ketzereien, von heute auf morgen, denn in diesem Fall würde sie entschiedene Kritik und Zurückweisung erfahren haben, sondern indem sie anfangs unter einer ansprechenden Verkleidung auftrat, wurde so allmählich eine mißbräuchliche Gewohnheit nach der andern in Verbindung damit eingeführt, so daß die Kirche völlig in praktischem Götzendienst aufging, und das nicht nur ohne jeden wirksamen Widerstand, sondern auch nahezu ohne irgendeinen entschlossenen Einspruch. Als man endlich versuchte, die Bilderverehrung wieder auszurotten, war das Übel schon zu tief eingewurzelt, um es noch beseitigen zu können ... Sie muß der götzendienerischen Neigung des menschlichen Herzens zugeschrieben werden und dessen Bestreben, der Kreatur mehr zu dienen als dem Schöpfer ... Anfangs wurden Bilder und Abbildungen in den Kirchen nicht aufgestellt, um sie anzubeten, sondern um entweder mit ihrer Hilfe als Ersatz für Bücher die zu belehren, die nicht lesen konnten, oder um die andern in eine andachtsvolle Stimmung zu versetzen. Wieweit sie jemals eine solche Absicht erfüllten, ist zweifelhaft; aber selbst wenn dies eine Zeitlang der Fall gewesen sein sollte, hatte es damit doch bald ein Ende; und es wurde offenbar, daß die Bilder und Abbildungen in den Kirchen die Gemüter der Unwissenden eher verdunkelten als erleuchteten und die Andacht der Anbetenden eher erniedrigten als erhoben. Wie auch immer sie sich bemühten, die Gemüter der Menschen auf Gott zu lenken, es endete damit, daß sich die Menschen von der Anbetung Gottes zur Anbetung der geschaffenen Din-

ge hinwandten." (J. Mendham, The Seventh General Council, the Second of Nicea, Einführung, S. 3–6)
„Die byzantinischen Bilderstreitigkeiten griffen nach dem Westen hinüber, und zwar dadurch, daß Papst Hadrian I. die Akten des nicänischen Konzils an Karl den Großen sandte. Dieser ließ durch seine Hoftheologen (Alkuin) eine die Bilderverehrung ablehnende umfangreiche Streitschrift (die Libri Carolini) anfertigen, welche die nicänischen Synodalakten Satz für Satz widerlegte und als Zweck religiöser Bilder nur die Belehrung des Volkes und die würdige Ausschmückung kirchlicher Räume anerkannte. Die hier vertretenen Grundsätze wurden durch die fränkische Synode zu Frankfurt (794) bestätigt." (Die Religion in Geschichte und Gegenwart, Bd. I, Sp. 1106)
Quellen: Ein Bericht über die Sitzungsprotokolle und Entscheidungen auf dem zweiten Konzil in Nizäa bei Baronius, Ecclesiastical Annals, Bd. IX, S. 391–407, Antwerpener Ausgabe, 1612; Ed. Stillingsfleet, Defense of the Discourse Concerning the Idolatry Practiced in the Church of Rome, London, 1686; A Select Library of Nicene and Post-Nicene Fathers, second series, Bd. XIV, S. 521–687, New York, 1900; C. J. Hefele, Konziliengeschichte, 7 Bde.

(5) **Sonntagserlaß Konstantins** – Das Sonntagsgesetz vom 7. März 321: „Alle Richter und Bewohner der Städte, auch die Ausübung aller Gewerbe sollen am ehrwürdigen Tag der Sonne ruhen. Dennoch dürfen die Landleute den Ackerbau frei und ungehindert betreiben, zumal es sich häufig trifft, daß an keinem andren Tage das Getreide den Furchen oder die Weinstöcke den Gruben so passend anvertraut werden können, damit nicht der Vorteil, den die himmlische Vorsehung zugestanden hat, mit der Gelegenheit einer so kurzen Zeitspanne verloren gehe. Gegeben am 7. März, Krispus und Konstantin, zum zweiten Male Consuln, 321." (Corpus Iuris Civilis, II, Codex Justinianus, III, 12,2, übersetzt von einem Verein Rechtsgelehrter, herausgegeben von Dr. Otto, Leipzig, 1832)

(6) **Prophetische Daten** – Für die Auslegung prophetischer Zeitweissagungen gilt als Grundlage das Jahr-Tag-Prinzip, bei dem ein prophetischer Tag einem geschichtlichen Kalenderjahr entspricht. So waren die vierzig Tage der Erkundung des Landes durch die zwölf ausgesuchten Männer das prophetische Maß für die angekündigte vierzigjährige Wüstenwanderung Israels; ein sinnbildlicher Tag stand für ein buchstäbliches Jahr (4. Mose 14,34).
Auch Hesekiel wurde in einer prophetischen Botschaft von Gott ein prophetischer Tag für ein Kalenderjahr der Geschichte genannt (Hes. 4,4–6).
Diesem Jahr-Tag-Prinzip kommt große Bedeutung zu für die Zeitbestimmung der Prophezeiung von den 2300 Abendmorgen (Dan. 8,14) und der prophetischen Zeitspanne von 1260 Tagen, die verschiedentlich angegeben wird als „eine Zeit und (zwei) Zeiten und eine halbe

Zeit" (Dan. 7,25), als die „zweiundvierzig Monate" (Offb. 11,2; 13,5), als die „tausendzweihundertsechzig Tage (Offb. 11,3.12.6).
Nachweislich haben christliche Theologen (Arnold von Villanove, Nikolaus von Cusa) bereits im 13. Jahrhundert das Jahr-Tag-Prinzip auf die 2300 Abendmorgen angewandt.
Schon die Kirchenväter (Tertullian, Clemens von Alexandria, Athanasius u. a.) rechneten die 70 Wochen aus Dan. 9,24–27 als messianische Prophezeiung von 490 Jahren. Der erste, der die 1260 Tage als Jahre rechnete (Dan. 7,25), war der im 12. Jahrhundert lebende Zisterzienserabt Joachim von Floris.

(7) **Gefälschte Urkunden** – Die Schenkung Konstantins und die pseudoisidorischen Dekretalen sind die wichtigsten Schriftstücke, die heutzutage allgemein als Fälschungen anerkannt werden. „Die ‚Konstantinische Schenkung' ist der seit dem späten Mittelalter übliche Name für eine Urkunde, die Kaiser Konstantin der Große an den Papst Sylvester I. sandte und die sich zuerst in einem Pariser Manuskript vermutlich zu Beginn des neunten Jahrhunderts fand (Codex lat. 2777). Vom elften Jahrhundert an benutzte man sie als einen nachdrücklichen Beweis zur Begünstigung päpstlicher Ansprüche. Sie wurde deshalb seit dem zwölften Jahrhundert Ursache heftiger Auseinandersetzungen." (New Schaff – Herzog Encyclopedia of Religious Knowledge, Bd. III, Art. „Donation of Constantine", S. 484.485) Die Konstantinische Schenkung (donatio Constantini) ist eine um 756 n. Chr. wahrscheinlich in Westfrankreich entstandene Fälschung einer Schenkung Kaiser Konstantins des Großen an Papst Sylvester I. aus Dankbarkeit für die Heilung vom Aussatz. Sie bestand aus einer großen Urkunde, worin der Kaiser den Vorrang Roms über alle Kirchen anerkannte, dem Papst kaiserliche Abzeichen verlieh und ihm außerdem den kaiserlichen Palast (Lateran) in Rom und die Herrschaft über die Stadt, Italien und alle westlichen Reichsprovinzen abtrat. Die im Mittelalter für echt gehaltene Urkunde wurde in die pseudoisidorischen Dekretalen aufgenommen. Die Konstantinische Schenkung spielte eine bedeutende Rolle in den Auseinandersetzungen zwischen Papsttum und Kaisertum im Mittelalter. Der italienische Humanist Lorenzo Valla und Nikolaus von Cusa (Cues) haben diese Fälschung um 1440 nachgewiesen.
Dennoch wurde der Glaube an die Authentizität der Schenkung und der falschen Dekretalen noch ein Jahrhundert lebendig erhalten. Zum Beispiel erkannte Luther anfangs die Dekretalen an; doch bald danach sagte er zu Dr. Eck: „Ich bestreite diese Dekretalen!", und zu Spalatin äußerte er: „Er (der Papst) verfälscht und kreuzigt in den Dekretalen Christus, das heißt: die Wahrheit!"
Es gilt als nachgewiesen, daß 1. die Schenkung eine Fälschung; 2. das Werk eines Mannes oder einer Zeitperiode ist; 3. der Fälscher ältere Dokumente verwendet hat; 4. die Fälschung aus den Jahren zwischen 752 und 778 stammt.

Die Katholiken gaben die Verteidigung der Authentizität der Schenkung auf mit Baronius, Ecclesiastical Annals, 1592.
„Die Pseudoisidorischen Dekretalen sind eine umfangreiche Sammlung angeblich sehr alter Quellen des Kirchenrechts, enthalten hauptsächlich erdichtete oder verfälschte Dekretalen, Papstbriefe (von Clemens I. bis Gregor I.), die Konstantinische Schenkung, ältere Konzilsbeschlüsse, Sätze der Kirchenväter, der Bibel und des römischen Rechts in mosaikartiger Darstellung. Als Vorarbeiten für die Pseudoisidorischen Dekretalen dienten teilweise drei andere kirchenrechtliche Fälschungen: die sog. Capitula Angilramni, eine Sammlung echter und unechter Beschlüsse römischer Synoden, Bischöfe und Kaiser, ferner eine verfälschte Neubearbeitung der alten Collectio canonum Hispana und der sog. Benedictus Levita, eine Sammlung angeblich fränkischer Kapitularien.
Die Pseudoisidorischen Dekretalen sind um die Mitte des 9. Jahrhunderts wahrscheinlich in der Kirchenprovinz Reims entstanden; der Herausgeber nennt sich Isidorus Mercator. Unmittelbarer Zweck der Sammlung war, die Kirche von der Staatsgewalt zu befreien, die Macht der Erzbischöfe zu brechen und den Primat des Papstes zu festigen.
Die Bischöfe sollten der Gerichtsbarkeit der weltlichen Gewalten sowie der der Metropoliten und Provinzialsynoden enthoben werden. Die wichtigsten Sätze der Pseudoisidorischen Dekretalen sind in die späteren Kirchenrechtssammlungen und in das Corpus Iuris Canonici übergegangen und haben besonders seit der Reformbewegung des 11. Jahrhunderts die kirchliche Rechtsentwicklung beeinflußt.
Das Mittelalter hat die Pseudoisidorischen Dekretalen für echt gehalten; aber bereits Nikolaus von Cusa (15. Jahrhundert) äußerte Bedenken. Als Fälschung wurde die Sammlung zum erstenmal in den Magdeburger Zenturien des Matthias Flacius 1559 aufgedeckt (erste protestantische Kirchengeschichte). Den umfassenden Nachweis der Unechtheit hat gegenüber dem Jesuiten Franz Torres der reformierte Theologe David Blondel (1628) erbracht." (Der Große Brockhaus, Bd. XV, S. 198)

(8) **Fegefeuer** – Das Fegefeuer ist nach dem römischen Einheitskatechismus ein Sühnort für die Seelen jener, welche, obwohl sie in der Gnade Gottes gestorben sind, der göttlichen Gerechtigkeit nicht vollständig Genugtuung geleistet haben. „Wir können die Strafen der Seelen im Fegefeuer lindern durch Gebete, Ablässe, Almosen und andere gute Werke, aber ganz besonders durch das heilige Meßopfer."
Quellen: K. R. Hagenbach, Lehrbuch der Dogmengeschichte, Bd. I, S. 197ff., 344ff., Bd. II, S. 197ff., 346f., Leipzig, 1847; Schröckh, Christliche Kirchengeschichte, Bd. XX, S. 184ff., Leipzig, 1794. Die Religion in Geschichte und Gegenwart, Bd. II, Sp. 533–535; Realenzyklopädie für protestantische Theologie und Kirche, Bd. IV, S. 514–517

(9) **Ablaß** – Jubelablaß des Bonifatius VIII. vom 23. Februar 1300: „Damit den heiligen Aposteln Petrus und Paulus um so mehr Ehre erwiesen werde, ... wollen wir ... allen denen, die in diesem Jahre 1300 und in jedem folgenden hundertsten Jahre zu den Basiliken kommen und wahre Buße getan und gebeichtet haben oder wahrhaft büßen und beichten wollen, in dem gegenwärtigen und folgenden Jahrhundert nicht nur völligen und reichlicheren, sondern vollkommensten Ablaß aller ihrer Sünden in Zukunft und jetzt aussprechen und gewähren, indem wir festsetzen, daß, wenn Römer an diesem von uns gewährten Ablaß teilhaben wollen, sie wenigstens an 30 Tagen hintereinander oder einen um den anderen Tag wenigstens einmal die Basiliken besuchen müssen. Auswärtige und Ausländer aber an 15 Tagen. Jeder wird jedoch mehr verdienen und wirksameren Ablaß erlangen, wenn er gerade die Basiliken noch öfter mit noch größerer Devotion (= Gehorsam gegen die Kirche) besucht." (Friedrich Zange, Zeugnisse der Kirchengeschichte, § 46,4)

(10) **Messe** – „Die heilige Messe, betrachtet als unblutige Erneuerung des Kreuzesopfers, ist der Griffel aller priesterlichen Macht, gleichsam der Knauf am goldenen Zepter ... Dem Machtgebot des goldenen Zepters gehorsam Folge leistend, läßt sich der eingeborene Gottessohn von neuem bei der heiligen Messe an den Kreuzesbalken schlagen ... Mit seinem Zepter dringt der Priester in den Himmel ein und holt den Gottessohn aus dem geschlossenen Kreis der Engelchöre, und diese allesamt sind machtlos, können es nicht hindern ... Er darf mit den sonst so starren, unnachgiebigen Gesetzen der Natur schalten, wie es ihm gefällt. Der letzte, höchste Machtbereich indessen steht noch aus: Der Gottessohn selbst ist ihm untertan, gehorcht ihm ‚bis zum Tode, und zwar dem Kreuzestode' ... Das Wort des Priesters gibt bei der heiligen Messe dem Gottessohn eine eigene Weise zu existieren und zu sein ... Dennoch ist der wahre Leib des Herrn auf dem Altar zugegen, wirklich und wesentlich. Wie schwach und flüchtig dünkt uns oft der Hauch aus unserem Munde, der die Verwandlungsworte formt. Doch zahlreich wie im hellen Strahl die Sonnenstäubchen wogen in ihm die Wunder auf und ab. Zerteile die heilige Hostie in tausend Stücke, und jedes birgt den ganzen Christus, und doch ist er nur einer! Lege jedes dieser tausend Stücke in einen eigenen Tabernakel der vielen Kirchen und Kapellen auf dem ganzen Erdenrund: so betet man in jedem einzelnen den ganzen Christus an, und doch ist es nur einer." (Franz Xaver Esser, a. a. O., S. 16.27.15.16.13)

(11) **Urchristentum in England** – Vermutlich sind bereits vor Ende des 1. Jahrhunderts christliche Lehrer nach England gekommen. Man nimmt an, daß es griechische Lehrer waren, die etwa 50 Jahre nach der Himmelfahrt Jesu aus dem Osten nach England gekommen sind. (Robert Parsons, Three Conversions of England)
Auch Tertullian und Origenes bezeugen in ihren Schriften die frühe

Evangelisation in England. (Tertullian, Dei Fidei, S. 179, engl. Ausgabe; Origenes, Psalm 149)
Sicher ist, daß 100 Jahre nach Tertullians Angaben England die ersten Märtyrer durch die Diokletianische Verfolgung zu beklagen hatte: Albanus von Verulam, Aaron und Julius von Caerleon und viele andere beiderlei Geschlechts. (Eduard Winkelmann, Geschichte der Angelsachsen bis zum Tode König Aelfreds, Berlin, 1883, in Onckens Allgemeine Geschichte in Einzeldarstellungen, 2. Hauptabtlg., Teil lll)

(12) **Der Sabbat bei den Waldensern** – Es gibt historische Beweise für eine Siebenten-Tags-Sabbatfeier bei den Waldensern. Ein Bericht von einem Inquisitionsgericht, vor das einige böhmische Waldenser in der Mitte des 15. Jahrhunderts geschleppt wurden, erklärt, daß unter den Waldensern „in der Tat nicht wenige den Sabbat gemeinsam mit den Juden hielten". (I. v. Döllinger, Beiträge zur Sektengeschichte des Mittelalters, München, 1890) Fraglos weist diese Stelle auf die Feier des Siebenten-Tags-Sabbats hin.

(13) **Dekrete gegen die Waldenser** – Papst Lucius III. erließ 1183 mit Billigung des Kaisers Friedrich Barbarossa das erste Dekret, dem 1192, 1220, 1229, 1236, 1243, 1253, 1332, 1380, 1400, 1476, 1487 und 1532 weitere päpstliche, kaiserliche und königliche Erlasse folgten.
Ein beträchtlicher Teil des Textes der päpstlichen Bulle von Innozenz VIII. (1487) gegen die Waldenser (das Original befindet sich in der Bibliothek der Universität Cambridge) ist in englischer Übersetzung enthalten in Dowlings History of Romanism, 6. Buch, Kap. 5, Abschn. 62, 1871.

(14) **Hus nach Prag** – Bis in die jüngere Zeit hinein war man der Meinung, daß Hus' Mutter ihren Sohn nach Prag begleitet hätte. Neuere Darstellungen bringen auch die Lesart, daß Hus' Mutter Jan nicht nach Prag, sondern unter den geschilderten Begleitumständen nach der Kreisstadt Prachatitz gebracht habe.
Quellen: Melchior Vischer, Jan Hus – Aufruhr wider Papst und Reich, Frankfurt, 1941; Arnost Kraus, Husitstvi v literature, zejmena nemecke, I. Teil, in Rozpravy ceske akademie (Das Hussitentum in der Literatur, namentlich in der deutschen, I. Teil, in Abhandlung der Tschechischen Akademie, III. Kl., Nr. 49, Prag, 1917, 223)

(15) **Spaltung der Kirche** – Die Kirche, die schon in zwei Papstkirchen auseinandergebrochen war, traf ein noch größeres Übel. Auf dem allgemeinen Konzil zu Pisa 1409 wurden die beiden Päpste, Gregor XII. und Benedikt XIII., für abgesetzt erklärt und ein neuer Papst, Alexander V., ein Grieche, gewählt. Die beiden anderen Päpste weigerten sich jedoch, ihrer Würde zu entsagen, so daß die Kirche nunmehr drei Päpste hatte. Zu Alexander V. hielten Frankreich und England; zu Benedikt XIII. die Pyrenäenhalbinsel und Schottland; zu Gregor XII.

der deutsche König, zahlreiche deutsche Territorien, Rom und Neapel. Erst auf dem Konzil zu Konstanz gelang es, das Schisma zu beseitigen.

(16) **Mißbrauch in geistlichen Dingen** – Ungefähr hundert Jahre nach Beendigung des Schismas zur Zeit des Konzils zu Pisa sagte Papst Hadrian VI. über die Zustände jener verworrenen Zeit: „Wir wissen, daß eine geraume Zeit daher viel Verabscheuungswürdiges bei dem Heiligen Stuhle stattgefunden hat: Mißbräuche in geistlichen Dingen, Überschreitung der Befugnisse; alles ist zum Bösen verkehrt worden. Von dem Haupte ist das Verderben in die Glieder, von dem Papste über die Prälaten ausgebreitet worden; wir sind alle abgewichen; es ist keiner, der Gutes getan, auch nicht einer."
Ranke schreibt über ihn: „Er dagegen versprach nun alles, was einem guten Papste zukomme: die Tugendhaften und Gelehrten zu befördern, die Mißbräuche, wenn nicht auf einmal, doch nach und nach abzustellen; eine Reformation an Haupt und Gliedern, wie man sie so oft verlangt hatte, ließ er hoffen ... Wollte der Papst bisherige Gefälle der Kurie aufheben, in denen er einen Schein von Simonie bemerkte, so vermochte er das nicht, ohne die wohlerworbenen Rechte derjenigen zu kränken, deren Ämter auf jene Gefälle gegründet waren, Ämter, die sie in der Regel gekauft hatten ... Um dem Unwesen des Ablasses zu steuern, hätte er gern die alten Büßungen wiederhergestellt."
(L. v. Ranke, Die Geschichte der Päpste, S. 43, Köln, 1955)

(17) **Der Geleitbrief Kaiser Sigismunds für Johannes Hus** – „Den ehrenwerten Magister Johannes Hus haben Wir in Unseren und des heiligen Reiches Schutz genommen. In vollem Ernst befehlen Wir seine Sicherheit euch allen und jedem von euch besonders. Wir wünschen für seine Person, daß ihr ihn liebenswürdig aufnehmt und freundlich behandelt. Zur Schnelligkeit und Sicherheit seiner Reise wollt und sollt ihr ihm zu Lande und zu Wasser jede Förderung zukommen lassen. Ihr müßt gestatten, daß er in allen euren Orten ohne irgendeine Beschwerde oder Behinderung durchziehe, zur Nacht bleibe, sich aufhalte und frei zurückkehre. Ihr wollet und sollet, falls es nötig ist, ihm und den Seinen sicheres und zuverlässiges Geleit besorgen. Das alles zur Ehre und zum Ansehen Unserer Königlichen Majestät."
(Palacky, Dokumente des Johannes Hus, S. 238: Ernst Ferdinand Klein, a. a. O., III, S. 25)

(18) **Prager Artikel** – Auf dem Konzil zu Basel 1433 wurden die Prager Kompakten abgeschlossen. Den Böhmen wurde die freie Predigt in der Landessprache gewährt sowie der Laienkelch. Die Geistlichen sollten der weltlichen Gerichtsbarkeit unterstellt werden. – Bis auf den Laienkelch blieben jedoch die anderen Forderungen nahezu unverwirklicht.

(19) **Ablaßhandel** – Leo X., der zur Vollendung der prunkvollen Peterskirche am 18. Oktober 1517 seine Ablaßbulle erlassen hatte, teilte die deutschen Gebiete unter drei Hauptbevollmächtigte auf, wovon der Erzbischof Albrecht von Mainz und Magdeburg einer war. Dieser ernannte als Unterbevollmächtigten den darin erfahrenen Dominikanermönch Tetzel aus Leipzig. (Hefele, Konziliengeschichte, Bd. IX, S. 11.12)

(20) **Luthers Schriften während seiner Wartburgzeit** – Auf der Wartburg schrieb Luther seine Deutsche Postille, Flugschriften über das Wesen der Beichte und Schriften gegen Privatmessen, geistliche und Klostergelübde.

(21) **Jesuitenorden** – „Wer zum Orden gehören wollte, konnte als ‚Novize' nach zweijähriger Bewährung die drei Mönchsgelübde der Armut, des Gehorsams und der Keuschheit ablegen." Die Tagesordnung des Noviziats war „bis auf die Viertelstunde genau geregelt". Nach dem Noviziat trat der Bewerber in den Orden ein und wurde „Scholastiker". Er studierte im Kolleg Rhetorik, Literatur, Physik, Mathematik und Philosophie, in den letzten Jahren auch Theologie, und schloß sein Studium mit der Priesterweihe ab. Damit war er „Geistlicher Koadjutor" und als Lehrer in den Kollegien oder als Seelsorger tätig, stand aber auch dem Ordensgeneral zur besonderen Verfügung. Wer sich bewährte, wurde – frühestens mit 45 Jahren – in die zahlenmäßig kleine Klasse der Professi, den eigentlichen Kern des Ordens, aufgenommen. Als solcher legte er noch das vierte Gelübde des unbedingten Gehorsams dem Papst gegenüber ab und wohnte in der Regel in einem „Profeßhaus". Weniger befähigte Novizen oder Scholastiker setzte man als „weltliche Koadjutoren" in der Verwaltung und zu „weltlichen" Geschäften ein. Sie legten zwar auch die drei Mönchsgelübde ab, erhielten aber keine Priesterweihe.
An der Spitze des Ordens steht noch heute die „Generalkongregation", die sich zusammensetzt aus dem General, seinem Vikar, den Provinzialen und den ältesten Professi. Sie tagt nur in außerordentlichen Fällen und beim Tode des Generals, den sie auf Lebenszeit wählt. (W. Eberhardt, Reformation und Gegenreformation, S. 270. 271)
In der 31. Regel der Konstitutionen der Gesellschaft Jesu heißt es: „Zum Fortschritt ist es vor allem ersprießlich, daß sich alle einem vollkommenen Gehorsam hingeben, indem sie den Oberen, wer immer es sei, als den Stellvertreter unseres Herrn Christi ansehen und ihm mit innerer Ehrfurcht und Liebe zugetan sind." „In einem berühmt gewordenen Brief an die Ordensmitglieder schreibt Ignatius einmal: ‚Sehen Sie auf Den, dem Sie in dem Menschen Gehorsam leisten, also auf Christus, die höchste Weisheit, die unendliche Güte und Liebe, auf den Herrn, von dem Sie wissen, daß er weder irren noch Sie täuschen kann.'" Eben weil der Jesuit in seinem Vorgesetzten stets

die göttliche Person erblickt, bedeutet für ihn der Gehorsam eine Art ‚unio mystica' mit dem Willen Gottes. Darum erinnert, wenn von diesem Gehorsam die Rede ist, die Sprache der Jesuiten in manchem an die Terminologie der Mystik: „Wer den Zustand des wahren Gehorsams erreichen will, der muß seinen Willen ausziehen und den göttlichen Willen, der ihm von seinem Oberen aufgelegt wird, anziehen."
Sorgfältig unterscheidet Ignatius verschiedene Grade des Gehorsams: Die unterste Stufe, der rein äußerliche „Gehorsam der Tat", besteht darin, daß der Untergebene sich darauf beschränkt, die ihm aufgetragene Handlung zu vollführen; diesen Gehorsam bezeichnet Ignatius als „sehr unvollkommen". Die zweite Stufe ist dadurch gekennzeichnet, daß der Untergebene auch den Willen des Oberen zu dem seinen macht: „Diese Stufe verleiht bereits Freude am Gehorchen." Wer sich aber ganz dem Dienst Gottes opfern will, muß „außer dem Willen auch noch die Einsicht darbringen". Er muß dahin gelangen, „daß er nicht nur das gleiche wolle, sondern auch das gleiche denke wie der Obere, daß er sein Urteil dem seines Vorgesetzten unterwerfe, soweit nur der ergebene Wille den Intellekt überhaupt beugen kann".
Ignatius fordert somit nichts Geringeres als die Aufopferung des eigenen Verstandes, den „schrankenlosen Gehorsam bis zum Opfer der Überzeugung".
„Mögen die übrigen religiösen Genossenschaften", schreibt Ignatius, „uns durch Fasten und Nachtwachen sowie durch andere Strenge in Nahrung und Kleidung übertreffen, so müssen unsere Brüder durch wahren und vollkommenen Gehorsam, durch den freiwilligen Verzicht auf eigenes Urteil, hervorleuchten."
„Die Gegenreformation ist eigentlich das Werk des Jesuitenordens. Seine Kampfesweise ist hinterhältig. Er hat den Grundsatz der katholischen Kirche, daß der Ketzer außerhalb des Rechtes stehe, auf die Spitze getrieben." (Appel, Kurzgefaßte Kirchengeschichte, hrsg. v. Helmut Ristow, EVA 1955, S. 339)
„Skrupellos genug gingen die Jesuiten bei der Bekämpfung und Ausrottung der Ketzerei vor. Wenn es um die Herrschaft der Kirche ging, war ihnen jedes Mittel recht. List und Gewalt standen ihnen wechselseitig zu Gebote. Sie kämpften nicht nur nach außen; auch jeder innerkatholische Annäherungsversuch an die verruchte Ketzerei wurde von ihnen hintertrieben." (Loewenich, Die Geschichte der Kirche, Luther-Verlag Witten/Ruhr, 1957, S. 286)
„Verborgen an den Fürstenhöfen und in der Stille der Hörsäle, bei Verhandlungen und in den Beichtstühlen haben die Ordensbrüder ihren weitreichenden Dienst getan mit dem einen Ziel, die Herrschaft Christi in einer geeinten Kirche wieder aufzurichten." (Brandt, Die Kirche im Wandel der Zeit, Brockhaus Wuppertal, 1963, S. 200)
In ihrer Jubiläumsschrift, der „Imago primi saeculi Societatis Jesu von 1640", nach: C. Mirbt, Quellen z. Gesch. d. Papsttums u. d. römischen Katholizismus, S. 375, kennzeichnen die Jesuiten ihr Verhältnis zur Reformation selbst mit den Worten: „Was anderes war Luthers

Vorsatz, als den römischen Glauben auszutilgen, die Autorität des Papstes zu vernichten, die Sitten zu verderben, mit einem Worte, die Menschen von den Gläubigen Christi und von aller Rechtschaffenheit loszureißen? ... Jener schandbare Abtrünnige hat nicht nur die Ungelehrten aus der untersten Hefe des Volkes, sondern auch die durch gottloses und ruchloses Leben, durch Sittenverderbnis berüchtigten Verderber des Wortes Gottes ... in die Schlacht geführt." (lib. IV, oratio 5) „Es kann nicht geleugnet werden, daß von uns ein heftiger, dauernder Kampf für die katholische Religion gegen die Ketzerei begonnen worden ist ... Solange noch ein Lebenshauch in uns ist, werden wir gegen die Wölfe anbellen, um die katholische Herde zu verteidigen. Es gibt keine Hoffnung auf Frieden, der Same des Hasses ist uns eingeboren. Was Hamilcar dem Hannibal, das war uns Ignatius: Auf seine Anstiftung hin haben wir ewigen Krieg an den Altären geschworen." (lib. VI, cap. 4) (Thrändorf/Meltzer, Kirchengeschichtl. Quellenlesebuch, S. 183; Zange, Zeugnisse der Kirchengesch. § 69, 32)

(22) **Die Inquisition** – „Die alte katholische Kirche kannte zwar seit dem ausgehenden vierten Jahrhundert Zwangsmaßnahmen gegen Ketzerei, aber keine zur Aufsuchung der Ketzer eingerichtete Behörde. Die eigentliche Inquisition ist erst in dem schweren Kampf der katholischen Kirche gegen die großen volkstümlichen Sekten des 12. Jahrhunderts, die Katharer und Waldenser, erwachsen. 1183 verfügte Papst Lucius III. in Übereinstimmung mit Friedrich I. auf dem Konzil von Verona nicht nur die Verurteilung, sondern auch die Aufsuchung der Häretiker und führte dadurch die bischöfliche Inquisition ein. Papst Innozenz lll. ergriff einschneidende Maßregeln. Um 1199 sandte er zwei Zisterziensermönche als päpstliche Legaten mit weitgehenden Vollmachten zur Unterdrückung der Katharer und Albigenser nach Südfrankreich, wozu auch die weltliche Macht aufgeboten wurde. Das vierte Laterankonzil (1215) machte die Aufsuchung und Bestrafung der Ketzer zu einer Hauptaufgabe der Bischöfe. Das Konzil zu Toulouse (1229) verschärfte diese Bestimmungen noch. Die geheimen Zufluchtsstätten der Ketzer sollten erforscht und entdeckte Ketzer gefangengenommen werden ... Die Namen der Ankläger und Zeugen wurden den Angeklagten verheimlicht ... Über ketzerische Gegenden wurde das Interdikt verhängt. Die leiblichen Strafen, namentlich die Todesstrafe, überließ die Kirche der weltlichen Obrigkeit." (Der Große Brockhaus, Bd. IX, S. 137f.)
Papst Gregor IX. bestellte die Dominikaner zu ständigen päpstlichen Inquisitoren. – In Deutschland verschwand die Inquisition unmittelbar nach der Reformation. Spanien hob sie erst 1834 auf, Italien 1859, Frankreich 1772. 1542 wurde die Inquisition reorganisiert und erhielt den Namen Sacra Congregatio Romana (Heiliges Offizium). Als oberste Instanz in Glaubenssachen besteht die Inquisition noch heute. Über die Reinheit des katholischen Glaubens wacht sie als Kardinalskongregation des Heiligen Offiziums (Congregatio sancti Officii).

(23) **Verbot des Bibellesens in Frankreich** – „Als im 12. Jahrhundert die Waldenser die Heilige Schrift in ihrer Muttersprache erhielten und sie mit neuem Eifer lasen und in Volkskreisen verbreiteten, erklärte Innozenz lll. in einem Schreiben an den Bischof von Metz vom Jahre 1199, daß, obgleich das Verlangen, die göttlichen Schriften zu lesen und zum Studium derselben zu ermuntern, nicht zu tadeln, vielmehr zu empfehlen sei, doch das Lesen derselben in Konventikeln (heimlichen Zusammenkünften) nicht geduldet werden könne ... Im Jahre 1229 erließ dann das Konzil zu Toulouse das Gebot, daß den Laien Bücher des Alten oder Neuen Testaments zu besitzen nicht gestattet sei; außer wenn einer den Psalter oder das Brevier oder die Horen der heiligen Maria zur Andachtsübung haben wolle, aber auch diese nicht in der Volkssprache übersetzt ... Der Besitz von Büchern Alten und Neuen Testaments in romanischer Sprache wurde den Laien auch von dem Konzil zu Tarragona 1234 untersagt. Wer solche habe, solle sie binnen acht Tagen nach Veröffentlichung dieser Verordnung dem Bischofe des Orts ausliefern, damit sie verbrannt würden; wer das nicht tue, er sei Kleriker oder Laie, solle als der Ketzerei verdächtig erachtet werden ... 1486 erklärte der Erzbischof von Mainz, daß die deutsche Sprache nicht geeignet sei für den Ausdruck der tiefen Religionswahrheiten ...
Erneuert und verschärft wurde das Verbot des Bibellesens gegenüber dem Jansenismus (Reformationsrichtung in Frankreich), besonders nach dem Erscheinen der französischen Übersetzung des Neuen Testaments von Pater Quesnel (Paris 1693) mit Erklärungen, in welchen gelehrt wird, daß die Bibel für alle Christen gegeben worden sei, ja, daß sie ihnen nützlich, ja notwendig sei ... Diesen Lehrsätzen trat Clemens Xl. in der berüchtigten Bulle Unigenitus 1713 mit 101 Propositiones entgegen, in welchen nicht bloß Sätze aus Quesnels Neuem Testament, sondern auch solche, die beinahe buchstäblich in der Heiligen Schrift sich finden, ... kurz als Ausbund alles Schlechten verdammt wurden ... Nach heftigen Kämpfen gelang es den Jesuiten, bei dem Parlamente ihre Eintragung in die Reichsgesetze durchzusetzen." (Meusel, Kirchliches Handlexikon, Bd. I, S. 417f.)

(24) **Die Unterdrückung der Heiligen Schrift** – Das Konzil zu Toulouse, das zur Zeit des Kreuzzuges gegen die Albigenser tagte, entschied: „Wir untersagen auch, daß man den Laien gestatte, die Bücher des Alten und des Neuen Testaments zu besitzen ... Wir verbieten ihnen auf das nachdrücklichste, die oben erwähnten Bücher in der Volkssprache zu besitzen."
„Die Wohnungen, die elendesten Hütten und selbst die verborgensten Zufluchtsstätten jener Menschen, bei denen man derartige Schriften findet, sollen vollständig vernichtet werden. Diese Leute sollen bis in die Wälder und Höhlen verfolgt werden, und wer ihnen Obdach gewährt, hat strenge Strafe zu erwarten." (Concil. Tolosanum, Pope Gregory IX., Anno chr. 1229, Decree 2,14)

Das Konzil zu Tarragona (1234) bestimmte: „Niemand darf das Alte oder Neue Testament lesen oder verbreiten ... oder ... er würde der Ketzerei angeklagt werden."
Auf dem Konzil zu Konstanz 1415 wurde Wyclif nachträglich noch durch den Erzbischof von Canterbury, Arundel, verdammt als „jener giftige Bube einer verdammungswürdigen Ketzerei, der eine neue Übersetzung der Heiligen Schrift in seiner Muttersprache eingeführt hat".

(25) **Verbreitung der Heiligen Schrift** – Die Bibel und Bibelteile sind bis zum Jahre 1992 in 2009 Sprachen und Dialekte übersetzt worden. Im Jahre 1992 wurden 16,8 Millionen Bibeln, 13,8 Millionen Neue Testamente, 48,3 Millionen Bibelteile und 539 Millionen Auswahltexte hergestellt und verbreitet.

(26) **Erdbeben zu Lissabon** – Wohl hat es an Vernichtungsgewalt, an Zahl der Toten und sonstigen Schäden größere und entsetzlichere Erdbeben gegeben, aber keines hat so tiefgreifend auf die geistige und auch seelische Verfassung der Menschen gewirkt wie das von 1755. Gerade weil in der Zeit der Aufklärung, des Verstandes und der Vernunft der Autorität heischenden Macht Gottes und der Religion der Kampf angesagt worden war, glaubte man, die so plötzlich und schrecklich hereinbrechende Erschütterung als ein nachdrückliches Zeichen für das Wirken Gottes werten zu müssen, der sich durch sein Strafgericht menschlicher Anmaßung entgegenstellte. Deshalb griffen die geistigen Auswirkungen dieses Erdbebens unendlich tiefer in das Bewußtsein des Volkes ein als die materiellen Verluste. Man erinnerte sich, daß es einen Gott als Herrn der Geschichte gab! Der Vernunftglaube war erschüttert.

(27) **William Miller** – Er wurde am 15. Februar 1782 in Pittsfield, Mass. (USA), geboren. Am 20. Dezember 1849 starb er in Low Hampton, N.Y., wohin seine Eltern im Jahre 1786 gezogen waren. Eine ausführliche Lebensbeschreibung wurde von seinem Biographen Sylvester Bliss herausgegeben: Memoirs of William Miller, Boston, 1853.

(28) **Prophetische Daten** – Der jüdischen Zählung gemäß fiel der fünfte Monat (Ab) des siebenten Jahres der Regierung des Artaxerxes in die Zeit vom 23. Juli bis zum 21. August 457 v. Chr. Nach der Ankunft Esras in Jerusalem im Herbst jenes Jahres trat der Befehl des Königs in Kraft. Für die Bestimmung des Datums 457 v. Chr. als das siebente Jahr des Artaxerxes siehe bei: S. H. Horn und L. H. Wood, The Chronology of Ezra 7, Washington, 1953; E. G. Kraeling, The Brooklyn Museum Aramaic Papyri, S. 191–193, New Haven or London, 1953; Seventh-day Adventist Bible Commentary, Bd. III, S. 97–110, Washington, 1954.

(29) **Der Fall des Osmanischen Reiches** – Der Vormarsch der mohammedanischen Türken gegen Europa nach dem Fall von Konstantinopel im Jahre 1453 war ebenso ernst und heftig wie eineinhalb Jahrhunderte nach Mohammeds Tod die verhängnisvollen Eroberungszüge der mohammedanischen Sarazenen gegen das Oströmische Reich. Während des ganzen Reformationszeitalters waren die Türken an den östlichen Toren der europäischen Christenheit eine ständige Bedrohung; die Schriften der Reformatoren enthalten eine Fülle von Verdammungsurteilen gegen die osmanische Macht. Christliche Schreiber haben sich seitdem immer wieder mit der Rolle der Türken im zukünftigen Weltgeschehen befaßt, und Ausleger der prophetischen Schriften haben die türkische Macht und ihren in der Schrift vorausgesagten Niedergang erkannt. Für diese Schlußentwicklung erarbeitete Josiah Litch auf Grund der Zeitangaben in der Weissagung von der sechsten Posaune („Stunde, Tag, Monat, Jahr") eine Deutung der Zeitweissagung und nannte für das Ende der türkischen Unabhängigkeit den August des Jahres 1840. Litchs Thesen findet man ausführlich dargestellt in seinem Buch: The Probability of the Second Coming of Christ About A. D. 1843 (veröffentlicht im Juni 1838).

(30) **Himmelfahrtskleider** – Die Fabel, daß die Adventisten sich Kleider angefertigt hätten, um dem Herrn „in der Luft" zu begegnen, ist von solchen erdichtet worden, die die Sache verunglimpfen wollten. Sie wurde so eifrig verbreitet, daß viele daran glaubten; aber eine sorgfältige Untersuchung erwies ihre Unrichtigkeit. Viele Jahre hindurch ist für einen Beweis, daß jene Behauptung zutreffe, eine ansehnliche Belohnung ausgesetzt gewesen, aber nicht einer ist erbracht worden. Keiner, der die Erscheinung des Herrn liebte, war der Lehren der Heiligen Schrift so unkundig, daß er hätte annehmen können, für diese Gelegenheit Kleider anfertigen zu müssen. Das einzige Kleid, welches die Heiligen nötig haben, um dem Herrn entgegenzugehen, ist die Gerechtigkeit Jesu (Offb. 19,8). Siehe: Francis D. Nichol, Midnight Cry, Kap. 25. 26. 27 und Anmerkungen H, I, J, Washington, 1944; LeRoy E. Froom, The Prophetic Faith of Our Fathers, Bd. IV, 2. Teil, Washington, 1954.

(31) **Prophetische Zeitrechnung** – Dr. G. Bush, Professor für hebräische und orientalische Literatur an der New-York-City-Universität, schrieb einen Brief an William Miller, der am 6. und 13. März 1844 in den Zeitschriften Advent Herald und Signs of the Times Reporter, Boston, veröffentlicht wurde. Er machte darin bedeutsame Zugeständnisse bezüglich dessen Berechnung der prophetischen Zeiten. Prof. Bush äußerte sich: „Nach meinem Dafürhalten kann weder Ihnen noch Ihren Freunden daraus ein Vorwurf gemacht werden, daß Sie auf das Studium der Zeitrechnung der Weissagung viel Zeit und Aufmerksamkeit verwandt und sich viel Mühe gegeben haben, das Anfangs- und Schlußdatum der großen prophetischen Zeitspannen festzustellen.

Falls diese Perioden tatsächlich durch den Heiligen Geist in den prophetischen Büchern niedergelegt sind, dann unzweifelhaft zu dem Zweck, daß sie studiert und schließlich auch völlig verstanden werden sollten; man kann niemandem vermessene Torheit zur Last legen, der ehrfurchtsvoll den Versuch macht, dies zu tun ... In der Annahme, daß ein Tag nach prophetischem Sprachgebrauch ein Jahr bedeutet, glaube ich, daß Sie sich auf die sicherste Bibelauslegung stützen und auch bestärkt werden durch die angesehenen Namen von Mede, Newton, Kirby, Scott, Keith und vielen anderen, welche in diesem Punkt schon längst auf wesentlich dieselben Schlüsse wie Sie gekommen sind. Sie stimmen alle darin überein, daß die von Daniel und Johannes erwähnten maßgebenden Perioden tatsächlich ungefähr in unserer Zeit ablaufen, und es müßte eine seltsame Logik sein, welche Sie der Ketzerei bezichtigen wollte, weil Sie in Wirklichkeit dieselben Ansichten hegen, die in den Angaben dieser hervorragenden Gelehrten so sehr hervortreten ... Ihre Ergebnisse auf diesem Gebiet der Forschung dünken mich bei weitem nicht so sehr abweichend, als daß sie irgendwie die großen Grundsätze der Wahrheit und der Pflicht beeinträchtigen könnten ... Ihr Irrtum liegt nach meiner Auffassung in einer andern Richtung als derjenigen der Zeitrechnung ... Sie haben die Natur der Ereignisse, die sich beim Ablauf der Zeitperioden zutragen sollen, gänzlich mißverstanden. Dies ist der Kern und die Summe Ihres Fehlers in der Auslegung." Siehe auch: LeRoy E. Froom, The Prophetic Faith of Our Fathers, Bd. I, Kap. 1 u. 2, Washington, 1950.

(32) **Eine dreifache Botschaft** – Offenbarung 14, 6.7 sagt die Verkündigung der ersten Engelsbotschaft voraus. Dann fährt der Prophet fort: „Ein anderer Engel folgte nach, der sprach: Sie ist gefallen, sie ist gefallen, Babylon, die große Stadt ... und der dritte Engel folgte diesem nach." Das hier mit „folgte nach" wiedergegebene Wort aus dem griechischen Grundtext hat in Zusammenstellungen wie den vorliegenden den Sinn von „mitgehen, begleiten". Es ist das gleiche Wort, das in Markus 5,24 gebraucht ist. „Und er ging hin mit ihm; und es folgte ihm viel Volks nach, und sie drängten ihn." Es wird auch angewandt, wo von den 144000 Erlösten die Rede ist: „Diese ... folgen dem Lamme nach, wo es hingeht." (Offb. 14,4) – In diesen beiden Stellen gibt sich der Sinn des Wortes deutlich als „begleiten, mitgehen" zu erkennen. Desgleichen in 1. Kor. 10,4, wo wir von den Kindern Israel lesen, daß sie „tranken von dem geistlichen Fels, der mitfolgte", das im Grundtext das gleiche Wort ist. Hieraus ersehen wir, daß der Sinn in Offb. 14,8.9 nicht einfach der ist, daß der zweite und dritte Engel dem ersten zeitlich folgten, sondern daß sie mit ihm gingen. Die drei Botschaften sind nur eine dreifache Botschaft. Sie sind nur drei Botschaften in der Reihenfolge ihres Beginns. Dann gehen sie miteinander und sind nicht zu trennen.

(33) **Machtanspruch Roms** – Die katholische Kirche bekennt sich heute in aller Form zur dogmatischen Intoleranz. Wie es mit der Religionsfreiheit in den Ländern bestellt ist, in denen die katholische Kirche die unumschränkte Macht besitzt, haben noch vor einigen Jahren die Verhältnisse in Spanien und Kolumbien gezeigt. In einem Flugblatt der letzten Jahre aus Spanien heißt es: „Wir würden die Scheiterhaufen der Inquisition der liberalen Toleranz vorziehen!" (nach Loewenich, Der moderne Katholizismus, S. 364ff.)
Überall da, wo der Katholizismus die Majorität besitzt, verweigert er Religionsfreiheit und Toleranz, fordert diese aber und hält sie für sein gutes Recht, sobald er in der Minderheit ist. Die katholische Kirche erhebt den Anspruch, im Besitz der Wahrheit zu sein. Aus diesem „Besitzen" ergibt sich ihre Intoleranz gegenüber Andersgläubigen.
Das katholische Lehramt, repräsentiert in der Gestalt des Pontifex maximus, bestimmt, was Wahrheit ist, entscheidet, was zu glauben ist, und beansprucht darin nicht nur Unfehlbarkeit, sondern Irrtumsunfähigkeit! Die Tradition der Kirche tritt als erste Wahrheitsquelle auf. Gegen das reformatorische Prinzip „sola scriptura", allein die Schrift, stellte das Tridentiner Konzil (Konzil zu Trient 1545–1563) die Heilige Schrift und die apostolische Tradition, wozu auch die Traditionen der Kirche zählen. In den Schriftsätzen jenes Konzils lesen wir: „Die apostolischen und kirchlichen Traditionen und die übrigen Bräuche und Satzungen dieser Kirche nehme ich mit Festigkeit an und umfasse sie." – „Ebenso nehme ich die Heilige Schrift an in dem Sinne, den die heilige Mutter Kirche festhielt und hält, deren Sache (!) es ist, über den wahren Sinn und die Auslegung der Heiligen Schrift zu urteilen; nie werde ich sie anders auffassen und erklären als nach der einmütigen Auffassung der Väter."
Alle Äußerungen von katholischer Seite zeigen, daß die katholische Kirche in der Wahrheitsfrage nicht gewillt ist, ihren Ausschließlichkeitsanspruch aufzugeben. Es ist römisch-katholische Auffassung, daß die Wahrheit niemals mit der katholischen Kirche zusammen, sondern nur in der katholischen Kirche zu verwirklichen sei.

(34) **Die Äthiopische Kirche und der Sabbat** – Bis in die jüngste Zeit hinein hielt die koptische Kirche den Sabbat. Die Äthiopier feierten daneben auch während ihrer ganzen Geschichte als christliches Volk den Sonntag, den ersten Tag der Woche. Diese Tage waren durch besondere gottesdienstliche Handlungen in den Kirchen gekennzeichnet. Die Beachtung des Siebenten-Tag-Sabbats hat jedoch praktisch im modernen Äthiopien aufgehört.

Stichwortverzeichnis

Dann sah ich einen neuen Himmel und eine neue Erde ... Vom Thron [Gottes] her hörte ich eine starke Stimme: Jetzt wohnt Gott bei den Menschen! Er wird bei ihnen bleiben, und sie werden sein Volk sein. Gott selbst wird als ihr Gott bei ihnen sein. Er wird alle Tränen abwischen. Es wird keinen Tod mehr geben und keine Traurigkeit, keine Klage und keine Quälerei mehr. Was einmal war, ist für immer vorbei.

Offenbarung 21,1–4 Die Gute Nachricht

„Als Gottes Geist mir die großen Wahrheiten seines Wortes und die Ereignisse der Vergangenheit und Zukunft erschloß, erhielt ich den Auftrag, anderen weiterzugeben, was mir offenbart worden ist. Ich sollte den jahrhundertelangen Kampf der Christenheit so nachzeichnen, daß dadurch Licht auf das fällt, was die Menschheit in der Zukunft zu erwarten hat. Das habe ich getan."

Ellen G. White